中国乡村社会史名篇精读

常建华　主编

上海教育出版社
SHANGHAI EDUCATIONAL
PUBLISHING HOUSE

序

乡村是中国传统社会的基础。在急剧的城市化、现代化面前，乡村快速消失和改变性质，乡村治理成为目前面临的重大现实问题。从如何处理好农业发展、农村稳定、农民增收的“三农问题”，到“社会主义新农村建设”，都呈现出乡村的重要性，涉及产业、居住地、社群以及社会变迁等诸多问题。

现实问题的思考与解决，需要历史性地认识，了解历史上的乡村不失为一种途径，这是乡村历史研究的现实意义。当然，研究乡村史更具有重要的学术价值，乡村史本身是历史的一部分。

我们选择了乡村史侧重社会与生活的学术论文，编为读本，以满足在校师生、相关研究人员与社会人士的需求。选文兼顾了三方面的考虑：一是较为宏观阐述学术研究与观点的作品，二是不同时段的论文，三是海内外的名家名作。这些著名学者学思深邃、研究精深，为我们呈现出中国传统社会乡村的多种面貌。

冯尔康先生《中国古代农民的构成及其变化》一文，基于对中国古代社会生产关系与所有制的理解，高屋建瓴地探讨了多层次的农民的构成及其变化，对于农民的职业、阶级、等级的身份属性，有独到的认识。

日本学者的论文收了三篇。堀敏一先生毕业于东京大学，他曾参与日本唐代史研究会创立，是历史学研究会派的重要代表人物。其《魏晋南北朝时代的“村”》一文，从社会结构与发展视角探讨中国中古时代聚落变迁，认为魏晋南北朝出现了被称为“村”的新的集落组织，产生于都市之外的田野。然而魏晋南北朝的国家并不是在这种“村”的基础上建立起来的，国家必须另外设立具有编户齐民性质的行政村，以恢复中央集权，这才是当时地方支配的主流。这一研究有助

于我们认识中国中古时代的乡村，了解日本对于中国历史分期讨论的理论实践，还可以体会日本中古史学者的学术特色。

同样毕业于东京大学的周藤吉之先生，是日本宋史研究的先驱，他所著《宋代乡村制的变迁过程》提供了对于宋代乡村制度的看法。他大致以时间为序，论述了五大问题：即宋初乡村制的变化，北宋中期以后耆户长、壮丁的免役、差役两法和保甲法之关系，北宋中期以后至南宋的乡书手制，南宋的保正长、耆户长之法，南宋的都保制和官户的土地所有，详细考证、辨析各种制度的内容与因革，新见迭出。最后，文章揭示出宋代在中国乡村制发展史上的大变化："在宋初，经历唐末以后的战乱，中国内地的乡村发生了变化，因此，于乡里之外设管，置耆长、户长，似将原来的乡村进行了再编，耆长由豪族、官户担任，所以其权力较强，管之下形成了耆制。然而，北宋中期行保甲法，北宋末保甲法代替役法而稳定下来，保正、大保长便行耆、户长之事，管、耆皆被分为都保。特别是由于保正行耆长之事，都制才得以成立，北方还残存管制，而到南宋，乡、里和耆之下一般皆行都制了。"精良的考证与以小见大的学风，堪称日本学术的典范。

两篇导读揭示出相关学术争论的情况，对于读者开阔视野与加深理解有所裨益。

与前两篇论文不同，滨岛敦俊先生是日本明清江南社会经济史研究领域标志性人物，他的《农村社会——研究笔记》总结了自身江南农村社会研究的历程。论文导读回顾了第二次世界大战后日本明清社会经济史学的发展与滨岛敦俊的学术之路，概述了滨岛开发史视角下的明清江南社会经济研究，探讨了滨岛对明清江南农村社会研究的影响与反思，对于我们全面认识日本学者的研究思路与学术成果十分有益。

旅美中国学者萧公权先生的英文著作《中国乡村——论19世纪的帝国控制》具有社会科学与中西比较的视野，学术影响巨大。其中的《宗族与乡村控制》部分称得上是最早全面、系统探讨清代宗族的著作，呈现出了清代国家与社会关系中的乡村宗族问题。美国学者施坚雅先生的《中国农村的市场与社会结构》驰名中外，有关介绍为数不少，罗艳春教授独辟蹊径，以地图视角，重返施坚雅中国研究的学术起点，重新梳理了其学术理路与学术史，颇有新意。

撰写导读的作者都是相关领域的知名学者，他们因有南开求学的经历而与我相识，并多参与南开大学中国社会史研究中心的学术活动，学术过从较为密切。同事夏炎教授是中古社会史专家，著有《中古世家大族清河崔氏研究》《唐代州级官府与地域社会》等专著，先后在日本爱知大学、早稻田大学访学，对于日本的学术有较深入的理解。厦门大学历史系刁培俊教授师从宋史学家漆侠先生研究宋代乡村赋役制度，发表多篇相关论文，由他导读周藤吉之先生研究宋代乡村制度的论文是很合适的。苏州科技大学社会发展与公共管理学院副教授许哲娜、同事张传勇均治社会史有年，各有专门研究。哲娜长于社会文化理论分析，传勇研究城隍庙与江南葬俗，对于滨岛敦俊先生的学术研究较为了解，二人合作，亦有特色。天津师范大学历史文化学院罗艳春研究区域社会史与历史人类学，导读施坚雅先生的论文，自有心得。对于上述五位学者的合作，在此表示诚挚谢意！我将对于恩师冯尔康教授宏文的理解与学习萧公权先生巨著的体会贡献给读者，也可看作是对自己学术工作的检视。

堀敏一先生、周藤吉之先生的两篇名作是首次译成中文，衷心感谢程郁教授、齐会君先生百忙之中提供译作！尤其要感谢虞云国教授帮助我们邀请到程郁教授合作！

最后，衷心感谢本书所选论文原作者慨然允诺授权出版，衷心感谢撰写导读各位学者的精心之作！

常建华

2019年6月于津门

目录

中国古代农民的构成及其变化

冯尔康

一、问题的提出及笔者的研究态度

关于中国古代农民构成的历史，史学界一些流行观点似乎有待商榷，而更重要的是需要深入研究，笔者在《关于中国封建时代自耕农的若干考察》文中业已提出这一问题，这里再为引申：

（1）农民只是指或主要是指佃农吗？可以不顾及与佃农并存的自耕农吗？

（2）与第一个问题相联系，自耕农和佃农在农民构成中各处何种地位，谁是主体，有无变化？

（3）古代的地主与农民构成是什么关系，是绝对地与农民概念不兼容，不能在一定意义上被视为农民吗？

（4）小土地所有制和小农制经济如何成为封建经济基础和专制基础？一些研究者是这样指出的，但是古代土地所有制的性质是聚讼多年而不决的问题，且不说土地国有和私有的问题，就以多数人认为的大土地所有制在土地制度中占主导地位来说，小土地所有制又何以能有那样的作用呢？看来它同农民构成及与国家的关系问题需要深入探讨。

农民构成是研究农民问题的基础，设若连哪些人是农民都不清楚，恐怕难以对与此相关的社会基本矛盾、阶级关系、等级关系、政府政策及其归宿、政治斗争及农民运动、中国古代历史特点等一系列重要历史问题作出准确的说明，因此对农民构成史值得下工夫作一番考察。

关于古代农民构成史，仅见几篇专题或涉及较多的论文，有王毓铨的《〈中国历史上农民的身份〉写作提纲》①，刘毓璜的《试论西汉时代的自耕农经济》②，束世澂的《论汉宋间佃农的身份》③，杨国宜的《宋代农民的政治地位和经济生活》④，以及笔者的《关于中国封建时代自耕农的若干考察》⑤《清代自耕农与地主对土地的占有》⑥等，可以说研究尚很缺乏，但相关问题讨论很多，如土地所有制、农民战争都曾经是争论的热点，歧见多，这就使研讨的问题复杂化，增大了难度。

笔者对这个范围大、时间跨度长、研究歧义多的论题，虽颇有兴趣，也有所接触，拜读了上述时贤的论文，还阅览了侯外庐《关于封建主义生产关系的一些普通原理》⑦等论著，从各种观点中汲取可供加工的成分，但是研究还很不够，这里想把探讨对象的时间定位在战国至清代，更主要的只是想提出一些思路和初步意见，以便向方家请教。所说的思路，也可以说是方法，就是：

注意农业要素。农业包含土地、劳力、投资和农业知识四要素，这四个方面在研究中都要注意，不忽视一种，比如投资与农民的构成就关系匪浅。

与土地所有制相联系而产生的认知。要认识劳动者如何与土地结合，也就是需要考察土地所有制与生产关系下的生产者成分。

农民与政权关系。笔者认为中国古代国家是土地最高层次的所有者，由此探索农民结构和中国古代历史的特点。

运用社会结构理论。其理论要义是寻找结构要素之间的联系和变化，据此考察农民构成诸成分之间的关系及其变动，并探讨农村分化。

---

① 收入王毓铨《莱芜集》，北京：中华书局，1983 年。

② 载《南京大学学报》，1959 年第 1 期。

③ 载《中华文史论丛》，第三辑。

④ 收入南开大学历史系等编《中外封建社会劳动者状况比较研究论文集》，天津：南开大学出版社，1989 年。

⑤ 收入南开大学历史系等编《中外封建社会劳动者状况比较研究论文集》，天津：南开大学出版社，1989 年。

⑥ 收入吴廷璆等编《郑天挺纪念论文集》，北京：中华书局，1990 年。

⑦ 收入南开大学历史系中国古代史教研组《中国封建社会土地所有制形式问题讨论集》，北京：生活·读书·新知三联书店，1962 年。

二、多层级的封建土地所有制与“农民”概念

学术界对于中国古代土地所有制的认识分歧太大，国有制、私有制、多种所有制并存诸说林立，也即认为古代社会同时存在着土地国有制、大土地占有制、大土地所有制、中小土地所有制、残余的村社所有制等①，历史事实也正是如此。诸说各有道理，笔者都有所同意，不过也有不好理解的地方，觉得从总体上难以完全接受。笔者意思，也许用多层级土地所有制来概括会恰当一些。所谓多层级所有制是说国家、私人都有所有权，并有不同层级的权力区别，除了第一层级对官田之外，都没有完整的所有权。层级区分和所有权含义是这样的：

第一个层级，国家所有权，或说皇帝所有权，即封建王朝对土地的最高、最终支配权。这种权利不是像民间那样表现在对土地的买卖上，而体现在王有土地观念、国家土地政策及赋役制度等方面，具体说是：

（甲）观念形态上土地是天子所有，并为臣民所接受。《诗经》所谓“普天之下，莫非王土；率土之滨，莫非王臣”②；秦始皇所宣布的“六合之内，皇帝之土……人迹所至，无不臣者”③；都表示土地为国君所有。唐人陆贽论说：“夫以土地，王者之所有；耕稼，农夫之所为；而兼并之徒，居然受利。”④他谴责豪强兼并田亩的罪恶，出发点则是土地为王有，应由百姓共享皇恩，不能被兼并之徒霸占图利。土地王者所有的观念深入人心，直到明清时代人们还是这样认识的。安徽王氏家训告诫子孙按时完纳钱粮：“田有租，身有佣，民分应尔。所有编折银两，依限报纳，米粒照征送完，庶免拖欠之罪。”⑤讲百姓本分，应当承

---

① 诸说见《中国史研究》编辑部《中国古代史研究概述》第 12 篇之《中国封建土地所有制问题》（南京：江苏古籍出版社，1987 年）、王思治《封建土地所有制形式讨论中的问题》（载《历史研究》编辑部《建国以来史学理论问题讨论举要》，济南：齐鲁书社，1983 年）。

② 《诗经》，《十三经注疏》本，北京：中华书局，1980 年，第 463 页。

③ 《史记》卷六《秦始皇本纪》，中华书局标校本，第 1 册，第 245 页。以下所引二十四史资料，皆据中华书局标校本，不再一一注出。

④ 陆贽：《陆宣公奏议》卷二二《均节赋税恤百姓 · 论兼并之家私敛重于公税》，上海会文堂印本。

⑤ 《潜阳琅琊王氏三修宗谱》卷一《家箴》。

担赋税义务，根本原因就是土地为王者所有。洪秀全的先人说："君恩重于亲恩，谚云'宁可终身无父，不可一日无君'。"[①]人们能活着，包括土地在内的一切都是皇帝给的，当然把天王老子看得比亲爹神圣。一切为皇帝所有的观念，来源于天命观。汉人贡禹说，"王者受命于天，为民父母"[②]；鲍宣对皇帝讲："天下乃皇天之天下也，陛下上为皇天子，下为黎庶父母，为天下牧养元元"。[③] 说白了，天是人间最高主宰，国君是天子，是百姓的父母，代天施恩，是天把土地、人民、政事交给他的，人们信天，就要尊奉天子，承认国君对土地的最高所有权。[④] 有政权就有土地的最高所有权，洪秀全的"天朝田亩制"，不就把辖区的土地看作他所代表的太平天国所有吗！

（乙）施行有关土地的种种制度，力求实现土地王者所有的理论。许多朝代都宣布土地制度，诸如授田、限田、限民名田、屯田、占田、均田、更民田制度等。如王莽新朝下令，"更名天下田曰王田，奴婢曰私属，皆不得买卖"。[⑤] 不久，因百姓愁怨，又允许买卖。[⑥] 奴婢问题不是这里要说的事项，单讲土地，他把田地叫做"王田"，是土地为其所有观念和权力的表述，所以他可以一会儿允许买卖，一会儿又不准出售，许不许买卖，这就是土地制度，就是国君有土地最高权力的表现。制度里的买卖权之外，还包含赐予或收回土地的权力，即将垦田赏赐给贵族和官员，封赏的土地有的是国有的，也有私人的，皇帝都有权使用。国有的，君主有权处置自不必说了；私有的，也有权，那是把私有的当作国有的一样来处理。如金朝"拘刷良田"给女真人[⑦]，后来清朝的"圈地"——"将民地圈给旗人，仍系民人输租自种"。[⑧] 圈地办法是政

---

① 《洪氏宗谱》，杭州：浙江人民出版社，1982 年，第 20 页。

② 《汉书》卷七二《贡禹传》，第 10 册，第 3070 页。

③ 《汉书》卷七二《鲍宣传》，第 10 册，第 3089 页。

④ 参阅王毓铨《莱芜集》，北京：中华书局，1983 年，第 378 页。本文有数处参考该书写作，下不再注明。

⑤ 《汉书》卷二四上《食货志》，第 4 册，第 1144 页；卷九九中《王莽传》，第 12 册，第 4111 页。

⑥ 《汉书》卷二四上《食货志》，第 4 册，第 1144 页。

⑦ 《金史》卷四七《食货志》，第 4 册，第 1045 页。

⑧ 《清朝经世文编》卷三五孙嘉淦《八旗公产疏》，道光刊本。

府派遣官员，骑马拿绳索将所经过的地方加以丈量，就成为官地，分赐八旗将士，叫做“圈拨”；所圈之地有好有坏，八旗将士不要次地，又重新圈占好地，是为“圈换”；把被圈占田地的农民强行迁移到口外、关外，叫做“拨补”。这就是明目张胆地剥夺农民小块土地，被圈占了耕田的农民，“离其田园，别其坟墓”。[①] “妇女流离，哭声满路”。[②] 可见皇帝最高层级土地所有权的残暴性。把民间的私田强行割给猛安谋克、八旗将士，金朝、清朝如出一辙，如果说这是少数民族政权初建时的残暴情形，有点例外，那么明朝皇帝以民田建设皇庄、勋贵庄田就不足为奇了。《明史·食货志》在叙述皇庄和勋贵庄田时说，“诸王、外戚求请及夺民田者无算”，“盖中叶以后，庄田侵夺民业，与国相终云”。[③] 明宪宗时建宫中庄田，原来只有三十五顷地亩，后来“占过民地四十顷”，扩展到七十五顷。[④] 此类事实说明王权对土地的最高权力。

（丙）强占私田为官田。政府将百姓、官僚的私田，通过诸种手段占为官田。手法之一是“刮田”，即政府以清查官田、荒地为名，把私田搜刮为官田，如金朝大定间刮地，见到“皇后庄”“太子务”的名称，就认定那个地方是官地，百姓有土地凭证，也无效应。[⑤] 所谓“牧地荒地”，“其实多民地耳”。或者对无田契的农民进行剥夺，如北宋杨戬“立法索民田契，自甲之乙，乙之丙，辗转究寻，至无可证，则度地所出，增立赋租”。[⑥] 本是私田，只因失去田契，被抑勒为官佃，丧失了自己的田地。二是廉价强卖，实际同于强夺。如南宋贾似道的“买公田”，浙西田亩“有直千缗者，似道均以四十缗买之。数稍多，予银绢；又多，予度牒、告身”。[⑦] 仅给原值的几十分之一，有时还拿废纸告身来顶替。政府认为这种强占有理，因为田地最高所有权是它所有。三是因奸民投

---

① 《清实录·世祖实录》，顺治二年二月丁丑条，北京：中华书局，1985 年，第 3 册，第 129 页。

② 《皇清奏议》卷二卫周胤：《请呈治平三大要》，1936 年罗振玉刻本。

③ 《明史》卷七七《食货志》，第 7 册，第 1888—1889 页。

④ 《明经世文编》卷八八，林俊：《传奉敕谕查勘畿内田地疏》，北京：中华书局，1962 年，第 1 册，第 791 页。

⑤ 《金史》卷四七《食货志》，第 4 册，第 1045 页。

⑥ 《宋史》卷四六八《杨戬传》，第 39 册，第 13664 页。

⑦ 《宋史》卷四七四《贾似道传》，第 39 册，第 13782 页。

献，而以民田为官田。元人吴某某伪称有宋高宗吴皇后遗留的汤沐邑，献给国家，其实“皆编户恒产，连数十万户，户有田皆当夺入官”。[①] 牵连到几十万户之众，朝廷并不顾恤，不就是皇帝有最高所有权嘛。

（丁）实行垦荒和禁止抛荒政策。国君在特定的情形下，允许农民开垦国有地和荒田、无主地、有主而抛荒地，一定时间后就成为他们的私产。不少王朝实行过垦荒政策，而以明朝初年规模最大，影响的农民最多。仅据《明史·食货志》的记录就有以下数起：洪武朝迁太湖区的苏、松、嘉、湖、杭五府的“无田者四千余户，往耕临濠，给牛、种、车、粮，以资遣之，三年不征其税”。徐达迁移北平山后百姓三万五千八百余户，散处诸府卫，其中一部分人收入军籍，而属于民籍的则给田地。又徙江南民十四万于凤阳。对晋东南的泽、潞等州农民多次进行迁徙，始则迁于河北，后“屡徙浙西及山西民于滁、和、北平、山东、河南”，“又徙登、莱、青民于东昌、兖州”。到了永乐朝，将“太原、平阳、泽、潞、辽、沁、汾丁多田少及无田之家，分其丁口以实北平”。[②] 移民中也有有田人被发遣的，但多数人是少地无地农民，被政府有组织地迁徙，领受耕地，以至牛种，从事耕作，数年后纳粮当差，耕地也归个人所有。垦荒政策的实行，除官田外，把荒田乃至有主荒地也进行分配，实质上将一部分农民私田用政府的力量转化为另一部分农民的私田，表明国家对私有地拥有支配权。与垦荒政策相辅相成的是不许抛荒，农民的田地若不耕种，要照常纳粮当差，严重的还要治罪。

（戊）民人依身份所有的土地不得与其身份相分离，如明代将民人区分为民籍、军籍、灶籍，他们所拥有的田地分别是民田、军田、灶田，这些田有定额，不得短少，军田不能卖为民田，反之民田也不许卖为军田。

（己）向田地所有者征发赋役。政府征收赋税和徭役，人们的印象是赋税出自垦田，徭役源于户口人丁，这种理解原没有错，但是这两

① 刘基：《诚意伯文集》卷六《前江淮转运监使宋公政绩记》，台湾商务印书馆《四库全书》本第1225册，第222页。

②《明史》卷七七《食货志》，第7册，第1879页。

项基本上都出自田地,诚如宋人张方平所说:"以两税输谷帛,以丁口供力役,此所谓取于田者也。"[①]因田地而有赋和役,徭役也因田地而来。无田者佃耕,也有役,到清朝实行摊丁入亩制度,力役完全摊入田亩,徭役全部由有田者负担,因此,徭役从总体上说也是出于田地。徭役在很长时间里大大重于赋税,役表示服役者对政府的人身依附关系,役重则表示依附关系严重。政府征收赋税的依据,除了它的管理机构的性质之外,能对土地所有者有那么大的控制权,还在于它拥有土地的最高层所有权。

第二层级,贵族官僚对官田的占有权。官田为国家所有,来源与名目很多,如明代官田,开始是接收的。"宋、元时入官田地",后来有"还官田,没官田,断入官田,学田,皇庄,牧马草场,城壖苜蓿地,牲地,园陵坟地,公占隙地,诸王、公主、勋戚、大臣、内监、寺观赐乞庄田,百官职田,边臣养廉田,军、民、商屯田"等。[②] 明代这些官田的来源和名称,表明了官田的用途,它主要封赏贵族做食邑(汤沐邑、勋贵庄田、王庄),赏给百官做职田,分给军队作屯田。不仅明代多官田,历代如此。如曹魏将赤眉军的土地收为官田,实行屯田制。[③] 又如唐朝给品官职分田,自十二顷至一顷半不等。[④] 贵族官僚对所得的官田,拥有支配权、使用权、出租权,收取庄田上的收获物,他们没有买卖权,皇帝可以将这些土地收回,但是有时偶尔有赏赐所有权的,如北魏世宗将以前诸帝所赐的官田,允许受赐人随意买卖。[⑤] 官田的军屯和民佃,都要按本分应军役或纳租,受田人获得土地的使用权,且必须亲自耕作,不得转佃,没有支配权和所有权。只有在年久的情形下,政府开恩,将民佃之田赐予承佃人。总之,领受官田的贵族官僚,对这种土地拥有占有权、使用权、支配权,但基本上没有所有权,而皇帝将土地赏赐出去之后,就失去了对它的支配权,仍有所有权,可以回收,不过不能任意使

① 张方平:《乐全集》第6《论率钱募役事》,台湾商务印书馆《四库全书》本,第1104册,第276页。

② 《明史》卷七七《食货志》,第4册,第1881页。

③ 《三国志》卷一《武帝纪》,第1册,第14页;卷一六《任峻传》,第2册,第489—490页。

④ 《新唐书》卷五七《食货志》,第5册,第1393页。

⑤ 杜佑:《通典》卷二《食货·田制》,杭州:浙江古籍出版社,1988年,第15页。

用这一权力。从授受两方面来说,土地所有权都不完整了。

第三层级,私人业主所有权。私人业主包含不同身份的人,有贵族、官员、平民、半贱民乃至奴隶。前述贵族官僚有国君的赐田、职田等官田,他们还有私田,是通过买卖(或含有攘夺成分)、接受投献等形式获得的。贱民、奴隶有田产,当然是极少数,是那些贵族官僚的大管家,即所讲豪奴,或者不属于某个特定的人的贱民层中的个别富人,拥有田业。平民中除了属于民籍的人,还有少数商人、手工业者。私人业主的所有权体现在土地的买卖权、转让权、租赁权、使用权、典当权诸方面,但是这些权力并不完整,受到国家多方面的干扰,如不得卖给法定圈外的人、不许不耕作、政府可以强制收买等。南北朝时期发生一个有趣的故事。南朝梁高祖建造大爱敬寺,寺旁有中书令王骞的良田八十余顷。这田原来是王骞先人、东晋丞相王导的赐田,这时早已是私田。梁高祖派人宣旨,要把它买了施舍给大爱敬寺。王骞不情愿,回书写道:"此田不卖,若是敕取,所不敢言。"回答得很有风趣,又带出挖苦的味道,所以梁高祖很是恼火,下令按市值估值,强迫买下,送给寺院,还惩罚王骞,把他外放为吴兴太守。① 由此可知,私有的土地并没有任意支配权,这种私有权是古代意义上的,极不完善的,君主有最终的支配权。

第四层级,典当业主的部分所有权。典当是产业转移过程中的过渡形态,原业主出让土地的使用权和实际上的部分所有权,承典者取得使用权和到时不赎的优先购买权、出租权以及对土地的转当权,实际拥有部分土地所有权。典当是将土地所有权分割为业主和典主共同所有,但就私田意义上的所有权来讲,双方都是不完整的,不过出现了典主的所有权,使得土地所有制的分层多了一个层级。土地典当现象出现得很早,在均田制下的非法买卖就有"典贴"的事。② 宋代"典卖逃户田土"的事情不断发生,引起官方的注意。③ 明清时期土地典

① 《梁书》卷一七《太宗王皇后传》,第 1 册,第 159 页。

② 《册府元龟》卷四九五《邦计部 · 田制》,北京:中华书局 1960 年,第 6 册,第 5928 页。

③ 徐松辑:《宋会要辑稿 · 食货》卷六九,北京:中华书局 1957 年,第 7 册,第 6348 页。

当成为常见的事实。

第五层级,“一田二主”的押租制下的佃农的永佃权和转让权,一定程度地分割土地所有权。明清时代出现押租制,即佃户要向田主交纳押金,才能取得佃种权,但是地主不能因此随意撤佃。这让佃农获得永佃权,同时可以把这种佃种权出卖。若这样,又有一个花钱卖佃者,对此田主不得干涉。而且,业主出卖土地时自然要被杀价了。对于得了押金的业主来讲,损失了土地的任意支配权,而使其私有权不完整。交押金的佃户取得永佃权及其转让权,实际上是获得了土地的某种主人身份,因此有了“一田二主”[①]和“一田三主”[②]之说。这是土地所有权分割形成的一个层级的主人,虽然他仅仅同所有权沾一点边,可是不宜忽视这类现象。

以上五个层级,自上而下,所有权的量度在递减;自下而上,所有权的量度在递增。归根结底,国家土地权力最高,对没有分配的公田有任意支配权,对赏赐出去的只有一定支配权了,而对私田并没有绝对的支配权,一般不能限制其主人的买卖,所以除了未分配的公田之外的土地,包括已分配的官田、私田,很难认为有完整的权力。至于第四、第五层级的土地权力,就更不完整了。所以笔者认为,我国古代出现的是多层级土地所有制,不能视为简单的国有制或私有制,似乎也不宜视为多种所有制共存,因为后一说法忽略了国家最高层次的所有权。在五个层级中,无疑,第一和第三两个层级最重要,因为它们所涉及的土地数量最多,关乎的所有权的人数量最多,在所有权的分量上具有举足轻重的地位。所以,层级虽多,主导面却在一、三两个层级,所以注意力需要放在这两个方面。同时有一个特点不可忽视,就是私田在相当程度上可以买卖,不把握这一点,就易被多层级的特点掩盖。

---

① 顾炎武:《天下郡国利病书》卷九三、九四。

② 参阅傅衣凌《明清农村社会经济·清代永安农村赔田约的研究》,北京:生活·读书·新知三联书店,1961年。又,冯尔康《清代的押租制与租佃关系的局部变化》(载《南开学报》1980年第1期)亦有所论述。

明了了土地所有制和所有权状况，与土地相联系的农民构成问题就容易弄清楚了，不过也还需要明确什么是“农民”，然后才可能解决得顺当些。

农民，在现代辞书中的解释，无例外的说是从事农业生产的人、种庄稼的人，必然是农业生产劳动者；不干农活的农村居民，当然不是了。在古代的文献里也基本上是这样说的，如《汉书》的“辟土殖谷，曰‘农’”[1]，《说文解字》的“农，耕人也”。[2]《春秋谷梁传》讲到士农工商四民中的“农民”，谓为“播殖耕稼者”。[3]《唐六典》说，“肆力耕桑者为农”。[4] 可知，在古人的概念里，农民是耕田种地的人。古代的分工远不如现代精细，那时把捕鱼、打猎、采樵也视作农业范围，渔夫、猎手、樵夫也是农民。农民是否就是这些人？种田人家兼营商业或手工业，而以农业收入为主，就不能把他们排除在农民之外。有一种农业经营者，自身下田干活，又雇工劳作，或者不雇工而出租一些田地，这种人在古人观念里是“上农”，今人视之为富裕农民，无疑属于农民范畴。

出租土地而生活在农村的人（地主和小土地出租者），不事生产，家中没有有功名或做官的人，要向政府交纳税粮，没有脱离农业，他们算不算农民？用阶级分析方法看，他们不下地生产，不能算农民，然而古代政府士农工商四大类民人分类法，把他们归类于农，属于农户，也即民户。而且从等级观点来考察，他们是平民，与农民是一个等级，看来他们是有土地、有田赋而不耕作的农户，不妨也视作农民。将农户也看作农民，似乎有些勉强，但是这种农户不如此当作农民看，也是忽略了他们是交纳田赋而又被政府当作农民和平民的历史状况。把土地出租者纳入农民概念中，是同土地多层级所有者联系在一起，特别是将有助于认识与它共存在一个矛盾统一体的佃农关系，认识与它同

---

① 《汉书》卷二四上《食货志》，第 4 册，第 1117 页。

② 《说文解字》，北京：中华书局，1963 年，第 60 页。

③ 《十三经注疏》本，下册，第 2417 页。

④ 《唐六典》卷三《户部尚书》，广池千九郎训点，广池学园事业部 1973 年本，第 31 页。

是土地所有者的自耕农的关系，以及作为土地所有者的地主、自耕农与国家的关系，与农民运动的关系。

此外，有一点需要明确，农民是四民的主体，四民中的士，是“德能居位”的、“学习道艺者”①，是未出仕的人，还属于民的行列，处于四民中的首要地位，但主体应当是人数最多、居于主要行业的农民。还有一点不能忽视，即农民是庶民的主体。《史记 · 货殖列传》讲到无秩禄的素封之家，说“庶民农工商贾”云云②，众所周知，农工商是庶民，不必多说。春秋时楚国子襄讲到晋国各种人都安于职守时说，“士竞于教，其庶人力于农穑，商工皂隶不知迁业”。③ 径直把农民称作庶人，可知农民是庶民中的主要成分。

至此，是否可以认为，古代的农民是庶民，也是四民的主体，其主要成分是从事农业生产劳动的人，以及以业农为主而兼营商业、手工业的人，务农兼出租田地或兼雇工经营的人，没有功名的农村土地出租者也算到农民的概念中。要之，一切与耕地、与农业生产有关系而又不是其他职业或身份的人都属于农民范畴，不宜把农民看得太单纯，以为只是种田人。

多层级土地所有制和农民范畴明了之后，就可以交代农民构成了。

三、以自耕农、佃农迭为主体的农民构成

上一节考察农民范畴，把职业看得很重要，这部分主要从社会成分来认识农民，分析它的构成。人们的社会属性，取决于生产关系中的地位和法律中的地位，社会地位也有一定的作用，我们在这里把这些因素综合起来，认识农民的社会构成。换句话说，农民成分的确定，有的是用生产关系概念，有的则是以等级概念来划分的，并没有统一

① 《唐六典》卷三《户部尚书》，广池千九郎训点，广池学园事业部，1973 年本，第 31 页。

② 《史记》卷一二九《货殖列传》，第 10 册，第 3272 页。

③ 《春秋左传注 · 襄公九年》，北京：中华书局，1981 年，第 3 册，第 966 页。

的标准,目的是要将事物分析清楚。

农民的社会构成,大约可分为下列九类:

(1) 自耕农

自耕农,自身拥有耕地,通常可以自种自食,身份上属于平民范畴,是良人,国家的主要纳税人,农民的重要组成部分。本文开篇指出古代自耕农是近几十年来被学术界忽视的研究课题,与它的历史重要性不相称,因此这里首先叙述它。究其内容,主要是讲它的存在状况、原因和社会地位。

自耕农在古代社会是大量存在的人群,从战国到清代,不少人说到这些事实。战国时魏国实行李悝提出的"尽地力之教"的政策,将国家土地分给农民,原则上每户 100 亩,李悝就此向魏文侯算了一笔农户开支账,他说"今一夫挟五口,治田百亩",并以此计算其家庭收入和支出的经济状况,得出不易相抵的结论,从而制定政府具体恤民措施,"行之魏国,国以富强"。[①] 无疑魏国的政策发展了自耕农经济,从李悝计算农民支出以交纳什一税农户为标准,可知自耕农是农村人户的主体。《史记》云秦国实行商鞅的"为田开阡陌封疆","僇力本业,耕织致粟帛多者复其身"政策,鼓励农民开垦田地,收到"赋税平""秦人富强"的效果。[②]《汉书》说商鞅"坏井田,开阡陌"。[③] 看来秦国农民是在破坏井田制情况下获得田地的。由魏、秦土地政策可知,战国时代出现大量自耕农。《汉书》还说秦始皇"收太半之赋"[④],攫取农民的三分之二收成,他既然收的是田赋,而不是地租,这种农民只能是自耕农和地主,因此不能不认为秦朝自耕农数量不少。在汉文帝躬耕籍田时,晁错上《论贵粟书》,建议重农抑商,他说"今农夫五口之家,其服役者不下二人,其能耕者不过百亩,百亩之收不过百石",收获物自家用度外,"治官府,给徭役",若政府再横征暴敛,加上商人及高利贷者

① 《汉书》卷二四上《食货志》,第 4 册,第 1124 页。

② 《史记》卷六八《商君列传》,第 7 册,第 2230—2232 页。

③ 《汉书》卷二四上《食货志》,第 4 册,第 1126 页。

④ 《汉书》卷二四上《食货志》,第 4 册,第 1126 页。

的盘剥,农民就只好“卖田宅,鬻子孙”了。[①] 董仲舒论述农民的赋役之重,讲了更卒、田租、口赋,接着说“或耕豪民之田,见税什五”[②]。后世读书人见到此话,理解到佃户之多和地租之重,当然是准确的。不过笔者倒觉得应当注意到“或”字,这是一个转折词,它表示前面讲的是纳税农的情况,现在转而叙述无税而有租的佃农,由此笔者注意到纳税农民还是多数,只是佃农增加了,他们更贫困。王莽实行王田法时,指斥汉朝云:“汉氏减轻田赋,三十而税一,常有更赋,罢癃咸出,而豪民侵陵,分田劫假,厥名三十,实什税五也。”[③]与董仲舒所说有类似处,值得注意的是这段话中的转折字“而”,也是前面说农民负担实际沉重,何况还有佃农更苦。诸如此类的汉代人论述,无不表明秦汉时代自耕农众多。

魏晋南北朝隋唐的中古时期,自耕农之多,由历朝政府不断颁布均田制度和一再推行“刮户”政策可以得到证明,因为它们都是针对纳税的有田农户,也即地主和自耕农的。均田,名义上是国家给人民份地,并且限制人民拥有垦田的数量。这是国君拥有土地最高所有权思想的表现,是国家把所有土地都视作自身的。它表示要给农户一百亩垦田,并以此数量为单位,向农户征收赋役,也即租庸调的标准,就是说,一个农户,应当有一百亩耕田,因此应当交纳相应的田赋、户调,以及应服多少天的庸役(或折钱代役)。政府并不能按照规定的数量给农户以田地,在多层级土地所有制下,政府不可能剥夺农户的自有垦田,所以通常手中并没有掌握多少随意支配的土地,只有大的战争之后,才有巨量的荒地,也就是说政府平常没有足够的土地向无地、少地的农民进行平均分配。因此说均田制不是国家普遍给农户以田地。当然,政府也不是绝对不能给某些农户一点垦田,如战后允许农户垦荒,或者采取迁移狭乡之民去宽乡的措施,使一些农户垦种荒地,拥有一定数量的耕地,逐渐把它变为永业

---

① 《汉书》卷二四上《食货志》,第 1132 页。
② 《汉书》卷二四上《食货志》,第 1137 页。
③ 《汉书》卷二四上《食货志》,第 1143 页。

田，成为自耕农。这些政策措施实行的结果，农户也很难达到百亩之田的标准。敦煌资料所反映的正是如此。查阅《敦煌资料》第一辑，不难发现，那些农户所有的垦地不过几亩、十几亩、几十亩，难得有达到一百亩的。[①] 再如，唐太宗时灵口农户中每丁仅有三十亩耕地[②]，标志狭乡农户拥有垦田的一般情形。均田令还有另一种作用，就是承认农户自有的田地。近人的研究成果表明均田制的已受田，就是政府承认农户合法所有的土地。颁布几个世纪的均田制，为政府所重视的均田户，其实就是自耕农和小地主，而主要的又是自耕农，中古自耕农之多还可以从唐朝政府屡次推行的刮户令获得信息。刮户之所以出现，是因为逃户多，农户逃亡是由于赋役重，是连锁反应现象。唐玄宗时宇文融奉命搜刮逃户，"检刮田畴，招携户口。其新附客户，则免其六年赋调"。[③] 结果"得户八十余万，田亦称是，得钱数百万贯"。[④] 八十万户是相当大的数字，德宗朝实行两税法时，有"旧户三百八十万五千"[⑤]，八十万是它的五分之一强，可见宇文融刮户的效果。被刮之户，大多是原来的自耕农，或新自耕农，刮户就是把小农户纳入国家赋役控制之内。唐武宗说"百姓输纳不办，多有逃亡"[⑥]，将输纳与逃亡的关系表述得很明白，为此就要搜检户口。政府的刮户现象本身是说有田者弃田离去，政府竟然把它当作大事，说明这种现象的严重性，从而表明自耕农众多，因为地主要闹到弃田离乡是不会太多的，逃户主要是自耕农。再从唐人为民请命的情况看，人们讲到赋役沉重、民不堪命，所说的多是指自耕农，如白居易《杜陵叟》云："杜陵叟，杜陵居，岁种薄田一顷余。……典桑卖地纳官租，明年衣食将何如？"[⑦]《纳粟》咏道："有吏夜叩门，高声催纳粟。"[⑧]毋庸赘述，唐代自耕农的大量存

---

① 中国科学院历史研究所资料室编：《敦煌资料》第一辑，北京：中华书局，1961 年。

②《册府元龟》卷一〇五《帝王部・惠民》，第 2 册，第 1257 页。

③《旧唐书》卷一〇五《宇文融传》，第 10 册，第 3217 页。

④《旧唐书》卷四八《食货志》，第 6 册，第 2086 页。

⑤《新唐书》卷五二《食货志》，第 5 册，第 1351 页。

⑥《唐会要》卷八五《逃户》。

⑦《全唐诗》卷四二七，北京：中华书局，1960 年，第 7 册，第 4704 页。

⑧《全唐诗》卷四二七，北京：中华书局，1960 年，第 7 册，第 4666 页。

在，当为事实。

唐代中叶以后，庶民土地所有制的发展，自耕农和平民佃农同时增多，依附农相对减少。宋朝将民户分为主户和客户两种，在主户里又分为五等户。一、二等户是形势户地主。三等户的成分，诸家说法不一。笔者相信：大部分是自耕农，少数是地主。四、五等户是自耕农和半自耕农。三等户少，四、五等户多，所以主户基本上是自耕农和半自耕农。辽代契丹区的中户、汉区的农户，相当部分是自耕农。元代的哈喇出，也多为自耕农。前已说过，明初实行移民垦荒政策，产生了大量的自耕农。到了清代，康熙帝因蠲免钱粮讲到土地占有情况："田亩多归缙绅豪富之家""大约小民有恒产者，十之二四耳，余皆赁地出租"。[①] 据此，自耕农约占农户的30%—40%。宋元明清之间，各个时段自耕农在农户中的比重不会相同，不过总不会少于三四成的数字，自耕农在社会上大量存在应是不争的事实。

根据以上资料，笔者认为，在古代社会存在着相当数量的自耕农，它是农民的主要组成部分，它在总农户中的比重虽时有变化，仍不失为重要成分。它是国家编户齐民，要向国家完纳赋役，是国赋的主要承担者之一，法律身份是良人，属于平民等级。

（2）半自耕农

与自耕农有基本相同之处，唯自有田地少，不够耕种，需要租佃一些耕地，或者家内有人要出卖劳力，才能维持家庭生活。古代文书中的"下户"，宋代主户五等户，讲的就是这类农民。不过半自耕农在本质上仍属于有田亩自耕的农民，而不是佃农或雇农。他们因有田地，要向国家完纳赋役，属于平民等级。

（3）平民佃农

佃农与自耕农一样，在古代社会始终存在着，董仲舒说"富者田连阡陌，贫者无立锥之地"。[②] 无地的农民为求生存，赁地耕种是一条最可行的道路，于是成为佃农，也就是前面讲到过的，董仲舒说的

---

① 《清实录·康熙朝》卷二一五，四十三年正月辛酉条，中华书局版第6册，第178页。

② 《汉书》卷二四上《食货志》，第4册，第1137页。

“或耕豪民主田，见税什五”的佃农，王莽所说的“分田劫假”的佃户，康熙帝讲的“皆赁地出租”的佃户。佃农的数量也非常大，有时超过自耕农。佃农所租赁的土地，多数属于私田，与地主形成主佃型租佃关系。少数属于官田，与政府构成直接关系，成为官佃，此种类型虽少，但历朝都有，西汉元帝屡次将公田“假予贫民”“无田者皆假之，贷种食如贫民”[1]，其中一部分是把公田出租给佃农。还有一些有地农民，由于种种原因，被迫带地投靠豪民、官僚以及寺观，成为佃农，而被官府认为是“挟佃诡名”。[2] 无论官、私佃户，都要交纳大致相同的地租。

佃农的社会身份有属于良人和非良人的不同，这里先交代平民身份的。大体上说，秦汉时期和宋代以后的佃农中有一部分人具有平民社会地位，是法律上的良人，可以向上流社会流动，如东汉“四世三公”的杨氏家族创业者杨震，原来“假地种植”[3]，一度的佃农地位并没有影响他官至太尉。汉朝政府向他们征收人口税和徭役，仅仅不交纳田赋。中古时代佃农身份下降，而随着土地所有制的庶民化，佃户身份逐渐提高，“唐中叶至宋，北方佃农对主人的人身依附关系有明显削弱”。[4] 宋代有多种关于佃农的法令，但总的倾向是人身依附关系减轻，基本上具有退佃、迁徙自由，接近平民。所谓“佃户起移，更不取主人凭由”。[5] 元代政府宣称，“所谓地客，即系良民……禁治主家科派使令，地客与税民户一体当差，实为官民两便”。[6] 宋、元两代禁止地主对佃客的人身控制。明代初年规定，“佃见田主，不论齿序，并以少见长之礼”[7]，表明主佃处于相对而言的对等地位。在法律上，宋元时

① 《汉书》卷九《元帝纪》，第1册，第281、287页。

② 徐松辑：《宋会要辑稿·食货》卷六九，北京：中华书局，1957年，第7册，第6348页。

③ 《后汉书》卷五四《杨震传》，第7册，第1760页。

④ 唐长孺：《唐代的客户》，转引自《隋唐五代史研究概要》，天津：天津教育出版社，1996年，第228页。

⑤ 《宋会要辑稿·食货》卷一，第5册，第4813页。

⑥ 《大元国朝圣政典章》卷五七《刑部·禁典雇》，第19册，第12页。

⑦ 《明实录·太祖朝》卷七三，洪武五年五月，中央研究院历史语言研究所校印本，第2册，第1352页。

代主佃冲突中，在量刑上主佃不平等，而清代已基本改变，严惩官绅地主对佃户的凌虐。[①] 法律虽然没有明言佃户是良人，但实际上是平民，他们可以读书科举，可以出仕，这就是良人的权利。笔者在《中国社会结构的演变·绪论》中说："……佃农逐渐平民化。大部分佃农由宋元时代的转化，到明清时代成为平民。历史好像是在开玩笑，从秦汉时代的自由佃农，变为中古的依附农，到明清时期终于又成为平民佃农。"[②]

（4）佃仆

与平民佃户并存的是佃仆，他们与主家有人身依附关系，大多实行劳役地租制，或者交纳实物地租，然而附加地租很重，要在交租之外到主家无偿服劳役，依然受地主较强的人身控制。汉唐间有所谓"客""宾客"，他们成分复杂，不少是属于这里所说的佃仆类的，径称为"佃客""屯田客""田客"的即是，别的名称的也还有。东汉开国功臣马援，"宾客猥多"，用他们"屯田上林苑中"[③]。三国时代实行给客制度，曹魏给贵族官僚"租牛客户"[④]。其时役重，农民愿意离开政府，归入势家，诚如《晋书》所说的曹魏给客制后，"小人惮役，多乐为之，贵势之门，动有百数"。[⑤] 西晋实行荫客制，官僚依据品级可以荫一至五十户佃客。[⑥] 东晋、南朝贵族多占有"佃客、典计、衣食客之类，皆无课役"，品官因荫客有数量的限制，典计的数目算在"佃客数中"[⑦]，看来典计应当是佃客的管理人。国家并不直接管理各种类型的客，实行"客皆注家籍"的制度[⑧]，即佃客只在主家户带登记，没有资格自立户口。这种情形是国家把他们交给主家管理。魏晋以来随着士族制的

① 光绪：《大清会典事例》卷一〇〇《吏部·礼律仪制》，北京：中华书局，1991年影印本，第2册，第284页。

② 冯尔康主编：《中国社会结构的演变》，郑州：河南人民出版社，1994年，第122页。该文收入本书。

③《后汉书》卷二四《马援传》，第3册，第828页。

④《晋书》卷九三《王恂传》，第8册，第2412页。

⑤《晋书》卷九三《王恂传》，第8册，第2412页。

⑥《晋书》卷二六《食货志》，第3册，第791页。

⑦《隋书》卷二四《食货志》，第3册，第674页。

⑧《隋书》卷二四《食货志》，第3册，第674页。

发展，贵族官僚将大部分佃农变为附庸，唐代士族制的衰落，佃户地位稍有提升，但仍受地主控制，如陆贽所说：佃农“依托强家，为其私属”[①]。宋代仍有为数众多的佃农处于佃仆境地，如川陕的佃客被叫做“旁户”，附属于主家，不入官籍，被主家“使之如奴隶”[②]。辽代的头下户，与国家、投下主是租、课关系，有独立经济，名为奴隶，实际是依附农。宋元时代有“随田佃客”，田主卖地，将他们一同转手。[③] 社会上还存在着“主户生杀，视佃户不若草芥”的佃仆。[④] 明清时期有许多投充农民下降为佃仆，以及伴当、世仆之类的佃仆。主家控制佃仆人身，并得到政府的承认。总之，佃仆的身份介于平民和奴隶之间，不得读书出仕，本质上不是良人；中古时代依附农多，成为佃农的主体，其他时期也有，但已不是主要成分。

（5）国家佃户

屯田户、占田户、营田户等耕种国有土地的农民，历代皆有，在汉代就是“税民公田”的种公田而纳租的农民。他们中有的人身份是军人，元代，尤其是明代，军屯特别多，虽是屯军，受军籍管制，然而因为垦种政府土地，在一定意义上也可以看作国家佃户。这类佃农受国家严格人身控制，不得离开田庄和戍地，不许逃亡。他们向政府交纳租课，或曰“屯田子粒”，数量与私人佃户差不多，所交的是地租，而不是像其他有田人那样的赋税，所受负担比有田者大得多。也有佃官田的豪民，承揽官地之后，与主管官吏勾结，将土地转租给劳动农民耕作，他们成了二地主，虽名为政府佃户，实际不是这种社会地位。

（6）农业佣工

没有或丧失土地而受雇于农业经营者的人，是农村中的赤贫人家。古代始终存在这种人，宋代庶民地主经济发展之后数量增多；在古代经营地主制不发展的社会环境里，这类人数量不多，在农业生产

---

① 《新唐书》卷五二《食货志》，第5册，第1357页。

② 《宋史》卷三〇四《刘师道传》，第29册，第10064页。

③ 《大元国朝圣政典章》卷五七《刑部 · 禁典雇》，第19册，第12页。

④ 《大元国朝圣政典章》卷四二《刑部 · 主户打死佃客》，第15册，第25页。

中发挥的作用有限，远远不是农民的主流；他们因在主家做工时间多寡的不同，区分出长工、月工、短工等类型，如清人所言："富农倩佣耕，或长工，或短工。"[①]"农无田者为人佣耕，曰'长工'；农月暂佣者，曰'忙工'。"[②]佣工被用在谷物生产方面，还有被用于经济作物的，如种茶、园艺等。

在身份上，农业佣工与佃农有类似情形，也分出两种：一是平民，一是非平民的"雇工人"。平民身份的，秦汉时期和明清时期较多。笔者看到的史料显示，秦汉时期的许多佣工属于编户齐民，他们为雇主劳作，但不受人身控制。陈胜受雇，对共同耕作的伙伴抒发宏愿，听者虽认为那是难以想象的事[③]，但总表明他们是自由人身，有富贵的可能。两汉有许多读书人替主家耕田或舂米，领取报酬，养活家口，如匡衡、儿宽、第五访、公沙穆、梁鸿等人，后来或出仕，或隐逸，史书留名。[④]他们对主家去来自愿，说明雇主不能控制他们。中古依附人口大增，佣耕很少，宋代以后又增多，而社会地位也有向好的方向变化。记载说反对徽宗暴政的方腊，"家有漆林之饶""又为里胥"[⑤]，可是另外的文献又说他是"佣人"，聚众造反[⑥]，大约他是由富人落入平民佣工地位的。明清时期人们不愿卖身为奴，所谓"贫人不肯鬻身，富贵之家，唯唯雇作，期满则酬直而去"。[⑦] 与此相对应，政府在法律上将佣工分为平民雇工和雇工人两种。明万历年间订立条例："官民之家，凡倩工作之人，立有文券，议有年限者，以雇工人论；止是短雇日月，受值无多，依凡论。"[⑧]明确把佣工分为雇工人和凡人雇工两种。到清代乾隆朝规定，有主仆名分的被使唤服役的是雇工人，而"农民佃户雇请耕种

① 万历《秀水县志·舆地》卷之《风俗》。

② 嘉庆《松江府志》卷五《风俗》引《正德府志》。

③《史记》卷四八《陈涉世家》，第6册，第1949页。

④《汉书》各自本传。

⑤ 曾敏行：《独醒杂志》卷七，《四库全书》本第1039册，第564页。

⑥《桂林方氏宗谱》卷七《方庚传》，载翦伯赞、郑天挺主编《中国通史参考资料》，北京：中华书局，1982年，第5册，第234页。

⑦《说梦》卷二《拐匪破案》。

⑧《明律集解附例》卷二〇《刑律斗殴·奴婢殴家长》，1908年本。

工作之人，并店铺小郎之类，平日共坐共食，彼此平等相称，不为使唤服役，素无主仆名分者，亦无论其有无文契、年限，俱依凡人科断”。[①]是平民佣工，还是雇工人，区别在于受雇工作性质、时间长短、双方称谓关系及生活习俗，关键是雇主身份。若雇主是特权等级的人，被雇的佣工就多半是雇工人身份；若雇主是平民身份的地主、自耕农、佃农、商人、作坊主，所雇的佣工就是平民身份。诚如清朝末年薛允升说：“有力之家有雇工人，而无力之家即无雇工人矣。”[②]一针见血地指明雇工身份与雇主身份的关系。明清法律承认的平民佣工，他们原来就是平民，不过是贫困受雇，或临时受雇，于雇主是同坐共食的平等关系，法律是对这种现实的认可。雇工人法律地位介于良人和奴隶之间，雇佣双方在法律上不平等。总之，在历史上，佣工有两种身份：一是平民，一是非平民的雇工人。

（7）农业奴隶

“雇工人”型的农业佣工，虽然不是平民，但与奴隶有别，前述明律的那些规定，在说到奴隶时云：“奴婢殴家长者斩”“若殴家长之期亲及外祖父母者绞”。[③] 将奴隶使用于农业，是在封建社会里保存的奴隶制度的残余形态，秦汉时代屡见不鲜。吴荣曾在《试论秦汉奴隶劳动与农业生产的关系》文中认为：秦代奴隶中“有相当一部分是在田野上服役的”“西汉时女奴也被驱使于田地之上”。[④] 东汉仲长统指斥豪民田地、奴婢之多时说：“豪人之室，连栋数百，膏田满野，奴婢千群，徒附万计。”[⑤]晋人刁逵“有田万顷，奴婢数千人”。[⑥] 他们这么多的奴隶无疑有一部分用在农业生产上。中古以后，在辽、金、元朝官府里有一些农业奴隶。明代在长江中下游的一些地方出现投献现象，即农民因官府赋役太重，把田地献给豪强，成为其奴仆。清代初年，北方一部

① 光绪《大清会典事例》卷八一〇《刑部·刑律斗殴》，第9册，第844页。

② 《诸例存疑》卷三六《刑律斗殴·奴婢殴家长》，光绪三十一年京师刻本。

③ 《诸例存疑》卷三六《刑律斗殴·奴婢殴家长》，光绪三十一年京师刻本。

④ 收入吴廷璆等编《郑天挺纪念论文集》，北京：中华书局，1990年，第56—57页。

⑤ 《后汉书》卷四九《仲长统编》，第6册，第1648页。

⑥ 《晋书》卷三九《刁逵传》，第6册，第1845页。

分汉人成为满洲贵族的“投充人”,而“投充者,奴隶也”。[①] 明清的投献、投充者基本上是以奴隶的身份从事农业生产。

(8) 富裕农民

自家生产,还有余田,雇工经营,或者将余田出租,向政府承担赋役,是平民身份,财力上比自耕农富裕一些,比地主又不如,经济收入主要靠自家劳动,属于劳动者行列。前面讲到明律关于确定雇工人身份时提到“农民、佃户”雇工,他们的佣工,是短雇的多,雇长工少,但毕竟或因耕田多,或因劳动力少,或因农忙季节劳力紧张,需要雇工。凡是农业雇佣长工及季节性农民,基本上是富裕农民。这种农民是不是今人概念里的“富农”? 这就涉及农业生产经营方式,说来复杂,笔者认为他们还没有发展到那个程度,整个社会经济也没有发展到那个水平,他们还不是后世的富农,不过有向此方向发展的味道。

(9) 平民地主

出赁土地收租的人,身份差别巨大,有皇族、贵族、官僚、绅衿、平民、半贱民、奴隶之别。具有特权身份的地主,以及半贱民、贱民地主,另有更能决定其身份的因素,他们是特权者,是贱民,不属于农民之列。这里只分析平民地主,他们向佃户收取地租的同时,向政府交纳赋役。他们人数不多,却与自耕农同是田赋的主要交纳者,他们与自耕农同是国家的主要关注对象。他们属于平民身份,无法定特权,只是和佃户关系中属少长关系中的长者,在社会生活的实际中,他们一定程度地控制佃农。

在平民地主中,出租田地之外,明清时期出现了雇工经营者,可以视为经营地主。他们人数远远不能同出租地主较量,但已引起当时人的注意。明末浙江沈某是关心农业经济的人士,他在《沈氏农书》里特为雇工经营的地主计算经济收支,结论是“毫无赢息,落得许多早起宴眠,费心劳力”。[②] 他不赞成雇工经营,可是经营地主仍有所扩大,清

① 《清实录 · 世祖朝》卷五八,八年七月丙子条,第 3 册,第 458 页。

② 《沈氏农书》,见《学海类编余集》。

代苏州人陶煦在《租覈》一书中也为经营地主算了一笔收支账，结论是有赢余。[①] 笔者曾利用中国第一历史档案馆馆藏档案资料，统计二十九个案例，获知有二十六个平民经营地主，他们所雇的长工，多的四五人，一般只有一二人，再加上一二个短工。[②] 经营地主管理生产，或参加一些劳动，如苏州张士仁"治田尤有法度，当昧爽督佣保，趣田中力作，莳艺芸薅"。[③] 地主经营田地是为获利，但有风险，如常州人钱泳所担心的："是种田者求富而反贫矣。"[④]所以历史上经营地主有所发展，不过进展非常缓慢。

上述农民构成的九种因素，从生产劳动角度讲，主要成分是属于平民身份的自耕农（含半自耕农）和平民佃农，其次是依附农（佃仆、佣工）。从影响社会变化的视角看，自耕农、平民地主和佃农最重要。至于本节标题说自耕农和佃农迭为主体，是从变化发展来看待这两者的变化，现在就来论述它，并拟从现象和原因两方面着手。

从现象上说，探究自耕农与佃农的历史地位，科学的办法是寻找他们各自在农户中的比重，有了数据，事情就好说了。但是历史文献没有提供这方面的必要资料，因此只好退而求其次，依据史料作些估计。这当然是很不可靠的，所以也没有学者就此作过全面论述，只是在宋代、清代等几个断代史方面有过研究。笔者认为这项工作应当作，虽然估计会有不当，还是试着做一下。

从战国到明清时代，自耕农、平民佃农、依附农同时并存，各个历史时期都有他们的身影，但是他们在各个时代的数量及地位是不同的、变化的，实际比重是不一样的。如何估计他们，笔者的方法是看他们在官方、政治家、政论家眼中的地位，官方及这些人重视那种人，就如同一架天平，看到他们的价值了。战国秦汉时期自耕农大量出现，

---

① 《租覈·减租琐议》。

② 冯尔康：《清代地主阶级述论》"地主雇工经营简况示例表"，载南开大学历史系中国古代史教研室编《中国古代地主阶级研究论集》，天津：南开大学出版社，1984 年。该文收入《顾真斋文丛》。

③ 《碑传集》卷一四四，沈德潜：《张孝子士仁传》，光绪江苏书局校刻本。

④ 《履园丛话》卷七《种田》，北京：中华书局 1979 年，第 185 页。

从李悝、晁错、董仲舒、王莽等人的论述中可以获知。他们立论的出发点，是保护纳税的自耕农和平民地主，以维持政府的经济基础。从中不难发现自耕农和地主应是农民构成的主体，应占农户的大多数，根据历史事实，地主人数少，所以主体成分又是自耕农。当然，董仲舒、王莽对佃农也给予了充分的重视，不过还不是把他们当作主体来论述的。现代学者里没有对此作过分析，但有些论点，可为我们借用。吴荣曾认为战国时代有“数量很多的独立小农”，秦汉时期“有不少的小自耕农”。[①] 刘毓璜认为西汉自耕农经济发达[②]，不言而喻，是小自耕农众多了，否则怎么能有它的发达经济呢！因此笔者产生战国秦汉时期自耕农是农民构成主体的看法，同时也认为那时佃农、依附农、农业奴隶数量也很多，但处于次要地位。魏晋南北朝隋唐时期，自耕农依然众多，笔者还是从官方、政论家注意的焦点，即土地制度、赋税制度、刮户政策等方面来观察，对此，已在第二节里作了说明，这里只需指出政府的那些田制、税制和刮户都是为控制纳税者的，也即自耕农和平民地主的。前述宇文融刮户八十余万，是客户。杨炎实行两税法，检核户口，“得主户三百八十万，客户三十万”。[③] 这里的客户，不是宋代的佃户含义，而是原来没有入籍的自耕农户。对客户一搜查就得到那么多，可知自耕农在唐代依然是农民主体成分。同时，中古的依附农有了大量增加，特别是在魏晋南北朝时期，使他与自耕农地位相接近。宋元明清时期，佃农数量和地位上升，大约在一个朝代开国时期，自耕农比重超过佃农，而后的情况就反过来了。根据北宋官方的户口统计，主户与客户的比例约为二比一[④]，宋代的客户基本上就是佃户，如此说来纳税的主户要比佃户的客户多得多，当然官方统计未必可靠，不能按这个比例断定两者数量关系，但总可说明主户比客户多一些。

---

① 吴荣曾：《试论秦汉奴隶劳动与农业生产的关系》，收入吴廷璆等编《郑天挺纪念论文集》，北京：中华书局，1990 年，第 55、67 页。

② 刘毓璜：《试论西汉时代的自耕农经济》，载《南京大学学报》1959 年第 1 期。

③《新唐书》卷五二《食货志》，第 5 册，第 1351 页。

④ 详见冯尔康《关于中国封建时代自耕农的若干考察》，见南开大学历史系等编《中外封建社会劳动者状况比较研究论文集》，天津：南开大学出版社，1989 年，第 85 页。

杨国宜认为,“北宋前期的自耕农至少估计在总户数的50%以上,大概是不成问题的”。而到了南宋,在总农户中“自耕农已经只有三分之一左右了”,“佃户逐渐成为劳动者的主体……人身依附关系有所松弛,法律地位比过去高了”。[①] 宋代后期佃户超过自耕农,当无疑议。明初自耕农大增,从那么多的垦荒移民,就知自耕农当是农民主体,而中后期佃农又多过自耕农。清代至少有三分之一农户是自耕农,而佃农占据了农民主体地位。王毓铨说古代自耕农难以估计,但有个印象,即“全国统一在一个朝廷之下的时候,尤其是统一在一个强有力的朝廷之下的时候,‘自耕农’的数量多于私人佃户,至少不少于私人佃户。就地区讲,大江以南汉族地区多佃户,尤其是江南苏松。大江以北黄河流域多自耕农”。[②] 这个印象是说朝代初期自耕农多,而后减少;北方自耕农多,而南方佃户多。王毓铨既看到了自耕农众多,又看到自耕农与佃农的相互变化关系,很有见地。笔者在《关于中国封建时代自耕农的若干考察》中说:“在封建时代,自始至终有大量的自耕农,在封建制前期他是农村居民的主要成分,到了后期,比重减低,也还占到农户的三分之一。”如今依然是这种想法,不过可以重新表述为:大略地说,唐代以前,自耕农为农民的主体,唐代以后,随着依附农的减少,平民佃农增多,社会地位提高,逐渐取代自耕农的地位,时或上升成为农民的主体。

探究自耕农在农民构成中得以长期成为主要因素、佃农地位得以上升以及双方地位转化的原因,多层级土地所有制的变化当是着眼点之所在。第一个要考虑的因素则是官田的私田化,扩大庶民土地所有制,启发我们思考的是漆侠、乔幼梅在《辽夏金经济史》所叙述的史实。他们说金朝初年把400万人的猛安谋克迁到北中国,大规模地拨给土地,实行牛头地制度。这是一种占地方式,即土地为国家的,而归占有者使用,后来“许多猛安谋克户把国家授予其自种的官田当作私有土

① 杨国宜:《宋代农民的政治地位和经济生活》,见南开大学历史系等编《中外封建社会劳动者状况比较研究论文集》,天津:南开大学出版社,1989年,第181、188、198页。

② 王毓铨:《莱芜集》,北京:中华书局,1983年,第363页。

地或者出卖或者出租”,“牛头地作为国有土地的色彩越来越淡薄”,这就是“官田的私有化”。又说金章宗“定屯田户自耕及租种法”,准许猛安谋克户把每丁自种四十亩以外的土地出租,金宣宗承认给军户拨授的土地为永业田,“即把官田当作合法的私有土地”。据此,他们认为“计口授田制显然已从国有制的外壳中蜕变出来,变成封建土地私有制的分配方式了”。① 他们认为土地制度的区别在于国有制和私有制,与笔者的多层级理解不同,但这不妨碍对他们具体观点的借鉴,这就是官田的私田化认识。官田的经营,在所有权的层级上属于第二层级,皇帝不仅在名义上,而且在事实上都拥有所有权,分配给贵族、官僚、军士乃至农民使用,而他们由使用权、占有权逐渐地拥有所有权,就是把官田变为私田,令官田减少,私田增多。山林川泽,在整个古代都是属于国家的事实,没有随时代的变化而变化,但是垦田中的官田数量在减少,其原因在于皇帝对它的支配政策发生了变革。皇帝将官田用作贵族庄田、官僚职田,没有多大变化,而在给农民方面的前后不同时期变更颇多。早期,比如汉代,皇帝处理贫民就耕问题,多是将官田出租给农民,收取与私人地主差不多的地租,只把极少数的耕田赐给农民。耕田出租,所有权仍完整地保持在官府手里,是官田仍多。到了后期,政府的举措向有利于官田私有化发展。像金代400万人的官田私有化了,其数量之巨大,可想而知,事情还不止此,更重要的是皇帝对官田一般不再出租,而是径直给予农民,就像明初那样的移民垦荒,给农民以土地所有权。清代的“更民田”政策,承认农民已占有的明朝官田为私有田。将官田给农民的政策,使庶民拥有的土地增多,从而使庶民土地所有制得到发展,也令小地主、自耕农、半自耕农不断产生,稳定他们的地位。

第二个考虑的因素是土地买卖权力程度的变化,与庶民地主土地所有制的发展。董仲舒讲的“除井田,民得买卖”,道出了战国以来土地就可以买卖的事实,问题是土地买卖的自由程度如何,那是由古至

---

① 漆侠等著:《辽夏金经济史》,保定:河北大学出版社,1994年,第395—397页。

近逐渐变化的。官方要控制买卖的程度，而民间要求摆脱官府的制约。王莽宣布土地为王田，不得买卖，可是百姓怨恨，因此不得不改变为允许买卖的政策。北朝均田令宣称国家给民份地，虽然实际做不到，但是观念上土地是皇帝所有，不准买卖。然而唐代均田制把份地划为永业田和口分田，前一种田可以买卖，对这种变化，是政府对农民土地买卖权限制上的松动，似乎可以认为是农民要求土地所有权和扩大买卖权的结果。待后均田制破灭，政府再没有控制土地买卖的制度，所以宋朝人讲这种情形是“田制不立”。① 政府减少对土地买卖的干涉，允许它在较大程度上进行，土地买卖比较能够顺利实现，因而可能变得频繁，事实也正是如此，那就是土地兼并越往后越激烈。董仲舒说“富者田连阡陌，贫者无立锥之地”。表明土地兼并已经很严重了，汉哀帝时土地兼并进一步恶化，于是有辅政师丹、丞相孔光的限田主张，而无任何效果。② 到了唐代，杜佑说：“天宝以来，法令弛坏，兼并之弊，有逾于汉成哀之间。”③表明唐代的土地兼并比汉代更为严重。土地兼并的一个标志，是土地转移的迅速，也即频繁地更换主人，宋代出现“贫富无定势，田宅无定主，有钱则买，无钱则卖”的情形④，兼并形势愈加激烈。到了清代，钱泳说：“俗语云：‘百年田地转三家’，言百年之内，兴废无常，必有转售其田至于三家也。今则不然……十年之间，已易数主。”⑤说明清代田地转移更频繁，土地兼并更猛烈。土地的自由买卖，使富有庶民与特权者在兼并土地的竞争中处于同等地位，有了买卖的方便，更容易拥有土地，造成庶民土地所有制的发展。于是，多层级的土地所有制中，第三层级的私人土地所有权，主要拥有者的身份发生了变动，唐代以前，特权等级地主土地所有制发达，地主多有特权身份，是身份性地主，他们控制耕种其田地的劳动者能力强；唐代之后，庶民地主土地所有制发展，取代了身份性地主土地所有制

---

① 《宋史》卷一七三《食货志》，第 13 册，第 4163 页。

② 《汉书》卷二四上《食货志》。

③ 《通典》卷二《食货 · 田制》，第 16 页。

④ 《袁氏世范》卷三《富家置户多存仁心》。

⑤ 《履园丛话》卷四《协济》，上册，第 110 页。

的地位。这是土地所有者身份的变动。这种变化,对庶民地主有利,而对自耕农不利,并产生出大量佃农。唐代以前,身份性地主拥有巨量土地,但他们人数究竟有限,所垄断的耕地比后世地主要少得多,客观环境允许小农拥有土地,所以自耕农能够大量存在。唐代以后庶民地主拥有的土地在总量上要超过前此的身份性地主,这两者所拥有的土地加在一起,就占有了大部分耕地,迫使相当部分自耕农丧失土地,下降为佃农。农民中自耕农的减少,就意味着佃农的增加,所有在庶民地主土地所有制发达的情况下,佃农数量超过自耕农。与此同时发生的事情是,庶民地主对佃农的控制力减弱,使佃农不仅在数量上,而且在社会地位上成为农民的主体。总之,中国古代社会,随着身份性地主土地所有制向庶民地主土地所有制的转化,农民社会中的自耕农重要地位,时或被佃农所取代。

第三个考虑的因素是土地所有权第一层级实施的作用,影响自耕农。佃农数量增减和存在状况。当政府实行允许农民垦荒、将官田给贫民为永业政策时,以及实行政治改革多少有些成效时,自耕农就会增加和稳定;反之,实行把官田租给贫民的政策时,对豪强兼并土地束手无策时,乃至自身参与兼并时,就会使自耕农在挣扎中落入佃户行列,而使佃农增多。

第四个考虑的是其他社会因素和土地买卖的作用。中国传统的财产继承法是诸子平分制,它的实行,往往使富人变穷。试想,一个地主家庭,经过几次诸子分家之后,田产分散了,有的子孙会落入自耕农行列,甚而为半自耕农、佣工。当大的战乱,特别是农民战争之际、之后,大土地所有者死亡、流亡,农民自动耕占他们遗留下来的田地,若经政府承认,就是名副其实的主人了,成为自耕农。土地买卖,会使有的地主下降为自耕农、半自耕农;也会让一些佃农上升为自耕农。总结自耕农、佃农在农民构成中的状况以及他们地位变动的原因,多层级土地所有制下,作为政府行使其土地权力的象征的有关政策,庶民土地所有制的发展,土地买卖程度的变化,以及其他社会因素,综合起作用,而庶民土地所有制的发展更是关键之所在。

四、农民构成和中国古代历史的特点

对农民构成及其相关事物的研究，使我们发现中国古代历史的一些特点，仅述于下：

（1）中国古代封建社会具有两种基本社会矛盾，即封建国家与农民的矛盾，地主与佃农的矛盾。

佃农与地主的矛盾，这是大家都理解的，是封建租佃制、依附制的农业生产关系所决定的，毋庸赘述。这里要交代的是另外的那种矛盾关系。

封建国家与农民的矛盾，基本上是多层级土地所有制产生的。矛盾的一方是国家，以皇帝为代表，它制定土地法规、君臣法规、赋役制度等一系列法令，以拥有最高层级的土地所有权，对私人土地拥有一定的支配权，对臣民具有人身支配权；反之，平民土地所有者在人身上对国家具有强烈的依附关系，土地所有权很不完整，这就使它在承受田亩负担之外，有着更为严重的徭役义务。于是，形成压迫者、剥削者与被压迫者、被剥削者的对立。

后一方面，包括自耕农、半自耕农、富裕农民、平民地主，而主要成分是自耕农和平民地主，所以说这种矛盾是自耕农和地主共同对国家的对立斗争。这里要特别留意的是，本文所说的国家与农民矛盾中的农民，不是传统概念的佃农，而主要是自耕农和平民地主，内涵是不同的，要避免混淆。

矛盾表现在农民的各种反抗形式，如拖欠钱粮、隐匿户口、逃亡、告官、暴动以至战争；国家为控制农民，强化户口制度、什五制度、教化制度、赋役制度，并借助于宗法制度，不时地进行政治改革，采取惩治贪官、整顿吏治、蠲免钱粮、兴修水利、颁布农书、改良耕作技术等措施，实行社会整合，企图化解这种社会基本矛盾。

研究这种矛盾，有益于认识历史上经常出现的政治改革和史不绝书的农民抗争。为什么封建时代的政治家、政论家都倾注精力于民本和安民，都注意农民的动向，针对农民与国家的对立状况，针对财政危机和其他重要社会矛盾，不断提出和实行政治改革，产生汉人董仲舒、师丹，唐人陆贽，宋人余靖、谢方叔，明人原杰等的土地制度危机论、改革论和招抚流民论，出现王莽的王田法、杨炎的两税法、王安石的农田水利法、张居正的一条鞭法、雍正帝的摊丁入亩法等，关键就在土地制度和赋役制度的变更，以及历朝的蠲免钱粮，康熙帝和乾隆帝先后实行的普免钱粮政策被视为盛世的一个标志。另一方面，为什么农民反抗运动的矛头指向政府，要求“均田免粮”？① 不必说赫赫有名的闯王李自成宣布的“不当差，不纳粮”②，就是鲜为人知的南宋广西李椲暴动，也“出榜约不收民税十年”。③ 反对贪官污吏，却又拥护好皇帝，说什么“官逼民反”；为什么农民运动规模那么大，参加者那么广泛？除了劳动农民之外，有那么多的地主分子及下层读书人参加，因为平民地主所受政府的赋役负相，比劳动农民还要多，他们被迫的程度更大，让他们参加比自耕农更不容易，可见他们负担的沉重。如果不用这种多层级土地所有制认识论及其相关的农民概念，不用等级观念，很难说得清农民战争爆发的原因、参加成分的复杂性及其后果。

（2）农民构成的历史实际所反映的中国封建时代的特点。

按照通常理解的封建社会发展史理论，是农奴制占主导地位，自耕农和平民地主无足轻重。而中国历史不然，许多学者论述过中国封建社会历史的特点，如嵇文甫④、童书业⑤、傅衣凌⑥等认为中国封建社会早熟、不成熟，具有弹性，这是以西方封建制为典型作出的比较，非常有见地。但是，世界的发展是多元的，不是一个模式能够容纳的，如果我们再从中国的多层级土地所有制，从农民构成，从平民地主和自

---

① 查继佐：《罪唯录》传卷三一《李自成传》。

② 谈迁：《国榷》卷一〇〇，北京：古籍出版社，1958 年，第 6 册，第 6017 页。

③ 朱熹：《朱子语类》卷一三三《盗贼》，《四库全书》本第 702 册，第 693 页。

④ 嵇文甫：《中国古代社会的早熟性》，载《新建设》第 4 卷第 1 期，1951 年。

⑤ 童书业：《中国封建制的开端及其特征》，载《文史哲》第 1 卷第 2 期，1951 年。

⑥ 傅衣凌：《论中国封建社会中的村社制和农奴制残余》，载《厦门大学学报》1980 年第 3 期；《论明清社会的发展与迟滞》，载《社会科学战线》1978 年第 4 期。

耕农的历史实际出发，解释中国的中世纪历史，就会发现中国历史的诸多特点，不必套西方的模式了。中国中世纪农民史与西方封建农奴史不同，承认这个差异，庶几全力寻找中国历史的特点，笔者粗浅地认为：

其一，多层级土地所有制下私有制和庶民土地所有制的发达。多层级土地所有制异于他国，尤其是田地可以买卖，造成庶民土地所有制的盛行，它与多层级的土地所有制相结合，使广大人群与土地所有权联系在一起，成为土地的一“主”，形成自身的、具有较强独立性的个体经济，令人们既依赖土地，又离不开土地，而这与西方农奴固着于土地、离不开主人的原因大不相同。

其二，多层级土地所有制是中国封建中央集权所由产生的终极原因，或者是人们通常所说的小土地所有者成了社会的基础。中国何以形成高度的专制主义中央集权制，皇帝拥有最高土地所有权当是基本原因，他掌管土地的分配和使用，生产者与土地的结合，水利的兴修，以维持社会生产和社会生活的正常进行，设若不集中权力，在分散的小农经济情况下很难将这样广土众民的国家统一起来，并进行有效的管理。统治者亦深知这个责任，常常努力去做，比如，在“五胡乱华”的混乱形势下，前秦政权也懂得“课百姓区种”①，兴修泾水水利②，留心农业生产，原因在于它要维持政权，就要收税，就不得不关注农田水利和农业生产技术。元蒙开始不懂农业，变农田为牧场，后来学得聪明了，设立大司农司、劝农营田司掌管农事，并由司农司编辑农书《农桑辑要》，颁布农村。土地、人民、政事三项是政权的要素，皇帝在抓农事的同时，更知道管理农民和土地中的土地制度与赋役制度结合的极端重要性，所以用户口的多寡作为官吏的考核标准，所以严格要求民人“地著”，严禁脱漏户口，搜括逃户。皇帝深知依赖农民和从中寻找政治人才的重要性，承认半自耕农以上的农民都是良人，佃农、佣工中的相当一部分也是良人，这就是以农为本的表现。从良人中选拔官吏，

---

①《晋书》卷一一三《苻坚载记》，第9册，第2895页。

②《晋书》卷一一三《苻坚载记》，第9册，第2898页。

从有田产的农户中选充衙前、里正、里长、粮长等职役，因良人多而有较为广泛的民众基础。总之，皇帝依赖农民、统治农民；农民接受皇帝的治理（不乏残暴的统治），要求好皇帝的保护（实际上是常常遭到破灭的幻想）。

其三，多层级土地所有制和农民的广泛构成，允许农民具有创造性，为产生古代的灿烂文明作出贡献。农民的构成中含有地主、富裕农民、自耕农、半自耕农，人员众多，又是平民，有自身的独立经济，有必要也有一定条件推进农业生产并为手工业生产和商业的发展提供必要的物质条件。中国古代的灿烂文明，就是在平民农民个体经济基础上创造出来的。

（3）由土地所有制和农民构成认识古代农村居民的分化及流民、游民问题的严重性。

多层级土地所有制，允许土地买卖，使得农村居民的分化容易成为现实，容易出现“富者田连阡陌，贫者无立锥之地”的状况，出现种种分化现象，不仅是两极的地主和佃农，更造成农民构成的复杂化。

农村居民分化的社会原因之外，又有古代生产力低下，很难抗拒自然灾害的缘故，造成大量人口游离在农业生产之外，先后出现严重的流民、游民问题，从汉代至清代历久不衰，也是政治家注意的事情。

流民的产生是由于土地分配的不合理，政治上的混乱，重大的自然灾害，特别是大的战争，使得农民被迫离乡背井，流浪他方，但是只要战争结束，灾害过后，政治走上轨道，缓解土地集中的程度，流民就会返回家园，或就地著籍，重新安定下来。不过，造成农民流徙的因素反复出现，所以流民在历史上始终不断。比起流民问题的严重性来，游民问题就更突出了。历史进展到宋代，特别是明清时代，佃农增多，他们与佣工都向平民化方向迈进，与此相适应，农业生产方式起了某种变化，雇工经营较多地出现，地租方式除了传统的实物租，货币地租被采用的现象增多。经营方式和地租方式的这类变化，是农业经济结构由传统向新方向转变的开始，它使农业生产为出卖而生产的成分增加，与商品经济联系比过去密切，为手工业生产和商业发展提供必要

的条件。与此同时,整个社会经济结构发生变化,商品经济和手工业生产发展到相当水平,出现新的生产关系的因素,需要一定的劳动力。总体上说,社会经济结构的某种变化,使农村劳动力中的相当一部分人成为富余劳力,多余的劳力,游离在农业生产之外。他们因是平民,可以离乡,正好适合城镇商业和手工业的劳力需要,于是有少量的农民变成工商业从业人员。但是工商业接受能力极其有限,还令一部分劳动力无处安置,成为游民。所以游民是农业经济结构和整个社会经济结构开始变化的产物,当时社会还无法容纳他们,逐渐成为严重的社会问题。

(原载冯尔康、常建华编《中国历史上的农民》,台北馨园文教基金会,1998 年)

《中国古代农民的构成及其变化》导读

常建华

冯尔康[①]先生的《中国古代农民的构成及其变化》,是一篇宏观考察从战国到清代农民问题的重要论文,提出了诸多新的学术观点。该文成于1996年,发表于1998年,距今20余年了。这样综论中国古代农民的宏文,学术界并不多见,我以为是继王毓铨先生1980年所写《〈中国历史上农民的身份〉写作提纲》后的又一力作。王先生所论的"身份"指生产关系中的地位,旨在说明中国历史上的农民并非"自由的""独立的",不同于18世纪欧洲的农民,隶属于皇帝的"家天下"。我理解王文主要是从国家与农民的关系角度探讨农民身份的。冯先生的论文则主要从土地所有与农民的关系角度论述农民的构成及其变化。两篇大作都讨论中国古代农民,立意有所不同,可以参照阅读。

冯先生的论文,既是建立在中国学术界以往有关农民的学术讨论如土地所有制、农民战争、租佃关系、资本主义萌芽等等基础之上,也是自身学术研究的积累、转变。如要把握好冯先生的学术观点,应认识他有关社会经济史研究的过程与学术观念的变化。

一、从租佃关系到社会群体

冯尔康先生治明清史最初侧重于社会经济史。1962年冯先生从著名历史学家郑天挺先生读研究生的毕业论文,是清代中叶江南租佃

① 冯尔康(1934—　)出生于江苏仪征,成长于北京。1955年就读于南开大学历史学系,1959年毕业留校,旋从郑天挺教授为明清史研究生。研究生毕业后仍在中国古代史教研室任助教,"文革"后晋升讲师、副教授,1985年为教授,现为南开大学荣誉教授。

关系研究。该毕业论文加工后，以《十七世纪中叶至十八世纪中叶江南的商品交换、消费与本末观念》为题发表于《清史论丛》第七辑(1986)。冯先生大量发表学术论文是改革开放之后，20 世纪七八十年代之交，发表了一批有关租佃关系的论文，如《试论清代皖南富裕棚民的经营方式》(1978)、《清代押租制与租佃关系的局部变化》(1980)、《清代的货币地租与农民的身份地位初探》(1980)、《清代地主层级结构及经营方式述论》(1984)以及较早完成出版较晚的《清代自耕农与地主对土地的占有》(1990)等。这批论文主旨是探讨租佃关系，已开始涉及地主、自耕农、农民等不同经济关系的社会阶级。

改革开放以后，南开大学历史系中国古代史专业在刘泽华、冯尔康两位先生的推动下，将阶级关系作为研究方向。南开大学历史系在国内积极推动这一研究，先是联合《历史研究》杂志社、云南大学历史系于 1983 年 10 月在昆明举行“中国封建地主阶级研究”学术讨论会，后来又与《历史研究》杂志社、天津师大历史系合作，于 1985 年 5 月在天津召开了“中外封建社会劳动者生产生活状况比较研究讨论会”。这两次会议将“地主阶级”“劳动者”作为群体单独提出考察，不仅重视他们的“生产”而且关注“生活”，一时别开生面。冯先生为前一个会议写了《清代地主层级结构及经营方式述论》一文，为后一个会议提交《关于中国封建时代自耕农的若干考察》①一文。

这些会议的举行以及相伴随的论文写作，使得冯先生对于“社会”的认识发生了较大变化。1986 年，南开大学历史系联合《历史研究》杂志社、天津人民出版社举办了“首届中国社会史研讨会”，冯先生发表《开展社会史研究》一文，主张“中国社会史的研究对象是中国历史上人们的群体生活与生活方式”。② 将“群体”研究作为认识社会的主要途径，阶级研究转化为“群体”研究，而且是从“生活”考

① 以《清代地主阶级述论》为题，分别收入南开大学历史系中国古代史教研室编《中国古代地主阶级研究论集》(天津：南开大学出版社，1984 年)、南开大学历史系等编《中外封建社会劳动者状况比较研究论文集》(天津：南开大学出版社，1989 年)。

② 冯尔康：《开展社会史研究》，《历史研究》1987 年第 1 期。

察。接着,冯先生发表《清代社会史论纲》,[①]提出对清代社会研究的全面设想。

20 世纪 80 年代末,冯先生承担了国家社科基金重点项目"中国社会群体及其结构的探讨",主编并主撰了《中国社会结构的演变》(河南人民出版社,1994 年)。在长达近 20 万字的绪论中,概括了中国古代至近代前期的社会结构模式及其变化。

1996 年,在著名清史专家台湾大学名誉教授陈捷先的联络下,于南开大学历史系举办"彭炳进教授学术讲座",由冯先生负责实施,每年一个主题,邀请著名学者演讲,然后按照主题结集出版。第一讲主题是"中国农民",分别由冯尔康、刘泽华、朱凤瀚、蔡美彪、郭松义、陈振江、魏宏运诸位先生演讲,结集为《中国历史上的农民》并于 1998 年在台北出版。冯先生的《中国古代农民的构成及其变化》即是收入该书的论文。

《中国古代农民的构成及其变化》是研究农民群体的专文,凝聚了冯先生数十年研究中国社会群体及其结构的思考与总结。冯先生自定的两种文集都反映出他研究社会史的关心点。他的《顾真斋文丛》(中华书局,2003 年)对清代各个阶层与社会经济结构、群体、区域社会、社会问题四大方面进行了比较全面的探讨,冯先生认为该书称得上"清代社会群体史卷"。第一方面的论文依次是《清代社会史论纲》《清代地主层级结构及经营方式述论》《清代自耕农与地主对土地的占有》《清代押租制与租佃关系的局部变化》《清代的货币地租与农民的身份地位初探》《十七世纪中叶至十八世纪中叶江南的商品交换、消费与本末观念》《试论清代皖南富裕棚民的经营方式》,冯先生对于清代地主、自耕农、租佃关系、农民的研究支撑了他对清代社会与社会群体的基础性认识。冯先生另一部文集《中国社会史研究》(天津人民出版社,2010 年)的第二部分"社会结构与农民"收录了《中国社会结构演变简史》(《中国社会结构的演变》绪论)和《关于中国封建时代自

① 冯尔康:《清代社会史论纲》,《中华文史论丛》1987 年第 1 期。

耕农的若干考察》《中国古代农民的构成及其变化》等文章,反映出冯先生从农民群体探讨中国社会结构的思路。

其实把握冯先生对于清代农民与社会的认识,还应当了解他利用嘉庆朝刑科题本对乾嘉之际下层社会面貌的研究。

冯尔康先生在20世纪70年代开始阅读第一历史档案馆刑科题本土地债务类档案,他带领学生从嘉庆朝的三万两千余件刑科题本中抄录清代各种人物资料。冯先生发表于20世纪七八十年代的前述论文,接续了社会形态史学下经济社会史研究的传统,但是在改革开放的背景下,研究理念发生了一些变化,他利用刑科题本关注不同的人群,兴趣扩大到下层社会。2004年冯先生应台湾纯智文教基金会汪荣祖教授的邀请,为"萧公权学术讲座"作第二讲讲座(第一讲由何炳棣先生演讲),演讲题目为"乾嘉之际下层社会面貌——以嘉庆朝刑科题本档案史料为例"。[①] 内容主要为五部分:小业主的经济状况和社会生活、家庭生活与婚姻生育、宗族社会状态、流动人口、社会不稳定状态下人们的生活。在此基础上,冯先生将清代流动人口、宗族状态、小业主生活的部分修改成论文发表。[②] 冯先生研究的这些问题往往涉及农民,或者说他从更开阔的视野看待清代农民。

冯先生编纂嘉庆朝刑科题本史料的理念也发生了变化,将阶级关系扩展到全社会。冯先生长期关注嘉庆朝刑科题本,探讨其史料价值。他认为:"记录命案而形成的土地债务类档案,往往把涉及诉讼双方以及见证人的身份(功名、官职、平民、佃户、雇工、贱民、旗民、僧道等),土地占有状况(数量、买卖、典当、找赎、田价),土地经营方式和租佃关系(自营或出租、租佃双方身份、地租形态及地租量、平常关系),雇佣关系(东伙双方身份、雇工类型、工价、日常关系),主奴关系

① 冯尔康:《乾嘉之际下层社会面貌——以嘉庆朝刑科题本档案史料为例》,"2004萧公权学术讲座",中正大学历史系,2004年。

② 冯尔康:《18世纪末19世纪初中国的流动人口——以嘉庆朝刑科题本档案资料为范围》,《天津师范大学学报》2005年第2期;《十八、十九世纪之际的宗族社会状态——以嘉庆朝刑科题本资料为范围》,《中国史研究》2005年增刊;《乾嘉之际小业主的经济状况和社会生活——兼述嘉庆朝刑科题本档案史料的价值》,《中国社会历史评论》第7卷,天津:天津古籍出版社,2006年,第13—32页。

（家主身份、奴婢类型、身价、来源），借贷关系，官民关系，被压迫、被剥削者的反抗意识、活动和结局，交代得比较清楚，给后人留下了关于清人社会经济生活和社会结构的资料。”[①]他指出尤以租佃关系、东伙关系、主仆关系和宗族、家庭成员间相互关系四方面的内容更多些，认为它的史料价值特别表现在“下层民众社会生活史”上，即“土地买卖、典当、找赎、租佃和银钱借贷运行过程，雇工的生产劳动和生活，人们的宗族、家庭生活，移民的迁徙和创业过程，奴婢听受主人支配的生活，在土地债务类档案中均有不少的记载。这些社会下层民众的生活，不像达官贵人有较多的文字记录，赖有这类档案史料，使史家可以采集耙梳，去描述下层民众的社会生活和他们的历史”。[②]

二、土地产权多层级、农民构成多样化与社会历史的新认识

著名历史学家傅衣凌先生晚年郑重声明，不再使用“封建社会”这个名词，而称之为“传统社会”，认为中国的传统社会是一个多元社会，不但具有极大弹性，而且为中华民族创造了长达十几个世纪领先于世界的灿烂文明。傅先生所谓的多元化社会，强调“财产所有形态和财产法权观念的多元化”。[③] 赵冈先生认为：“中国社会的产权制度很早就导出市场经济，而市场经济就是多元化的结构，具有极大的弹性。”[④]

冯先生对于中国古代农民的新认识，也是从对于土地产权讨论的突破入手的。学术界对于中国古代土地所有制的认识主要有国有制、私有制、多种所有制诸说，冯先生用多层级土地所有制来概括，即认为国家、私人都有所有权，并有不同层级的权力区别，除了第一层级对官田之外，都没有完整的所有权。共分为五个层级：一是国家所有权，

① 冯尔康：《论“一史馆”土地债务类档案的史料价值》，《南开学报》1999 年第 4 期。

② 冯尔康：《论“一史馆”土地债务类档案的史料价值》，《南开学报》1999 年第 4 期。

③ 傅衣凌：《中国传统社会：多元的结构》，《中国社会经济史研究》，1988 年第 3 期。

④ 赵冈：《论传统中国社会的性质》，《中国社会经济史研究》，1992 年第 2 期。

或说皇帝所有权；二是贵族官僚对官田的占有权；三是私人业主所有权；四是典当业主的部分所有权；五是“一田二主”押租制下佃农的永佃权和转让权，一定程度上分割土地所有权。冯先生同时强调：“以上五个层级，自上而下，所有权的量度在递减；自下而上，所有权的量度在递增。”主导面则在一、三两个层级，私田在相当程度上可以买卖。冯先生的新看法，旨在化解中国古代土地所有制的国有制与私有制之争，同时兼顾了二者各自的合理性。

冯先生摒弃只把种田人作为农民的狭隘看法，认为“一切与耕地、与农业生产有关系而又不是其他职业或身份的人都属于农民范畴”，大大拓宽了认识农民的视野。在明了多层级土地所有制和农民范畴之后，冯先生提出农民的社会构成，他把农民分为九类：自耕农、半自耕农、平民佃农、佃仆、国家佃户、农业佣工、农业奴隶、富裕农民、平民地主。冯先生强调：从生产劳动角度讲，农民主要成分是属于平民身份的自耕农（含半自耕农）和平民佃农，其次是依附农（佃仆、佣工）；从影响社会变化的视角看，自耕农、平民地主和佃农最重要。

冯先生特别指出，从变化发展来看，自耕农和佃农迭为主体，即唐代以前自耕农为农民的主体，唐代以后随着依附农的减少，平民佃农增多，社会地位提高，逐渐取代自耕农的地位，时或上升成为农民的主体。冯先生认为，探究自耕农在农民构成中得以长期成为主要因素、佃农地位得以上升以及双方地位转化的原因，多层级土地所有制的变化当是着眼点，主要考虑的因素有四：一是官田的私田化，扩大庶民土地所有制；二是土地买卖权力程度的变化，与庶民地主土地所有制的发展；三是土地所有权第一层级实施的作用，影响自耕农；四是其他社会因素和土地买卖的作用。

冯先生从对多层级土地所有制、农民构成的研究，发现中国古代历史的三个特点。第一，中国古代封建社会具有两种基本社会矛盾，即封建国家与农民的矛盾，地主与佃农的矛盾。这一看法不同于以往论述封建社会形态的主要矛盾为地主与农民矛盾说。第二，农民构成的历史实际所反映的中国封建时代的特点：一是多层级土地所有制下私有制和庶民土地所有制的发达；二是多层级土地所有制是中国封建中央集权所由产生的终极原因，或者是人们通常所说的小土地所有者成了社会的基础；三是多层级土地所有制和农民的广泛构成，允许农民具有创造性，为产生古代的灿烂文明做出贡献。第三，由土地所有制和农民构成认识古代农村居民的分化及流民、游民问题的严重性。

冯先生上述论证很有逻辑性，不仅注重土地产权的分析、阶级分析、等级分析，还特别强调了兼顾四种研究方法，熔于一炉。其一，注意农业要素，即农业包含土地、劳力、投资和农业知识四要素；其二，注意与土地所有制相联系，认识劳动者如何与土地结合，也就是需要考察土地所有制与生产关系下的生产者成分；其三，农民与政权关系；其四，运用社会结构理论，要义是寻找结构要素之间的联系和变化，据此考察农民构成诸成分之间的关系及其变动，并探讨农村分化。

冯先生的出色研究，解决了他在论文开头所说的四个疑惑问题：(1) 农民不只是指或主要是指佃农，不能忽视自耕农的大量存在，如此才能认清农民结构。(2) 自耕农和佃农在农民构成中各有地位，主体地位大致以唐代为界发生大的变化。(3) 古代的地主与农民构成一定意义上的农民。(4) 小土地所有制和小农制经济的多层级与分散性成为封建经济基础和专制基础。冯先生的这项研究，不仅提出了农民构成及其变化的看法，是农民问题的基础性研究，而且提出了与此有关的社会基本矛盾、阶级关系、等级关系、政府政策及其归宿、政治斗争及农民运动、中国古代历史特点等一系列重要历史问题的说明。

需要指出的是，冯先生讨论问题的基础仍是封建社会的形态与社会性质的基本理论，文中使用了"封建经济基础""封建土地所有制""封建社会""封建租佃制""封建国家""封建时代""封建中央集权"等词汇，而研究的问题并不囿于传统封建社会的理论，而是力图寻求有所突破，建立新的社会历史的认识。我们在冯先生后来的研究中，注意到他慎用"封建"一词概括中国古代社会。2008 年冯先生从宗族

视角讨论秦汉以降古代中国社会性质的论文中,提出新的思考。他指出,学术界通常将秦汉以降的中国古代社会称为"封建宗法社会",考察两汉、两宋的宗族状态发现社会颇具宗法成分,然与上古的贵族宗族判然有别;宗法精神渗透到社会结构诸多领域,宗法专制性既是存在的,也在逐渐削弱之中。他提出秦汉以降的社会是"变异型宗法社会"的概念,即上古宗法社会的制度及其观念,在秦汉以降的社会既有保持,又有变异,令宗族不再是上古的典型形态,社会不再是典型宗法社会,而是变异型的,并形成中国中古、近古社会异于其他国家的特质,即宗法性使得政府讲求仁政的治理理念,民间追求温情脉脉的人际关系。不过冯先生也指出,他的讨论仅限于社会的宗法性,没有涉及生产关系问题,没有全面论述社会形态,不是判断秦汉以后中国社会性质的研究。①

三、地权分配问题知多少

考察中国古代社会的农民,古代中国私人佃户与自耕农的数量是一个关键。王毓铨先生指出:"印象是全国统一在一个朝廷之下的时候,尤其是统一在一个强有力的朝廷之下的时候,'自耕农'的数量多于私人佃户,至少不少于私人佃户。就地区讲,大江以南汉族地区多佃户,尤其是江南苏松。大江以北黄河流域多自耕农,而且基本上是自耕农。"②

冯尔康先生《关于中国封建时代自耕农的若干考察》指出:"在封建时代,自始至终有大量的自耕农,在封建制前期它是农村居民的主要成分,到了后期,比重减低,也还占到农户的三分之一。"③冯先生

① 冯尔康:《秦汉以降古代中国"变态型宗法社会"述论——以两汉、两宋的宗族建设为例》,《天津社会科学》2008 年第 1 期,收入冯尔康:《中国宗族制度与谱牒编纂》,天津:天津古籍出版社,2011 年。

② 王毓铨:《〈中国历史上农民的身份〉写作提纲》,《莱芜集》,北京:中华书局,1983 年,第 363 页。

③ 冯尔康:《关于中国封建时代自耕农的若干考察》,见《中外封建社会劳动者状况比较研究论文集》,第 86 页。

《中国古代农民的构成及其变化》一文,重新表述为:“大略地说,唐代以前,自耕农为农民的主体,唐代以后,随着依附农的减少,平民佃农增多,社会地位提高,逐渐取代自耕农的地位,时或上升成为农民的主体。”

冯先生的分析有相当的资料依据,如宋代自耕农的数量问题,他分析了户等制中各类户的比重,参考了宋史专家漆侠教授等人的研究成果,参考了明清时期的文献资料与清代档案。其实对于中国传统社会地主土地占有数量与自耕农的比例,还有其他学者也在不懈努力,赵冈、章有义就是两位重要的学者。

中国社会科学院经济研究所章有义(1919—1992)先生,早在1988年就针对主流的说法提出商榷意见:“长期以来,流行这样一种估计,即占乡村人口不到百分之十(按户数计约占百分之八左右)的地主富农占有约百分之七十至八十的土地,而占乡村人口百分之九十以上的雇农、贫农、中农及其他人民却总共只占有约百分之二十至三十的上地。这个估计见于中国共产党和人民政府的重要文献,因而为人们所一致接受。”章先生经综合考察,得出新的看法:“通览上述这些综合性材料,可以大致看出抗日战争前全国土地分配的基本轮廓。大体说,无地户约占农村总户数的30%至40%;有地户中,地主富农占有土地的50%至60%,中贫农占40%至50%。”他强调说:“所以要对地主富农占地百分之七八十这个权威估计提出异议,无非是要正确估量自耕农民小土地所有制在旧中国土地关系中所占的地位。长期以来,人们惯于把土地关系狭隘地理解为租佃关系,即地主和佃农的关系,而把农民小土地所有制视为无足轻重的因素,不是一笔带过,就是根本不提。实际上,小自耕农占有土地达40%—50%,或者说,40%左右,乃是中国近代土地关系的一个重要组成部分。……大家知道,自耕农的消长本身,不论在古代或近代,都是社会经济衰落与繁荣的一个重要标志。”他还提出“地主所有制下土地分配的常态问题”,认为:“至少从宋代以来,地权转移主要是通过买卖方式。凭政治势力强占者只是例外现象。”“对地权分配,长期起作用的两个基本因素是土地自由

买卖和遗产多子均分制。”“种种长期和短期因素交错交织在一起，于是在长期上、整体上，形成地权的阶级分配的某种常态，即地主和农民占地的比率大体稳定。地主的田地大都是由佃户耕种的，因而佃农对自耕农的比率也就大致反映了地主田产的比重。宋代户籍中的客户基本上是佃户，也包括一部分失业的贫民。据载，11 世纪末叶，1091—1099 年间，客户占总户数的百分比，平均约为 32.97%（梁方仲《中国历代户口、田地、田赋统计》，上海人民出版社 1980 年，第 128—129 页）。而到 20 世纪 30 年代前期，1931—1936 年间，佃户对总农户的比率平均亦仅 30.33%（国民党政府主计处统计局编《中国租佃制度之统计分析》，正中书局 1942 年，第 6 页）。如从前者剔去失业贫民，则佃户百分比，前后相隔八百多年，几乎没有多大变化，简直近乎一个常数。看来，人们所想象的地权不断集中的长期趋势，实际上是不存在的，或者说是不可能存在的。”[①]同年，章先生的另一篇实证研究《康熙初年江苏长洲三册鱼鳞簿所见》指出：“由康熙初年（五至十五年）到 1949 年，二百七八十年间，地主（包括富农）同农民的占地比率几乎稳定在 65∶35。看来，人们设想的地主所有制支配下地权不断集中的必然性，在这里没有得到证实。”[②]

美国威斯康星大学经济系荣誉教授赵冈早在 1982 年出版的《中国土地制度史》（与陈锺毅合著，联经出版公司），就以宋代全国客户占总数之比，来说明地权分配之状况与演变趋势。他指出从北宋初年以后，土地分配状况在不断改善中，无地客户的比重下降，而且下降的速度不算慢，天圣景以后从 43.1% 的最高点降到熙宁五年（1072）的 30.4%。这种状况之改善是一个自然过程，北宋政府没有推行过任何平均地权的土地政策。2002 年赵先生同前述章先生的研究讨论，在《地权分配的长期趋势》中也指出中国历史上地权分配的趋势并非所

① 章有义：《本世纪二三十年代我国地权分配的再估计》，《中国社会经济史研究》1988 年第 2 期。

② 章有义：《康熙初年江苏长洲三册鱼鳞簿所见》，《中国经济史研究》1988 年第 4 期。又章有义先生著有《明清徽州土地关系研究》（北京：中国社会科学出版社，1984 年）、《近代徽州租佃关系案例研究》（北京：中国社会科学出版社，1988 年）、《明清及近代农业史论集》（北京：中国农业出版社，1997 年）等，可以参看。

谓的“不断集中论”或“无限集中论”，就长期趋势而言，中国历史上的地权转移呈现出了逐渐分散的倾向，这可能与宋明以后中国人口的快速增长有关。他“推论土地分配在没有政策干预时自然演变趋势。我们相信在长时间内地权分配不是一个常数，更不是永恒兼并无限集中，而是在逐渐分散。这从北宋的客户统计及清中叶以后的发展，尤其看得很明显”。[①]

不过，赵冈先生此后连续发表了系列性的反思性文章。赵冈发现他与章有义教授的上述研究犯有错误，未将江南义田、族田与私有土地区别开来，还有就是未考虑到永佃制下田面与田地分离的因素，因此认为“低估了该地区的土地产权分散的程度”。赵先生得出两项推论：“第一，‘太湖模式’[②]的提法是不正确的。该地区土地集中程度高是受制度性因素扭曲所致。事实上，苏州地区是清代全国各地地权分配比较平均的地区之一。这主要是因为有永佃权的佃户普遍存在，真正无产无业的农户极少。第二，苏州地区的佃户比其他地区之佃户富裕一些，他们或多或少都有些产业，在市场上可以出售，换取现金。从另一个角度看，永佃制为贫苦的无业农民提供了一个累积田产发家致富的捷径，买进一块田面总比买进一块全业所需资金要少，是比较容易走出的第一步。因此，农村土地市场上对田面的需求殷切，田面的价格上调极快，到乾隆后期，田面的价格竟为田底价格两倍以上。一个拥有 30 亩田皮的佃农要比有 60 亩土地的地主更富有。”[③]

赵先生继续论证。他说：“租佃率的计算将没有永佃权的农户与执有田皮产权的永佃户一视同仁，其实严格说来，永佃户是根据产权来耕作，十分接近自耕农的身份，并非一般主佃对立的概念。”他认为，南北比较看出，从宋代开始人口密度越来越大，人口密度增高迫使土地市场由买方市场变成卖方市场，农田之零细化是南方甚于北方，南

① 赵冈：《地权分配的长期趋势》，《中国社会经济史研究》2002 年第 1 期。

② 秦晖提炼的名称，指称长洲的地权分配情形。相应，秦晖还提出“关中模式”，指关中地区土地分配多自耕农的情形。

③ 赵冈：《地权分配之太湖模式再检讨》，《中国农史》2003 年第 1 期。

方的土地买卖交易盛行“找价”或“补价”。“政府法律都无法改变土地卖方市场的性质。南方的地权分配比北方平均的另一个重要原因就是永佃制的盛行。永佃制的效果是使贫农与佃农中农化,使得地权分配更趋平均。”①

赵冈还就中国传统社会地权分配的周期波动问题发表看法。他认为,清代河北获鹿县编审册地权分配资料显示地权分配在康熙年间至乾隆初年呈逐渐集中之势;乾隆中叶以后,地权分配渐趋分散,前后形成周期性波动。这种波动与中国的治乱周期相矛盾,它是由土地市场变动及诸子分家继承制共同形成的。他指出:清代的实证资料显示“在王朝初兴时,土地趋向集中,进入承平时期,地权开始分散,这种循环状况与治乱循环完全相反”。② 赵先生的这一看法受到张荫麟《北宋的土地分配与社会骚动》(载《中国社会经济史集刊》6 卷 1 期,1937 年 6 月)一文的启发,可以丰富王毓铨、冯尔康先生的前述有关自耕农问题的认识。

包括冯先生论文的《中国历史上的农民》一书出版后,内容受到好评,被认为是:“反映了中国古代农民的概况,丰富了我们对农民的认识,同时也纠正了过去一些公式化、概念化的认识。”③这一评论也很适合评价冯先生的本篇论文。

---

① 赵冈:《清代前期地权分配的南北比较》,《中国农史》2004 年第 3 期。

② 赵冈:《中国传统社会地权分配的周期波动》,《中国经济史研究》2003 年第 3 期。又赵冈先生的有关研究,更系统地反映在所著《中国传统农村的地权分配》(北京:新星出版社,2006 年)、《永佃制研究》(北京:中国农业出版社,2005 年)等书中。

③ 孟彦弘:《1997—1998 年度社会史研究述要》,《中国史研究动态》1999 年第 8 期。

魏晋南北朝时代的“村”

［日］堀敏一

一、问 题 所 在

汉代以前的“里”位于城墙环绕的城市之中，乃城郭城市建设的产物，①其同时又是普通民众的生活场所，是共同体连带和共同体约束共存的地方。汉代以前的国家在“里”内设有行政官职，处于行政组织的最底层。若依据研究史中的传统专业术语，将民众展开生活并互助合作的村称为“自然村”（由于“里”并非自然形成，该术语或许并不合适）的话，那么我们可以认为在汉代以前的聚落中，行政村与自然村是统一的。

这种村在汉代逐渐解体，其根本原因是里民之间相互平等的体制的崩溃所引起的阶层分化，也就是所谓“武断乡曲”的豪族势力的抬头。根据近年发现的东汉《侍廷里父老僤》碑文所载，父老作为“里”的领导阶层同时还要负责行政管理，他们是从拥有一定财产的群体之中选拔而来。一直以来，学界的观点认为父老是从受民众爱戴、德高望重的人中选拔出来的，从碑文记载来看，民众之间的贫富差距逐渐扩大，“里”的构造也产生了一定的变化。东汉时期难民的增加也源自这种“里”的解体现象，当然这也与动荡不安的政局不无关系。可以说，正是东汉末期的动乱导致了“里”制度的最终解体。

由于“里”的解体，取而代之出现的是被称为“村”的聚落，这也是魏晋南北朝至隋唐时期的主要村落。最早对村进行综合性研究的是

① “里”在西周时代原本位于城郭之外的田野，在春秋中期以后开始建于城郭城市的内部，与此同时民众也开始移居城内。

宫川尚志先生(《六朝時代の村について》),他指出村的出现导致了“城市和农村的分化”。由于汉代以前的社会是以城市为中心,普通民众大都居住在城市之中,因此这是一个极其重要的社会性变化。宫川先生搜集并整理了大量与村有关的史料,并由此发现了村的地理位置的诸多特点,其大多位于远离政治中心的地区、偏远之地、寂静的田园、异民族的聚居地等处,这也是城市与农村分化的一个侧面。

宫川先生通过对这些史料进行分析,指出大量与村有关的诸问题点,但并未对之进行深入探讨,亦未将其与社会构造问题相联系。例如,其虽列举了村参与政治的有关事例,但并未言明这是否为村本身具有的职能。实际上,除了村以外,被称为里的聚落制度依然存在,且可以明确的是其系作为行政村而设,与前代相比,可以说该时代的特点是自然村和行政村的分离。宫川先生通过对唐代户令的分析,明确了农村与城市的分化,同时也指出其反映了乡里与村坊的区别。这是魏晋南北朝时期自然村与行政村分离的结果,因而笔者认为其仅指出城市与农村分化这一点会稍显片面。农村与城市的分化是极其重要的现象,那么新生的“村”为何又游离于国家行政之外呢?这是与村密切相关的问题,故笔者认为需要对这一问题进行深入探讨。

宫崎市定先生在相关论文(《中国における聚落形体の变遷について》《中国における村制の成立》)中进一步探明了村出现的意义。尽管秦汉帝国得到了统一,但由于民众居住在城市之中,故这些王朝将城市作为据点而展开政治统治(这是要将其与欧洲罗马帝国进行对比之故)。但是,东汉末期以后,异民族进入并开始定居于城市之间的空白地带,进而逐步侵入并占有城市,而汉族百姓则逐渐移至城外居住,这就是村的成立过程。随着村的出现,居住在城郭之内和城郭之外的人逐渐分离,也就产生了宫川先生所述城市与农村的分化,这与欧洲中世的情况并无二致。这种聚落的变化就是宫崎先生划分古代与中世的时代区分论的重要指标。

一般认为“中世纪始于农村”,在这个意义上村的成立的确非常重要,且农村与城市的对立亦是中世纪的重要特点。笔者亦认同其具备中世纪的特点这一观点。然而,宫崎先生的时代区分论所关注的是其在世界史上的共通性,并将类似的现象抽象概括成理论。

如此一来,我们便容易忽视各个地域的特殊性。从世界史的阶段论方面来看的确如此,但我们在探究事物特殊性的过程中,那些所谓共通、普遍的地方究竟是否真的如此? 诸如此类的疑问便随之出现。从这一点来看,正如前文所言,我们有必要对村的相关问题进行更为深入的探讨。

关于这一类问题,宫崎先生在论及村的成立问题之时,指出江南地区的村大都与庄园相同,随着庄园内部"私附之民""荫附之民"的增多,逐渐出现了介于奴隶和良民之间的贱民阶层。唐代称这个阶层为"部曲",赋予其在法律上的地位。宫崎先生在其他论文中(《東洋史的近世》《中国史上の荘園》《部曲から佃戸へ》)将部曲比作农奴或佃户。这是宫崎将这个时代划为中世的另一个重要指标,然而也有学者认为从部曲的劳动形态这一点上看,其与奴隶并无不同(浜口重国《唐代の部曲・客女と前代の衣食客》)。笔者认为部曲与代表奴婢身份的奴隶不同,其出现有特定的意义,介于奴隶和农奴之间的各种各样的生产者的出现都是部曲产生的重要背景,故并不能简单地断定其为奴隶或农奴,这是在均田制这种一君万民体制下所设置的一种特殊身份(《中国古代の身份制: 良と賤》第六、八章)。

不过,宫崎先生在论证"村"制度成立的论文中指出,在魏晋南北朝至隋唐时期,为了让聚落内部民众相互监视、彼此承担连带责任,实施了由五个家庭组成"保"或"保伍"的制度,"保"原是军队的行政单位,这是"军政向民政的渗透",是中世纪社会的特征,亦是封建制度的特点。如宫崎先生所言,五人一伍的制度虽起源于军队,但将其用于民政则始于战国时代的商鞅,正其所言之古代。魏晋以后之所以改称为"保",是由于"保"具有五个人或五个家庭共同担保的意义,例如在缔结有官府参与的官方契约之际,要求必须有五个担保人。将之与军事制度联系起来作为中世纪社会特色这一观点或有赘笔之嫌。

继宫川、宫崎先生之后,越智重明先生也对村的出现展开了深入

研究（《漢魏晋南朝の郷・亭・里》《東晋南朝の村と豪族》《里から村へ》），其对宫川先生以来诸位学者提出的问题点进行了更为深入细致的考察，其中尤其需要注意的是：第一，与宫川、宫崎先生两位学者侧重于村的研究视点不同，他指出不同于村的乡、亭、里体系是汉代以来一直沿袭的制度；第二，他强调村成为豪族的统治场所这一观点。尽管宫崎先生等学者亦稍有触及，但并未展开论述。

第一个问题与笔者在前文提到的自然村与行政村的问题有关，但是魏晋南朝（这与新设三长制的北朝无关）的行政村组织是否真如越智先生所言，自汉代以后一直持续存在？这个观点又是否等于否定了汉末里制的解体？这才是关键的问题。无论如何，越智先生关于其连续性的观点在一定程度上否定了宫崎先生等学者所强调的这个时代所具有的划时代意义。

在第二个问题中，越智先生从对前代的继承发展这一角度来看这个时代。学界普遍认为，由于汉代豪族势力的不断扩张，导致了魏晋南北朝成为豪族、贵族统治的时代，故在这个时代新出现的村中，就必须要考虑到豪族的统治问题。从这一点来看，越智先生对该问题的探讨是极有价值的，但关键问题在于如何考虑豪族与村的关系这一点。对此，越智先生有如下阐述：

"这种官员（豪族）打破每个村原有的共同体约束机制，进而统治两个村的一部分编户民众，以便于开展自己的私有田地经营等。"（引用者注：越智先生认为城内也有村，此处所言"两个村"是作为官员出生地的村和成为官员后所生活的村的并称）"考虑到至少在制度上，汉代的'里'会平等对待所有编户民众，以及六朝诞生的村具有统治编户民众的特点，官员（豪族）通过拥有门客、门生而打破共同体约束机制的村，基本上可以认定（不是'里'）为村。"（《東晋南朝の村と豪族》第21页，虚线系引用者所标）

至于汉代的"里"是否真的平等对待民众这一点，越智先生认为"至少在制度上"如此。笔者认为，实际上阶级分化已经打破了其均等性，但在汉代的"里"和其后产生的"村"中，阶级分化和阶级差别的区别颇大，前者的分化具有一定的过渡性，故可以认定二者之间存在差异。

那么，越智先生所指的“共同体”或“共同体约束机制”又是何概念？“共同体”似乎是建立在其内部成员“均等”的基础之上。不知越智先生是否考虑到，随着共同体中的有势力、有财力者（即所谓的豪族）的不断崛起，既有依然隶属于共同体的，也有脱离共同体的。或许由他们掌控并支配着“共同体约束机制”，且“共同体约束机制”正是如此发挥着其约束作用等问题。关键问题是这个时代的豪族究竟是作为成员之一继续存在于共同体之中，抑或是脱离共同体而成为凌驾于村落之上的统治者。这个问题与豪族是否成为官僚赴任外地无关。这是本文的问题点之一，在此笔者首先要指出的是“豪族共同体”论。

豪族共同体论的提倡者是川胜义雄、谷川道雄两位学者，他们在合著的《中国中世史研究の立場と方法》一文中，据说该文是由川胜先生执笔、谷川先生稍作修改而成，以“共同体的自我发展”为视角，指出共同体经历了“氏族共同体—里共同体—豪族共同体”这一发展历程。“里共同体”是由氏族共同体解体的过程中出现的“自立小农民”再编而成的共同体，成为汉帝国即古代帝国成立的基础。在“里共同体”出现后不久，土地所有者和小农民之间便产生了尖锐的矛盾，突破“里共同体”的框架再编而成的是豪族共同体。领导豪族共同体的豪族作为该共同体的首长“所需要的不仅仅是武力、财力等外在力量，更要求其具有建立在共同体原理基础之上的政治、文化方面的能力”。那么，“共同体原理”究竟是何内容？这一问题在该文中并未言及，但通读谷川先生后来所发表的诸篇论文（《中国中世社会と共同体》《中国中世の探求》所收），不难看出所谓“共同体原理”并非建立在阶级社会的阶级对立的基础上而展开的阶级统治，而是作为共同体的成员或首长寻求共同体所有成员的生存之道或为寻求生存之道展开的诸行为。

川胜、谷川两位学者的基本观点是人类无法脱离共同体而独立存在，因此为共同体服务对于人类而言是最基本、最重要的生存方式。基于这个观点，谷川先生以六朝豪族为研究对象，给予他们极高的评

价，认为他们具有大公无私的较高的精神境界和能力，为救济乡党农民而舍弃自己的利益。但是，这明显是谷川先生等学者前述思想的直接投影，是他们对六朝豪族过于理想化的结果。不过，笔者认为六朝豪族会被如此理想化必然有其原因。故而，笔者虽然不认同谷川先生的精神论，亦不盲从川胜先生“共同体的自我发展”的观点，但对于分析该时代的“豪族共同体”的视点持赞成态度。但是，笔者需以独有的视点对“村”或“乡党社会”加以分析并进行论证。接下来，本文将从“村”的各个方面展开讨论，其核心问题在最后一部分。

关于这个时代的集团所具有的共同体特征，在中国学者对坞壁特点的研究中亦得到了证实。坞壁是这个时代特有的防御设施，日本学者那波利贞先生在很早以前就对其进行了专门研究（《塢主攷》），宫川、越智两位学者认为坞是村的起源。中国学者赵克尧先生认为从坞壁中可以看到共同体的痕迹，他强调在豪族共同体的坞壁中这一特征更为突出（《论魏晋南北朝的坞壁》）。不过，赵先生认为其原因在于社会生产力低下导致的落后性，这与川胜和谷川先生的观点有所不同。对赵先生的观点，欧阳熙先生曾加以反驳，他也指出了十六国时期的坞壁中所呈现的“人民性”（《魏晋南北朝时期坞壁组织的性质及其作用》）。①

本文脱稿后，谷川道雄先生与兼田信一郎先生分别发表了《六朝時代における城市と農村の対立的関係について》《六朝期江南の村落についての一考察》论文。前者以山东贵族为例，认为贵族原本的居住地为乡村，贵族在村与村的联合、村与行政城市的关系中发挥了巨大的作用。虽然其并未探讨贵族与农民的具体关系，但却对我们分析贵族、豪族与共同体的关系颇有启发。与学界多将北方较常见的坞壁作为村落的起源这一观点相反，兼田先生指出南方民众的散居形态系南方村落的特殊性。笔者认为南方村落中有很多地方也有村门、围

① 此处欧阳熙氏所指的“人民性”，是与“豪族地主”即豪族相对而言的，其目的在于将豪强地主领导的东汉三国时期与具有人民性的十六国时期加以区别。笔者认为在前者的历史时期中，田畴的坞壁等的“人民性”是无法否定的。

墙，这一点将作为今后的研究课题之一。另外，兼田先生认为村落具有固定的区域，其中也包括山地，这一点会涉及本文村落论的基本问题，故本文将予以探讨。

此外，最近齐涛先生出版了《魏晋隋唐乡村社会研究》这一专著。本书的特点是其强调了村作为自然聚落的积极作用，指出在东晋南朝，汉代以来的里不断衰退，村则在行政方面发挥了重要作用；而在北朝，行政村和自然村逐渐分离、对立。这一观点与笔者大不相同。

二、“村”的起源

(一) 屯与邨

宫崎市定先生认为村起源于屯田。其将村的正体字“邨”的偏旁解为屯田，进而将“邨”解为从屯田而产生邑。

但是，想要直接证明屯田与邨的关系并非易事。《后汉书》卷一六《邓训传》载：

> 遂罢屯兵，各令归郡。唯置弛刑徒二千余人，分以屯田，为贫人耕种，修理城郭、坞壁而已。

该史料记载了邓训在前线打败西羌后所采取的措施，即取缔正规的屯田兵，解放服刑人员令其屯田。不过，其屯田的目的或许不是为了战争，而是为了帮助一直生活在这一地区的贫民，邓训所做的仅是让他们修理城郭和坞壁而已。因此，从内容来看，屯田与城郭、坞壁并无直接关系。如果只是解放服刑人员令其屯田的话，想必这与暂时性的屯兵不同，他们长期定居进而形成聚落，或居住于城郭、坞壁之内。

但是，“屯”字并非仅指屯田。《汉书》卷三一《陈胜传》载，“胜广皆为屯长”，颜师古注曰：“人所聚曰屯，为其长帅也。”即“屯”与“聚”意义基本相同。《后汉书》卷一七《冯异传》载：

南下河南、成皋以东十三县及诸屯聚，皆平之，降者十余万。

《后汉书》卷七七《酷吏·李章传》载：

时赵、魏豪右往往屯聚。清河大姓赵纲遂于县界起坞壁，缮甲兵，为在所害。

从上述两则史料来看，“屯聚”一词被频繁使用。正如李章传所述，乱世之中屯聚之所多为坞壁所包围之处。因此，《后汉书》卷八二下《方术·赵彦传》载：

彦推遁甲，教以时进兵，一战破贼，燔烧屯坞。

《晋书》卷六二《祖逖传》载：

（王）含，遣桓宣领兵助逖。……宣遂留，助逖讨诸屯坞未附者。

上述史料中均用到“屯坞”这一词汇。但此处的“屯坞”一词，与下文引用史料中频繁出现的“邨坞”“村坞”等词基本相同。

综上所述，“邨”是在具有聚集之意的“屯”上附加含有聚落（邑）之意的“阝”的合成字。

唐长孺先生也指出：“屯的意义原本仅是屯聚之意，屯聚的军队即为屯兵，屯聚在一起进行耕种即为屯田。”唐先生更进一步指出，在南朝“屯”一词专指山林开发的组织。当然，其中聚集了大量的劳动力，其结果导致了长江流域豪族、贵族的别墅、庄园得以发展壮大（《南朝的屯、邸、别墅及山泽占领》）。宫崎先生也指出江南地区庄园发展壮大这一点。上述屯的功能差异，源于当时中国南北条件的差异，华北地区在遭受异民族入侵的过程中，从防御组织中诞生了村坞，而在江南地区，来自北方的大量豪族和劳动力加入正在开发的地区，屯便成为开发的据点。

从屯的意义来解释“邨”，仅是从语言和文字结构上加以分析，并不能反映“村”这一聚落的具体形成条件和过程。新形成的聚落并非最初就被称为邨或村。宫川、越智两位学者认为除了“聚”以外，“坞”亦是村的前身。下文将对这一点进行探讨。

(二) 聚与“村”

聚与屯均有聚集之意，被称为“聚”的聚落作为邨(村)的前身，从字义来看亦无不妥。关于聚和村的关系，宫川、越智两位学者曾引用《颜氏家训》勉学篇的以下记载：

> 吾尝从齐王幸并州。自井陉关入上艾县，东数十里，有猎闾村。后百官受马粮，在晋阳东百余里亢仇城侧。并不识二所本是何地。博求古今，皆未能晓。及检《字林》《韵集》，乃知猎闾是旧䜌余聚，亢仇旧是禃䤍亭，悉属上艾。时太原王劭，欲撰乡邑记注，因(困?)[①]此二名，闻之大喜。

通过上述史料记载可知，猎闾村原为䜌余聚，亢仇城原为禃䤍亭。这个猎闾村即䜌余聚，属上艾县(上艾县即今山西省平定县附近)，位于县城东数十里之处。作为远离较大的城市、未置行政机构的聚落这一点，是聚与村的共同特征。

被称为“聚”的聚落在先秦时代已经存在，商鞅变法中“集小都乡邑聚为县”(《史记・商君列传》)的记载则为其中一例。汉代以后，始在先秦以来的聚落中设置郡、县、乡、亭等行政机构，聚落也大都以郡以下的名称为名，但也有一些未设行政机构的聚落，这在汉代

① 宋沈揆考证《颜氏家训》(新编诸子集成所收本)、周法高《颜氏家训汇注》、王利器《颜氏家训集解》等作“因此二名”，在宫川、越智两位学者的引文中(后者《東晋南朝の村と豪族》)作“困此二名”，但其版本不明。但从前后关系来看，作“困”更为易解。

被称为聚。宫川先生指出《汉书·地理志》中所见“聚”有7处,《续汉书·郡国志》所见“聚”有55处。[①] 但是,在这里专门记录的聚、亭等聚落,不过是春秋战国以来有历史由来的地名,实际上这种聚落的数量远不止此。

关于西汉时期的同类聚落,《汉书》卷六三《戾太子传》载:“以湖、阌乡、邪里聚为戾园。”这是宣帝要在戾太子墓地兴建园邑的记载,其中的邪里聚隶属于湖县阌乡(河南省西部)。在汉代行政组织中,隶属于乡的行政机构一般只有里。从邪里聚的名称来看,其原本应是“里”,一般的“里”是城墙内部城市形态聚落之中的行政区划之一,而此处的“里”则是一个独立形成的聚落,因此才被称为邪里聚。当然,作为独立聚落的聚中有时也可能会存在“里”。《续汉书·郡国志》陈留郡外黄县条“有葵兵聚,齐桓公会此。城中有曲棘里”的记载亦是例证之一。

据《后汉书》卷一上《光武帝纪》,地皇三年(22)十一月条可见光武帝举兵的记录:

> 伯升于是招新市、平林兵,与其帅王凰、陈牧,西击长聚。

其中李贤注中援引《前书音义》曰:“小于乡曰聚。”此外,《后汉书》卷一一《刘玄传》载:

> 新市人王匡、王凤,为平理诤讼,遂推为渠帅,众数百人。于是诸亡命马武、王常、成丹等往从之,共攻离乡聚,藏于绿林中,数月间至七八千人。

同时李贤注曰:

---

① 那波氏在前文所引论文中指出聚是坞的前身之一,《续汉书·郡国志》所载“聚”共有55处,并对每个聚的由来分别加以考察。

离乡聚谓诸乡聚离散,去城郭远者。大曰乡,小曰聚。

关于史料中的离乡聚,《汉书》卷九九下《王莽传》载:

收合离乡、小国无城郭者,徙其老弱置大城中。

这些是“离乡”“小国”之类,大多数情况下距离县城较远,没有城郭。据李贤注,聚要小于乡。那么,前文的“邪里聚”隶属于乡亦属平常。

但是,《汉书》卷八二《史丹传》载:

其封丹为武阳侯,国东海郯之武强聚,户千一百。

由上可知,当时还有其他与“武强聚”相仿多达千百户的聚落。此处的“聚”属于东海郡郯县(山东省南部),未见关于乡的记载。究竟是直属于县,还是省略了乡名(“乡”常常省略),仅凭上述史料难以确定。前文所载“离乡聚”的例子亦是如此,而乡和聚经常并列出现。《汉书》卷二七上《五行志》载:

元帝永光五年(前39)夏及秋,大水。颍川、汝南、淮阳、庐江雨,坏乡聚民舍,及水流杀人。

《汉书》在前文所引王莽传文本之后,还有如下记载:

新市朱鲔,平林陈牧等皆复聚众,攻击乡聚。

这种将乡与聚并列的情况,或许是由于二者都直接隶属于县的缘故。

此外,《汉书》卷二八上《地理志》九江郡条载“当涂,侯国,莽曰山聚”。由此可知,在王莽时期废县改聚的情况较为常见,见于史料的相关事例如下:

九江郡	当涂县→山聚	东海郡	合乡县→合聚
沛　郡	广戚县→力聚	东海郡	新阳县→博聚
巨鹿郡	郻县→秦聚	东海郡	昌虑县→虑聚
北海郡	平望县→所聚	豫章郡	建成县→多聚

顺带提一下，宫川先生所统计的《汉书》地理志中的七个聚系西汉时期隶属于县的聚，此处列举的王莽时期的聚并未统计在内。在王莽时期将西汉时代的县改为乡和亭的情况非常之多，改名为聚不过是其中一环。如此一来，这些不同于乡和亭的聚有可能并不隶属于乡。由于是改县为聚，这些聚的户口总数应该不少。与武强聚相同，西汉末期户口较多的聚已经存在，故王莽改县为聚亦是自然。

《汉书》卷一二《平帝纪》元始三年(3)夏条载：

> 立官稷及学官。郡、国曰学，县、道、邑、侯国曰校，校、学置经师一人。乡曰庠，聚曰序，序、庠置《孝经》师一人。

也就是说，在西汉末期聚已经成为与乡不相上下的聚落，并且开始在聚中设立学校。西汉以后，王充在《论衡·书虚篇》中对当时的聚落作如下记载：

> 天下郡、国且百余，县、邑出万。乡、亭、聚、里皆有号名。

由此不难看出，两汉时期的郡、县、乡、亭、里的行政系统之外，还有大量被称为聚的聚落。

与前文《颜氏家训》中所载事例相同，这些聚并非都与后来出现的村直接相关，或者可以说这种情况较为少见。但是，在汉代的行政聚落之外，这样的聚落之所以会增加，如诸位学者所言，这只是后来的村出现的前提。

(三) 坞与“村”

学界一般将坞作为村的直接起源,这是由于在华北地区村大多从坞发展而来。坞或许在汉代或汉代以前已经存在,其与聚有着完全不同的特征。

《续汉书·郡国志》河南郡缑氏县条载:“有邬聚。”《汉书·地理志》河南郡缑氏县条载:“刘聚,周大夫刘子邑。”由此可知,邬聚与刘聚一样都是非常古老的地名。《左传》隐公十一年(前712)条载:

> 王,取邬、刘、功蔿、邘之田于郑。

也就是说,在春秋时代早期已有邬的存在。那波先生认为邬作为防御设施,也就是指存在于其四周的聚落。因此,坞的起源应该较早,这个时代的邬是否有坞壁之意,其地名是否来源于此,尚无法确定。

《汉书》卷三三《田儋传》中有关于秦末齐王田氏一族的活动及其与汉相抗的记录:

> 汉灭项籍,汉王立为皇帝,彭越为梁王。横惧诛,而与其徒属五百余人入海,居邬中。

《史记》卷九四《田儋列传》将最后一部分作“居岛中”,《汉书》则在其后田横与汉帝的言谈间作“守海邬中”,将《史记》中“守海岛中”加以修改。故笔者认为《汉书》的改写必然有其意义,这也是邬作为防御设施的最早用例。

中国学者刘华祝氏指出“前汉后半期居延汉简”(《试论两汉豪强地主坞壁》)中可见“坞”的最早用例,其文如下:

> 五凤二年(前56)八月辛巳朔乙酉,甲渠万岁队长成敢言之。乃七月戊寅夜,随(堕?)坞徒伤要有廖,即日视事,敢言之。

其中的年月与内容均非常明确。此外，很多残片中也可见坞或坞壁。据劳榦、陈梦家两位学者考证，此处的“坞”类似于烽燧（瞭望台）上的防御墙（劳榦《居延汉简考证》、陈梦家《汉代烽燧制度》）。驻扎在防御墙内的士兵（或是服刑犯出身的士兵）当为上述简文中的“坞徒”。据大多数汉简残片所载，坞壁上配备有某种标识或射击工具，储备有石头和沙子。①

那么，坞究竟为何物？笔者认为，其应当不同于一般城市的城墙。《后汉书》卷二四《马援传》载：

> 于是诏武威太守，令悉还金城客民。归者三千余口，使各反旧邑。援奏为置长吏，缮城郭，起坞候，开导水田，劝以耕牧，郡中乐业。

李贤注：“《字林》曰：‘坞，小障也，一曰小城。字或作‘隖’，音一古反。’”也就是说，为躲避羌的进攻而将避难武威的金城百姓（兰州、西宁一带）遣返故里，此时修缮的“城郭”，当是围在其日常居住聚落四周的城墙。“坞”则与其不同，《说文解字》卷一下：“邬，小障也。一曰庳城也。”李贤当是据此而注，即与一般城墙相比，规模较小的防御专用城墙、要塞之类。何况其中还有“坞候”，当别于一般的城郭聚落。“坞候”一词还见于《后汉书》卷八七《西羌传》：

> 使北军中候朱宠将五营士屯孟津，诏魏郡、赵国、常山、中山、缮作坞候六百一十六所。

很明显，此处的“坞候”是设置在要塞的瞭望台。前文的金城亦是与西羌接壤的地区，设置这样的坞候显然很有必要。

---

① 被称为“表”和“转射”“深目”等射击用具，请参照本文前引论文。新居延汉简载：“堠坞上石三□”“坞上砂竈二”（EPF25、24）。石和砂的储藏在《墨子》备城门篇亦有载，居延简中的砂或许是用于天田之中。

前文在解释“屯”的含义时所引《后汉书》卷七七《酷吏·李章传》史料，记录了王莽末、后汉初战乱之际，山东豪族自卫的实际情况。坞壁建于县界，也就意味着选择建于远离县城的险要之地。从山西省平陆发现的后汉墓壁画中，可以看到据推测为坞壁的绘图，在山峦重叠地区所绘的当为城墙。其中一面墙上的壁画已经剥落，其余三面保存完好，有一面墙壁绘有瞭望塔之类较高的建筑物（外文出版社《汉唐壁画》所收山西平陆东汉墓壁画第七图）。由于其为1世纪的墓葬，其中所描绘的场景极有可能就是同时代的实际状况，豪族地主在日常居所之外，选择险要之地建起应对农民起义和战乱的防御堡垒。我们也可称之为避难之所，这或许就是坞的本来面目。

此外，内蒙古和林格尔发现的后汉末期墓室壁画中描绘有明确记载为“壁”的城堡，同样有高高的门楼，城中堆有粮食之类的东西（参照内蒙古自治区博物馆文物工作队编《和林格尔汉墓壁画》第78、121页，以及金维诺《和林格尔东汉壁画墓年代的探索》）。甘肃省嘉峪关出土的魏晋墓壁画中也有带橹和女墙的城墙，旁边写有“坞”字（甘肃省文物队等编《嘉峪关壁画墓发掘报告》图版74）。此外，甘肃省酒泉发掘的十六国时代的壁画中亦绘有带女墙的坞（甘肃省文物考古研究所编《酒泉十六国壁画》）。从时间上来看，这些壁画中的“坞”均属于本文所要考察的时代，均建在放牧羊、牛、马等的草原之上。从城堡规模等方面来看，其多位于远离地主日常生活的场馆及庄园的场所。

关于这一点，《后汉书》卷四一《第五伦传》载：

> 王莽末，盗贼起，宗族、闾里，争往附之。伦乃依险固，筑营壁。

营壁与同书卷六五《段颎传》“羌遂陆梁，覆没营坞”中的“营坞”相同，当指坞壁。此处所引《第五伦传》明确记载坞壁建于险要之地。前文李章传中山东豪族与此处第五伦的记载均发生于王莽末期的战乱时代，坞壁的建造、利用在中国内地的广泛普及也正是这一时期。与第五伦率领“宗族、闾里”一样，以各地豪族为中心，建立起乡里的防御卫设施。作为同一时期乡里的防御组织，《后汉书》卷三二《樊宏传》载：

与宗家、亲属，作营堑自守。老弱归之者千余家。

该史料中的“堑”亦与前文的营壁、营坞相同，乃“坞壁”之意。由此可知，坞壁最初是豪族用于守卫一族族人所建，但由于战乱不断，远近居民都开始以此为据点聚集一处。与此同时，坞壁也在逐步扩大，以容纳更多的人口。这与后汉末期、魏晋南北朝时代以坞壁为中心形成新聚落的情况比较相似。

不过，随着后汉王朝的成立与汉帝国的重建，王莽时代以来的战乱得以平息。在这种情况下，人们大都会回归原来的居所。《后汉纪・光武帝纪四》建武二年(26)九月条：

冯异西征，上敕异曰，三辅遭王莽、更始之乱，又遇赤眉、延岑之弊，兵家纵横，百姓涂炭。将军今奉辞讨诸不轨，兵家降者，遣其渠帅，皆诣京师，散其小民，令就农桑，坏其营壁，无使复聚。

该史料是拆除长安附近坞壁的记录。尽管光武帝十分警惕坞壁成为造反的据点，但在后汉王朝重建后的156年间，坞也只不过是临时的防御墙而已。

三、“村”的成立过程及其形态

笔者在前节指出“屯坞”与“邨坞”一词相同，但实际上在汉代基本没有“邨”“村”。① 下文所引《三国志》卷一六《魏书・郑浑传》的记载，正是宫川先生指出的“村”一词在正史中出现的最早用例：

① 宫川氏指出，魏伯阳的《参同契》与《抱朴子》中所引陈寔《异闻记》系汉代“村”一词出现得最早的文献。

转为山阳、魏郡太守……以郡下百姓，苦乏材木，乃课树榆为篱，并益树五果。榆皆成藩，五果丰实。入魏郡界，村落齐整如一，民得财足用饶。

该史料是明帝时期的有关记录，在魏郡村落中，榆木所制的篱笆内挂满了沉甸甸的果实，呈现出一片丰收景象。①

《魏书》卷六六《李崇传》载：

兖土旧多劫盗，崇乃村置一楼，楼悬一鼓，盗发之处，双槌乱击。四面诸村始闻者挝鼓一通，次复闻者以二为节，次后闻者以三为节，各击数千槌。诸村闻鼓，皆守要路。是以盗发俄顷之间，声布百里之内。

同书卷九一《术艺·刘灵助传》载有其在北魏末期举兵的记录：

为庄帝举义兵……由是幽、瀛、沧、冀之民悉从之。从之者夜悉举火为号，不举火者诸村共屠之。

不难看出，这一时期村落联合在一起，成为民众日常居住的场所。但是，“村”最初出现是在魏晋时代。汉末以来的战乱依然持续，同时还有五胡叛乱导致社会动荡不安，最早华北地区的村落一般都在四周建有防御墙，即为“村坞”“村堡”的形态。关于这一点更为具体的事例是氐族李特、李流兄弟率领大量流民进攻蜀中的记录。《晋书》卷一二〇《李流载记》云：

三蜀百姓，并保险结坞，城邑皆空，流野无所略，士众饥困。

---

① 榆木篱笆（篱、藩）究竟是环绕聚落四周之物，或是源自仲子诗中所述围绕各家院子之物，尚不明确。若是环绕聚落，当为沿城墙种植的榆木。

从该史料可知，蜀地民众舍弃旧居城邑，在城外要塞之地建坞。坞是汉代以来置于民众日常居住聚落之外的防御设施，但上述史料中的“坞”却是民众聚集之地。《晋书·李特载记》云：“是时蜀人危惧，并结邨堡，请命于特。”也就是说，旧居城邑已成为空地，而民众聚居的坞(堡)则呈现出新生聚落的特征，且这些村堡曾一时降于李特等人。《李流载记》云：

> 特之陷成都小城，使六郡流人分口入城，壮勇督领邨堡。流言于特曰……宜录州郡大姓子弟以为质任，送付广汉，絷之二营，收集猛锐，严为防御。……特不纳。

由此可知，李特从占领的成都小城派出勇猛之士，令其驻守并监视村堡。从其中所载李流的建言来看，在这些村堡之中有“大姓子弟”，故他建议将这些人作为人质，但并未被采纳，这也成为李特后来失败的主要原因。实际上，此时益州刺史罗尚坐镇于成都大城之中，其下属益州从事任明曾劝村堡叛变倒向罗尚方。《李特载记》云：“明潜说诸邨，诸邨悉听命。”由于诸村倒向了官军一方，所以李特战败被斩。以上史料均与村、坞堡具有密切的关系，而这些村、坞堡多建于旧城之外，接受大姓、豪族的领导。

北魏末年北镇之乱爆发，人们建造了大量的村坞。《魏书》卷七四《尔朱荣传》载：

> 时葛荣将向京师，众号百万。相州刺史李神轨闭门自守。贼锋已过汲郡，所在村坞，悉被残略。

葛荣的叛军避开死守的州县大城，在其所到之处摧残大城间小规模的村坞。《魏书》卷一一四《释老志》载：

> 敦煌地接西域，道俗交得其旧式。村坞相属，多有塔寺。

换言之，村坞相连、建有佛寺这一点正说明村坞已不再是临时性的防御设施，而是人们日常居住的聚落。十六国时期西凉建初12年（416）的敦煌户籍中（斯坦因汉文文书113号）载各户居住在“赵羽坞”，这些民众在行政上属于敦煌郡敦煌县西宕乡高昌里，然而日常居住的却是赵羽坞，这就是上文出现的村坞。①

《梁高僧传》卷一三《释僧慧传》载：

> 晋义熙中，共长安人行长生，立寺于京师破坞村中。

其中的“破坞村”大概位于建康之地，从名称上看，或许是建于坞的废墟之中的村子。这既是长江流域为数不多的坞的实例之一，亦是在坞中建村的直接例证。

通过对村坞成立过程的考察，可以看出如前节所述，坞本是豪族所建堡垒，是其用于避难的场所，故村坞与前文蜀地的情况一样，开始多为大姓、豪族为自卫而建，且在村坞中他们多居领导地位。《晋书》卷一〇七《石季龙载记》云：

> 三辅豪右多杀其令长，拥三十余壁，有众五万以应勋。

这是为反抗后赵石氏的统治关中民众欲与晋朝通好的记录，此处建造坞壁的领头人是长安周边的豪族。《晋书》卷一〇四《石勒载记》云：

> 陷冀州郡县堡壁百余，众至十余万。其衣冠人物，集为君子营。

石勒从沦陷的冀州郡县、堡壁中召集“衣冠人物”建立君子营，而这些人正是百余郡县、堡壁的首领。《晋书》卷八一《刘遐传》载：

---

① 除此之外还有村坞的用例，此处省略。《梁书》卷一七《马仙琕传》“壁垒村落”和《北史》卷四《魏本纪》“梁缘淮城戍村落”当与村坞类似。

刘遐字正长,广平易阳人也。性果毅,便弓马,开豁勇壮。值天下大乱,遐为坞主。……乡人冀州刺史邵续深器之,以女妻焉。遂壁于河济之间,贼不敢逼。

由此可知,刘遐是冀州的坞主之一。刘遐的出身我们无从得知,但其得到了同乡大豪族邵续的支持这一点毋庸置疑。关于邵续其人,《晋书》卷六三《邵续传》有载:

时天下渐乱,续去县还家,纠合亡命,得数百人。王浚假续绥集将军、乐陵太守,屯厌次,以续子乂为督护。续绥怀流散,多归附之。

也就是说,邵续承担的是地方防御工作。当然,上述这些都是乱世之事,并非没有非豪族出身的坞主。据《晋书》卷六三《郭默传》所载,他便是从微贱出身而成为坞主。

郭默,河内怀人。少微贱,以壮勇事太守裴整,为督将。永嘉之乱,默率遗众自为坞主,以渔舟抄东归行旅,积年遂致巨富,流人依附者渐众。抚循将士,甚得其欢心。

不难看出,出身微贱的郭默最初依靠的是其在郡中所追随的武将,其后通过抢劫而获得巨额财富。他与一般以乡里防御为目的的豪族的行为模式较为不同。前引《刘遐传》中也有以下记载:

初,沛人周坚,一名抚,与同郡周默因天下乱,各为坞主,以寇抄为事。

这也是以抢劫为生的首领的实例。此外,坞壁首领中还有一种被称为流人坞主。《晋书》卷六二《祖逖传》载:

流人坞主张平、樊雅等在谯。演署平为豫州刺史，雅为谯郡太守。又有董瞻、于武、谢浮等十余部，众各数百，皆统属平。

由此可知，流人坞主张平治下有十余部落。关于张平其人，《晋书》卷一一〇《慕容俊载记》中有所记载：

平跨有新兴、雁门、西河、太原、上党、上郡之地，垒壁三百余，胡、晋十余万户。

最终，张平发展成统领三百余坞壁首领的庞大势力。《晋书》卷六〇《阎鼎传》载：

阎鼎字台臣，天水人也。初为太傅东海王越参军，转卷令，行豫州刺史事，屯许昌。遭母丧，乃于密县间，鸠聚西州流人数千，欲还乡里。

此处的阎鼎亦为流人坞主。阎鼎本是甘肃人，但长期驻守河南，后由于获悉母丧，而带领漂流于河南的西陲数千人回归故里。从上述诸事例不难看出，这个时代的流民未必都是破产、流亡的农民。他们是在乱世之中背井离乡躲避战乱的人们，往往汇合成大规模的团体而进行集体移动。所谓流人坞主大概就是这些团体的首领。前文的氐族李特等也是从甘肃东部迁至蜀中的流民首领，且其与蜀地当地民众的村坞之间是对立关系。实际上，这个时代各地土著人与外来流民的对立、冲突不断发生。从这一点来看，以乡里防御为目的的坞主与流人坞主是有区别的，但作为有权势的首领这一点却无分别。

最初以豪族、官员、部将、流民首领为中心建造的坞壁之中，在其发展的第二个阶段，远近民众开始大量加入其中。前节提到，王莽末期在南阳豪族樊宏为宗族亲属所建的坞壁中，有千余家老弱病残投奔而来，其实这种情况在各地均有发生。本节所引史料中，邵续所在的

集团"续绥怀流散,多归附之"、郭默所在的坞"流人依附者渐众"的记载便是例证。关于有名的后汉末期右北平的田畴,《三国志》卷一一《魏书·田畴传》载:

> 率举宗族他附从数百人……遂入徐无山中,营深险平敞地而居,躬耕以养父母。百姓归之,数年间至五千余家。

由此可知,田畴最初带领宗族与近亲者数百人依险要之地而居,但在数年间便有五千余家民众投奔而来。于是,这种单纯作为防御设施的坞逐渐变成了作为聚落的村坞、村堡。

在一千余家、五千余家民众投奔而来的情况下,村坞会在形态上呈现何种变化呢?比如说,一个坞壁能否收容这么多民众?《晋书》卷一二四《慕容宝载记》:

> 中书令眭邃曰:"魏军多骑,师行剽锐,马上赍粮,不过旬日。宜令郡县聚千家为一堡,深沟高垒,清野待之。"

也就是说,一般情况下,一堡能容纳一千家人左右。当然,若建造较大规模的如城郭一般的堡的话,并非不能收容更多人口。但从《隋书》卷七三《循吏·公孙景茂传》"大村或数百户"的记载来看,可以进行共同生活的村落亦有其可容纳界限。因此,我们可以推测,在数千户民众聚集的情况下,当会分成几个聚落而居。《晋书》卷八八《孝友·庾衮传》载,3 世纪末庾衮率领"同族及庶姓"居于河南禹山。

关于对投奔其所在坞壁的民众的管理,该传有如下记载:

> 使邑推其长,里推其贤,而身率之。

从该记载来看,其中由数个邑里组成,庾衮令每个聚落选出首领,并对其进行统领。前文的流人坞主张平拥有十多个部落,这些部落均拥有数百兵力，且全部统属于张平。从这些数字来看，一坞、一村的人数或户数，多则数百至一千，田畴的五千余家当是分为几个聚落而居。对于聚落的管理方式，据说田畴曾与父老商量，与庾衮的情况相似，这些父老正是各个邑里的首领。① 这种由数个聚落组成的集团，我们可以称之为一种村落联合。

这个时代村落联合的构成有两种情况：一是聚集在一个坞主手下的民众分为多个聚落，二是独立形成的多个聚落寻求一个有力的首领并服从其领导。田畴和庾衮显然属于前者。那么，流人坞主张平的集团最初如何成立我们不得而知，但后来令“垒壁三百余”服从当是经过后者的历程而产生的结果。《晋书》卷一一四《苻坚载记》：

> 关中堡壁三千余所，推平远将军冯翊、赵敖为统主，相率结盟，遣兵粮助坚。

这个事例显然是后者。需要注意的是，在这种情况下，数位坞壁主人与其统率者之间结盟。当时的豪族集团一般是由多个村落的联合构成，但是通过盟约而结合这一点与下节将要探讨的村落统治的共同体特征有关。

不过，聚落无论是单个还是多个，坞壁内部已成为民众的日常生活场所这一点在前文所引敦煌的事例中已进行阐述，当然其中亦有例外。前文提及的庾衮后来放弃最初所据禹山，采纳父老所献之计，为躲避石勒的进攻，栖身于名为大头山的险要之地。《庾衮传》云：

> 衮乃相与登于大头山，而田于其下。

这座山被称为“九州绝险”之地，后来庾衮坠崖而亡。大部分民众的聚落是否建于山上尚不明确，但可以推测一般的聚落当与田地一样位于

① 增渊龙夫氏在《戦国秦漢時代における集団の“約”について》一文中推测田畴五千余家的大型聚落应是分为父老所带领的小集团。

山下。若是如此,大头山当与一般村坞不同,其中还保留着作为单纯的防御设施和堡垒的坞的原型。

以上探讨了从坞壁到村的成立过程,在华北地区这种成立模式较为常见,大量史料也是其佐证。当然,未必所有的村都通过这种模式而成立。不过,即使没有坞壁般森严的形态,这个时代的村四周为围墙所环绕这一点毋庸置疑。《梁高僧传》卷六《释法安传》载:

安尝游其县,暮逗此村。民以畏虎,早闭门闾。

若四周有墙无门,必然无法将老虎关于门外。《隋书》卷七〇《李密传》载:

行次邯郸,夜宿村中。密等七人皆穿墙而遁。

《南齐书》卷二六《陈显达传》载:

官军继至,显达不能抗,退走至西州从("后"之误)乌榜村。骑官赵潭注槊刺落马,斩之于篱侧。

从字面来看,此处并非土墙,而是由篱笆围成的墙。不过,可以推测这些村当为聚居村。就聚居村而言,在战乱频发的华北村落中土墙当较为常见。

四、"村"的构造

前文已经提到,村坞大都以豪族、官员为中心而建,那么他们与聚集在其四周的民众究竟是一种什么样的关系呢?为进行考察,不妨看一下前文所引《三国志·田畴传》和《晋书·庾衮传》。在《田畴传》中,徐无山的民众达到五千余家之后,"田畴谓其父老曰:'诸君不以畴不肖,远来相就。众成都邑,而莫相统一,恐非久安之道,愿推择其贤长者以为之主。'皆曰:'善。'同佥推畴"。《庾衮传》中,在其居于禹山之后,"乃集诸群士而谋曰:'二三君子,相与处于险,将以安保亲尊,全妻孥也。古人有言,千人聚而不以一人为主,不散则乱矣。将若之何?'众曰:'善。今日之主,非君而谁?'"

这些集团最初自田畴率领宗族、随从进入徐无山,庾衮率领同族、庶姓居于禹山而产生,我们不能否定这些豪族的主导权,但在民众参与其中的情况下,豪族的领导、统治未必就能顺利实施。因此,田畴、庾衮两人都曾与民众中处于领导阶层的人进行商谈,提议重新推举整个集团的首领。其结果是他们成为被推举人,初次获得了民众的支持,也就意味着他们的指导、统治权得到了民众认可。《庾衮传》中如前节引文所述,其在民众所组成的各个邑里,令其各自推举首长。正如赵克尧先生所言,这种推举方式深刻地反映了集团的共同体特征。

田畴等人在通过这种方式确立自己的领导权之后,即制定法令和制度以实现其对集团的实际统治。关于这一点,《田畴传》载:

> 畴乃为约束相杀伤、犯盗、诤讼之法,法重者至死,其次抵罪,二十余条。又制为婚姻嫁娶之礼,兴举学校讲授之业,班行其众,众皆便之,至道不拾遗。

《庾衮传》载:

> 乃誓之曰:"无恃险,无怙乱,无暴邻,无抽屋,无樵采人所植,无谋非德,无犯非义,戮力一心,同恤危难。"众咸从之。于是峻险阨,杜蹊径,修壁坞,树藩障,考功庸,计丈尺,均劳逸,通有无,缮完器备,量力任能,物应其宜。

如上述史料所载,在制定法令和制度之后,这些集团才终于呈现出其政治性、公共性世界的特点。这些法令被称为"约束""誓"等,不

过只是些初步性的内容。田畴二十余条约定并未超出刘邦在国家形成以前向关中父老、豪杰所做的约法三章。庾衮的誓言与后世的乡约颇为相似。这并非是统治者单方面颁布、制定的法令,而是承认民众的主体性,在民众参与的前提下制定而成。从这里也可看到集团的共同体特征,田畴和庾衮也属于共同体的一员,只不过是占据共同体首长之位而已。[①] 他们的地位受到民众(共同体成员)的制约。例如,《晋书》卷六七《郗鉴传》载:

> 鉴字道徽,高平金乡人。……于时所在饥荒,州中之士素有感其恩义者,相与资赡。鉴复分所得,以恤宗族及乡曲孤老,赖而全济者甚多。咸相谓曰:"今天子播越,中原无伯,当归依仁德,可以后亡。"遂共推鉴为主,举千余家俱避难于鲁之峄山。

由此可知,郗鉴平时多对"平中之士"施与恩德,因而在永嘉之乱饥荒之际得到了他们的经济援助。但是,鉴又将其援助施与宗族和乡党中的孤儿、老人,其后宗族、乡党千余家民众推举其为首领,前往山东峄山避难。对宗族、乡党的救济在《四民月令》之类的岁时记中亦有记载,这是当时豪族所坚守的伦理规范,而正因为此,受其恩德的民众才拥立郗鉴为首领。类似的内容亦见于《晋书》卷六二《祖逖传》:

> 世吏二千石,为北州旧姓。……然轻财好侠,慷慨有节尚。每至田舍,辄称兄意,散谷帛以赒贫乏。乡党宗族以是重之。……及京师大乱,逖率亲党数百家,避地淮泗。……是以少长咸宗之,推

---

① 此处是说,统治者虽君临万民之上,并非就可以单方面制定国家法度。前引增渊氏论文在强调"约"的命令性、单方面性的强制力的同时,主从之间还存在着支撑"约"的情感纽带。笔者并无反对该情感纽带存在的理由,但却无法认同田畴与父老之间的情感会在增渊氏所主张的当时普遍存在的狭义习俗之中消解这一观点。谷川道雄氏在《中国中世社会と共同体》第二章"中国における中世——六朝隋唐社会と共同体"中也曾对田畴等魏晋时期诸集团加以分析,他承认这些集团中的共同体特征,并将由之诞生的道德意识根植于"六朝贵族的自立世界"之中,进而普及开来。关于这一点,将在后文进行论述。

逖为行主。

在带领亲族乡党避难之时，祖逖被拥立为行主。他之所以会被拥立，这与其侠义性格及平素对同乡的救济不无关系。《晋书》卷六三《李矩传》中亦将李矩深受乡里拥戴归结为其被推举为坞主的原因。

矩素为乡人所爱，乃推为坞主，东屯荥阳，后移新郑。

通过以上事例可知，在和平时期与乡里民众的关系成为战乱之际集团首领被推举、拥立的主要原因。战乱时期的共同体构造源于和平时期，不难想象其共同体构造亦适用于和平之时。笔者在其他论文中曾指出这种战时集团首领的推举方式与和平时期官员的推举方式即九品中正制在性质上是一样的（《九品中正制度の成立をめぐって》）。确实，这种共同体特征是当时的社会基层——乡党社会共有的特征。

那么，同样的特征亦理应存在于那些有着不同来历的集团之中。出身微贱、最初以抢劫为生的郭默“流人依附者渐众，抚循将士甚得其欢”，逐渐得到将士的强力支持。《魏书》卷五八《杨侃传》中杨侃在言及蜀地移居河东（位于今山西）西南部的流民豪族薛氏时称：

修义驱率壮勇，西围郡邑，父老妻弱，尚保旧村。若率众一临，方寸各乱，人人思归，则郡围自解。

北魏末期，薛修义参加了雍州刺史萧宝夤的叛乱，并征集其势力范围内的乡村壮丁西征。杨侃建议若对薛氏根据地施以压迫，西征的壮丁们必然会思归解围。由此可知，薛氏统治下的民众，对父老所控制的村落具有强烈的归属感，而薛氏的统治亦是建立在这个基础之上。

《晋书》卷六三《魏浚传》中有如下记载：

及洛阳陷，屯于洛北石梁坞，抚养遗众，渐修军器。……归之者甚众。其有恃远不从命者，遣将讨之，服从而已，不加侵暴。于是远近感悦，襁负至者渐众。

最初寄居关中的魏浚带领流民回归东方，据于洛北的石梁坞，并降服附近民众，最终通过史料中所述的方式得到了民众的支持，以至于很多民众竞相归顺。继承其位的是其子魏该：

时杜预子尹为弘农太守，屯宜阳界一泉坞，数为诸贼所抄掠。尹要该共距之。该遣其将马瞻将三百人赴尹。瞻知其无备，夜袭尹杀之，迎该据坞。坞人震惧，并服从之。……后渐饥弊，曜寇日至，欲率众南徙，众不从。该遂单骑走至南阳。……马瞻率该余众降曜。曜征发既苦，瞻又骄虐，部曲遣使呼该，该密往赴之，其众杀瞻而纳该。

杜预之子尹所据宜阳一泉坞起初是曹魏时代的杜预之父杜恕所建，杜尹虽然继承其位，但却未能抵御胡族的压迫，故向魏该求助，便发生了上述史料所载事件。魏该及其将马瞻杀掉杜尹夺得一泉坞，而坞人畏其武力而不得不归顺魏该，但并非真心顺服，因此拒绝与其共同行动。在魏该离开之后，坞人苦于胡族的征调和马瞻的暴虐，最终杀死马瞻迎回魏该。可以看出，此处拥有主导权的是坞人。这一事件也说明了外部势力想要实现对坞的统治并非易事。

以上论述了村坞首领与民众之间存在着具有共同体特征的关系。除此之外，还有以豪族、父老为首领的共同体。那么，这种共同体内部是何情况呢？《太平广记》卷一三五隋文帝条所引《西京记》曰：

长安朝堂，即旧杨兴村。村门大树今见在。……时村人于此

> 树下集言议。

其实，在大树之下开会、审判是常有之事。[①] 史料中村里的村民也是在村口的大树下召开会议。关于村落会议的史料在中国相当少见，但父老的集会可以在第一节提到的后汉父老僤中得到确认。若无此类集会，前文所述首领的推举又当如何进行呢？由于庾衮也曾令其下属的村落进行首领的推举，可以推测这也必然是在召开村民集会听取各位村民意见的基础之上决定的。

村坞四周有防御墙这一点自然无须多言，那么村里应该也有用于日常自卫的兵力。《魏书》卷五六《郑连山传》云：

> 连山，性严暴，挝挞僮仆，酷过人理。父子一时为奴所害，断首投马槽下，乘马北逝。其第二子思明，骁勇善骑射，被发率村义驰追之。

史料中的“村义”便是村里的自卫兵力。[②] 不难看出，这些兵力当处于有权势之人的控制之下。从当时以豪族、父老为首领的村落构造来看，这种情况较为常见。据《宋书》卷六七《谢灵运传》载，谢灵运因受罚而被遣往广州的途中，到一个叫桃墟村的地方之时，该村薛道双曾率“乡里健儿”试图夺回谢灵运。这也说明村里具备一定的武装力量。

---

① 除本文所引《西京记》以外，其与《太平广记》卷一六三高颖篇所引《朝野佥载》之文内容稍有不同。“西京朝堂北头有大槐树，隋曰唐兴村门首。文皇帝移长安城，将作大匠高颖常坐此树下检校。……至今先天百三十年，其树尚在。……”村名在隋朝为唐兴村颇为可疑，当是杨兴村（杨乃隋之皇姓）在为唐所改之名。《旧唐书》卷三七《五行志》载：“隋文时，自长安故城东移于唐兴村置新都。令西内承天门，正当唐兴村门。今有大槐树，柯叶森郁，即村门树也。有司以行列不正，将去之，文帝曰：‘高祖（高颖之误）尝坐此树下，不可去也。’”与之相比，《西京记》的记录当更早。关于大树下的审判，《北史》卷三三《李灵传》载，其孙李显甫召集李氏数千家居于殷州西的李鱼川，其子元忠在北魏末期的葛荣之乱之时建造坞壁，“坐于大槲树下，前后斩违命者凡三百人”。古时《周礼》秋官、朝士条载“掌建邦外朝之灋”“面三槐，三公位焉。州长、庶众在其后。左嘉石，平罢民焉。右肺石，达穷民焉”，也就是说在槐树、奇石间进行审判。

② “村义”从字面上看即为村的义兵。“义”字说明其为非官方的民间自发性组织。《魏书》卷五九《萧宝夤传》及同书卷六八《甄楷传》等史料中有率领“乡义”的记载，即使其是义兵，但是否是乡村常置之兵尚不明确。

实际上在这个乱世之中，败兵之将若被村民抓到，首级被悬于村口之类的事件亦为数不少。①

村既受豪族、父老领导，村民之间必然会产生阶层分化。但是，在农业生产方面依然维持着共同体体制。《魏书》卷八〇《樊子鹄传》对其在殷州（河北南部）刺史任上的政绩，有如下记述：

> 属岁旱俭，子鹄恐民流亡，乃勒有粟之家分贷贫者，并遣人牛易力，多种二麦，州内以此获安。

樊子鹄勒令有粟之家将剩余的粟米借与穷人，这是其作为官员所作举措，也是汉代以来颇为盛行的行为。除此之外，那些拥有耕牛的家庭提供耕牛，与无牛之家的劳动力进行交换，进而进行田地耕作，即所谓通力合作的方式，且在整个北朝一直作为国家政策而加以实施（堀《均田制の研究》第115—117页、123页注23），这当源自村落内部一直维持的风俗习惯。尽管其中存在贫富差距，反而使得共同体的再生产成为可能。

如果村在农业生产方面起作用，那些聚落之外的田地是否也属于村的管辖领域？究竟村的所辖范围如何？这也是亟待解决的问题之一。之所以这么说，是由于汉代以前的里是城内民众的聚集地，其范围并未扩张至城墙之外，城墙外的田地则属于亭的所辖地域（亭部）。与之相对，村的田地、范围如何自然是个问题。《宋书》卷一〇〇沈约自序中可见“村界”一词。不过，这是在讨论盗墓人的连坐范围以及对其处以何种刑罚等问题的讨论中出现的，其问题点不过是人们的居住场所。现摘其要点如下：

---

① 宋泰始元年（465）叛乱的行会稽郡事的孔觊翌年战败，逃至嵴山村后为村民所捉，其部下孔叡也被若邪村村民捉住（《宋书》卷八四本传）。宋末元徽四年（476）发动叛乱后失败的郢州刺史沈收之在第二年逃至鲶头村，在要被村民捉到之时，于栎村自缢身亡（《南史》卷三七本传。然据同书卷四五《张敬儿传》载，沈收之自杀于汤渚村）。梁末太平元年（556）东扬州刺史张彪叛乱，亦是被上述若耶（邪）村村民所杀（《梁书》卷六《敬帝本纪》同年二月丙辰条，《陈书》卷三《世祖本纪》）。北魏扬州治中裴绚欲投降于梁却未成功，最终被村民捉到后投入水中（《魏书》卷七一《裴叔业传》）。

民有盗发冢者，罪所近村民，与符伍遭劫不赴救同坐。亮议曰："……且山原为无人之乡，丘垄非恒涂所践。至于防救，不得比之村郭。督实劾名，理与劫异，则符伍之坐，居宜降矣。……夫冢无村界，当以比近坐之，若不域之以界，则数步之内，与十里之外，便应同罹其责。……愚谓相去百步内赴告不时者，一岁刑。自此以外，差不及罚。"

文中所记为沈约先祖亮所仕宋初武帝刘裕时代之事，当时盗墓的连坐波及附近村子的民众，而且符伍（以相邻五家为一组的组织）若未能对被盗之墓进行救助，还要被处以刑罚。沈亮建议仅对那些居所距墓地百步以内且未对盗墓进行告发的人进行连坐，并对其量刑一年。这里的问题点是在导出这个结论前的讨论内容。从其讨论内容来看，墓地属于山原、丘陵之类，故在那种无人之乡不可能会有村界。此处的"村界"与文中所见"村郭"基本作为同义词汇使用。

那么，村的边界当以其四周围墙为限，与汉代以前的里基本相同。当然，这是官方说法。对于当时新形成的村，其实官府并未掌握其具体情况，他们曾尝试通过汉代的户数编制来了解相关情况。那么，于村民而言，有无村界意识这一点并不清楚，但村民建立聚落，并在四周开垦田地之时，多少会意识到村与田地间的密切关系。《南齐书》卷四〇《武十七王传》中竟陵文宣王之言曰：

近启遣五官殷沵、典签刘僧瑗到诸县循履，得丹阳、溧阳、永世等四县解，并村耆辞列，堪垦之田，合计荒熟有八千五百五十四顷。

由此可知，官府要掌握田地情况，必须借助村耆即村里长老们的协助。这种情况下的田地不仅有村民开垦之地，还包括尚未开垦的荒地。也就是说，官府只有通过村才能真正把握其中的具体情况。

耕地方面村民之间的相互协作如上所述，关键问题是萧子良所言未开垦荒地和山泽等公共用地。这些土地若位于村落内部，就必然会

发挥其在村落共同体农业再生产方面的作用，如此便会自然而然地确立村落的边界。但是，这些土地在传统上处于国家的掌控之下（堀前引书第八章“中国古代の土地所有制”）。此观念在东晋、南朝也得到继承，外地豪族、贵族对山泽的占有日益盛行。这种情况在《宋书》卷五四《羊玄保传》中可以确认：

> 时扬州刺史西阳王子尚上言：“山湖之禁，虽有旧科，民俗相因，替而不奉，熂山封水，保为家利。自顷以来，颓弛日甚，富强者兼岭而占，贫弱者薪苏无托，至渔采之地，亦又如兹。斯实害治之深弊，为政所宜去绝，损益旧条，更申恒制。”

这是对扬州刺史萧子尚所陈述的现状及提倡需要建立新法制的记载。文中所谓“旧科”法的内容如下：

> 有司检壬辰诏书：占山护泽，强盗律论，赃一丈以上，皆弃市。

下文所引羊希称“壬辰诏书”为“咸康二年（336）壬辰之科”，这是东晋较早颁布的诏令，其中规定所占山泽价值在多达绢一丈以上的情况下，将被处以死刑，可见规定较为严苛。实际上，萧子尚所提倡的该法规的修改案是由羊玄保的外甥羊希提出的：

> 希以“壬辰之制，其禁严刻，事既难遵，理与时弛。而占山封水，渐染复滋，更相因仍，便成先业，一朝顿去，易致嗟怨。今更刊革，立制五条。凡是山泽，先常熂爈种养竹木杂果为林芿，及陂湖江海鱼梁鳅鮆场，常加功修作者，听不追夺。官品第一、第二，听占山三顷；第三、第四品，二顷五十亩；第五、第六品，二顷；第七、第八品，一顷五十亩；第九品及百姓，一顷。皆依定格，条上赀簿。若先已占山，不得更占；先占阙少，依限占足。若非前条旧业，一不得禁。有犯者，水土一尺以上，并计赃，依常盗律论。停除咸康

二年壬辰之科。”从之。

该提案的“制五条”，首先是对占有者已投入资本开发的土地予以承认。在此基础上，规定相应官品的占有额，对违反者暂缓执行旧有刑法，要依据常盗律进行处罚。所占山泽登记在占有人的赀簿（财产簿）之中，使其处于国家的掌控之中。从当时贵族政权的特点来看，这反映了当时的官府在赤裸裸地维护贵族、豪族既得权益的同时，亦不能打破国家对山泽的管理权这一原则。①

北朝并无类似的详细记录，但在北魏太和九年（485）颁发的均田制诏书中有“富强者并兼山泽，贫弱者望绝一廛”之语。也就是说，有权势者对山泽的占有是以排除民众的山泽利用权为前提的。但是，富强与贫弱的对立是国家的说辞，这是政府为恢复“江海田池，与民共利”（注所引大明七年诏）、“山川薮泽之利，公私共之”（唐杂令）之原则所寻的借口。在豪族占有山泽的情况下，他们是否会如前文所述，从共同体首长的立场出发，将其所占有的山泽供给民众使用这一问题，尚无史料可考。但大多数情况下，他们多是庄园领主，将这些山泽供庄园内民众使用也不无可能。然而，到底是将一般村民排除在外，抑或大量为农民所利用这一点已无从考证。何况根本没有反映村将山泽收回的史料。但可以肯定的是，豪族对山泽的占有并未贯彻始终，是由于他们作为地方统治者欠缺脱离中央政府而独立的能力。另外，就村落而言，这个时代的村虽具有村落的共同体属性，但尚不具备保障农村再生产方面的能力。

综上所述，作为共同体的首长，豪族一方面受民众的共同体性制约，同时也不具备脱离中央政府而独立的能力。因此不难想象，作为

---

① 此处羊希的提议之后有“从之”之语，当是得到了实施。据羊希传“大明初、为尚书左丞”，其后便是提议内容，故其时期当为宋大明年间（457—464）。再据《宋书》卷六《孝武帝本纪》孝建三年（456）七月丙子条“以南兖州刺史西阳王子尚为扬州刺史”，大明五年（461）四月癸巳条“改封西阳王子尚为豫章王”的记载可知，子尚的进言至少在大明五年以前。但是，同纪大明七年（463）七月丙申条载：“诏曰：‘前诏江海田池，与民共利。历岁未久，浸以弛替。名山大川，往往占固。有司严加检纠，申明旧制。’”由此看来，羊希的提案或许在这个时候尚未确定。

地方政权,他们的统治必然极不稳固。关于这一点,前文所引田畴所采取的行动正好反映了当时的复杂情形。田畴在徐无山所创立的地方政权在中国北方地区具有很大的影响力,故而乌丸和鲜卑纷纷派使者前来,甚至连该地区的一大势力集团袁绍、袁尚父子也试图赠予其官职而加以笼络,但田畴不为所动。然而,对于曹操的势力他却不能视而不见,建安十二年(207)曹操率领大军欲征服乌丸之际,田畴曾派向导指引其军队顺利通过徐无山。在论功行赏之际,曹操欲任命田畴为亭侯,却被他断然拒绝。其理由在《三国志·田畴传》中有载:

> 畴自以,始为居难,率众遁逃,志义不立,反以为利,非本意也。固让。

"率众遁逃"当指他弃官固守徐无山之事,若以此而获封受官,非其本意。但仅凭其作为徐无山之众的头领这一点而要始终保持独立亦非易事。因此,"畴将其家属及宗人三百余家居邺",他最终还是带领家人、宗族离开徐无山,迁至曹操的根据地邺城。

若是一般坞主,也许就会从此迈入仕途。如前所述,从当时坞壁、村坞的构造来看,作为地方统治者,坞主们想要组建稳固的势力非常困难。因此,对于他们来说,与封建领主相比,选择作为王朝官僚实现自己的统治自然更为实际。况且,田畴面临的是与曹操的强大权力的对立,要保持独立就愈发困难,本应选择走上仕途,但实际上他曾多次坚持辞让不受。曹操曾派平素与田畴较为亲厚的夏侯惇前往劝说,田畴却如此回答:

> 畴,负义逃窜之人耳。蒙恩全活,为幸多矣。岂可卖卢龙之塞,以易赏禄哉?纵国私畴,畴独不愧于心乎?

卢龙之塞乃徐无山的坞壁。由此可知,徐无山的势力依然存在,田畴与其之间关系颇深,他无法撇清与徐无山众人的关联。因此,在这种情况下，他应该是将自身作为人质而带领一族移居邺城。这是田畴在一方面受其与乡里村坞关系的制约，同时又不得不屈服于中央政权而做出的选择。

这个时期并非没有与中央政权相对抗的情况。例如，《三国志》卷一一《魏书・王脩传》中有如下记载：

> 初平中，北海孔融召以为主簿，守高密令。高密孙氏素豪侠，人客数犯法。民有相劫者，贼入孙氏，吏不能执。脩将吏民围之，孙氏拒守，吏民畏惮不敢近。脩令吏民："敢有不攻者与同罪。"孙氏惧，乃出贼。由是豪疆慑服。……复署功曹。时胶东多贼寇，复令脩守胶东令。胶东人公沙卢宗强，自为营堑，不肯应发调。脩独将数骑径入其门，斩卢兄弟，公沙氏惊愕莫敢动。脩抚慰其余，由是寇少止。

此处以山东地区的高密孙氏与胶东公沙氏为例，后者被称为"宗强"即宗族聚集在一起，与前者的人客共同形成了一股势力，拒绝官府胥吏的介入。而后者固守于坞壁之中对政府所征税役不予回应，故其作为独立政权的特征则更为凸显。尽管他们最终屈服于县令王脩的强硬政策，但从"脩抚慰其余，由是寇少止"这一记述来看，他们依然留有残存势力。

在中央政权衰弱之时，各个地方都有这种势力的存在①，可以说其

---

① 《三国志》卷一二《魏书・司马芝传》亦载有同样在后汉末期山东地区发生的如下事例："以芝为菅长。时天下草创，多不奉法，郡主簿刘节，旧族豪侠，宾客千余家，出为盗贼，入乱吏治。顷之，芝差节客王同等为兵。掾史据曰：'节家前后未尝给繇，若至时藏匿，必为留负。'芝不听，与节书曰：'君为大宗，加股肱郡，而宾客每不与役，既众庶怨望，或流声上闻。今条（调）同等为兵，幸时发遣。'兵已集郡，而节藏同等，因令督邮以军兴诡责县。县掾史穷困，乞代同行。芝乃驰檄济南，具陈节罪。太守郝光素敬信芝，即以节代同行。青州号芝，以郡主簿为兵。"此处刘节被称"大宗"，说明其当时不仅拥有大量族人，一千余家人追随，还占据着郡吏之位，进而拒绝朝廷徭役和兵役。《魏书》卷五三《李安世传》载有以下北魏时期的事例："初，广平人李波，宗族强盛，残掠生民。前刺史薛道檦亲往讨之。波率其宗族拒战，大破檦军。遂为逋逃之薮，公私成患。百姓为之语曰：'李波小妹字雍容，褰裙逐马如卷蓬，左射右射必叠双。妇女尚如此，男子那可逢。'安世设方略，诱波及诸子侄三十余人，斩于邺市，境内肃然。"此处的李安世手下有大量族人，且接受其庇护者颇多，通过武力而得以割据一方。

具备了实现封建分权体制的初步条件。但正如上述诸例一般，其最终还是屈服于中央政权。田畴所采取的态度正是在这种地方势力和中央政权的夹击之中，被迫做出的选择。在这些事例中，地方与中央的矛盾看似较为突出，但是这个矛盾并非绝对的存在。上文已数次提及，从村坞的角度来看，无论在农业生产还是地区防御方面，完全的独立是不可能的。从豪族的角度来看，既处于地区共同体的制约之中，且其统治并非十分稳固。故对于他们来说，与中央政权联手并接受其援助的必然性依然充分存在。①

总而言之，村与汉代以前的里不同，其中蕴含着发展成有地缘性关联的村落共同体的倾向，并成为地方分权性豪族势力的基础，从中可以看到中世纪社会的萌芽。但作为这个时代继续存续复活的王朝统治的基础，其在体制上并未得到认可。就这一点而言，这个时代的国家与汉代以前的里不同，并未将“村”置于行政机构的末端，而是重新组建了不同于此的其他官制的行政村。

齐会君　译

（原载堀敏一《中国古代の家と集落》，東京：汲古書院，1996 年）

① 谷川氏概括认为，从地域共同体中诞生的豪族、贵族意识通用于这个时代的整个国家社会。他还指出，北朝、隋唐的国家所实施的均田制是士大夫理念的政策化、制度化产物（《均田制の理念と大土地所有》前引专著再录）。笔者也曾指出地区防御组织的成立与王朝的九品官人法的构造相同，均田制中含有共同体特征（《均田制の研究》第 204 页之后）。但是，谷川氏将二者直接联系在一起，将笔者的观点作为“国家对豪族论”加以批判（如前引谷川著作第 295 页）。当然，笔者在本文亦有提及，中央与地方的矛盾、对立并非绝对性的存在，谷川氏也对此表示认同，但另一方面笔者认为汉末魏晋时期的地区共同体与均田制时代国家的共同体特征必须加以区别，那是由于后者的共同体的原有功能逐步为国家所吸收并利用。与此同时，既是地区共同体的一员，又处于首长之位的豪族的地位也随之发生了变化，他们成为国家的官僚贵族，进而提出并制定了国家的经济政策。行政村与自然村的对立也源自前述两种共同体之差异。

《魏晋南北朝时代的“村”》导读

夏　炎

堀敏一《魏晋南北朝时代的“村”》最初发表于《中国的都市与农村》(唐代史研究会编,汲古书院,1992 年)一书。1996 年,堀敏一将近十年间发表的论文进行修订并增加两篇新作,结集为《中国古代的家与集落》(汲古书院,1996 年)一书,《魏晋南北朝时代的“村”》作为第六章被编入该书。此次选择的文章便是 1996 年出版的版本。通过阅读堀敏一的这篇文章,不但可以了解日本学界对于中国中古时代“村”研究的学术发展脉络,体察日本京都学派与历史学研究会派关于中国历史分期讨论的理论实践,还能够体会那个时代日本中古史学者的治学方法和理论水平。同时,该文还具有鲜明的社会史研究范式,是堀敏一从社会结构与发展视角探讨中国中古时代聚落变迁的重要代表作品。

一、堀敏一与《中国古代的家与集落》

堀敏一(ほり　としかず),1924 年生于日本静冈县,1948 年毕业于东京大学文学部东洋史学科。1949 年任东京大学东洋文化研究所助手。1958 年,任东洋文库研究员。1960 年后,长期在明治大学任教,1995 年退休,2007 年逝世。

堀敏一曾参与日本唐代史研究会的创立事业,是历史学研究会派的重要代表人物。其研究领域主要有三:一是中国古代的土地制度,主要代表作有《均田制的研究:中国古代国家的土地政策与土地所有制》[①];

① 堀敏一:《均田制の研究:中国古代国家の土地政策と土地所有制》,東京:岩波書店,1975 年。

二是中国古代国家的人身支配与基层社会运作方式,代表作有《中国古代的身份制：良与贱》[①]《中国古代的家与集落》[②];三是对东亚世界史的整体关注,代表作有《中国与古代东亚世界：中华的世界与诸民族》[③]《我的中国史学 2：律令制与东亚世界》[④]《东亚世界中的古代日本》[⑤]《东亚世界的形成：中国与周边国家》[⑥]《东亚世界的历史》[⑦]等。除去上述三大研究领域外,堀敏一亦在唐末五代政治史、敦煌吐鲁番文书以及九品中正制研究方面多有创获[⑧]。

自 20 世纪 80 年代以来,堀敏一的作品也陆续译介到中国大陆。除去个别论文外,韩国磐等译《均田制的研究》[⑨]曾经为中国大陆的古代经济史研究带来了一丝新意。21 世纪初,韩昇等又以堀敏一的《东亚世界中的古代日本》一书为基础,同时增选了《律令制与东亚世界》一书中的一些篇章,翻译出版了以《隋唐帝国与东亚》为名的专著。[⑩]近年来,又出版了《中国通史——问题史试探》。[⑪]

《中国古代的家与集落》一书共分十章：第一章“中国古代的家与户”,第二章“中国古代的家族形态”,第三章“中国古代的里”,第四章“中国古代的‘市’”,第五章“中国古代亭的诸问题”,第六章“魏晋南北朝时代的村”,第七章“魏晋南北朝隋代的行政村与自然村”,第八章“唐户令乡里、坊村、邻保关系条文的复原”,第九章“唐代的乡里制与村制(附)社制”,第十章“关于计账与户籍”。除去第二、九章为作者新写之作外,其余八章均为先前已发表的文章。当然,作者在此次结集出版之际,亦对先前发表的旧文进行了一定程度的增补,这也是

---

① 堀敏一：《中国古代の身份制：良と賤》,東京：汲古書院,1987 年。
② 堀敏一：《中国古代の家と集落》,東京：汲古書院,1996 年。
③ 堀敏一：《中国と古代東アジア世界：中華的世界と諸民族》,東京：岩波書店,1993 年。
④ 堀敏一：《私の中国史学 2：律令制と東アジア世界》,東京：汲古書院,1994 年。
⑤ 堀敏一：《東アジアのなかの古代日本》,東京：研文出版,1998 年。
⑥ 堀敏一：《東アジア世界の形成：中国と周辺国家》,東京：汲古書院,2006 年。
⑦ 堀敏一：《東アジア世界の歷史》,東京：講談社学術文庫,2008 年。
⑧ 堀敏一：《唐末五代変革期の政治と経済》,東京：汲古書院,2002 年。
⑨ 堀敏一著：《均田制的研究》,韩国磐等译,福州：福建人民出版社,1984 年。
⑩ 堀敏一著：《隋唐帝国与东亚》,韩昇编,韩昇、刘建英译,昆明：云南人民出版社,2002 年。
⑪ 堀敏一著：《中国通史——问题史试探》,邹双双译,北京：社会科学文献出版社,2015 年。

选择这一版本论文的原因所在。

各章既独立成篇，又具有内在的逻辑关系。第一、二两章主要探讨中国古代小家族与家父长制的成立过程以及三族制家族（父母、妻子、同产兄弟型家族）的形态发展过程。第三至第九章主要是关于集落的探讨。作者之所以使用“集落”的概念而不使用“村落”，是由于作者认为在中国古代，集落亦是都市的一种形态，而都市与农村的区分在当时并不明确，因此采用“集落”更能体现中国古代的时代特色。其中，第三、四、五章讨论的时间段为先秦秦汉，第六、七章为魏晋南北朝，第八、九章为唐代。第三章明确了作为共同体的里所具有行政村的性质。第四章研究了市的成立过程。第五章以亭为中心探讨秦汉集落之间的相互关系。第六章（即本文）探讨了魏晋南北朝时代作为新的集落而出现的“村”的相关问题。第七章围绕作为自然村的村与国家行政村之间的关系展开讨论。第八章对仁井田陞复原的相关唐令进行商榷。第九章探讨了唐代的乡、里、村制度的实际情况。第十章讨论了户籍与计账的相关问题，作为全书的终章。

编撰《中国古代的家与集落》一书的缘起在于作者对于中国古代国家人身支配方式的关注，堀敏一试图从身份制与编户制两个角度对上述问题进行解答。如果说《中国古代的身份制：良与贱》一书的重点是探讨身份制的话，那么《中国古代的家与集落》一书写作的出发点则是编户制的视角。作者认为，编户制是处于行政组织末端的村落编制，是具体到控制每一个人的各种户籍制度。虽然说是由国家对人民进行支配，但仅仅关注到国家一个层面还是远远不够的，同时亦不能忽略社会的发展对人身支配的影响。例如，虽然从身份制的角度来说，良民与贱民是国家进行人身支配所形成的身份区分，但其存在的背景却是奴隶制及其他隶属关系的发展。作者在该书中始终强调社会发展因素的重要性，具有鲜明的社会史研究理路。在上述写作旨趣下，作者的写作思路从以往着重研究村落行政体制的制度史范式，转移到探讨村落的民众生活及其作为共同体的特性的社会史范式。从这一问题关注点出发，作者认为当重新审视中国古代的村落问题时，

便会提出如下问题：村落是从怎样的家族发展起来的？这些家族的具体形态是如何的？自耕农是怎样形成的？村落中的土体所有制又是如何开展的？以上种种问题，便构成了《中国古代的家与集落》的研究课题。

二、《魏晋南北朝时代的"村"》一文的写作旨趣

《魏晋南北朝时代的"村"》一文共分四部分，即问题所在，"村"的起源，"村"的成立过程及其形态，"村"的构造。下面对各部分的写作思路与重要观点进行简要概述，以进一步明了作者的写作意图、史料运用与理论方法。

若要探明堀敏一文章的写作旨趣，必须首先了解 20 世纪日本学界关于中国史分期论争的学术脉络。第二次世界大战前，以内藤湖南为核心的京都学派创立了自身对中国史分期的观点，京都学派分期法在当时的学界产生了重要影响。战后，以东京大学出身者为核心的历史学研究会派创立了与京都学派观点相异的另一种分期学说。1948 年，33 岁的前田直典发表了《古代东亚的终结》，标志着历研派新分期观点的形成。此后，西嶋定生、堀敏一、仁井田陞基本上继承了此分期法的理论框架，并在各自的论著中坚持自己的观点，与京都学派形成对立之势。京都学派与历史学研究会派关于中国史分期观点的最大分歧时段是在六朝隋唐。京都学派认为这一时期是中世，而历史学研究会派则认为这一时期是位于秦汉延长线上的古代。自内藤湖南提出唐宋变革论以来，实际上两派争论的焦点也集中在由唐到宋的社会发展变化上。京都学派认为唐宋变革是从中世到近世的转变，而历史学研究会派则认为唐宋变革是从古代到中世纪的变化。两派的争论至 70 年代后半期基本结束。20 世纪末，谷川道雄在总结这段学术史时说："当然，这种对立今天似已失去实际意义。我曾经把它们比喻成永远并行前进的双轨，但早已尘封，无人提起。可是，当初经过如此热

烈争论的上述主题,难道现在就真的无意义可言了吗?”[①]的确,20世纪日本学界关于中国史分期的论争至今已然成为远去的学术史。实际上,中国大陆在20世纪30年代到70年代也进行过关于历史分期的热烈讨论,至今似乎亦很少有人问津。[②] 对于历史分期问题,无论是中国大陆,抑或日本,虽然在理论工具和研究方法上存在差异,但都是当时学界对于中国历史发展趋势的理论探索与范式创新,这种高度的理论自觉在当今的历史研究中依然非常重要。为此,如欲读懂读透那个时代曾经站在学术前沿的学者的论著,则必须对上述学术背景作深入理解。

作者在第一部分“问题所在”中,主要进行了相关学术史回顾,提出了文章需要解决的问题。关于中国中古时代“村”研究的学术史,侯旭东在《汉魏六朝的自然聚落——兼论“邨”、“村”关系与“村”的通称化》一文中有比较系统而详细的梳理,他认为:“检视半个多世纪以来学界关于村的研究,主要涉及了如下几个问题:一是村的起源与分布,包括村的前身是什么,在何种背景下发展成‘村’,分布在哪些地区;二是村内的情况,如村落的外观、村的领导者等;三是村具有哪些行政职能;四是村与乡里制度的关系;五是‘村’的出现在中国历史上的意义。”侯旭东特别指出:“回顾学术史,自20世纪30年代,日本学者就开始关注汉代的乡里问题,50年代以来以宫川尚志与宫崎市定为代表的日本学者就开始深入研究汉末以来的村落问题,90年代以后中国学者也加入其中。”[③]的确,对于中国中古时代“村”的研究而言,宫川尚志与宫崎市定二位学者的成果是无法绕过的。堀敏一认为,宫川尚志是最早对村进行综合性研究的学者,其《六朝时代的村》[④]一文提出了“村的出现导致了城市和农村的分化”的重要观点。而宫崎市定

---

① 谷川道雄:《魏晋南北朝隋唐史的基本问题总论》,谷川道雄主编:《魏晋南北朝隋唐史学的基本问题》,北京:中华书局,2010年,第4页。

② 参见林甘泉等《中国古代史分期讨论五十年》,上海:上海人民出版社,1982年。

③ 侯旭东:《近观中古史——侯旭东自选集》,上海:中西书局,2015年,第144—145页。

④ 参见宫川尚志《六朝時代の村について》,载《六朝史研究·政治社会篇》,東京:日本学術振興会,1956年。该文中译版《六朝时代的村》,载刘俊文主编《日本学者研究中国史论著选译》第四卷《六朝隋唐》,夏日新、韩昇、黄正建等译,北京:中华书局,1992年。

则尽力寻找这一时代村所具有的"中世"特征,进一步深化了宫川尚志的研究。[①] 当然,在堀敏一看来,宫川虽然"指出大量与村有关的诸问题点,但并未对之进行深入探讨,亦未将其与社会构造问题相联系",而宫崎不遗余力地将村的出现与中世纪建立关联的理论探索,亦使堀敏一感到此举过于牵强。实际上,宫川与宫崎关于村的探讨,均代表京都学派的历史分期观点,这正与作为历史学研究会派代表人物的堀敏一的观点相左。与此同时,堀敏一对于京都学派的川胜义雄、谷川道雄二位学者提出的"豪族共同体"理论亦采取辩证的态度,他"虽然不认同谷川先生的精神论,亦不盲从川胜先生'共同体的自我发展'的观点,但对于分析该时代的'豪族共同体'的视点则持赞成态度"。此外,堀敏一对于越智重明的观点尤为重视[②],比较赞同越智提出的乡、亭、里体系是汉代以来至魏晋一直沿袭的制度的观点,因为这一观点实际上就否定了宫崎等学者所强调的魏晋时代所具有的划时代意义,也就是对魏晋中世说的否定。同时,堀敏一也肯定了越智关于村成为豪族的统治场的观点的学术价值。当然,堀敏一认为越智重明的观点还有进一步追问和细化的必要。

堀敏一是历史学研究会派的重要代表学者,在20世纪六七十年代,堀敏一与西嶋定生合力为重建新的分期论做出了重要努力。《魏晋南北朝时代的"村"》一文虽然发表于20世纪90年代,该文的理论思考却依然站在堀敏一关于秦汉至隋唐为古代这一理论框架的延长线上。作者试图通过探讨"村"这一集落形式在魏晋南北朝的起源与发展,进一步论证这一时代的国家权力依然是对民众个人进行人身支配。因此,阅读如堀敏一这类学者的文章,绝不要将其视为一篇简单的考证类论文,其文字背后实际上寄托了作者关于中国历史发展趋势的重大考量。

---

① 参见宮崎市定《中国における村制の成立——古代帝国崩壊の一面》,《東洋史研究》第18卷第4期,1960年。该文中译版《中国村制的成立——古代帝国崩坏的一面》,载中国科学院历史研究所翻译组编译《宫崎市定论文选集》上卷,北京:商务印书馆,1963年。

② 参见越智重明《東晋南朝の村と豪族》,《史学雑誌》第79卷第10期,1970年。

三、"村"的起源

为了揭示村的成立、形态与结构，堀敏一在文章的第二部分首先从学界关于"村"的起源的讨论入手，分别探讨了"屯"与"邨"、"聚"与"村"、"坞"与"村"的关系问题。学界关于村的起源的讨论，目前存在多种意见，主要认为村分别来源于汉代的屯田、聚、坞壁、里、庐、丘等聚落形式。[①] 堀敏一的讨论，以宫川尚志、宫崎市定、那波利贞、越智重明、唐长孺等学者的观点为基础，进一步提出了自己的看法。

关于"屯"与"邨"的关系，堀敏一针对宫崎市定所谓"村起源于屯田"的观点，引用《汉书》《后汉书》的相关记载，认为屯田与城郭、坞壁并无直接关系，屯字并非仅指屯田，"屯"与"聚"意义基本相同，在史籍中"屯聚"这一词汇被频繁使用。在上述考辨的基础上，认为"屯坞""邨坞""村坞"等词的意义基本相同，进而得出"'邨'是在具有聚集之意的'屯'上附加含有聚落（邑）之意的'阝'的合成字"的结论。但是，堀敏一认为，从屯的意义来解释"邨"，仅是从语言和文字结构上加以分析，并不能反映村这一聚落的具体形成条件和过程，因此还必须对"聚"与"坞"进行深入探讨，方能揭示"村"起源的真相。

---

① 学界关于村的起源问题的讨论主要参见宫川尚志《六朝時代の村について》，载《六朝史研究・政治社会篇》，東京：日本学術振興会，1956年。该文中译版《六朝时代的村》，载刘俊文主编《日本学者研究中国史论著选译》第四卷《六朝隋唐》，夏日新、韩昇、黄正建等译，北京：中华书局，1992年。宫崎市定：《中国における村制の成立——古代帝国崩壊の一面》，《東洋史研究》第18卷第4期，1960年。该文中译版《中国村制的成立——古代帝国崩坏的一面》，载中国科学院历史研究所翻译组编译《宫崎市定论文选集》上卷，北京：商务印书馆，1963年。越智重明：《東晋南朝の村と豪族》，《史学雜誌》第79卷第10期，1970年。齐涛：《魏晋隋唐乡村社会研究》，济南：山东人民出版社，1995年。马新：《两汉乡村社会史》，济南：齐鲁书社，1997年。韩昇：《魏晋隋唐的坞壁和村》，《厦门大学学报（哲学社会科学版）》1997年第2期。刘再聪：《村的起源及"村"概念的泛化——立足于唐以前的考察》，《史学月刊》2006年第12期。章义和：《关于南朝村的渊源问题》，《福建论坛（人文社会科学版）》2005年第4期。章义和、张剑容：《关于南朝乡村研究的几个问题》，牟发松主编：《社会与国家关系视野下的汉唐历史变迁》，上海：华东师范大学出版社，2006年。高贤栋：《南北朝乡村社会组织研究》，济南：山东大学出版社，2008年。具体的学术史梳理参见侯旭东《汉魏六朝的自然聚落——兼论"邨"、"村"关系与"村"的通称化》，载《近观中古史——侯旭东自选集》，上海：中西书局，2015年，第145页。

关于“聚”与“村”的关系，堀敏一认为被称为“聚”的聚落在先秦时代已经存在，汉代以后，在一些先秦以来的聚落中开始设置郡、县、乡、亭、里等行政机构，但也有一些未设行政机构的聚落，这在汉代被称为聚。到西汉末期，聚已经成为与乡不相上下的聚落。通过对大量相关史料的分析，可以承认的一个事实是，两汉时期的郡、县、乡、亭、里的行政系统之外，还有大量被称为聚的聚落。聚与屯均有聚集之意，被称为“聚”的聚落作为邨（村）的前身，从字义来看亦无不妥。但这些聚并非都与后来出现的村直接相关，或者可以说这种情况较为少见。当然，在汉代的行政聚落之外的“聚”的增多现象，可以视为后来的村出现的前提。

关于“坞”与“村”的关系，堀敏一认为在春秋时代早期已有“邬”的存在，西汉五凤二年（前56）八月的居延汉简中已出现“坞”的用例。作者通过对传世文献所载“坞候”“坞壁”“营壁”“营坞”“营堑”的分析，结合山西平陆与内蒙古和林格尔的东汉墓壁画、甘肃嘉峪关魏晋墓壁画、甘肃酒泉十六国墓壁画中的图像信息，认为坞的本来面目应当是豪族地主在日常居所之外，选择险要之地建起应对农民起义和战乱的防御堡垒。坞壁最初是豪族用于守卫一族族人所建，但由于战乱不断，远近居民都开始以此为据点聚集一处，与此同时，坞壁也在逐步扩大以容纳更多的人口。但随着东汉的建立，西汉战时建立的坞壁被相继拆除，人们也大都会回归原来的居所。因此，作者认为，学界一般将坞作为村的直接起源的观点，亦有失偏颇。

在上述考证的过程中，作者并非仅仅根据史籍中所载的各种概念的字义进行研究，而是超越文献学的方法，挖掘字面背后隐藏的历史信息。堀敏一的写作意图很明显，即虽然从概念的前后承接关系上看，魏晋南北朝出现的村可以和所谓的“屯”“聚”“坞”等发生关联，但实际上，村的形成与发展的过程并非仅仅是概念上的简单线性发展进程，只有将其置于其产生的特定历史情境中，才能发现历史的真相。

四、"村"的成立过程及其形态

在讨论了村的起源问题后,堀敏一在文章的第三部分继续探讨村的成立过程及其形态。

他认为,"村"最初出现于魏晋时代,其所依据的史料是宫川尚志早已指出的《三国志》卷一六《魏书·郑浑传》:"转为山阳、魏郡太守……以郡下百姓,苦乏材木,乃课树榆为篱,并益树五果。榆皆成藩,五果丰实。入魏郡界,村落齐整如一,民得财足用饶。"这是"村"一词在正史中出现的最早用例。华北地区最早的村落一般都在四周建有防御墙,即为"村坞""村堡"的形态,与汉代的"坞"相近。这种四周为围墙所环绕的村,当为聚居村。就聚居村而言,在战乱频发的华北村落中,土墙当较为常见。作者引用《晋书》卷一二〇《李流载记》"三蜀百姓,并保险结坞,城邑皆空,流野无所略,士众饥困"的记载,说明魏晋与汉代的"坞"的最大区别在于,汉代的"坞"是处于民众日常居住聚落之外的防御设施,而魏晋的"坞"却已然是民众聚集之地。旧居城邑已成为空地,而民众聚居的坞则呈现出新生聚落的特征。这些村、坞堡多建于旧城之外,接受大姓、豪族的领导。

为了说明华北村落的形成与形态,作者又引用了正史中对于北魏末年华北村落的记载。在此基础上,认为北魏末年,六镇之乱爆发,人们亦建造了大量的村坞。当时,村坞相连,建有佛寺,正说明此时的村坞已不再是临时性防御设施,而是人们日常居住的聚落。

堀敏一的总体思路是,坞本是豪族所建堡垒,是其用于避难的场所,村坞开始多为大姓、豪族为自卫而建,且在村坞中他们多居领导地位。最初以豪族、官员、部将、流民首领为中心建造的坞壁之中,在其发展的第二个阶段,远近民众开始大量加入其中,这种情况在各地均有发生。为了说明这个问题,作者引用了东汉末期右北平的田畴的事例。据《三国志》卷一一《魏书·田畴传》载:"率举宗族他附从数百人……遂入徐无山中,营深险平敞地而居,躬耕以养父母。百姓归之,

数年间至五千余家。"田畴最初带领宗族及依附者数百人依险要之地而居，但在数年间便有五千余家民众投奔而来。于是，这种单纯作为防御设施的坞逐渐变成了作为聚落的村坞、村堡。作者又根据这几千家的数量进一步推测，在数千户民众聚集的情况下，村落会分成几个聚落而居。而对于各个聚落的管理，父老则是各个邑里的首领，这种由数个聚落组成的集团，可以将其称为一种村落联合。聚落无论是单个还是多个，坞壁内部已成为民众的日常生活场所。

综上，作者在第三部分想表达的观点是，魏晋南北朝时代出现的"村"与汉代的"坞"具有一定的渊源关系，例如在其形成的初期，魏晋时代的"村"在四周建有防御墙且具有一定的防御性特征，这与汉代的"坞"在功能上类似。但是，魏晋南北朝的村却具有自身独特的时代特色，即此时的村已是人们日常居住的聚落，这是与汉代最大的区别。随着民众的大量涌入，这类村坞便从单纯的防御设施逐渐发展成为一种聚落。当然，限于史料，作者在这里讨论的主要是华北村落的情形，至于南方村的情况，可参看宫崎市定、兼田信一郎、齐涛、章义和诸位学者的论著，以深化对相关问题的认识。①

五、"村"的构造

这是全文的精华，作者的理论色彩体现得最为充分。同时，这部分具有社会史研究范式，着重探讨了村坞中的社会结构，即豪族、官员与民众之间的关系。

为了说明问题，作者再次征引《三国志·田畴传》和《晋书·庾衮传》中的记载。其中，田畴率领宗族、随从进入徐无山，庾衮率领同族、

① 参见宫崎市定《中国における村制の成立——古代帝国崩坏の一面》，《東洋史研究》第18卷第4期，1960年。该文中译版《中国村制的成立——古代帝国崩坏的一面》，载中国科学院历史研究所翻译组编译《宫崎市定论文选集》上卷，北京：商务印书馆，1963年。兼田信一郎：《六朝时期江南の村落についての一考察》，《中国古代の国家と民众》，東京：汲古書院，1995年。齐涛：《魏晋隋唐乡村社会研究》，济南：山东人民出版社，1995年。章义和、张剑容：《关于南朝乡村研究的几个问题》，牟发松主编：《社会与国家关系视野下的汉唐历史变迁》，上海：华东师范大学出版社，2006年。

庶姓居于禹山，田畴、庾衮两人获得民众支持，成为集团的首领。而其在民众所组成的各个邑里之中，亦各自推举首长。田畴等人在通过这种方式确立自己的领导权之后，即制定法令和制度以实现其对集团的实际统治。作者认为，上述举动体现出这些集团的共同体特征。

这里所谓的“共同体”源于 20 世纪六七十年代，由谷川道雄创造的“共同体”理论。该理论试图从作为地方名望的豪族与其宗族、乡党间结成的保护与依附关系中寻找六朝贵族阶级的自立性基础。以往的六朝研究，虽然也注重贵族的地方社会势力，但那只是将其作为国家的对立面，即从统一与分裂的力学角度所做出的理解。谷川更加注重的是使贵族阶级势力得以形成的那种内部结构。这是一种既存在着贵族与民众相隔离的阶级关系，又建立了共存体制的共同体社会。从共同体的人际关系原理上说，谷川认为在中世“豪族共同体”是社会的基层共同体，豪族在共同体中“能获得领导的资格全取决于他们自身的德望”。也就是说，作为共同体的凝聚力，虽然不排斥财力、武力、家族力，但是起决定作用的只有道德力、伦理力。此外，谷川指出民众是共同体伦理关系的存在基础。豪族共同体论在 70 年代前半期受到了不少批判，大多数意见是针对豪族共同体所过分强调豪族与民族结合中的精神因素，认为它脱离了阶级斗争和唯物论。

堀敏一虽然不认同谷川关于精神论的构想，但却赞同“豪族共同体”的架构。他在分析魏晋南北朝的村落问题时，便运用了共同体的概念。作者认为战乱时期的共同体构造源于和平时期，其共同体构造亦适用于和平之时。这种战时集团首领的推举方式与和平时期官员的推举方式即九品中正制在性质上是一样的。[①] 这种共同体特征是当时的基层社会——乡党社会所共有的特征。

除去村坞首领与民众之间存在着具有共同体特征的关系，当时还有以豪族、父老为首领的共同体。在这种共同体内部，村民集会是听取村民意见的主要形式，村坞的四周有防御墙围绕，并且有被称为“村

① 参见堀敏一《九品中正制度の成立をめぐって——魏晋の贵族制社会にかんする一考察》，《唐末五代变革期の政治と经济》，東京：汲古書院，2002 年。

义”“乡里健儿”的用以日常自卫的兵力。村既受豪族、父老领导，村民之间必然会产生阶层分化。但是，在农业生产方面依然维持着共同体体制。尽管其中存在贫富差距，这反而使得共同体的再生产成为可能。

最后，作者指出了关于当时村落共同体的一个关键性问题，即作为共同体的首长，豪族一方面受民众的共同体性制约，同时也不具备脱离中央政府而独立的能力。在中央政权衰弱之时，各个地方都有这种势力的存在，可以说其具备了实现封建分权体制的初步条件。但其中大多数集团最终还是屈服于中央政权。从村坞的角度来看，无论在农业生产还是地区防御方面，完全的独立是不可能的。从豪族的角度来看，处于地区共同体的制约之中，其统治并非十分稳固。

文章最后的结论是：“总而言之，村与汉代以前的里不同，其中蕴含着发展成有地缘性关联的村落共同体的倾向，并成为地方分权性豪族势力的基础，从中可以看到中世纪社会的萌芽。但作为这个时代继续存续复活的王朝统治的基础，其在体制上并未得到认可。就这一点而言，这个时代的国家与汉代以前的里不同，并未将‘村’置于行政机构的末端，而是重新组建了不同于此的其他官制的行政村。”堀敏一的结论实际上直接指向京都学派的魏晋中世说，也就是说，虽然这些村落共同体曾经暂时具有地方分权的趋势，即中世的特征之一，却最终难以脱离中央政权的控制而独立存在。因此，这种分权状态并非魏晋南北朝时代的主流。当时的国家权力实施对地方控制的方式并非是通过这些具有分权性质的村坞实现的，而是另外又设置了编户齐民的行政村。从这一点来看，国家权力依然建立在民众个人支配之上，魏晋南北朝依然是秦汉古代社会的延续。

六、全文主旨

概括而言，堀敏一在这篇文章中想要表达的观点是：随着汉帝国的瓦解，汉代原先存在的集落组织也随之消亡。至魏晋南北朝，又出现了被称为“村”的新的集落组织。与作为都市内的集落的汉代的“里”有所不同,魏晋南北朝出现的“村”产生于都市之外的田野。然而,这种村并非是魏晋进入中世的重要指征,因为魏晋南北朝的国家并不是在这种“村”的基础上建立起来的。归根结底,当时的国家始终坚持以编户齐民的方式对民众进行支配。因此,与汉代具有自然村与行政村两种性质的“里”相区别,魏晋南北朝时期作为自然村的“村”并不具备行政机能,而国家为了更便于对基层进行控制而另外组建了具有行政村性质的“村”。乱世中出现的村大多采取集村的形式,必须建造坞壁以进行防卫。村坞并非孤立存在,而存在联合的可能,而这种联合是由被民众拥立的领袖而实现的,这些领袖即是史载所谓“豪族”,他们获得了民众的支持,是支配地域社会的强大力量。因此,领袖们与民众一起都是村落共同体的一员,由此确立了支配一定领域的权力。这种权力便是所谓中世的权力。然而,并不能因此而断定魏晋由此进入了中世。因为,这种地域权力支配仅仅是战时的临时形态,而非常态。同时,对于国家而言,以这种由豪族、父老、民众组成的具有共同体性质的村作为支配地方的基础是非常困难的,因此,国家必须另外设立具有编户齐民性质的行政村,以恢复中央集权,这才是魏晋南北朝时代的地方支配的主流。

宋代乡村制的变迁过程

[日] 周藤吉之

一、序　言

有关宋代乡村制的研究已有相当多的成果，因此必须参见的成果相对较多，如有关宋初的里正、乡书手、耆长、壮丁、户长等，有曾我部静雄《宋代初期の役法》（收入《宋代財政史》）、河上光一《宋初の里正、户長、耆長》(《東洋學報》三四之一至四);关于王安石募役法之施行状况,有曾我部静雄《王安石の募役法》(收入《宋代財政史》)、中村治兵卫《王安石の登場》(《歴史學研究》一五七);有关保甲法,有浅海正三《宋代保甲制に関する研究》(《史潮》八之一)、池田诚《保甲法の成立とその展開》(《東洋史研究》一二之六)、曾我部静雄《王安石の保甲法》(《東北大学文学部研究年報》八)等;关于南宋的役法,曾我部静雄《南宋の役法》(收入《宋代財政史》)、前列的同作者《王安石の保甲法》亦谈及这个专题;因王安石保甲法发达的南宋乡都制,有周藤吉之《南宋鄉都の税制と土地所有》(收入《宋代經濟史研究》)、曾我部静雄《中国及び古代日本における鄉村形態の変遷》等,更发表有中村治兵卫《宋代の地方區劃——管について》(《史渊》八九),论述宋初形成的行政区划——管。这些论文基本都对宋代乡村制提出许多大问题,但仔细考究这些研究,我认为既缺乏综合这些问题的宋代乡村制变迁之研究,对个别问题亦存在许多有待于研究的余地。在此试叙本章的研究视角,我一直对唐末到宋代的乡村内变化,特别是对从北宋到南宋江南乡村的变化,乃至对南宋乡村的实态抱有浓厚的兴趣,为理清这一过程,首先就得探究北宋至南宋乡村职役的变质过程。因此,本章先参考以往的研究,取其主要观点,试叙宋代乡村制变化的过程。以下将就问题的主要点加以简单说明。

首先,谈谈宋初乡村制的变化。在乡一级,宋初沿袭前代所设的里正、乡书手,新设组织有“管”,置耆长、壮丁、户长等职。其中,乡里正在仁宗至和二年被废止,而书手一直设至南宋,并和县级其他职役一同胥吏化了。另外,管也有变化,其中耆长管辖的区域发展为“耆”,有的地区一直到南宋仍有耆存在。这样,传统的乡里制从宋初就已发生较大的变化,到北宋中期以后,保甲法改变了乡村的役法,都保正、大保长变为耆长、户长,南宋仍沿袭其大致结构。而从北宋末至南宋,里正一词仍多见于文献,但这并不是宋初里正制的复活,而是指都保正。关于上述之耆长、壮丁和户长,及保正、大保长等,以往的研究将其职掌视为大问题,认为县官通过他们将县政渗入管下的乡村,详细

阐述县官向他们颁下并实施之文书,特别注意这些文书实施的期限。南宋时,于两浙、江南东西、荆湖南等路,保正、大保长直接变为耆长、户长,在福建、四川的某些地区,保正长与耆长并置。总体而言,南宋时乡里制崩坏,乡都制发达,但即便如此,仍可见各种状况,一般乡下置都,但有的地方在乡里之里下设都,或于乡里耆之耆下设都。在这些都中,于北宋中期置都保之后,其管下之户数似颇有增加,如在南宋的江南、四川等地,一都之户数为设立之初的数倍乃至十数倍,一都由数村至十数村构成,其中似包含店、市等单位。一都之内的土地所有者,既有相当多的中小土地所有者,又发展至包括官户、形势户等在内的大土地所有者。

以上综述有关宋代乡村制变化先行研究中尚存在的主要问题,然后笔者就诸问题详述如下。

二、宋初乡村制的变化

在宋初的乡村,设有里正、乡书手和耆长、壮丁、户长等,可证于《宋会要·职官》四八《县官》:

> 诸乡置里正,〔主〕赋役,州县郭内旧置坊正,主科税。开宝七年,废乡分为管,置户长,主纳赋,耆长主盗贼、词讼。①

即各乡置里正主管赋税,州县城内旧置的坊正主管科税,太祖开宝七年(974)废乡分为管,置户长主管纳税,置耆长主管盗贼、词讼。其中除都市所置的坊正之外,乡置之里正,管置之户长、耆长皆乡村的职役。更据南宋梁克家撰《淳熙三山志》卷一四州县役人、耆户长、保正副条:国初里正、户长掌课输,乡书手隶属于里正,耆长掌盗贼、烟火事,其下有壮丁隶属。因此,宋初乡有里正、乡书手之役,管有耆长、壮

① 此条据《两朝国史》职官志和《神宗正史》职官志及《续国朝会要》。

丁和户长之役。以下分别阐述里正、乡书手和管之耆长、壮丁、户长。

1. 乡之里正、乡书手

在宋初所置之里正、乡书手中，里正于唐时已置。唐代将百户编为里，五里为乡，里设里正，司督察，兼课农桑，催赋役。① 而到宋代，据前列《宋会要》县官条记载及司马光《司马温公文集》卷二五治平四年（1067）九月《论衙前劄子》，"向者每乡止有里正一人"，则每乡仅设里正一人，以主管赋役。据《续资治通鉴长编》卷三五太宗淳化五年（994）三月戊辰诏曰："两京诸道州府军监管内县，自今每岁以人丁物力定差，第一等户充里正，第二等户充户长。"可见，由第一等户充此役。② 又据《宋会要·食货·逃移》至道元年（995）六月条，开封府管内十四县今年二月已前新逃人户计二百八十五户，乞差官与各县令佐检校，因此遣殿中丞王仲和等十四人分行检勘，仍照今年四月已前申逃，并典卖逃户田土割税不尽及挟佃诡名妄破租税、侵耕冒佃侧近佃田妄作逃户，并见在户将名下税物移在逃户脚下夹带开破者，并限一月，许经差去官陈首，仍旧耕佃输税，并许本村耆保、亲邻、里正、户长、书手陈首，令该县典押、令佐觉察。如这些人不自首而被觉察的话，许人陈告，这些人会受到惩罚，其妄破税物，于犯人与耆保、亲邻、里正、户长、书手及干系官典处均摊填纳。这是因为里正、户长、书手等肩负征收赋税的责任吧。关于宋初里正的主赋税，又见《长编》卷一七九仁宗至和二年（1055）四月辛亥条，知并州韩琦请罢里正衙前上奏曰：

> 国朝置里正，主催税及预县差役之事，号为脂膏，遂令役满更入重难衙前。承平以来，科禁渐密，凡差户役，皆令、佐亲阅簿书，里正代纳逃户税租及应无名科率，亦有未曾催纳，已勾集上州，主管纲运……

则宋初里正催督租税，又可干预县里差役，所谓脂膏，即它被当作利益

① 此据《唐六典》卷三户部郎中、员外郎。

② 此条据天圣八年《三朝国史》食货志。

优厚的职役，所以，完成里正之役后，又必须到州承担重难之衙前（称里正衙前）役。由此可知，宋初的里正在从事催税的同时，又因参与确定人民差役而获取许多利益，恐怕他们参与制作差役簿吧。根据此奏，又可知以后确定人民差役的职责已由县令、县丞、主簿、县尉等亲行，不仅如此，里正还要代纳逃亡户的租税，甚至分担州县的无名临时税，既不管催督租税，而仍然要到州服衙前之役。因此，里正不仅失去原有的利益，更要承受颇重的负担。

当时里正由催税变为代纳，又见于《长编》卷九五真宗天禧四年（1020）四月丙申条，浮梁县（今江西省浮梁县）民臧有金者素豪横，不肯输租，畜犬数十头，里正近其门辄噬之，因此每岁里正代纳其租税。及胡顺之为知县，里正白其事，胡顺之遣县之手力去催税，又遣押司录事，臧有金仍不肯纳税，最终烧其宅院。王安石《临川文集》卷九二苏安世墓志铭说：苏安世死于仁宗至和二年（1055），曾任坊州（今陕西省中部县）知州。其州租税收不上时往往由里正代纳，每岁有数十大家作弊，苏安世悉钩治之，使租税各归其主，从此坊州人不忧为里正。又前举之韩琦上奏中，有里正不曾催租税便须任衙前之役的记述，此事亦见于包拯《包孝肃奏议》卷七《请罢里正只差衙前》：

> 臣昨任河北，备见诸州军所差里正只是准备衙前，其秋夏二税并是户长催驱，重役之中，里正为甚。每县或无上等即以中等户充，家业少有及百贯者，须充衙前，应副重难之役，例皆破荡。

可见，河北路诸州军的里正只充衙前役的准备，而夏秋两税皆由户长催督，里正不管催税，便就任州之衙前役，因衙前役过重，往往使其破产。《景定建康志》卷四〇《田赋志》更谓：仁宗明道二年（1033）江淮安抚使范仲淹上奏说，在江南东路，自五代南唐以后，便不向主户、客户支盐，却一直令其交纳丁口盐钱。而范仲淹于春季向主户颁盐，并令其随夏税纳盐钱；而客户本是浮浪之人起移不定，每年春令乡司（后述之乡书手）、里正、户长抄劄其应配纳盐钱，而他们马上即走移，且客户盐钱不多，故请求特与除放。[①] 可见，里正似乎又与乡书手、户长共同进行丁口登录及丁钱征收。

如上所述，于仁宗之世，里正仍从事催税，时而代纳豪民及逃户之租税与县里无名临时税，已承受相当重的负担，而完成里正之役后，尚须就任州之衙前役，不堪此重难之役而往往破产。关于里正衙前重难之役，笔者已于《宋代州縣の職役と胥吏の發展》（收于《宋代經濟史研究》）详述，在此省略。如前所述，仁宗至和二年四月听从知并州韩琦上奏，罢里正衙前，置乡户衙前，同时废里正。而且，如后所述，租税的催科增差户长执行，这样一来，每乡所置之里正就被废止了，这以后不久，乡不再有里正之类的职役。而从北宋到南宋，仍可看到在乡村中有里正之名，但如后所述，它指的是都保的保正，其职掌和宋初的里正不同。

其次，谈谈乡书手，如前所述，宋初它曾隶属于里正。乡书手已见于五代，乡之里正、孔目、书手负责征收夏秋两税及盐曲的折征钱谷。[②] 宋初，乡书手亦为差役，前列《淳熙三山志》那条史料中同时列有耆户长、保正副；又《嘉定赤城志》卷一七《县役人 · 乡书手》谓："以税户有行止者充，勒典押、里正委保。天圣以后，以第四等户差。"可见，宋初令纳税且生活稳定的人充任，并令担任县之典押及乡之里正为其担保，仁宗天圣年间（1023—1031）以后，确定以第四等户担当此役。而且，苏辙《栾城集》卷二五苏涣墓表曰：苏涣死于仁宗嘉祐七年（1062）。他任开封府祥符县知县时，乡书手张宗长期牟取奸利，因畏苏涣而托病去职，并令其子代行其职。当时苏涣曰："书手法，用三等人，汝等第二不可。"则乡书手须由第三等户担任，而张宗家为第二等户，因此罢其职。然而，张宗曾侍奉权贵之家，这时经中贵人传旨至开封府，令其复任乡书手，苏涣据法力争，最终没有接受此命。根据这一

---

① 这条可参见周藤吉之《南唐北宋の沿徵》（收入《宋代經濟史研究》）。又见晁补之《鸡肋集》卷六八赵祐墓志铭，在京东路郓州，抄浮户计丁配以斡食盐钱，里正、邻伍增损丁数。

② 参见《五代会要》卷一九《县令上》后唐明宗天成四年（929）五月五日户部之言。孔目在五代时仍掌庶务，此乡之孔目亦行庶务吧，而到宋代乡已不置孔目。

记载，可知仁宗时乡书手应由第三、第四等户充任，但第二等户亦时有担当。

神宗熙宁年间以后，每乡都设置乡书手一名，所从事的工作为制作五等丁产簿，并将钱谷记入租税簿等。可以认为，在宋初，他们也曾做这类事情。

2. 耆长、壮丁、户长和管、耆保之制

如前所述，宋初的耆长、壮丁是掌管盗贼、词讼的，耆长设于五代末，下列条文过去常被引用，它出自《五代会要》卷二五《团貌》，后周世宗显德五年(958)十月向诸道州府诏曰：

> 令团并乡村，大率以百户为一团，选三大户为耆长，凡民家之有奸盗者，三大户察之，民田之有耗登者，三大户均之，仍每及三赦，即一如是。

当时令诸道州府将乡村团并，每百户为一团，选三个大户为耆长，民家如有奸盗由其觉察，民家如有减收亦由其平均分担，期限为三年。[①] 我认为，以往的研究未曾考虑到，从显德五年十月到六年春，均税法在全国施行，此诏与查实全国户数与垦田数有很深的关联。即经唐末的混乱之后，为查实当前的全国户数和垦田数，便要改编以往的乡里村，每百户为一团，选三个大户(指豪族至形势户)为耆长，不仅以此察知奸盗，而且为监视百户内垦田数的增减，并使其平均分担民户之租税。[②] 因此，在后周的领土内，曾进行乡村的改编，设置耆长，耆长掌管捕盗和征科。

这样的耆长制从五代末到宋太祖初似一直在施行。《长编》卷七太祖乾德四年(966)十月己巳，向刚被征服的后蜀县令、县尉谕曰：禁耆长、节级不得因征科及巡警烦扰里民，规求财物。如此说

① 据《册府元龟》册四八六《邦计部·户籍》条，耆长又为耆老。《资治通鉴》卷二九四后周世宗显德五年十月庚子诏曰："诸州并乡村，率以百户为团，团置耆长三人。"

② 参见周藤吉之《五代の均税法》(收入《中国土地制度史研究》)。

来，这时在四川耆长兼管征科和巡警，这与后述南宋时四川耆长仍行征科是有关系的。然而，到太祖开宝七年，如前列《宋会要·职官》四八《县官》所云：

> 诸乡置里正，〔主〕赋役，州县郭内旧置坊正，主科税。开宝七年，废乡分为管，置户长，主纳赋，耆长主盗贼、词讼。诸镇将、副镇、都虞候同掌警逻盗贼之事。

即原于乡所置里正、州县城内旧置坊正仍主科税，但就在这一年废乡置管，管置户长主纳税，而令耆长主管盗贼、词讼。中村治兵卫将这段文字解读为："开宝七年，废乡分作管，管辖数村之管置户长、耆长、镇将和副镇将，各自分担纳税、盗贼、词讼和巡警防盗。"[①]然而，细察原史料，我以为从"诸乡"至"词讼"是一段，"诸镇将"以下是另一段，管和镇将并无直接关系。又中村氏解读为"开宝七年，废乡分作管"，在那段文字前他又写道："凡乡置里正，以主赋税。"但如前节所述，开宝七年以后每乡仍置有里正，乡似乎并未被废。如此说来，此处解读为"废乡分作管"，似乎户长和耆长并不像里正那样每乡设置，即他认为，乡的地分不被当作地域性区划，而设定管为一定户数的区划，并于管内设户长和耆长。但就在中村氏所举数例中，杭州钱塘县安吉管，就是在原乡设管；又如相州安阳县大同乡新安管等，统辖十以下的数村之管设于乡下；又如济南府长清县天花中管和平乡，也有并乡于乡上置管者。[②]

如前所述，世宗显德五年十月，团并旧有的乡村，每百户为一团，置三大户为耆长，我认为，所谓管承袭了五代后周的制度。因此，至宋初仍称耆长为三大户，可窥见每管置三人。宋初耆长又称为三大户，亦见于《长编》卷九七真宗天禧五年（1021）八月甲寅，洺州团练使王贻贞曰："诸州捕盗限外不获，其三大户、弓手、典吏并行决罚。伏缘典

---

① 参见中村治兵卫《宋代の地方區劃——管について》。
② 参见中村治兵卫《宋代の地方區劃——管について》。

吏止行遣文书，与弓手、三大户情或不等，望自今三限不获，从杖八十区断。"三大户与县里弓手共同捕捉盗贼，在乡村掌此者非耆长莫属，因此，我以为此三大户即指耆长。[①] 又中村氏列举的《两浙金石志》卷五有宋宥等修路题字：

> 定明□修造东廊了，钱塘县安吉管三大户朱宥□奉引山路与了。皇祐元年六月□日三大户朱宥、赵□、杨□

仁宗皇祐元年(1049)六月，杭州钱塘县安吉管的三大户朱宥、赵□、杨□修整了道路，如后所述，在宋代耆长还掌管修路，可见此三大户即指耆长，只是不能判明此管是否如后周显德五年十月之团制由百户编成。又根据前列《宋会要・职官》县官条，于开宝七年，似乎以往由耆长掌管的捕盗和征科已被划分，即察捕盗贼仍由耆长主管，而征科之事已归户长。关于管，容后阐明，在此先述耆长、壮丁，然后说明户长。

据前列《宋会要・职官》县官条，可见耆长掌管盗贼、词讼。据《淳熙三山志》耆户长、保正副条，耆长掌管盗贼、烟火之事，其属下有壮丁，耆长是第一、第二等户，壮丁则差第四、第五等户。又苏辙《栾城集》卷三五神宗熙宁二年(1069)八月，制置三司条例司制状曰：

> 今世三大户之後〔役〕，自公卿以下无得免者。

官户一般免职役，却不能免除三大户即耆长之役。[②] 可见，在宋初，耆长掌管盗贼、词讼、烟火及后述的道路、桥梁等事，第一、第二等

① 《长编》卷二五四熙宁七年七月癸亥，参知政事吕惠卿于施行手实法之时说："嘉祐敕，造簿委令佐责户长、三大户录人户、丁口、税产、物力为五等，且田野居民，耆长、户长岂能尽知其贫富之详？"由此可明白，此三大户指耆长。

② 这一上奏又见于《续资治通鉴长编纪事本末》卷六二・六六神宗熙宁二年八月庚戌。又苏轼《经进东坡文集事略》卷二四熙宁四年二月万言书中也谈到此事："今世三大户之役，自公卿以降无得免者。"又据《长编》卷四六一元祐六年七月己巳条之户部请，投名衙前者可免一般差役，但不免耆长之役。

户、官户也充此役，属下的壮丁由第四、第五等户充当。如此说来，耆长、壮丁皆为一般性差役，而耆长尚被投充作州役人衙前。据欧阳修《欧阳文忠公文集》卷六五《桑怿传》，桑怿是开封府雍丘人，武勇有力，善使剑与铁简，举进士而未及第，游于汝州（今河南省临汝县）、颍昌（今同省许昌县）之间，得龙城废田数顷力耕之。汝州周边诸县多盗，桑对县令言愿为耆长，往来里中纠察奸民。这时有少年王生为盗，他亲自捕获，呼壮丁守之，又捕共盗之少年送县，又捉郏城县（今同省郏县）、襄城县（今同省襄城县）之盗。京西转运使上奏，他被授为郏城县尉。[①] 如该例一样，应有一些土地所有者自愿投充耆长，因捕盗之功升为县尉。如此说来，乡村的豪族乃至官户亦为耆长，他们凭借武力，支配广大乡村，如后所述，耆长管辖的区域甚至亦称为“耆”。

如上所述，宋初于乡村的管设耆长、壮丁，以捕捉盗贼；而当时为防盗贼又行伍保之法，这是唐代邻保制度之保的沿袭。仁井田陞博士亦曾引用如下这条史料[②]，《欧阳文忠公文集》卷五七《五保牒》曰：“准户令，‘诸户皆以邻聚相保，以相检察，勿造非违。如有远客来过止宿，及保内之人有所行诣，并语同保知’。虽然有此令文，州县多不举行。昨因巡历到通利军，问得旧来常有盗贼、逃军为患，近岁黎阳、卫县各将乡村之人五家结为一保，自结保后来，绝无逃军贼盗，公私简静，其利甚博。须议专有施行。”据此，当时虽有防盗贼之令文，但似乎并不实行，但通利军管下的黎阳（今河南省濬县）、卫（今同省卫县）两县实行之，故防住了盗贼。此伍保法尚见于北宋文集，曾行于各地，现稍举其例。同上文集卷一〇三庆历三年（1043）《论捕贼赏罚劄子》曰：区法为临江军新淦县（今江西省新淦县）尉，捉到许多盗贼，为吉州吉水县尉，又令县民按伍保之法相结，以致吉水县全无盗贼。因此，欧阳修请将此法颁行天下。同书卷三二吴育墓志铭曰：吴育在蔡州（今河南

① 此事亦见于《长编》卷一〇五天圣五年十月戊寅，但于该条中桑怿被任为卫南尉。

② 参见仁井田陞《中国法制史研究》奴隶农奴法·家族村落法·第三部村落法第十一章唐代的邻保制度。

省汝南县)行伍保法,据说以此防住盗贼。又据苏颂《苏魏公文集》卷五二孙永神道碑,庆历末孙永在汝州襄城县推行了伍保法。同书卷六一李肃之墓志铭曰:李肃之任大名府冠氏县知县时,因盗贼猖獗,命乡村置鼓,盗贼一发即击鼓,远近闻声毕应,他曾亲临试验,鼓声一响,保伍皆至,因而盗贼衰息。[①] 此制和其后王安石的保甲法约略相同。又王安石《临川集》卷八八陈良器神道碑曰:陈良器死于嘉祐七年(1062),知曹州(今山东省曹县)时,因盗多,推行五家联保法,盗因而逃去他境。另外,据韩维《南阳集》卷二九程颢墓志铭,程颢为泽州晋城县知县时,"乡里远近为伍保,俾民力役相助,患难相恤,奸伪无所容",这是令伍保互助。

如此说来,宋初在各地乡村行伍保之法,主要为防止盗贼,亦令其相互帮助。耆保捕盗的例子多见于史料。据《长编》卷七八真宗大中祥符九年(1016)八月丙申条,江南西路南安军上犹县,僧法端因渔人索鱼值大怒,便命僧守肱诬渔夫及其父为盗,县遣里胥捕之,守肱杀了他们。于是法端贿赂县典,又集耆保捕渔夫二弟并杀之,并以刃伤渔者母。县尉也接受吏贿,于检尸之际故意放过疑迹。[②] 由此可知,保和耆长共同捕盗。又同书卷一四三庆历三年(1043)九月丁卯,据范仲淹上奏,在减徭役条内,请合并西京(指洛阳)诸县,以减少役人:

> 其乡村耆保地理近者,亦令并合,能并一耆保,管亦减役十余户。但少徭役,人自耕作,可期富庶。

即乡村耆保地理(指距离)相近,若令耆保合并为一,每管可减十余户之役。[③] 如前所述,各管置耆长、壮丁和户长,合并耆保的话,可减少这些役户。

---

① 除本文所举例外,《欧阳文忠公文集》卷二五钱冶墓表、苏颂《苏魏公文集》卷六〇胡及墓志铭、文同《丹渊集》卷三六石君瑜墓志铭等亦可见推行伍保法的史料。

② 此事亦见于《长编》卷六七真宗景德四年十二月戊戌条。

③ 此事亦见于范仲淹《范文正公》政府奏议上《答手诏条陈十事》。

如上所述，宋初耆长由乡村豪族甚至官户担任，壮丁为其属，掌盗贼、词讼、烟火、桥道等事，并持有某种程度的武力，因此，耆长管辖的区域便形成“耆”这一地方区划。关于“耆”，过去尚未进行详细研究，将在此段及下节加以阐述。首先，据南宋人董煟编《救荒活民书》卷三《救荒杂说》富弼青州赈济行道中的《宣问救济流民事劄子》、范纯仁《范忠宣公文集》卷一七富弼行状，仁宗庆历八年十月，富弼任知青州兼京东路安抚使时，河北大水，有六十七万人流徙至京东，富弼劝青（今山东省益都县）、淄（今同省淄川县）、潍（今同省潍县）、登（今同省蓬莱县）、莱（今同省掖县）纳粟十五万石，抄出芦舍十余万个，令流民散住，救济五十万人，并征万余强壮者入军伍。其详细措置见《救荒活民书》中《擘画屋舍安泊流民事指挥》以下诸指挥，[①]这些救济举措往往以耆为单位施行。如令青州等五州第一等户出二石（米豆各半，下同），第二等户一石五斗，第三等户一石，第四等户七斗，第五等户四斗，客户亦出三斗，近州县镇之耆，一、二等户自送至城，三至五等户、客户及离州县镇城较远之耆中一等户以下皆交纳至耆，平均分贮于耆内第一等户中，如耆长是第一等户，亦和其他一等户均分收藏，而由耆长专管此事。把这些谷物分给流民进行救济时亦按耆为单位，各州量取各县中耆的多少派遣官员，令一官管十耆或五至七耆，量流民家数使收执历子并颁下乡，令耆长、壮丁抄劄流民，各家支给历子一道。如一官管十耆，即每日支两耆食，逐耆并支五日口食，每五日十耆皆轮遍支给。如官员管五至七耆，则每日支给一个大耆口食，小耆则每日支给两耆的口食，亦每次合并支给五日口食。而且令本耆壮丁分赴四方，通知流民支给口食的日期，令其凭历子领取。由此可知，耆长的管辖范围是“耆”，且“耆”有大小。在救济流民时，耆的组织被利用。杨仲良《续资治通鉴长编纪事本末》卷七《义仓》神宗熙宁二年正月辛卯条，因知同州（今陕西省大荔县）赵尚宽、知唐州（今河南省泌阳县）高赋、知齐州（今山东省历城县）王广渊等请设义仓，开封府

---

① 参见《荒政活民书》中富弼青州赈济行道中《晓示流民许令诸般采取营运事指挥》《约束事件逐一指挥如后》《支散流民斛㪷画一指挥》。又参见《南阳集》卷二九富弼墓志铭。

陈留县知县苏涓条奏其具体措置，其中亦令第一等户出粟二石，第二等户一石，第三等户五斗，第四等户一斗五升，第五等户出一斗，出麦亦如之：

> 村有社，社有仓，仓有守者，耆为输纳，县为籍记，岁丰则量其数以输，岁凶则量其数以出。

如此说来，令各耆纳这些粟麦入村社所设仓中，并派有守卫，各县将它们记入账簿，凶年时将粮食支给民众。[①] 在此也看到有耆这一区划。因此，可知这时由耆长管辖的称为“耆”的区划已经形成。如后所述，直到南宋，江西路建昌军南丰县天授乡、四川泸州江安县绵水乡仍残存“耆”这一区划。可以确定，此“耆”和前述之管是有关系的，在前列《两浙金石志》朱宥等修路题字中，杭州钱塘县安吉管有朱宥、赵□、杨□三名耆长，可考虑把“耆”当作管之下的区划。

其次，试叙户长。如前所述，根据《宋会要·职官》县官，乡有里正，于开宝七年于管设户长和耆长，户长主管纳税。《淳熙三山志》的耆户长、保正副条，亦说里正、户长掌课输即纳税。而且前已说明，《长编》太宗淳化五年三月戊辰条谓，第一等户为里正，第二等户充作户长。其后，仁宗至和二年四月，里正被罢，增差户长，每三年使其轮替。因此，每管也增差户长了吧。然而，和耆长的管辖区域称作耆不同，从宋初以来，户长置于各管，并掌管征科，其后还会详述，似乎直到北宋末都是同样的。

综上所述，唐以来就有里正和乡书手，到宋初仍每乡皆置，并新设管，置耆长、壮丁和户长。然而，其后乡之里正被废止，乡只剩乡书手，他后来成为县之役人。管中三大户成为耆长，乡中豪族或官户也出面担任，他们拥有一定程度的武力，因此于管之下形成耆长管辖的“耆”这一区划。户长置于管，由户等次于耆长的人担当，因此在乡村不能

---

① 此事亦载于《救荒活民书》卷二《义仓》。

拥有像耆长那样大的权力。总之，在宋初虽然乡里之制尚存，但实际上管及其下之耆已成为社会经济方面的重要组织。

三、北宋中期以后耆户长和壮丁的免役、差役两法与保甲法之关系

前节已述，在神宗朝施行免税法乃至募役法、保甲法之前，在乡村的管已行耆、户长和壮丁之法，耆长管辖的“耆”这一区划业已在管之下形成。有的地方在耆之下行伍保之法，神宗朝的保甲法便由这一伍保之法发展而来。关于神宗朝以后的保甲法，已有曾我部静雄等的研究，所以此处简述保甲法之类，而以北宋中期以后耆户长和壮丁的免役、差役两法之变迁与保甲法之间的关系为中心进行论述。

1. 神宗朝以后耆户长的免役、差役两法之变迁和保甲法之间的关系

前列《淳熙三山志》的耆户长、保正副条，有关耆户长、壮丁之免役法和保甲法的关系概述如下：“熙宁二年，募耆长、壮丁。四年，仍旧于本等人户轮充。五年，罢户长。六年，行保甲法，即置保正副、大小保长，机察盗贼。七年，轮保丁充甲头催税。……寻罢募壮丁。八年，罢耆长，令保正、大保长管幹，量立庸直，别召承帖人隶其下。”首先对此史料进行说明。

以往的研究已阐明，神宗朝令天下实施免役法乃至募役法是在熙宁四年（1071）十月壬子（一日）。这时期耆户长、壮丁的免役法，见于南宋人陈傅良《止斋文集》卷二一《轮对论役法劄子》所引熙宁四年八月十一日（应为十月一日之误）颁免役法：“耆长于第一、第二等户轮充，一年一替，与免户下本年役钱一十五贯文。如本村上等人户少，即更于第三等内从上轮充。壮丁于第四、第五等二丁以上轮充，半年一替，并不出纳役钱。户长于第四等召募有人丁、物力者充，一税一替，逐料（指夏税和秋苗）支盘缠钱五贯文。”可见，于熙宁四年十月，在全国推行免役法乃至募役法之时，耆长、壮丁仍旧是差役，实行役钱的减

免，仅户长从第四等户中募集，两税中每征收一税便替换一次，并从夏料、秋料中每次支给盘缠钱（相当雇钱）五贯文。[1]

如前列《淳熙三山志》的耆户长、保正副条所述，神宗又行保甲法以代役法。对此，以往的研究亦多有论述，故在此加以简述。保甲法于熙宁三年十二月首在开封府下属的开封、祥符二县施行，然后于河东、河北、陕西等五路施行，熙宁六年七月以后在全国实施，同年十一月，修改其规定，并在熙宁八年八月在全国施行这一规定。[2] 最初的畿县保甲条制见于《长编》卷二一八熙宁三年十二月乙丑条："凡十家为一保，选主户有材干心力者一人为保长（亦称小保长）；五十家为一大保，选主户最有心力及物产最高者一人为大保长；十大保为一都保，仍选主户有行止材勇为众所伏者二人为都副保正。凡选一家两丁以上通主客为之，谓之保丁，但推以上皆充。单丁、老幼、疾患、女户等并令就近附保。……保丁……习学武艺，每一大保逐夜轮差五人，于保分内往来巡警，遇有贼盗，画时声鼓，报大保长以下，同保人户即时救应追捕。……每获贼……赏钱。同保内有犯强窃盗、杀人、谋杀、放火、强奸、略人、传习妖教、造畜蛊毒，知而不告，论如伍保律。……保内如有人户逃移死绝，并令申县。……若本保内有外来行止不明之人，并须觉察收捕送官。逐保各置牌，拘管人户及保丁姓名。"该法在继承宋初伍保法基础上又加以发展。其后熙宁五年七月，定保甲上番京师法，以其代替弓手、巡检等。这样一来，保甲就变成民兵制度了。《长编》卷二四八熙宁六年十一月戊午根据司农寺所言，开封府界的保甲法变为五家相近者为一保（亦称小保），五保为一大保，十大保为一都保，其保正、保长的人数暂时仍旧，诸路皆准此行之。因此，小保、大保、都保的户数都较前减半了，小保长、大保长、都副保正的人数却仍如过去。也就是说，保甲法下，主户、客户通编，五户为一小保，二十五户为一大保，二百五十户为一都保，各自设有小保长、大保长和都副保

---

① 关于这一点详见曾我部静雄《王安石の募役法》（收入《宋代财政史》）。

② 参见《长编》卷二三五熙宁五年七月壬午、卷二四六熙宁六年八月戊戌、卷二四八同年十一月戊午条。这些概况已被以往研究阐明。

正(保正副)。[①]

如上所述,保甲法就这样成立了,《长编》卷二五七熙宁七年十月辛巳条载:"司农寺乞废户长、坊正,其州县坊郭税赋、苗、役钱,以邻近主户三、二十家排成甲次,轮置甲头催纳,一税一替,逐甲置牌籍姓名,于替日自相交割,县毋得勾呼、衙集、役使,除许催科外,毋得别承文字。"[②]对此,王安石对神宗说:"今罢差户长,充保丁(指甲头)催税,无向时勾追、牙集、科校之苦,而数年或十年以来方一次催税,不过二十余家,于人无所苦。"[③]可见,在此之前,户长苦于被县衙勾追欠税,牙集时又按交税三限科校(科较),户长们催税的户数似乎也比二十余家更多。如此说来,熙宁七年罢户长新设催税甲头,而甲头已见于熙宁五年八月施行的方田均税法中,据熙宁七年四月四日诏,行方田之时,大甲头(上户)二人和小甲头(三人)集方户丈量土地,令各认所有地的步亩,方田官定其等级(指税则),写成草账,于逐段长阔步数下各计定顷亩,在此基础上作方账,给方户庄账及户帖,也决定作甲帖。熙宁七年四月行方田均税法曾利用大小甲头测量土地和决定税则,笔者由此想到,同年十月便因此决定设甲头催税了。[④]

下面谈谈耆长、壮丁的废止。据《长编》卷二六三熙宁八年闰四月乙巳条,"诸县有保甲处已罢户长、壮丁,其并耆长罢之,以罢耆壮钱募承帖人,每一都保二人,隶保正,承受本保文字。……保内被盗五十日不获均备赏钱。……凡盗贼、斗殴、烟火、桥道等事责都副保正、大保长管勾,都副保正视旧耆长、大保长视旧壮丁法。"如此说来,罢耆长、壮丁之后,用原耆长、壮丁的雇钱召募承帖人,使保正掌原耆长之事,使大保长行原壮丁之事,承帖人隶属于保正,承受县之文书。

---

① 《长编》卷二六七熙宁八年八月壬子根据司农寺所言,开封府界五路客户被排除,仅主户编成都保,这时加以改变,和诸路一样,通主客户五家为一小保,五小保为大保,十大保编成都保。

② 在陈傅良《止斋文集》的《转对论役法劄子》中见有:据元丰赋役令,"诸乡村主户,每十户至三十户轮保丁一人充甲头(并须同大一保)催租税、常平等钱"。

③ 《长编》卷二六三熙宁八年闰四月甲寅条。

④ 参照周藤吉之《北宋に于ける方田均税法の施行過程》(《中国土地制度史研究》所收)。(与此条最近的史料应为《宋会要辑稿》食货四方田条下的熙宁七年四月四日诏,但史料仍与日文原稿有一定出入。此处译文参照了该条史料,但史料未包括者采取了直译方式。——译者注)

如上所述，保甲法之保丁（催税甲头）和保正、大保长、承帖人取代了原来的户长和耆长、壮丁。其中催税甲头遭到更多的反对，曾出现重新雇募户长的议论[①]；已出役钱之户有的又被指令担当催税甲头，更有下户为甲头，当然很难催督上户租税，因此有人请罢甲头，增置承帖人使其催税。[②] 但这些议论似乎都并未普遍付诸实施。

元丰八年（1085）神宗死，哲宗即位，宣仁太后高氏摄政。关于这个时代耆户长和壮丁的免役、差役两法与保甲法，《淳熙三山志》耆户长、保正副条曰："元丰八年，复募耆户长、壮丁，其旧以保长代耆长、催税甲头代户长，承帖人代壮丁并罢。元祐元年（1086）年，复令户长催税……差耆、壮依保正法。……二年，罢保甲。"在此作一简单说明：元丰八年七月，司马光罢保甲，请复活耆户长、壮丁[③]；《长编》卷三六〇元丰八年十月丙申，吉州安福县（今江西省安福县）的知县上官公颖上奏说：为免役取民之制未完，始行雇役之耆壮、户长法，其后耆、壮之役则归于保甲之保正、保长，户长之役则归于催税甲头，而耆户长、壮丁的雇钱除承帖人及刑法司人役许用外，其余被封椿。是何异使民出钱免役，而又使之执役也？请以耆壮、户长封椿钱一切与民间，以均减免役钱之元额。因此诏耆户长、壮丁之役皆募集充任，耆长由第三等户、户长由第四等户以上应募，支给雇钱，罢以保正、催税甲头、承帖人代耆户长、壮丁之制。然而，第二年即元祐元年正月，又出现耆、户长亦应用差役的议论。[④]《长编》卷三六四元祐元年正月癸卯（十四日），户部言：耆户长若用钱数雇募，即虑所支数少应募不行，兼壮丁旧既第四等已下轮充，更不支雇钱。其役若以雇募行，虑州县却于人户上更敷役钱，自来有轮差及轮募役人去处，并乞依元役法。于是，耆户长、壮丁复差役法。

然而，元祐八年九月，宣仁太后死，哲宗亲政，役法又改动了。关于其后之事，《淳熙三山志》耆户长、保正副条简单记曰："绍圣元年

① 据《长编》卷二八七元丰正月癸亥判司农寺熊本之言。

② 据《长编》卷三一一元丰四年正月丁酉枢密都承旨之言。

③ 据《司马温公文集》卷三二《乞罢保甲劄子》和《长编》卷三五八元丰八年七月甲辰司马光的上奏。

④ 此据《长编》卷三六四元祐元年正月戊戌侍御史刘挚、监察御史王岩叟的上奏。

(1094),耆户长、壮丁复雇募法,不许以保正长、保丁充代,寻复保正长法。……明年,罢甲头,以大保长催税,其保正长不愿就雇者,仍旧法募税户充耆户长、壮丁。”《宋会要·食货·免役》对此有所说明,绍圣元年四月二十六日,中书省上奏:推行差役迄今十年,民间苦于差扰,议者纷纭,未成一定之法,故复免役法,并依元丰旧法施行。耆户长、壮丁并雇人,不得以保正、保长、保丁等充代。[1] 与此相对,亦有人请求令保正长管本都保之事,而雇承帖人充役[2];因此,到绍圣元年九月六日,依户部看详役法所言,下诸路并依元丰条,以保正长代耆长,甲头代户长,承帖人代壮丁。然而,到次年即绍圣二年二月,又发生改动了。据《宋史·食货志·役法下》,绍圣二年,从重修编敕所议定曰:“都副保正比耆长事责已轻,又有承帖人受行文书,即大保长苦无公事。元丰本制,一都之内役者十人,副正之外,八保各差一大长。今若常轮二大长分催十保税租、常平钱物,一税一替,则自不必更轮保丁充甲头矣。凡都保所雇承帖人,必选家于本保者,而雇直皆从官给,一年一替,则自无浮浪、稽留、符移之弊。承帖雇直固有旧数,其今所雇保正之直视耆长,保长之直视户长。若应此三役不愿替代者,自从其愿。壮丁元不敷雇直处,听如其旧。……如土俗有不愿就保正长雇役者,许募本土有产税户使为耆长、壮丁以代之。其所雇耆户长已立法,不得抑勒矣。若保正长不愿就雇而辄差雇者,从徒二年坐罪。”此法得以实施。此法之一部亦见于上列陈傅良《止斋文集·轮对论役法劄子》所引绍圣二年二月详定所上奏曰:“保丁轮充甲头,皆最下户,人既不服,事率难集。”宜以大保长催税,罢甲头。如此一来,哲宗绍圣二年二月,决定以大保长代催税甲头催税,保正行耆长之事,保正、大保长、承帖人皆以雇募担任,如皆不愿就保正、大保长之役,则募当地有产税户就耆长、户长、壮丁之役,壮丁并不给雇直。[3] 此即所谓绍圣常

① 又参照《宋会要·免役》绍圣元年四月四日哲宗言。

② 参照《宋会要·免役》绍圣元年五月十九日监察御史周秩言。

③ 《宋史·食货志·役法下》又见绍圣三年诏,禁以催税比磨追甲头、保长,无得以杂事追保正副,在任官以承帖为名占破当直者坐赃论。

平免役敕令[①],从此以后施行至南宋。

元符三年(1100)正月,哲宗死,徽宗即位,初期曾由向太后摄政。这时改正免役敕令、复活差役法的论点行于一时,对该敕令也有一定的改变,其中有减乡书手雇钱、令大保长催税不支雇直等。[②] 然而,徽宗一旦亲政,复又加以改正,推行绍圣免役敕令。据《宋史·食货志·役法下》,崇宁元年(1102),尚书省言:前令大保长催税而不给雇直,是为差役,非免役也。诏提举司以元输雇钱如旧法(指绍圣免役敕令)均给。其后同书载宣和元年(1119),言者谓:"保长月给雇钱督催税赋,比年诸县或每税户一二十家又差一人充甲头及催税人,十日一进,赴官比磨,求取决责,有害良民。诏禁之。"[③]可见,这期间似乎亦置有甲头。该甲头将在其下论述,它亦多见于政和七年成书的李元弼《作邑自箴》。

2. 北宋末的免役法和县、管、耆之关系

如上所述,据北宋末的绍圣常平免役敕令,保正行耆长之事,大保长行户长之事,如保正、大保长不愿兼行耆长、户长之事,则置耆长、户长、壮丁。又徽宗朝曾置催税甲头。县里针对这些保正兼耆长、大保正兼户长,乃至针对耆长、壮丁、户长相应的职掌,下达文书,推行县政,而且对其进行监督。政和七年(1117)成书的李元弼《作邑自箴》对此有详述,首先在此加以说明。

该书就县与耆长、壮丁之关系叙述最详的部分见卷七《牓耆壮》。在此列举县官约束或警诫耆长、壮丁共二十一条。以前的研究也曾加以引用,但在此要特别说明:当县向乡村传达文书时,耆长、壮丁是承受乃至上达县之文书的中心。后节会述及,其事为南宋的保正所继承,在南宋成为重要的问题。在《牓耆壮》中有这样的表述:"耆长只得管幹斗打、贼盗、烟火、桥道等公事"(四条)、"耆、壮解押公事并须正身"(二十一条)等,但由其下几条可见他们也负责承受或上达

① 据《宋会要·免役》绍圣三年六月八日详定重修敕令所之言。

② 此事据《宋会要·免役》崇宁元年八月二日中书省言及崇宁三年二月二日臣僚言。

③ 这期间置甲头之事又见于《宋会要·食货·赋税》政和二年八月五日户部言。

县之文书：

- 耆长各置承受簿一面，壮丁置脚历一道。凡承受诸般判状、帖引等及交付与壮丁缴跋（指收纳——作者注）文字，并将簿历对行批凿，内有耆长亲自赴县缴跋者，逐案批收，各须将簿历随身准备，取索点检。（一条）
- 本耆差壮丁解送公事，于状内填实日时，其状摺角实封用木龊子发来。（二条）
- 申解公事只得于状内略说事情，即不得一面取责夹细文状，及不得枝蔓乱勾人户前来，如斗打伤损者，各指要切照证之人，仍不得过二人解押赴县。（三条）
- 承受人户执去判状，给与凭由。（五条）[①]
- 受县帖勾人凡两名已上，须约定日时同共出头，即不得先后勾追，于所在关留有妨农业。（十五条）
- 取责人户文状，须是呼集邻保对众供写，或不能书字，令代写人对众读示，令亲押花字，勒代写人并邻保系书照证。（十六条）
- 帖引上有“火急”字者违限一日，“急”字者违限两日，其余三日事不了勘决，若于限内实不能了者，具因依疾速申来，当识量展日限。（十七条）

由此可见，耆长支使壮丁接受县的文书并将它缴还于县，这些文书会盖上木龊之印；他还负责申请调取打斗中有损伤时的证人；接受县帖后负责“勾追”当事人；有取责文状时令邻保作保；另外县之帖引分火急、急和一般三类，分别设有期限，违限会受到处罚。对这类职责将在南宋保正部分亦加以详述。此外，耆长还负有如下职责：修整道路、桥梁及近路之水井，令病倒在路上的外乡人得到救治，扑灭蝗虫，

① 这条亦见于《作邑自箴》卷六《劝谕民庶榜》。

填塞空窖，砍修墓木，巡防盗贼可能的藏身之处，将行走于乡村的乞讨者赶出县外，管理官府的榜示和张榜处的粉壁，保护无主之坟，官员、秀才、商人在当地店舍借宿时令邻保守护，等等。[①] 又根据同书卷八，乡村的租税虽由户长督催，但夏、秋两税起催之时，县官会将耆长召集到县厅进行一番指挥，令其张贴夏、秋两税的起催榜，两税都有初、中、末三段限期，一到中限，县里又制作催促交租税的印板交付耆长，每村都张挂两三道。[②] 县里又令耆长和乡书手、户长共同制作五等丁产簿。[③] 同书卷三《处事》有这样的表述："取责逐耆长所管乡分图子阔狭、地里、村分、四至，开说某村有某寺观、庙宇、古迹、亭馆、酒坊、河渡、巡铺、屋舍、客店等若干，及耆长、壮丁居止，各要至县的确地里，委无漏落，诣实结罪状，连申置簿抄上。"县要求耆长对所管辖的区域进行详细申报。可见，耆长有一个叫"耆"的管辖区域，他被县里派以广泛的行政事务。

下面考察县与户长之间的关系。《作邑自箴》卷四《处事》曰："才欲起催税赋，先抄出一县共若干户长，每一名户长管催若干户、都若干贯石匹两，又逐一户长各具所管户口及都催税赋数，须先开户头所纳大数（谓三十户为计者），后通结计一都数，以一册子写录，每一限只令算结催到见欠数，亲将比磨。若催及都数，则是正数已足，其余残零，可缓缓催之。盖无缘逐户户尽数得足。其乡书手惟要关留户长磨税及要户户尽足。"又同条曰：

> 起催税赋、和买诸般合纳钱物等，逐色置簿，开逐管户长催数，并乡司各置收分钞历子，更抄都历。

起催税赋、和买绢等钱物时，置有各类簿子，记上各管户长的应催之数，而且乡司（乡书手）置有收入各分钞的历子，还要抄入都历。据

① 有关这类职责尚可参照河上光一《宋初の里正・户長・耆長》。

② 根据《作邑自箴》卷八《夏秋税起催先分此榜》及《税到中限便出此榜》。

③ 据前述《长编》卷二五四熙宁七年七月癸亥吕惠卿言及《作邑自箴》卷四《处事》。

此，县里每种税物都有簿子，记入各管户长的催税数，可见各管是有户长的。这一段后面又记曰："每场发到朱钞，先当厅点算都数，抄上都历迄，方分上逐乡历子，即时朱凿逐色簿，计数呈押，然后勒乡司就厅前销入文簿。次日早，同官聚厅便要销押朱脚。"则各管户长催到所管户的税物，由乡里呈上其历子，然后乡书手在县的租税簿上勾销该户的税物。本书卷二《处事》又有甲头之记载："税物见得色额，须逐户给单子，纽定折纳数目，印押迄，责付甲头赍表，免得更来计会。仍责乡司委无大计（多取）及漏落结罪文状，漏落者自甘陪填。"则甲头负责向民户分发纳租税的单子。[①]

北宋末，县府通过耆长、壮丁和户长、甲头向乡村推行县政，并对他们进行监督的过程论述如上。

下面看看耆长、户长和管、耆制之间的关系。如前所述，宋太祖朝设管，管置三位耆长（三大户），还设户长。其后，似乎管下耆长管辖的"耆"这一区划便形成了，前述《作邑自箴》亦称耆长的管辖区划为"耆"。然而，在《作邑自箴》中亦有"逐管户长"之说，则管这一区划仍存在。在中村氏所举的例子中，也说这期间在河北路、京东路可见管这一区划。[②] 据北宋末晁说之《嵩山集》卷一《应诏封事》，徽宗元符三年（1100），晁说之为磁州知武安县事任上，请罢绍圣免役法，复差役法，他在论述中提及耆长：

> 其就田野之民，黍稷禾麦之利病，钱镈镃基之好恶，官不能尽治，为择民之物力最高者，为户（耆——作者注）长以主张之……并团省管以为保，雇募保正，以代耆长，而地理之远，所责之不一，则有所不恤……为耆长者，少知其俗，长任其责，不杂以他乡；而任之专，不杂以教阅；而事之又专，不敢抢攘于乡管……保正之于其保，初以能新法，射而得之，其于巡稼穑之大利、平争讼之细事，

① 甲头还见于《作邑自箴》卷四《处事》。

② 参照中村治兵卫《宋代の地方區劃——管について》。

非所习。[1]

作者论曰：在差役法下，选择物力最高者任耆长，甚至让他报告农民作物的利病和农具的好恶，因为耆长自少便熟知这里的乡俗，并不会夺乡管之事；而根据绍圣免役敕令，并团省管为都保[2]，雇募保正代替耆长，保正原管教阅即武事，对于巡视作物之大利与平息争讼之类并不熟悉，所以不能很好地完成其职责。据此，则耆长似乎还负责调查农民作物的利病及农具的好恶，甚至负责平息争讼，这些职责在前述《作邑自箴》中也没看到。“并团省管以为保，雇募保正，以代耆长”“不敢抢攘于乡管”的表述更值得注意。也就是说，这个时期乡村区划中仍设有管，似乎是由耆长来管辖的。然而这也说明，为编成都保，团及管之区域也改编入都保了。而且，如前所述，徽宗朝不行差役法，而执行绍圣免役敕令，管也必定改编入都保。而且，在管之下曾经存在的“耆”这时也被改编入都保了，这一点南宋的资料更为明确。以下据南宋资料来考见耆和都保的关系。

---

① 晁说之元符三年《应诏封事》是值得注目的上奏，本文除提及耆长外，还论及衙前、吏人、弓手等。周藤吉之的《宋代州縣の職役と胥吏の發展》(收于《宋代經濟史研究》)也论述过这些役的变迁，但未引用晁说之这篇文章。该文中论有关衙前、吏人、弓手的部分列举如下：国家之有仓场、库务，非以自利，所以利斯民，而民以之相生养者也。官为择民之物力最高者为衙前以处之；民之斗讼侵枉不能自直者，来赴诉于官，官为择民之次有物力者为吏，以听上之指踪而左右之；(以下正文已引——作者注)不幸盗贼为民之害，官为择民之次有物力者为弓手，以警捕之。(以上言差役法——作者注)……雇募游手之有心力者以为衙前，委以不赀之府库，姑因衙前而得利也；雇募游手之有闲书算者以为吏人，责以不容奸伪之簿书，姑因吏人而得利也；(以下正文已引——作者注)今盗贼既多于昔时，雇募游手之强悍者以为弓手，而使之必得盗贼，姑因弓手而得利也。(以上言免役法——作者注)……为衙前者，自以应门户保产业，少常学以待役，一日役之，不敢渔猎于府库；为吏人者，少时之学尤力甚，且知自爱惜，而不敢巧诋于簿书；(以下正文已引——作者注)为弓手者，视乡党邻里之害而疾之，不惜身擒盗贼，而勤察非常，故不敢借贼而资贼。(以上言差役法——作者注)……皆任游手不土著之辈，而衙前以府库为市；吏人以簿书狱讼为市；(以下正文已引——作者注)弓手之视盗贼，可则前，不可则身自亡去。据这条史料，行差役法时，衙前、吏人、耆长和弓手等役，皆根据民户物力由最高向次高派充，衙前掌仓场库务；吏人掌斗讼侵枉之类的诉讼，由熟知书算者充当；弓手捕捉盗贼。衙前因为有门户产业，不会渔猎府库；吏人少时学习书算，不会在簿书上玩巧弄诈；弓手为乡党不会惜身退缩，用于捕盗最好。与此相对，作者论曰：行免役法后，这些职役都雇募游手担任，衙前以府库为市，吏人将簿书、诉讼皆作为射利之物；弓手也不会挺身捉贼，形势不利便逃跑。

② 据此，似乎还有团这个区划。

《永乐大典》卷二二一七泸州乡都条(其后还会详述),引有南宋宁宗时人曹叔远的《江阳谱》①,详记南宋时潼川府路泸州的泸川(今四川省泸县)、江安(今同省江安县)、合江(今同省合江县)三县的乡都。其中曰江安县有一乡、一里、八耆、三十二都,并注释如下:

> 《祥符旧经》一乡曰永安,七里曰上明、罗刀、食禄、大硐、罗融、罗隆、小溪。《九域志》一乡同上,一镇曰绵水。后改乡为绵水,里仍曰上明,耆仍曰罗刀、南井、江北、罗隆、城外、旧江安、罗东、山南凡八。今惟士人应举卷首书乡里名,至于官府税籍,则各分隶耆下,故结甲日,以耆冠都,今仍以耆书。

如此说来,据北宋真宗年间的《祥符图经》,江安县有永安乡和上明、罗刀、食禄、大硐、罗融、罗隆、小溪等七里;据《元丰九域志》,有一乡与绵水镇。其后永安乡改名绵水乡,里也只剩上明里,然而仍旧有罗刀、南井、江北(又叫大硐)、罗隆、城外、旧江安、罗东、山南(也称生南)八耆。今指宁宗嘉定年间,仅士人应科举时书写乡里名,而官府的税籍都分属八耆了。因此,如后所述,嘉定六年(1213)行保伍法,令民户结甲之时,仍令各都从属于耆下。其中已完全没有关于管的记载了。这样说来,在泸州江安县,从北宋末直到南宋,耆长管辖的区域叫"耆",名为罗刀、南井、江北(大硐)、罗隆、城外、旧江安、罗东、山南(生南)。其中,据前引史料,可知罗刀、大硐、罗隆等耆名原为里名;南井是从南井监(盐监)来的;这条史料中又有"县城外分为东西两耆"的记载,则考知城外耆的来历;旧江安是从江安坝来的;只有罗东、山南的来由不能判断。后将详述,在泸州,原四大保属于一都保正,由耆

① 根据《舆地纪胜》卷一五三潼川府路泸州的碑记,可见永嘉曹叔远编集《江阳谱》的记载。《宋史》卷四一六《曹叔远传》,曹叔远是温州瑞安人,绍熙元年进士,任涪州通判、知遂宁府、知袁州、权礼部侍郎等,官至徽猷阁待制,编《永嘉谱》。关于这个二十四卷的《永嘉谱》,陈振孙《直斋书录解题》卷八载有"礼部侍郎、郡人曹叔远器远撰""时绍熙三年……创为义例",但未著录《江阳谱》。由上述史料可知,曹叔远是光、宁宗时人,《江阳谱》亦应在这时期撰写,并且和《永嘉谱》的体裁相当吧。

长督促课输；而宁宗嘉定六年，遵从淳熙六年（1179）广西安抚使张栻施行的保伍法，五家为一甲设甲头，五甲为一队置队长，在市镇设团长，在乡村设保正副统率他们，令他们捕捉盗贼。为此，在这一条中列举了嘉定六年的耆、都名和保正、大保长、团长、队、甲、家之数和村市之名。其详见于下表：

耆名	都名	保正数	大保长数	团长数	队数	甲数	家数	村市店数
罗刀	一	1			12	60	312	8
	二	1			16	37	384	5
	三	1			10	42	251	4
	四	1			10	42	376	5
	五	1			12	60	154	7
	六	1			10	36	177	7
	七	1			9	42	220	7
	八	1			10	50	260	7
	（小计）	（8）			（89）	（369）	（2 134）	（50）
南井	九	1			6	30	151	3
	一〇	1			11	55	287	5
	一一	1			7	35	176	6
	一二	1			9	49	226	2
	一三	1			1	34	172	4
	一四	1	1	1	13	62	326	2
	一五	1			7	35	183	3
	一六	1	4		31	155	811	8
	（小计）	（8）	（5）	（1）	（85）	（455）	（2 332）	（33）
大硐	一七	1			13	65	339	7
罗隆	一八	1	4		31	155	811	7
	一九	1	4		31	155	811	7
	二〇	1	4		40	200	1 103	6
	（小计）	（3）	（12）		（102）	（510）	（2 725）	（20）

（续表）

耆名	都名	保正数	大保长数	团长数	队数	甲数	家数	村市店数
城外	二一	1			8	40	209	4
	二二	1			13	65	289	2
	（小计）	（2）			（21）	（105）	（498）	（6）
旧江安	二三	1			31	155	807	7
	二四	1			31	155	807	6
	二五	1		1	32	161	834	4
	（小计）	（3）		（1）	（94）	（471）	（2 448）	（17）
罗东	二六	1	4		12	60	317	6
	二七	1	4		8	40	213	7
	二八	1			5	25	181	7
	（小计）	（3）	（8）		（25）	（125）	（711）	（20）
生南	二九	1	4			4	130	8
	三〇	1	4	1	21	105	552	22
	三一、三二	2			6	25	157	16
	（小计）	（4）	（8）	（1）	（27）	（134）	（839）	（46）

据此，这八耆都被分为都或都、大保。泸州所推行的保甲又见于《长编》卷三九四元祐二年（1087）正月乙丑条，右谏议大夫鲜于侁言："熙宁中以戎、泸夷、汉主客户通为义勇，保甲岁以农隙教习武艺。"因此，似乎在神宗熙宁中这里被编成都保的。① 于是，这些耆中的诸都，有的一都由四大保构成，如南井耆十六都，罗隆耆十八、十九、二十都，罗东耆二十六、二十七都，生南耆二十九、三十都，它们应是最初编成的都吧。而南井耆十四都，一都由一大保、一团长构成，似乎它原来并不是独立的都，而是附在其他都下的，后来才构成一都的。生南耆三

① 有关这一点，又可见《长编》卷三九五元祐二年二月丁亥，知邢州鞏彦辅上奏言：施、黔、戎、泸州及南平军极边之地，保甲多居山林，阅每岁农隙，令县尉亲诣其居，如监司按阅法。鞏彦辅长期担任夔州路和梓州路的提点刑狱。

十一、三十二都也只有保正副而没有大保长，它们原来应附属于生南耆二十九都或三十都，也是后来才构建的都吧。除此之外，一都只有保正一人，似可考虑它原不是一都，恐怕雏形只是一大保，是后来才构建一都的吧。于是，据此可测算北宋熙宁年间编成都保时一耆的户数，一大保约二十五户，四大保便为百户，罗隆耆由三都构成合计三百户，罗东耆和生南耆各有两都及附属的大保，便各有二百余户。所以，在江安县，每耆原有二三百户吧。然而，到南宋时，这些耆的户数都颇有增加，罗隆耆变为二千七百二十五户，罗东耆为七百十一户，生南耆为八百三十九户，其他耆如旧江安耆也有二千四百四十八户，南井耆二千三百三十二户，罗刀耆二千一百三十四户，城外耆四百九十八户，大硐耆稍少一点也有三百三十九户。另外，泸州还是“税籍分隶耆长，耆长督课输”，这是继承宋初开宝七年以前的制度，和由户长督税的诸州是不同的。

由以上史料可知，在四川江安县，到南宋时仍保留着耆长管辖的“耆”，耆又被都所划分。而且，在北宋神宗朝实行保甲法之时，耆似乎管辖着二三百户。这些耆的名称一般沿用里名或当地地名，耆管下有数十村或市。南宋时这种耆还存在于福建路。南宋末人刘克庄《后村先生大全集》卷一〇〇《安溪县义役规约》曰：余宰建阳，境内都九十七，耆一百八，义役居四之一。在建宁府建阳县(今福建省建阳县)都有九十七，耆有一百八，如后所述，南宋时在福建路，都保的保正、大保长之役和耆长、壮丁之役是并行的，所以在这样的县里既有都又有耆。又据《淳熙三山志》的耆户长、保正副条，可知北宋熙宁七年、元祐元年、绍圣元年和南宋淳熙年间福州管下十二县的户长、乡书手、耆长、壮丁、保正副之数和各县的乡里之数，现列表如下：

县名	乡	里		户长	乡书手	耆长	壮丁	保正副	大保长	小保长
闽	12	37	(熙宁)	21	10	37	154	67		
			(绍圣)					60		
			(淳熙)		10	37				

（续表）

县名	乡	里		户长	乡书手	耆长	壮丁	保正副	大保长	小保长
连江	7	24	（熙宁）	11	5	49	148			
			（绍圣）					66		
			（淳熙）					60	302	1 520
侯官	10	50	（熙宁）	28	9	44				
			（绍圣）					71		
			（淳熙）		9	44	201	70		
长溪	4	22	（熙宁）	11	4	52	196			
			（绍圣）		4		151			
			（淳熙）		4	55	175	851?		4 355
长乐	4	32	（熙宁）	8	4	32	98			
			（绍圣）					41		
			（淳熙）		4	26		48		
福清	7	36	（熙宁）	16	7	73	248			
			（绍圣）					419?		
			（淳熙）		4			442?		372
古田	4	12	（熙宁）	11	4	26	76			
			（绍圣）					84		
			（淳熙）		4	26	76	81	390	1 874
永福	3	14	（熙宁）	4	3	18	92			
			（绍圣）					74		
			（淳熙）	6	3	28	96	73	346	1 730
闽清	2	10	（熙宁）	4	2	16				
			（绍圣）					47		
			（淳熙）		2	17	53	47	234	1 170
宁德	3	10	（熙宁）	6	3	20	64			
			（绍圣）					56		
			（淳熙）		3	30	30?	46	230	1 151
罗源	3	13	（熙宁）	6	3	24	84			
			（绍圣）	2?				33		
			（淳熙）	3?	3	26	3?	26	180	720

（续表）

县名	乡	里		户长	乡书手	耆长	壮丁	保正副	大保长	小保长
怀安	9	44	（熙宁）	16	8	43	176			
			（绍圣）					50		
			（淳熙）		8	33	3?	51		

据此，乡书手因乡数而有多少，大体每乡置一人。① 而户长和耆长、壮丁似乎和里有关。在闽、长乐和怀安三县，耆长数和里数同或略同；在连江、福清、古田、永福、宁德、罗源六县，耆长数为里数的两倍或约两倍；可见二者之间是有关系的。耆长管辖之“耆”，如前述泸州江安县那样，恐怕和里有某种程度的关联吧。壮丁之数略为耆长数的三至四倍，因此耆长之下每年应有壮丁三四人。② 又看耆长和户长之间的关系，相对于户长，各县中的耆长数都较多，在连江、长溪、长乐、福清、永福、闽清、罗源七县，户长对耆长为 1∶4.7 人以下，或 1∶4.0 人；宁德县为 1∶3.3 人；怀安县是 1∶2.7 人；古田县是 1∶2.6 人；闵、侯官两县分别是 1∶1.8 人和 1∶1.6 人。由此可考见户长与耆长的关系，即户长管辖的区划比耆长管辖的地方要大三到四倍。如前所述，开宝七年设管，置户长及耆长三名，考虑到其后至和二年罢里正时又增差户长，则户长管辖的区划近于“管”，可认为这个管后来被耆长所管辖的“耆”所划分。这些都又置有保正副，其人数为都数的一半，长溪、福清两县其数还有疑问暂且不论，其余各县有十三到四十一都，可见都比耆少。南宋初期在浙西等地仍残留耆制，绍兴八年三月十八日，江西路建昌军南丰县天授乡揭坊耆升为广昌县（《宋会要 · 方域 · 州县升降》）。

总之，北宋神宗以后改差役法，行免役法，又施行保甲法，它们取

---

① 据《嘉定赤城志 · 吏役门 · 县役人 · 乡书手》载有：临海十八人，黄岩县十二人，天台县四人，仙居县六人，宁海县六人；而据同书卷二《乡里》，临海县十八乡，黄岩县十二乡，天台县四乡，仙居县六乡，宁海县六乡；故得知乡书手每乡一人。《嘉定吴兴志》亦载：乌程县十二乡，乡书手十二人；长兴县十五乡，乡书手十五人。

② 据前引《陈止斋文集》的《转对论役法劄子》，壮丁半年一替，如一年有四人，半年则有两人，即耆长之下总有两名壮丁。

代了差役法。哲宗初期,一度复活差役法,但其后又修成绍圣免役敕令,并从北宋末一直施行到南宋。于是都保正行耆长之职,大保长行户长之事,并给与雇直;而在无人愿当的场合,还是设置耆长、壮丁、户长。其中,保正或耆长、壮丁负责接受县里下来的文书,代行广泛的行政事务,大保长、户长从事征税。北宋末也有耆,管之下形成"耆",后都保被编成,都保之制逐渐施行。其后北宋灭亡,南宋兴起,都保制在南方普遍推行,像四川的泸州江安县,耆下亦确立都保之制;而在福建,伴随着耆制,都保制也在施行。只是北方被金人统治,直到元朝管仍有残留。①

四、北宋中期以后至南宋的乡书手制

如前所述,在宋初,乡书手在乡之里正下服役,里正被废止之后,每乡置乡书手一名,他便成为县役人了。然而,熙宁四年推行募役法,采取投名雇募的方式。对此,《嘉定赤城志》的《吏役门·县役人·乡书手》有如下表述:"熙宁行募法,以第三等以下户充,免户下役钱,无人就,即给雇钱。其后不限有无产业招募。吏有阙,与贴司依名次补充。元丰七年听投名,不支雇钱。"则行募役法(免役法)之后,有产无产都可招募,县吏有阙之时还能补入,打通了成为县吏的道路,所以以后投名也不支雇钱了。据此可见,乡书手和县里其他职役一样也胥吏化了。而且,南宋时还于定额之外置有乡书手。②

前引《作邑自箴》卷三《处事》有关于乡书手的记载:"钱谷簿历十日一次差乡书手磨算朱书,保明于计头。"又前述同书《令户长催税》条亦曰:"其乡书手惟要关留户长磨税……其弊不可举也。"由此可见,乡书手负责检查比较户长催税的钱谷簿历。同书卷四《处事》载:造

---

① 除中村氏已引用的史料之外,据《永乐大典》卷五二四五辽州的坊郭条,所引《元大一统志》中辽山县下列举的黄章管、苏定管、长城管、王庄管、常义管、丰堠管、高庄管、岭南管等,在《辽州志》中都称作乡。

② 据《宋会要·职官四八·牙职》绍兴十二年九月八日臣僚之言。

五等簿时,令乡书手、户长、耆长各自记入各家的家业,然后集中在一起比照勘定。①

乡书手也叫乡司。南宋《嘉泰吴兴志》卷七《官制》湖州乌程县吏额条可见如下记载:"曹司十六名,四名有请(指吏禄——作者注);贴司二十名;乡司十二名;厅司十四名,六名有请;手力五十名。"②则在乌程县有乡司十二名。又据同书《乡里》,乌程县有十二乡,可见,这个乡司指的就是乡书手。而且,在他们当中,曹司的四名吏和厅司的六名吏是得到吏禄的,而关于乡司却没有类似记载,因此,就如同前引《嘉定赤城志》所载,是不能给乡书手雇钱的。《宋会要·免役》开禧三年九月十四日臣僚言,更证实乡司指的就是乡书手。

> 今后诸县差大小保,必令本县典押及乡书手于差账同结罪保明,编排既定,令、丞同共点差……如有不实不公,却许照条限越诉,许行改正,本县典押并照差役不当本条,与乡司并行断勒,永不收叙。

当时规定:差大小保时,令县之典押(胥吏)和乡书手在差账(又叫鼠尾簿)上结罪担保,差账的编排一旦定下,县令和县丞便点差保正、大保长服役,如编排有不实或不公平之事,参照差役不当法条,那名典押便和那名乡司一起被治罪。前半条称典押和乡书手,后半条称典押和乡司,两相对照,可知乡书手又称乡司。而且这条也说明乡书手和典押(又称案吏)一起作成大小保役人的差账。③ 因此,南宋中期人叶適《水心先生文集》卷三《役法》亦谓南宋耆户长之役尽归保正副了(参见后述)。

> 其计较物力,推排先后,流水、鼠尾、白脚、歇替之差,乡胥高

---

① 还可参照《长编》卷二五四熙宁七年七月乙卯司农寺之言。

② 关于县之曹司、贴司、厅司和手力,请参见前载周藤吉之《宋代州縣の職役と胥吏の發展》一文。

③ 类似史料又见《宋会要·免役》绍兴四年九月十五日《明堂赦》。

下其手,而民不惮出死力以争之,今天下诉讼其大而难决者,无甚于差役。

其意为：乡胥比较民户的物力,推排保正副之役,流水簿、鼠尾簿等差账及白脚(指未曾就役)、歇(未就役而暂休)停的代差等,他们皆可上下其手派定,故民户出死力相争,这类诉讼颇多。此处的乡胥指的就是乡书手,因此,元末人陶宗仪《辍耕录》卷一八亦曰:"世称乡胥为书手,处处皆然。"可见,乡书手负责比较民户的物力,作成流水簿、鼠尾簿等差账,并据此排定服役户的顺序。而且,根据前引《作邑自箴》,可见这些民户的物力本来就是乡书手确定的。根据南宋中期人周必大《周益国文忠公文集·平园续稿》卷三一方崧卿墓志铭,孝宗淳熙年间方崧卿任信州上饶县知县,"先是督乡司具民之物力高下,毋敢不实封文书。案间遇当役者争承,则启封参考,亲加诘问,情伪立得,人欣然就役"。可见他亲自督促乡书手详报民户的物力高下。

又南宋中期人曹彦约《昌谷集》卷一〇《新知澧州朝辞上殿劄子》详述产去税存的弊害:"豪民得产而不肯收正,下户出产而不能到官,于是产出税存者满天下,而差役、义役之法愈变而不得其正也。夫契书者,交易之祖也;砧基簿(土地台账——作者注)者,税役之祖也。曩时(绍兴十二年十二月)经界立法固已灼知奸弊之原委,而立为对行批凿之定论矣,不对行批凿则不理为交易。"绍兴二十一年(1151)和淳熙三年(1176)曾申严此令。"今州县催税每以产去税存为版簿(叫砧基簿——作者注)之害,州县差役每以产去税存为流水(指差账——作者注)之害。……所以不对(对砧基簿——作者注)行批凿即不理交易者,必欲尽所过割(土地的让渡——作者注)……若收而不尽与,虽收而不为彼(指典卖人——作者注)退落,皆不得谓之对行批凿,业合还主,钱合归官,乡书手与过割人吏皆合坐罪。若出产户无钱纳,即许给榜召人承买。此则不理交易之本意也。"据此,原规定土地有典卖,典卖人与典买人进行土地让渡手续,必须在砧基簿上对行批凿,因为不行此手续,会产生产去税存之弊,所以这项交易不被承认,其产可还给

原典卖人,官府没收其钱,乡书手和参与过户手续的人吏坐罪。可见,乡书手还负责在乡的砧基簿上记录土地交易。

在南宋,乡书手和在北宋时一样处理租税簿。《宋会要·赋税》绍兴二十六年(1156)八月[①]诏曰:"诸路县道起催产税,乡司先于民户处私自借过夏税、和买,已入并不到官,却将贫乏下户重叠催科补填。"又《庆元条法事类》卷四七《受纳税租》引用《赋役令》曰:"诸税租钞,仓库封送县令佐,即日监勒分授乡书手,各置历,当官收上日别为号计数,以五日通转。每受钞即时注入,当职官对簿销押讫,封印,置柜收掌。"则乡书手还掌管税租钞的收据。又同条《户婚敕》曰:"诸销税租簿,吏人、书手受县钞或取到监住钞,而不即时勾销致毁失者,虽会恩仍勒停。"则乡书手负责接受县钞、监住钞等税租钞,并要在税租簿上销账。南宋末人胡太初《昼帘绪论》卷五《催科篇》第八亦曰:"起催税物,例是勒逐乡乡胥供具合管数目以凭给引。不知乡胥与富强之家素相表里,有税未即具上,或不尽具,至有每年不曾输官者;却止将善良下户先具催数,或多科尺寸,逼令输纳。"则乡书手于催交夏税、和买时,与富强之家勾结弄虚作假,而令下户多纳。"民户之受害者,莫甚于已纳重追,皆由案吏不相关照,乡胥不与销豁。夫先期乐输,本是畏法,而点追苛扰,与未纳同,又且呈钞缴引分外费用,人谁肯先输乎?"则乡书手往往怠于勾销税簿。根据当时人杜范《杜清献公文集》卷八《便民五事奏劄》,杜范知宁国府时上此奏,曰:"本府所管南陵(今安徽省南陵县——作者注)、泾川(今安徽省泾县——作者注)两邑……曩自遭洪水郁攸之变,百年版籍一旦散失殆尽。……于是,若催科、若差役悉受成于奸胥之手,而公与私交病矣。何者?贵家豪户所管常赋,重赂乡胥,或指为坍江逃阁,或诡寄外县名籍,虽田连阡陌,输税既少,役且不及。[②] 村疃小民仅有田园,不能赂吏,则额外横敛,重催日纳,又为上户承当重役,每一遇役次,则讼牒纷然,吏高下其手,惟贿是

---

① 日文原稿如此,查原文出处应为同年七月八日诏。——译者注

② 黄榦的《黄文肃公文集》卷二三《代抚州陈守·四逃户》亦曰:"税产之升降出于乡司,而为逃亡倚阁者亦出于乡司。"

视……是以两邑之民富者愈富,而陵驾府县;贫者愈贫,而旋致流离。”如此说来,乡书手勾结贵家、豪族取贿赂,搞乱税簿,导致课税征役的不公平。

如上所述,在南宋,乡书手成为胥吏,掌管差账、砧基簿和税簿,他勾结贵家富户,对农民诛求不已。这一点,乡书手和县里其他的胥吏是同样的。

五、南宋的保正长、耆户长之法

南宋一般仍行北宋末的绍圣免役敕令,保正副行耆长之事,大保长担户长之责。在有的地区保正长与耆长、壮丁并用,如福建路、四川的泸州等地,只是耆户长、壮丁的雇钱已纳入经总制钱,不再给保正副支雇钱了。而且,在南宋,保正也称为里正,甲头代户长催税的情形较多。以下分述保正、大保长、甲头、耆户长及县与保正长之关系。

1. 南宋的保正副、耆长、承帖人、里正

在南宋,保正副行耆长之事,这一点已被以往的研究阐明,所以在此只作简述。而承帖人、保正又称为里正等未被阐明的要点,本文将尽力详述。

根据《宋会要·免役》,高宗建炎二年(1128)九月二十二日臣僚言:“今以保正副当免役之民而使之代耆长充役,无怪其辄至破产也。……用事之臣阴怀私意,不欲以差法(称耆长——作者注)参免法(称保正副——作者注)……而概谓保正副情愿代耆长执役,望诏诸路监司参差免之法专以便民。”也就是说,本来规定保正愿代耆长才行耆长之事,实际上诸路臣僚却强制推行下去了。于是,就出现强迫的情形,同上书同篇绍兴三年(1133)六月十二日户部言:“保正不愿就雇兼代耆长即不合令承行文书外,其原充耆长者并合主管凡保正内旧来耆长事。内驱正副执事于官,及公家之求无不责办,即合依非耆保事而辄差委及勾集赴衙条法断罪。”然而,这种强制还是在执行,同篇绍兴四年九月十五日《明堂赦》曰:“勘会福建路保正副、大小保长,唯管缉

捕逃亡军人及私贩禁物、斗讼桥路等事，其承受县司追呼公事及催纳二税等物，并系耆户长、壮丁承行。今两浙、江南等路诸县，并不雇募耆、壮、户长，却差保正副、大小保长干办，又有责令在县祇候差使者。缘此，保正副、大小保长费用不资，每当一次往往被荡家产……并依福建路见行事理，或量增役钱，以充雇募耆、壮、户长之费。"如此说来，在福建路，保正副和耆、壮、户长是并置的，而在两浙路和江南东西路，保正副、大保长已兼为耆长、户长，如后所述，这个措施推行至宋代的最后。然而，当时亦有不少人呼吁，不要令保正、大保长兼耆户长，而应恢复旧的耆、户长法。同上篇绍兴五年十二月八日知静江府（今广西桂林市）胡舜陟便论及此事，他说：绍圣年间，"章惇、蔡京述安石之弊行于东南……凡州县徭役、公家科敷、县官使令、监司迎送，皆责办于都保之中，故民当正副必破其家，大小保长日被追呼，废其农业。……曷若祖宗时于人户第一、第二等差耆长，第四等、第五等差丁，一乡差役不过二人而已。今保甲于一乡之中有二十保正副，有数百人大小保长，不若耆长、壮丁之法为宽。其所差耆长，无军势、形要、官庄、寄住之限，但品官之家则以不该阴赎人及管庄田人代充，其余家长祇应，老疾者以次家人充；今之差役，品官之家及老幼疾病者免焉，不若耆长、壮丁之法为均，乞诏讨论耆长、壮丁之法而行之，罢去保甲"。然而，耆长、壮丁和户长之法已不能复活了。如以往研究所阐明的那样，从绍兴十年到十二年，耆户长、壮丁的雇钱被纳入总制钱，已不能再雇募耆户长和壮丁了。[1] 因此，各地普遍强制推行保正副代耆长、大保长代行户长之事。

又绍兴十二年十一月开始行经界法，以都保为单位丈量土地，以乡为单位均定两税，起到使乡都保之制更稳定的作用。即行经界法，令都保的保正长丈量土地，制成图（称鱼鳞图），再遣官核实。《宋会要·食货·经界》载，绍兴十二年十二月二日两浙转运使李椿年奏实施经界的条目，据此，经界先行于平江府管下诸县，然后才在其余

① 参见前列曾我部静雄《南宋の役法》之三《免役钱の行方》。

州军施行。

今画图,合先要逐都耆邻保在,关集田主及佃客,逐坵计亩角押字,保正长于图四止押字,责结罪状。申措置所,以俟差官按图核实。

在丈量土地、画图时,先在都、耆、邻保会集田主和佃客,计算各坵(又称段)的亩数及田角,并令押字,又在都保令保正长于该图四边押字,承担其责任,再上报措置经界所,由该所派官来按图核实。看来,这时在浙西路平江府管下诸县,似乎于都外还有耆这个区划。然而,行经界之后,可见保正长的作用更重要了,都保之制便稳定下来。继前述上奏之后,李椿年又上奏曰:

今欲乞令官民户各据画图了当,以本户诸乡管田产数目,从实自行置造砧基簿一面,画田形坵段,声说亩步、四至、元典卖或系祖产,赴本县投纳,点检印押类聚。限一月数足,缴赴措置经界所,以凭照对画到图子审寔,发下给付人户,永为照应。……县每乡置砧基簿一面,每遇人户对行交易之时,并先于本乡砧基簿批凿。

官户、民户画好此图后,将该户于诸乡管的田产数目写清制成砧基簿(土地台账),画好田形及坵段,并记下其田产的亩步、四至,并登记是否有典卖或是否祖产等,然后将它交给县,县收集好再交措置经界所,措置经界所核实之后再还给人户作为证据。而且,县里于各乡置砧基簿,人户进行土地典卖时,要先记入该乡的砧基簿,再改变田产的所有者。据此可知,各官户、民户都把自己在诸乡管的田产数目记入各自的砧基簿,则乡、管都在推行,而在实施经界法之后,又于诸乡置砧基簿。于是,此后乡更重要,而管却似乎不太起作用了。而且,经界还要按乡均定两税,乡更日益显现其意义。经界法从绍兴十二年始

行，到绍兴末年几乎遍行于全国。[①] 因此，在行经界法之处，乡、都保之制便稳定下来。于是，在这些都保派行保正长之役。如后所述，只是在福建路和四川的泸州，于保正之外仍置有耆长。

据《宋会要·免役》，绍兴十九年九月二十三日，从权知饶州陈畴之言，决定允许当役之保正副雇人代役，官司不追呼其正身。而同篇载：绍兴三十年五月十八日臣僚上奏曰："州县保正副间有雇募代役，多是公吏别立私名受募。每有文移，承受之后即收匿，追呼催索有逾数限而不报，其徒递相壅蔽，但见公府事多而令慢，不知其弊。"于是，禁止放停军人、公人代为保正副之役。

以上论述高宗朝时的状况，而孝宗朝以后这方面也是相同的。《宋会要·免役》载，乾道六年(1170)五月二十五日，臣僚言保正之役为良民之害，愿行耆长之法，募民之有产者为之，其职止于烟火、盗贼，应征敛之事不得以责之，然后罢去保正之役。于是，台谏、户部议，言检出元丰八年十月指挥，耆户长、壮丁之役皆募充，其保正、甲头、承帖人并罢(参照前述)，决定两浙路权依此给雇直，募耆户长、壮丁。但这一条似乎并没有实施。同篇下载，乾道八年十一月二十六日，户部尚书杨倓等所定役法曰："乡村盗贼、斗殴、烟火、桥道公事并耆长干当，今欲有耆长处依旧例，无耆长处，保正同。……代役人许募本县土着有行止之人，不得募放停军人及曾役公人。"也就是说，很多地方没有耆长，由保正担当此役；另外，要求保正副的代役应由本地有行止之人担当，正说明实际上未必是这样的。例如，南宋中期人黄榦《黄文肃公文集》卷二三《代抚州陈守·役法》中说：当时称保正副为大役，户长为小役，论保正副、户长之事曰：

况今之为保正副、户长者，皆非其亲身，逐都各有无赖恶少，习知乡闾之事，为之充身代名，执役之亲身虽屡易，而代役之充身者，数十年不易也。

---

① 参见前列周藤吉之《南宋郷都の税制と土地所有》。

由此可见,保正副、户长由熟知乡间之事的无赖恶少代役,而且一当就是数十年。又孝宗朝曾夺去官户免役的特权,大臣、宰相也和民户一样要承担保正之役,《朱子语类》卷九八《张子书》曰:“如寿皇初,要令官户亦作保正,其时蒋侍郎作保正,遂令人书保正蒋芾。后来此令竟不行,且如今有一大寄居作保正,县道如何敢去追他家人?”则孝宗初官户亦为保正,蒋侍郎芾亦叫人写保正蒋芾字样,但以后此令不执行了。[①] 朱子说[②]:如果现在寄居于各县的大官也当保正,县令又怎么能勾追其家人呢?因此,即使这时欲使官户和民户同充保正之役,也会令县令不便而无法执行吧。

如前所述,北宋末,保正便属于承帖人,接受县的帖、引。据《建炎以来系年要录》卷一六二绍兴二十一年十月甲午条,大理正张巇面对,乞禁止州县差公皂(胥吏)下乡,州用木匣递送文书下县,县令承帖人付之乡村。又《宋会要·免役》载:绍熙元年二月二十九日臣僚上奏,请展期限令官户、民户诡名挟户者自首并改正。诏潘景珪措置此事,潘景珪言,每县欲置木柜二口,一口于展限内令诡名置产人实封状入柜自首,另一口则收纳展限外的举报,令诸色人、现役公吏、乡司、保正副、保长、户长及承帖、催税家人告发诡名挟户之家。[③] 可见,这时似有承帖人。《嘉泰吴兴志》卷七《官制》长兴县条谓:保正百五名,承帖人百五名。则南宋似亦置有承帖人。

再次,南宋诸文献多见里正。如前所述,唐以来的里正在北宋仁宗至和二年被废止,这时提到的里正已不是前者。因此,对这个里正需加说明。成书于南宋绍兴末年、作者不详的《州县提纲》多见里正之称,该书卷二《差役循例》曰:

差役素有则例,如某都里正,元例差及税一贯文止,不可辄差

---

① 《朱子语类》同条又曰:“往年贵贱通差,县吏呈单子,首曰第一都保正蒋芾。因此而不便,竟罢。”

② 此条为朱子引用张载之言,此处应为“张子说”。——译者注

③ 参见本书第九章《宋代の詭名寄產と元代漢人の投獻》。

未逮一贯文者；如某保户长，元例差及税三百文止，不可辄差未逮三百文者。

该条说明：按差役则例，某都里正须差交税达一贯文者，而不能差未及一贯文者；某保户长，也必须差交税达三百文的人户，而不能差未达标者。因为这时已施行都保法，这时既然在保中差户长，据前述绍圣常平免役敕令，应为大保长兼户长，所以都中里正是指保正兼耆长。又南宋中期的洪迈《夷坚志》也多见里正。据该书支甲卷三《刘承节马》，浙西人刘承节郎至信州贵溪县（今江西省贵溪县），与一号称贾客实为盗者相遇，承节在道中被杀。县主簿速督里正访捕该盗，不终朝该盗即被擒获并被处死。这说明里正被差捕盗，而捕盗正是南宋保正的职责。又据同书支癸卷九《东流道人》，在池州东流县（今安徽省东流县）某村墟酒店，少年与道人发生争执，道人挥拳殴杀两个少年，店人以竹沓遮盖两具尸体，等候里正及县官的检验。[①] 这说明里正负责检尸，而如后所述，这也正是保正的职掌。更据《宋会要·免役》，嘉定五年（1212）五月二十七日殿中侍御史徐宏言："自王安石以免役代差役……民安田里，无奔走徒役之劳……今以民赀之高者俾充里正，彼多产之家，其输钱于官者亦多，既已征其财矣，而又俾执二年之役，是复重劳其力也。乞参酌祖宗常平免役之本意，行下州县，姑于役人从役之年蠲其免役之输，役满输钱仍故。"此建议得以施行。据当时的常平免役法，从都中选物力最高的充任，又有两年期限者，只有保正，所以此条中之里正实指保正。

如上所述，在南宋文献中所见之里正，指的是以都保正兼耆长者，或者指的就是保正，一开始里正就是保正的俗称，以后官方也就称其为里正了吧。[②]

2. 南宋的大保长、户长、催税甲头

在南宋，一般令大保长行户长之事，更多的是罢户长设催税甲头，

① 类似的事情还可见于《夷坚志》支癸卷五《陈泰冤梦》。

② 另外，南宋行保伍法，似乎也有置里正之事。

很多地方直到南宋末都置有甲头。以下对此加以简单论述。

据《宋会要・免役》高宗建炎四年八月二十一日条,广西路转运提刑司请求罢催税户长,依熙丰法(神宗朝的甲头之法),以村疃三十户,每料夏、秋税,便轮差甲头一名,催纳租税、免役等钱物。诏依其议,并令两浙、江南东西、荆湖南、福建、广南东路州军并依此施行。[①] 然而,此措施到第二年即绍兴元年就废止了。同篇绍兴元年九月十二日条谓,臣僚上奏列举甲头催税不便之五事,试举其中三事为:"大保长皆选差物力高强人丁众多者,其催科则人丁既壮可以遍走四远,物力既强虽有逃亡死绝户易于偿补。今置甲头则不问物力、丁口,虽至穷下之家,但有二丁,则以一丁催科,既力所不办,又无以偿补,类皆卖鬻子女,狼狈于道,此不便一也。大保长催科,每一都不过四家,兼以保正副事皆循熟,犹至破产。今甲头每一都一料无虑三十家,破产者又甚众。此不便二也。……保长多有惯熟官司人,乡村亦颇畏之,然犹有日至其门而不肯输纳者。今甲头皆耕夫,岂能与形势之家、奸猾之户立敌,而能曲折自伸于官私哉?方呼追之急,破产填备,势所必然。此不便四也。"[②]此言实充分指出催税甲头的弊害,但如何消除这些弊害,并付诸实施却是成问题的。无论如何,同年十月五日决定罢催税甲头,令大保长兼户长催税。

然而,因大保长之役颇重,同据上书《免役》篇,绍兴五年十一月二十八日广东转运常平司请求:"近据知平江府长洲县丞吕希常陈请,大保长催科一保之内,岂能亲至,逮其过限,催促不前,则枷锢箠拷,监系破产,乞改用甲头,以形势户催形势户,平户催平户。……今欲依所请,改用甲头,专责县令佐将形势户、平户随税高下各分作三等编排,藉定姓名,每三十户为一甲,依次攒造成簿,然后按籍周而复始轮差。"[③]此条已施行,于是复设催税甲头。据《淳熙三山志》耆户长・保正副条和《嘉定赤城志》乡役人・保正长条,有绍兴七年复大保长催税

---

① 参见《建炎以来系年要录》卷三六建炎四年八月辛卯条。

② 参见上书卷四四绍兴元年五月戊午条。

③ 据上书卷九五绍兴五年十一月丁酉条,作长沙丞吕希常。

的记载,则似乎在这些地方,绍兴七年又复令大保长催税了。[①] 然而,据《宋会要·免役》,绍兴十三年十月二十四日广南西路提刑兼提举常平司言:广南西路"自绍兴六年以后,各随都分编排三十户为一甲,夏秋二税轮差甲头二名催科,自高至下依次而差,至今已经七年,每甲共差过一十四户,今已轮至下户。如一甲内不下三五户系逃移,一半系贫乏,设若轮差甲头尽是上户之家壮丁、佃客,委是催科不行,若再差上户,即又不免词诉,今来若复用户长实为利便。"其请求得以实施。于是,从绍兴十三年以后,广南西路也施行户长之法。另外,如前所述,耆户长、壮丁的雇钱已并入总制司,这期间也不能雇佣户长了。

其后,根据《宋会要·免役》,绍兴三十年十一月四日,臣僚言,广南路置甲头,代输贫乏户之税,甲头甚苦。[②] 则似乎这时广南西路仍置有甲头。据同篇绍兴三十一年二月二十三日条,权发遣江南东路转运副使魏安行请求:"保长催税无不破产逃亡,又欲顾(雇)募耆户长,此等本无税产行止顾籍,为害不可言。……以比邻相近三〔十〕户为一甲,给帖,从甲内税高者为头催理,本户足者,本县画时给凭由执照……行之几月,已渐见效。……乞下诸州令悉依此施行。"朝廷听从,令诸路实施。《淳熙三山志》耆户长·保正副条和《嘉定赤城志》保正长条,亦见绍兴"三十一年,令甲头催税"记载。[③] 然而,据《宋会要·免役》孝宗乾道三年九月十九日条,应四川制置使兼知成都府汪应辰上奏,又罢甲头置户长(参见后述)。同篇又载,其后乾道六年十月七日,臣僚请求:"顷岁有漕臣……罢去税长(户长——作者注)……每三十户差一甲头逐时催税,县道并缘为奸,一名出头,即告示出钱数千,谓之甲头钱,往往一县岁不下五、七千缗以至万余缗,或云应副镇寨,或云解发本州。……如一县所管万户,则秋夏两税合差甲头六百余人……乞下诸路提举司并行住罢。"可见,这时仍置有甲头。据同书同篇乾道八年十

① 《宋会要·免役》绍兴九年正月五日河南州军新定赦文亦谓大保长催税。

② 此条原稿加引号,但核对《宋会要辑稿》六六之八二原条,此处为意译,故去引号。——译者注

③ 《嘉定赤城志》保正长条曰:"三十一年,令甲头仍旧催科……以三十户为一甲,选欠多者一人为甲首,催甲内税。"

一月二十六日杨倓等所定役法，差募大保长进行催税。

如此看来，大保长兼为户长执行催税，但其后也多见置催税甲头者。据《嘉定赤城志》保正长条，淳熙十六年（1189）提举袁说友上奏："遵绍兴甲首（甲头——作者注）法，以三十家为一甲，流水排次，遇（夏秋税——作者注）开场，则以各户合输之目列为榜，揭之通衢，令已输者自疏其时以待考察，限满，上其榜，以县钞点磨，其输足者先出甲，未输或输未足者，择其尤一人罚为甲首，给甲帖催甲内税，违者痛绳之。自是民畏充甲首，兢先输官。"也就是说，这时在台州实行罚令不能交税者为甲头。南宋末人胡太初《昼帘绪论》催科篇第八可见如下记载：

> 迩者廷绅奏请，以十户为一甲，择管额多者为首，承帖拘催，自浙而江，往往行之已遍。

以十户为一甲，令甲首催税，此法从两浙路行至江南路。① 而且，值得注意的是，此条又曰："甲帖之设，本以优役户，今乃以困官户。盖起催本是户长之责，今官户不应役者亦承帖催科矣。"则官户亦被充作甲头矣。② 更据刘克庄《后村先生大全集》卷一六二饶应墓志铭，饶应于理宗朝知洪州新建县（今江西省新建县）时，曾核查诡名，以三十户为一甲，令甲头催科。据此，可知直到南宋末各地仍置有催税甲头。在南宋末，一般由大保长行户长之事，但也有的地方置甲头负责催科。

3. 县和保正长、耆户长之关系

在南宋，县通过保正长乃至耆户长，将县政渗入乡村。有关县课以保正长乃至耆户长的职责，以往的研究已作一定的阐明，但未说明者亦有很多，以下主要对此加以阐述。而且，为方便论述，将保正、耆

① 此事亦见于《昼帘绪论》差役篇第十。

②《昼帘绪论・催科篇》又曰："但差甲首之时，弊倖尤多，有嘱者，税额虽多，乃与分为三数引，而常为甲下户矣；无嘱者，税额虽少，乃与最少下户同引，而常为甲首矣。不特先期输纳，而甲下十标欲其分给人户，有居于县市者，有居于外都者，安能一一识认其家。最为被扰，莫若各随都分等，则分差一等户，止与一等共甲，仍不许将合纳数目分作别引，其纳足乞改付下次者。"

长与保长、户长分别加以考察。

A. 县与保正、耆长之关系

如前所述，一般保正副兼耆长，行耆长之事，被县课以各种各样的负担而苦不堪言。然而，这些职责往往并不明确，特别是保正副接受县之文书产生许多问题，便一直得不到明确解决。又保正副在两浙、江东西等路兼为耆长，但在福建路和四川泸州等地又并置二者。以往的研究从未阐明这些现象，下面将加以说明。

有关南宋保正副被县课加以重负的史料，以往的研究也曾引用过，最详细者莫过于《宋会要·免役》中乾道元年八月五日臣僚之言、朱熹《晦庵朱文公文集》卷九九淳熙九年八月作《约束不得骚扰保正等榜》。首先看乾道元年八月五日臣僚之言："州县被差执役者率中下之户，中下之家产业既微物力又薄，故凡一为保正副，鲜不破家坏产。昔之所管者，不过烟火盗贼而已，今乃至于承文引、督租赋焉；昔之所劳者，不过桥梁道路而已，今乃至于备修造、供役使焉。方其始参也，馈诸吏则谓之参役钱；及其既满也，又谢诸吏则谓之辞役钱；知县迎送僦夫脚，则谓之地理钱；节朔参贺上榜子，则谓之节料钱；官员下乡则谓之过都钱；月认醋额，则谓之醋息钱（接受诉讼状时要的钱——作者注）；如此之类，不可悉数。复有所谓承差人，专一承受差使；又有所谓传帖人，各在诸厅（县令、丞、主簿、尉四厅——作者注）白直；每月顾（雇）钱多者至十余千，少不下数千。若承差人则以之代其正身，出钱顾（雇）募尚或可也；而传帖人则实不曾承传文帖，亦令僦顾（雇）而占破。"即原耆长的职掌如烟火、盗贼、桥梁、道路等，已由保正副承担，这时县还令其负责这些职责以外的县府修造和县上差使等，令其出参役钱、地理钱、节料钱、过都钱、醋息钱等，[①]令其雇承差人和传帖人等。这时传帖人尤被禁止。其次，这类记载亦见于朱熹淳熙九年八月作的《约束不得骚扰保正等榜》，榜文共举五条，更广泛地禁止县令骚扰保正副。朱熹时任浙东路提举常平茶盐公事，这篇榜文当时下达于管

---

① 关于这些参役钱、辞役钱、过都钱等，在《宋会要·食货》十二也有记载，只是把官员下乡叫做醋息钱，应是过都钱之误。

下，所以行于浙东路。试举与上述情形相合的几条。其第三条曰："今来县道略不加恤，应幹敷买物件，必巧作名目，公然出引，令保正副买办，如修造廨舍、迎送官员、整葺祠宇、置造军器，似此之类，其名不一。竹木、瓦砖、油漆、麻苎等物，例以和买为名，不曾支给分文。又如役使工匠，科差人夫，勒出钱米，陪备供输……"即县令保正副修廨舍，必要的东西都要其调发到县，工匠、人夫也令其雇佣。在第四条中更说：

> 县官或遇检验定夺、打量体究等事下乡，多是过数将带当直，虽公吏（胥吏——作者注）辈亦用轿乘，排备酒馔，需索钱物，动是取办保正。亦有本官吃食，令保正供买，及所经过都分，虽无公事干涉，例有过乡钱、过水钱。

县官为判刑需检验尸体，或为验证灾伤程度需到田间考察，便要下到乡村，这时便要保正筹措其一切费用。这本是被禁止的，但一直通行至南宋末。《宋会要·免役》亦可见这类事实，[①]当时人蔡戡《定斋集》卷五《论州县科扰之弊》亦曰：

> 为保正者，科买土［产］，科买竹木；巡尉下乡，则预备酒食；若居民被盗，则先纳赏钱；应期限，则有缴引钱；违期限，则有罚醋钱；以修造公廨、巡捕〔铺〕、桥梁、驿舍，一切取办；故中人之家无不剔屋破产以充役。

由此可见，保正要科买竹木；巡检、县尉下乡，他要准备酒食；百姓遭盗窃，却先要向官方交纳赏钱；如后所述，赶上期限要交缴引钱，赶不上期限又要交罚醋钱；修造公廨、巡铺、桥梁、驿舍等，一切费用也都由他筹办。孝宗、宁宗时人王炎《双溪集》卷一一《上刘岳州（愷）》更曰：在岳州，仅给里正（保正）揽户价值之半，每岁要他们买圣节（指天

① 此事见《宋会要·免役》绍兴三十一年二月二十七日臣僚言、乾道三年十月十九日臣僚言、庆元五年二月二十一日右谏议大夫兼侍讲张奎言及嘉定十四年二月十二日臣僚言。

子生日）用银；每年还向里正、揽户、僧寺等征收公用库的煮酒钱；知州、通判的公用库，也向里正征收绸绢；[①]为塑画春牛，又在里正名下征收派工匠的雇钱；州县上供煮酒，又到里正名下征派米本。《重修琴川志》卷六《叙赋》理宗嘉熙元年八月《义役省劄》谈及保正长充役之费，可知是当时最为繁重的："如保正，则有科供竹木，科取骰果，科买糟酒，节序灯油，接官器具，检尸定验之费。"可见，这期间在浙西路平江府常熟县，保正亦被课以杂费，和前述朱熹文集中榜文所载相同。

其次，保正要集于县衙接受文书，他们虽主要奔走于都保内，但由于有期限，违限会受到重罚，所以这也给保正带来很大的痛苦。前引《晦庵朱文公文集》中的《约束不得骚扰保正等榜》第一条便与这一点相关：

> 保正管干乡村盗贼、烟火、桥道公事，委是繁重。今一县之内，有令、有丞、有簿、有尉，号为四衙，杂出文引，别置木牌，各立程限，尽令趋赴，申展缴押（指交纳与拿走——作者注），需索百出，多创名色，立为定例，分文不可违。少如押到则有到头钱；缴引则有缴跋钱、展限钱，定限、常限所用之钱复有多寡；又有批朱（已就役之上等户——作者注）、缝印、日龊之类。一引状之出，乞取动是数项，稍有稽违，则枷锢棰楚无所不至。且以保正一身，岂能遍受诸衙督责？

由此可知，保正到县接受诸衙之文引，就得付到头、缴跋、展限等钱，有批朱、缝印、日龊等负担，而且这项工作还有期限，违限便受到重罚，以至痛苦不堪。与此相关，如前述《定斋集》也谈到他们被课以缴引钱、罚醋钱。由此文又可见，南宋的保正已继承前引《作邑自箴》中所说的耆长职责：如帖引的缴跋、木龊子的使用、木牌的使用，因急限（指定限）、常限的分别而有不同的罚则、展限时的规定等等都被沿袭了。

---

① 有关其中提到的公用库及揽户，参见前列周藤吉之《宋代州縣の職役と胥吏の發展》之三《南宋州縣の胥吏の性格》。

围绕这些文书的期限问题，南宋有许多有关资料，以下将加以详述。

前述《州县提纲》卷二《立限量缓急》曰："立限宽严必量事之缓急，不量缓急而一切以紧行之，则缓急杂乱，承限者抵罪必多……是以信牌（表示紧限——作者注）之类不可常出……惟上司（指路或州官——作者注）禄匣、追会及大辟（指大罪死罪——作者注）强盗时出而用之，违者必惩，故人不敢慢，缓急可以办事。"即量事之缓急定期限，并举出具体的例子说明在什么场合下才应出木牌定期限。同篇《立限量远近》条又谓："催科若讼，常限须关佐官厅同一日，如一都、十一都、二十一都则以初一日、十一日、二十一日，二都、十二都、二十二都则以初二日、十二日、二十二日之类，非惟整齐无杂乱，易稽考，且里正（保正——作者注）、户长一月止三日在公，优闲多矣。时焉有上司追会，有大辟，有劫盗，有冤抑者，不可拘常限，故不得已而用破限焉。破限必量地远近，盖远乡往返有四五百里者，若初限例与一二日，追会不至而辄挞之，则是责人以其所不能也。里正受赂，诈以所追人出外或病而妄申者，固其常矣。"这一条述及保正的常限、定限及前述紧限等情况。同篇《催状照前限》条更曰："里正领状违滞，词首未免催限。盖状有常限、有破限……再判必同元限……如经久不至，则改紧限或信限以速之。"同篇《用刑须可继》曰："县官追逮多责里正。……初限五日不至，遽挞之矣，次限又不至……再挞之，则五日内杖疮必未痊，非惟法所不许，兼恐过伤，罪在惨酷。故初限未至，不若量讯，或封案，或锢身。"无论如何，里正（保正）错过县文书的期限，是不能免其罪的。《州县提纲》中《里正副勿杂差》又曰："里正副分上下半月，本欲受差均耳。……虽曰两年充役，实则一年。"

谈及保正副承受县之文书的期限问题，胡太初《昼帘绪论·期限篇十三》亦有详记。对此，他首先说："立限有别，应限有程。"关于立限有别，他解释道："泛常（谓常限——作者注）追会，止给到限，许其三次申展，三展未圆，厥罚讯若干……此则诚不可复展矣，若更稽违，则当勘杖若干，枷监追集。如有督捕紧切之事，则当径出定到之引（定限——作者注），或不展引，拘确如前。然或恐县道有十分紧急事务，非可以顷刻稽违，断欲必集者（指紧限——作者注），则当给加牌不展，别此牌引违，则有大罚，如勘锢……又须以不数用为尊。……凡限当展不展，敢于故意藏匿者，厥罚则视限之重轻。”这段史料述及限分为常限、定限、牌引之限（又称紧限），及违限之时所受的罪罚。关于应限有程，他又解释道：“都有广狭，地有远近，当量其力使之可以趋赴。其去县五十里以上，及地分稍广，隔涉溪岭者，每限以七日或十日为约，下此者则以五日为约。……预立规式，置簿明署某都限例十日或七日，某都限例五日，逮给限之时，须令直日厅吏就案头随即抄记，以俟令之自行稽察。”可知，因地理的远近期限是不同的。其下又续曰：“今之里正以期会（期限——作者注）不报被笞索者累累也。其弊在于上之给引泛滥而无统，甚至一次当限累数十引，追逮百余辈。其里正之代役者，自知应赴不及必遭笞决，于是并与其可以办集者一切稽违，却遍求被追者之赂……由是事愈难集。……要当先令限司立定规式，每都一限，给引不得过十件，如事多十引之外，余引与给后限，若里正违引一件与免笞，两件量加笞决，三件、四件各决若干，甚至十违八九，则勘杖锢身，不容轻贷。呈比之初，令限司先自具出某都申展若干件，照约束合若何行遣，其追人见到者谓之着到，别作一沓，其止是申展者谓之跷申，又别作一沓，然后令视牍判行。”据此，可知都保正仍苦于这些期限。因此南宋县令中也有人力图放宽保正副的集中期限，使民众得到便利。前述周必大《周益国文忠公文集·平园续稿》卷三一方崧卿墓志铭曰：孝宗淳熙时，方崧卿为信州上饶（今江西省上饶市）知县，该“县凡七十二都，保正副百四十人。君令旬分四番，番三十五人，送诣县受约束，皆给阙历，有故追呼，批历授之，无则奉历而退，人既不劳，事亦随举”。同书《省斋文稿》卷三五叶楠墓志铭亦曰：淳熙十年，叶楠知徽州绩溪县（今安徽省绩溪县）。“县统十乡，里正（保正——作者注）苦差役追扰。君与约日受二乡文书，八乡得番休，力役不疲，官事亦办，人以为便。”此地里正也是确定日期交替上县接受文书。

再次，保正亦如后述之大保长、户长那样，时有负责催税之事。《宋会要·免役》淳熙六年四月二十四日诏曰：因大保长苦于大姓、顽户的欠税，决定差保正进行追纳。又前述《晦庵朱文公文集·约束不得骚扰保正等榜》之第二条亦曰：

> 追催二税，非保正副之责，今来县道尽以文引勒令拘催。其间有顽慢不肯输纳之人，又有无着落税赋，往往迫以期限不堪杖责，勒令填纳。

可知保正因管催税而被迫填纳欠税。同篇第五条甚至说：

> 访闻县道差募保正拘催二税，自承认之日便先期借绢借米，硬令空作人户姓名投纳在官。曾未旬月，分限完较，或三五日一次，或五六日一次，人吏、乡司（乡书手——作者注）皆有常例。需索稍不如数，虽所催分数已及，却计较毫厘将多为少，未免棰楚。一月之内，尽是趋赴比较之日，即不曾得在乡催税。及至催纳次第，则又别出一簿，谓之划簿，增添改易，不可稽考。有坍溪落江、逃亡死绝有名无实之税，县道不与勘会着实，临期动是勒令填纳，以至典卖屋业，无可填备。一次充应催税，至有三四年者，虽所欠尺寸升合些少官物，亦行缩系，无能得脱。

可见，保正亦和大保长、户长一样苦于催税。

如上所述，在两浙路和江南东西路，保正兼耆长之事，甚至时常被迫行户长之责，苦不堪言。然而，在福建路，从南宋初以来一直并置保正长和耆长。《宋会要·免役》绍兴四年九月十五日明堂赦曰："勘会福建路保正副、大小保长唯管缉捕逃亡军人及私贩禁物、斗讼、桥路等事，其承受县司追呼公事及催纳二税等物，并系耆户长、壮丁承行。今两浙、江南等路诸县，并不顾（雇）募耆、壮、户长，却差保正副、大小保长。"[①]在福建路，保正副、大保长掌捕盗、斗讼、桥路等事，而承受追呼公事及催纳二

① 在江浙诸路直接令保正长行耆户长之事的史料，又见朱熹《晦庵朱文公文集》卷二一《论差役利害状》曰："如江浙等处，则遂直以保正承引保长催税。"

税由耆户长、壮丁负责。这以后也同样如此，如前所述，梁克家撰《淳熙三山志》的耆户长、保正副条，列举出福州管下十二县的耆长、壮丁和保正副、大小保长。南宋中期人陈傅良《止斋文集》卷三五《与闽帅梁(克家)丞相论耆长壮丁事》论熙宁、元祐役法曰："绍圣复雇役法，再以保正长催科，其保正长不愿就雇者，依旧召募耆户长、壮丁。以此，福建路耆户长、壮丁往往与保正长并行不废。……自绍兴十年，以耆户长雇钱拨入经总制司窠名，十二年，又并壮丁雇钱拨入总制窠名，由是江浙诸州耆户长、壮丁并废，惟福建诸州至今有之。某照得，福州官司检验、缉捉、催率、勘会烦重之事，必责之保正副、大小保长；而耆、壮时时以县司帖引追系骚扰。夫役不给禄……宜如江浙间事例一切废罢。"也就是说，这时在福建路，耆长、壮丁之役仍和保正副、大小保长共存。如后面大保长一节所述，绍圣以来，令大保长催督赋税，其后不再支付役钱，令大保长苦于此役。真德秀《西山真文忠公文集》卷二九《福建罢差保长条例本末》(叶武子撰)序曰：

> 予在江之东西、湖之南，每闻其代输之苦，至于流离庸丐，转死沟壑，辄为蹙然，愧不能有以救之也。而吾闽乃独无之，故议者往往指为侥幸。

可知在江东西路、湖南路，大保长因催税而被迫代输，为此苦不堪言；而仅福建路无此害，议者以为这是侥幸所致。而且，常平使者和县令中亦有人深知大保长苦于督赋，或为此谏诤要求停止。上篇又曰："必欲尽宽诸道之民，则复元祐之旧，镌上供之额，举天下皆募户长，给之钱以代保长之役。上也。"而所谓次策应是：

> 苟不获已，则姑循近制，闽中一路仍用耆长，而勿置保长。次也。

作者议论说：在福建路应姑循近制，仍令耆长催科，而不必置大保长。可见，在福建路，在保正副、大保长之外一直都置有耆长的。因此，前述《后村先生大全集》中的《安溪县义役规约》记载：刘克庄任建宁府建阳县令之时，当地有都九十七、耆一百八。又如后所述，四川的泸州也并置保正与耆长，保正掌察盗贼，而耆长督课输。

B. 大保长、户长

在南宋，一般由大保长兼户长负责催税，但保正亦时为此事，或时有置催税甲头之事。在此，首先简述大保长兼为户长的情形。

据《宋会要·免役》绍兴四年正月二十四日李元瀹言，户绝、逃亡户、诡名挟户、顽户等不纳税，在官司督迫下大保长只得填纳，故多至于坏产破家。前述真德秀《西山真文忠公文集·福建罢差保长条令本末序》亦曰，在江东西路、湖南路等地，大保长因代纳租税而破产，可以说通南宋一代这一点没有变化。又《宋会要·免役》绍兴九年正月五日复河南州军赦文曰："应州县保长催税，官司常以比较为名勾集赴县科校，人吏因而乞取钱物，有致破产者。今后并仰依条三限（初限、中限、末限——作者注）科较外，更不得逐月或逐旬勾集比较。"可见，当时县将大保长的催税额进行比较，县里胥吏乘机收受贿赂，令大保长苦不堪言。此事亦多见于南宋。前述《州县提纲》亦多见类似记载，试举该书卷四《催科省刑》："县官催科引呈户长，日不下四五十人，讯杖违法过数，则日不下三千，以月计之，所讯几十万矣。积而至于三载，不知其几千几万，而决挞不预焉。"则户长因催科而苦，往往在县里被违法讯杖。又《革催数欺弊》曰："户长当限引呈催数多寡，率计于吏手，县令岂能一一悉知。往往吏得赂则以催少为多，故侥幸免罪，不得赂则以催多为少，故枉受刑责。"

如前所述，乾道三年九月，知成都府汪应辰请罢催税甲头复用户长，而且其请求得到实施。关于此事，详见汪应辰《文定集》卷五《论罢户长改差甲头》，文章说：今户长有七害，而"使县令得人，则为户长者无此害矣"，并列举七害。七害主要是："今免役条令，每二百五十家（指一都——作者注）差户长二名，以催理民所当纳之赋。……今吏胥舞弄作弊，至有差一户长至于四五而不定者，此其害一也；……官物已纳，而不即销簿，往往重迭划欠，其害三也；揽纳人类多与公吏相表里，

亦有公吏自为之者，揽而不纳，反以殃及户长，其害四也；……形势之户稽慢苟免，官司不敢谁何，而惟责办于户长，其害六也；……用度空乏则豫借税租，有并催两科者，其害七也。”①其中，形势户的税租逼令户长催纳已成为当时的大问题，对此也提出了对策。据《宋会要·食货·赋税》淳熙十二年三月二十五日条，权发遣信州（今江西省上饶市）郑汝谐上奏曰：请求将诸县民户税钱仍旧分作三等，上等专差保正副，中等充夏税户长，下等充秋苗户长催税，上三等并官户之税由官府自催。在此值得注意的是，夏税户长由中等户充当，秋苗户长由下户充当之措施，这是为了让户长分别承受夏税和秋苗的负担。（参见次章）又据同书《免役》篇，绍熙二年（1191）八月十七日太常少卿张叔椿论曰：“一都二年用保正副二人，一都十保，一保夏秋二税用保长二人，二年之间为税长者四十人。保正副之数少，则上中户为之而有余，保长之数多，则中下户为之而不足，州县之间始以保正副之歇役者俾充保长。……夫保正所管烟火盗贼也，今也乃俾之领帖状；保长所以催纳税租，今之逃亡死绝者悉俾之填纳不充；保长破产以填失陷，极力以应追呼，固有役未终满而产已不存者。”②据此，最初一都令两名户长（大保长）催税，这时则一保令两名大保长分催夏秋之税。前述当时人蔡戡《定斋集·论州县科扰之弊》中亦曰：“为税长（指户长——作者注）者，逃绝税则令代纳，坍江税则令代纳，产去税存无所从出者又令代纳，异县他乡不能追逮者又令代纳，已纳在官者不可复得，见欠人户则不为理还，故单产之民（指税长——作者注）无不典妻卖子以免罪。”

这些户长乃至大保长之痛苦，亦载于绍定五年闰九月真德秀之序，又据王舆之《周礼订义》卷二《地官·司徒·闾师》条，孝宗时人郑伯熊（景望）曰：

---

① 关于大保长苦于催税，前述之《晦庵朱文公文集·论差役利害状》亦有详述。

② 还可参照《宋会要·免役》庆元五年二月二十一日右谏议大夫张奎之言、嘉定五年十一月二十日南郊赦文、嘉定十四年二月十二日臣僚言，又据王炎《双溪集·上刘岳州》，大保长于马纲通过时还要出谷豆。

后世催科之法，县以户长、保长率十人催二三百家之税，既已难矣，而定役者止据物力之高下，而不问其居舍之廛野，故在远郊而催城中之租，居东乡而督西保之税，姓名居里之不可识，逃亡死绝之不可知，而破家荡产之害相寻，役法之为民病也深矣。或曰：近世三十甲之说，亦近于五比为闾之意，夫何行之而犹病？曰：联民者不异廛野，役民者不本保伍，虽以一夫征十夫之税，而越境奔走之劳，死徙代纳之害犹前耳。

据此，可见户长、大保长是按物力高下派役的，而不问其居舍在廓（城中）在野（城外三百里），居远郊者要催城中之租，住东乡者要督西保之税，住户的姓名和居里也不认识，是否逃亡、死绝也不知道，却要代纳这些家庭的税，因此户长、大保长往往会破产。对此，有人说以三十户为一甲，也近于以五比为闾之意了，在这一点上是相同的。但如果编民不分别城市和乡村，向民众派役不按保伍，那么即使只令一个人征十人之税，那仍然和先前一样，免不了越境奔走之劳和代纳死绝家之税等祸害的。也就是说，户长、大保长并未同纳税人住于同一地，却要到纳税人的地方去催税，既不知其住地，或者纳税人逃亡死绝，他们却被强迫代纳税，因而破产。

这样的情形持续到南宋末，大保长和保正一样，有许多额外的负担。即前述《重修琴川志》中理宗嘉熙元年八月的《义役省劄》论及大保长曰：

保长既为产去税存、逃亡、户绝等户代纳税租矣……保长则有著役召保请给、虚限出豁簿书、七夕冬至二节供送吏胥之费，加以上落牌头、开拆司、苗税案，诛求无艺。

大保长除要代纳产去税存户、逃亡户及户绝户的税租之外，还要筹办保证人费、过期费、七夕和冬至节送胥吏费等，到县上牌头，亦向县里开拆司（掌诉讼官）、苗税案（掌两税官）等缴纳各种费用。

总之，一般而言，南宋时保正副行耆长之事，大保长行户长之事，但在福建路及四川泸州等地，保正长仍和耆长、壮丁并置。保正副也被称作里正副，但此里正与宋初之乡里正不同了。县通过都之保正副施行县政，保正副接受县的文书，掌盗贼、诉讼、烟火、桥道等事，时而亦管催科，县的文书各有其执行期限，随之伴随胥吏的诛求，一旦违限，保正将受到重罚。大保长行户长之事管催税，其负担太重，许多地方为此又置催税甲头。南宋就是这样，县通过都保的保正长施行县政，所以都保制很重要。只是南宋时官户被免去保正长之役，所以如后所述，大土地所有盛行于乡都。

六、南宋的都保制和官户的土地所有

都保制在北宋神宗朝随保甲法的创设而形成，而南宋时逐渐在乡里村及耆村确立。其中，有关乡里村的都保制已在本人《南宋鄉都の税制と土地所有》（收入《宋代經濟史研究》一书）中阐明。在此举其要点：北宋以来行乡里村制，南宋在全国实施经界即土地测量，是以都保为基础进行的，而田税也按乡、都保进行征课。南宋的保正长是从都保中选有物力者担当的，乡都之制随之渐次被采用，以下试举两浙、江东西等路及福建路建宁府、利州路洋州等为例。先特别谈谈平江府常熟县九乡五十都的土地面积和税制之间的关系：在常熟县，乡的面积是九万五千余亩到八十一万二千余亩，而都有一万六千余亩到十六万七千余亩，根据田税的多少都被定为上中下三等，上则有五都，中则有二十六都，下则有十八都，还有一都未明属中则还是下则。但常熟县的乡都面积远大于南宋绍兴府余姚县即元朝的余姚州，后者的乡面积为一万七千余亩至六万二千余亩，都面积为四千二百余亩至二万七千余亩，而根据南宋的资料可知，余姚州的乡都面积与南宋诸县一般乡都的面积更接近。在南宋乡都中，大土地所有盛行，论证下来可知它们为官户所有。

本章已述，北宋沿袭唐以来制度，在乡里村中置有户长或耆长管辖之管，或置有耆长管辖之耆；又如前所述，在南宋，耆亦被分为都保。在北方采用管的形式，而在南宋已不太采用，即使采用，亦由都保构成。[①] 因此，对于前述观点，在此还多少要有几点修正，但都保制在南宋占支配地位的观点却并没有必要变更。只是《南宋鄉都の税制と土地所有》一文论及一都内土地所有之比例时，笔者曾机械地将一都户数按二百五十户计算，这是必须修正的，以下将就此加以论述。

前列《永乐大典》卷二二一七泸州乡都条引用南宋宁宗时人曹叔远的《江阳谱》，详细记述泸州管下三县的各都户数，这是足以窥见南宋诸县都户数的重要资料。首先看本州（泸川县）条，泸川县（今四川省泸县）有八乡、八里、三十四都，其注曰："《祥符旧经》：管一乡五里。《旧志》：管七乡八里。旧分都置保，凡四大保属一保正，各以丁力（指人丁与物力——作者注）轮差，二年一代。乡有耆长，县选才干者充保，以察盗贼，耆以督课输。"《祥符图经》成于北宋真宗朝大中祥符年间，那时泸川县管辖一乡五里；而李濬作序的《旧江阳志》[②]管辖七乡八里，可见已大大发展；而曹叔远的《江阳谱》又说该县变为八乡八里。又如前所述，北宋熙宁年间分都时，这里把四大保作为一都保，置保正以察盗贼，又在乡上别置耆长以督税。按保甲法，一都由五大保至十大保构成，催税一般令户长执行，这一点与他州相异。然而和并置保正长和耆长的地方相同，如前述福建路诸州。还有这段文字完全没有记载管。其注更续前文强调："嘉定六年，朝旨行下淳熙六年广西帅张左司（栻——作者注）奏请施行察盗事。[③] 令诸乡结甲，五家为一甲，家一丁，丁多之家二丁，官户、秀才以斡人代，有甲头。五甲为一队，队

① 中村氏举出北宋杭州钱塘县安吉管、南宋绍兴府会稽县雷门东管第一乡；而在《两浙金石志》卷一〇淳熙七年《宋石龙净胜院舍田记》中可见临安府仁和县丰年乡十三都；又据《咸淳临安志》卷三九《堰》，于潜县下各乡分成一都至二十三都；又据《晦庵朱文公文集》卷一七《奏蝗虫伤稼状》，淳熙九年，朱熹与会稽县令尉共至会稽县广孝乡十都、十七都。可见，临安府管下诸县、绍兴府会稽县管下等都实行乡都制。

②《舆地纪胜》卷一五三泸州碑记可见教授李濬序《江阳志》的记载。

③ 此事见于《建炎以来朝野杂记》甲集卷一八《广西土丁》和《晦庵朱文公文集》卷八九张栻神道碑，只是时间为淳熙三年冬。

有队长，在市镇者则为团长，远村止以保正副统率。所用器仗随所有，家置梆子，有鼓者听置鼓，遇盗发处鸣梆击鼓，并出拦截。……于是县各结甲申州，惜乎皆为具文，甲队徒有其籍耳。然必有保甲而后户口明，催科、调发之令不紊，而盗贼无所容其迹，真良法（指保伍法——作者注）也，故不可不录。”下列乡、里、都的户数是宁宗嘉定六年统计的，当时曾欲按淳熙六年广西安抚使张栻的方案行保伍法，后来虽未实施，而在这一时间点统计了当时的各都实际户数。在此列举泸川县乡、里、都的实数如下。

乡名	里名	都名	保正数	大保长数	团长数	队数	甲数	家数	村市店镇数
宜民	应福	一	1	4		35	168	860	7
进德	四镇	二	1	4		19	91	479	3
忠进	南岸	三	1	4		24	159	622	2
		四	1	4		30	141	737	8
		（小计）	（2）	（8）		（54）	（300）	（1 359）	（10）
衣锦	白芀	五	1	2		16	80	419	4
		六	1	4		14	70	369	3
		七	1	4		14	67	352	3
		八	1	4		27	130	680	3
		九	1	4		15	73	388	3
		一〇	1	4		17	85	447	1
		一一	1	4		17	81	427	3
		一二	1	4		13	62	328	1
		一三	1	4		34	120	639	1
		一四	1	4	1	21	105	552	4
		（小计）	（10）	（38）	（1）	（188）	（873）	（4 601）	（26）
安贤	中下	一五	1	4	5	15	75	400	3
		一六	1	4	4	20	101	534	2
		一七	1	4	4	18	90	478	4
		一八	1	4	4	19	94	498	5

（续表）

乡名	里名	都名	保正数	大保长数	团长数	队数	甲数	家数	村市店镇数
安贤	中下	一九	1	4	3	27	132	695	2
		二〇	1	4	4	14	71	377	2
		二一	1	4	4	23	111	587	1
		（小计）	（7）	（28）	（28）	（136）	（674）	（3 569）	（19）
惠民	井三	二二	1	3		49	241	1 258	3
		二三	1	4		43	211	1 091	3
		二四	1	4	3	58	280	1 466	4
		二五	1	4	2	51	255	1 332	5
		二六	1	4	1	34	223	1 156	6
		（小计）	（5）	（19）	（6）	（235）	（1 210）	（6 303）	（21）
清流	沿江	二七	1	4	1	32	157	823	2
		二八	1	4	1	27	129	679	2
		二九	1	4		24	111	584	3
		三〇	1	4		17	83	437	3
		三一	1	4	1	20	94	496	5
		（小计）	（5）	（20）	（3）	（120）	（574）	（3 019）	（15）
永安	小溪	三二	1	4	16	31	155	827	4
		三三	1	4	4	40	203	1063	3
		三四	1	4	13	25	89	485	2
		（小计）	（3）	（12）	（33）	（96）	（447）	（2 375）	（9）

据此，南宋嘉定六年，泸川县的乡户数以惠民乡最多，有六千三百零三户；最少的是进德乡，仅四百七十九户。然而，该县在神宗熙宁年间编成都保时，曾以四大保为一都，如一大保为二十五户，则一都有百户。但其中衣锦乡白芳里的五都只有二大保，惠民乡井三里的二十二都只有三大保，它们最初应隶属于其他都，是后来才构成一都的吧。依此推算，神宗时衣锦乡应为九百余户、安贤乡七百户、清流乡五百户、惠民乡四百余户，而其他乡似乎都在三百户以下。在北宋，一乡大

者二三千户，小者数百户[1]，因此这些乡似乎都应算小乡。然而，到南宋，这里的乡户数颇有增加，都户数也增多了，五百户以上的有十三都，千户以上的有六都。于是可以断定，泸川县到南宋时都数与各都户数都颇有增加了。[2] 另外，村市店等是附属于都下的。

其次，谈谈江安县。如前所述，到南宋其县虽有绵水乡和上明里之名，却仅在士人应科举时书写而已，该县采用的主要结构还是罗刀耆等八耆及其下之三十二都。在此按前表综合统计如下。

耆名	都数	保正数	大保长数	团长数	队数	甲数	家数	村市店数
罗刀	一至八	8			89	369	2 134	50
南井	九至一六	8	5	1	85	455	2 332	33
大硐	一七	1			13	65	339	7
罗隆	一八至二〇	3	12		102	510	2 725	20
城外	二一、二二	2			21	105	498	6
旧江安	二三至二五	3		1	94	471	2 448	17
罗东	二六至二八	3	8		25	125	711	20
生南	二九至三二	4	8	1	27	134	839	46
（合计）							（12 026）	

据此表，如前所述，该地耆皆分为都，而且一都由四大保构成，南井耆十六都以下，每耆皆不超过八都，应和上面所说的那样，其他各都并不是一开始就有的，而是随着户数的增加，在后来才形成一都的。如南宋生南耆二十九都只有一百三十家，而如罗隆耆二十都达到一千一百零三家，在此亦可见都制的普遍发达。

再看同条合江县，该县有一乡、七里、二十都。其注曰："《祥符旧经》：管一乡二里，乡曰安静，里曰善护、江北。《九域志》：二乡六寨，乡名不载，寨曰遥坝、青山、安溪、小溪、带头、使君。今止以郡系里，以保系都，以队系保，以甲系队。"其数见下表。

① 李觏：《直讲李先生文集》卷二八《寄上孙安抚书》。

② 日文原稿此处原作"県も都の户数も"，根据上下文应为"都数与都的户数"。——译者注

里名	都名	保正数	大保长数	团长数	队数	甲数	家数	村市镇数
县市	（一厢司）			1	23	115	596	
白皓	一	1			45	223	1 160	4
	二	1			45	223	1 160	3
	（小计）	（2）			（90）	（446）	（2 320）	（7）
安溪	三	1		1	26	127	660	2
	四	1			28	138	719	5
	（小计）	（2）		（1）	（54）	（265）	（1 379）	（7）
云翔	五	1			7	35	193	2
	六	1			41	202	1 052	2
	二〇	1			8	39	204	2
	（小计）	（3）			（56）	（276）	（1 449）	（6）
水北	七	1	4		20	100	1 028	3
	八	1			10	47	244	6
	九	1			27	132	686	3
	一〇	1			17	84	437	4
	一一	1			13	65	339	3
	（小计）	（5）	（4）		（87）	（428）	（2 734）	（19）
白马	一二	1			20	97	506	2
	一三	1			15	76	396	3
	一四	1			13	62	324	2
	一五	1			53	262	1 364	3
	（小计）	（4）			（101）	（497）	（2 590）	（10）
带滩	一六	1			12	60	313	3
	一九	1			30	249	770	4
	（小计）	（2）			（42）	（309）	（1 083）	（7）
中当	一七	1			13	65	331	4
	一八	1			19	93	484	6
	（小计）	（2）			（32）	（158）	（815）	（10）
（合计）							（12 966）	

在此,里被分为都:水北里分五都,有二千七百三十四户;最下为中当里分二都,有八百十五户;一乡合计有一万二千九百六十六户。即此地不是乡都制,而采用乡里制。在这里,都保中有保正一人和四大保长的仅是水北里七都,其他都仅见保正一人。这些都应和前述一样,原本不能构成一都,后来随着户数的增加才构成一都的。

综合以上三县之都户数列表如下。

县名	130—200 户	201—300 户	301—500 户	501—800 户	801—1 000 户	1 000 户以上
泸川	0	0	15	11	2	6
江安	9	8	6	1	6	1
合江	1	2	7	5	0	5
合计	10	10	28	17	8	12

据此表,三县之都以三百户到五百户者最多,其次是五百户到八百户的都,千户以上者也相当多,相当于一百三十户到二三百户的都数。

如上所述,南宋四川潼川府路泸州管下三县皆行都制,乡里被分为都,耆分为都,或里也分为都,其下除村以外,还有市、店、镇等小聚居点。即都制在此是占支配地位的,像江安县那样,有的地方乡、里之名仅用于士人应科举时。这些都始置于北宋神宗朝,到南宋以后又得到相当的发展,都数和都内的户数都大大增加。因为北宋时这里和西南夷对抗,土地还未开拓,南宋以后进行土地开发,户数随之增加,特别是村、店、镇等发达起来。据《长编》卷二一八神宗熙宁十年四月乙巳条,泸州、戎州(今四川省宜宾县)沿边地分,蕃汉人户所居去州县远,或无可取买食用盐茶农具,人户愿于本地兴置草市招集住坐作业者,便允许兴置草市。即该地招集赴草市的商人和造农具的铁工。其后直到南宋,泸州的市、店、镇等得以大发展,这三县管下各都几乎都可见市、店。就这样,在南宋泸州各县,土地被开发,户数增加,乡都内市、店发达,和前述之平江府常熟县等也一样了。① 因此,笔者以为,泸州管下三县

① 据第十五章《宋代の郷村に于ける店市步の發展》之三《市及び步の發達》,在常熟县的乡都之下亦有许多市。

都制的发展现象，有的亦可见于江南诸路，尽管或有程度之差。

南宋乡都之中有商人的资料，亦见于朱熹《晦庵朱文公文集·别集》卷九《取会管下都分富家及阙食之家》。据此，淳熙七年江南东路南康军发生饥馑，朱熹令南康军管下都昌、建昌两县，将都中人户分为富家、中产、下户，对中产及下户进行救济，而这些下户中有的不耕田只行商，或者一边耕种自己的田地一边行商，或者一边耕种他人的田地一边行商。在南宋乡村之市有造农具的铁工，笔者已有论述①。现加以补充，洪迈《夷坚志》支庚卷八《余干民妻》谓，饶州余干县（今江西省余干县）乡民周生之妻被巨蛇袭击时，乡人龚犁匠诵大悲咒救之。又同书三志己卷九《会稽富翁》说，会稽富翁令匠者（犁匠）造一具小耕犁，可知当时富家会令犁匠造耕犁。总之，在南宋的都中，除富家、农民之外，还有商人、工匠等。

前列《南宋鄉都の税制と土地所有》一文曾引用叶適《水心先生别集》卷一六《后总》，其中有宁宗嘉定九年（1216）浙东路温州永嘉县（今浙江省永嘉县）管下乡都中三十亩以上土地所有者所占的比例。现举其一部分列表如下。

膺符乡六都

419—439 亩	858 亩	2 户
151—400 亩	818 亩	4 户
30—150 亩	1 270 亩	24 户
合　计	2 946 亩	30 户

德政乡十一都

503—2 059 亩	2 562 亩	2 户
151—400 亩	4 728 亩	20 户
30—150 亩	6 940 亩	118 户
合　计	14 230 亩	140 户

① 参见周藤吉之《南宋の農鍛冶と農具の販賣》（收于《宋代經濟史研究》）。

吹台乡十六都

408—1 023 亩	5 959 亩	10 户
151—400 亩	6 447 亩	25 户
30—150 亩	5 860 亩	89 户
合　计	18 266 亩	124 户

建牙乡十八都

467—518 亩	986 亩	2 户
151—400 亩	3 121 亩	14 户
30—150 亩	7 280 亩	124 户
合　计	11 387 亩	140 户

建牙乡十九都

467—518 亩	986 亩	2 户
151—400 亩	3 121 亩	14 户
30—150 亩	7 280 亩	124 户
合　计	11 387 亩	140 户

贤宰乡三十四都

460—905 亩	2 168 亩	4 户
151—400 亩	3 638 亩	14 户
30—150 亩	6 250 亩	90 户
合　计	12 056 亩	108 户

虽只列一部分于此，但只要综合考察这些乡都的土地所有①，亦可知：在温州永嘉县管下乡都，一般来说，无论人数还是这部分人的土

① 对温州永嘉县诸乡都进行总计，三十亩以上的土地所有者所占的比例可表示如下：

406—2 770 亩	37 824 亩	49 户
151—400 亩	59 366 亩	268 户
30—150 亩	98 980 亩	1 636 户
合　计	196 170 亩	1953 户

地所有总额,都以三十亩至一百五十亩的所有者最多;四百零六亩以上的大土地所有者较少,其占地总额也不多;一百五十亩至四百亩的所有者居中。但在上列吹台乡十六都、建牙乡十九都等地,大土地所有者所占有的土地总额比其他所有者的比例更高。观察这些数据,更可发现:各都中拥有三十亩土地以上的人户,少者三十户,多者亦不过一百四十户。笔者曾论述道:推测每都有二百五十户左右,那其他的人户便是占有三十亩以下的土地所有者或佃户。然而,现在根据同时的四川泸州管下各都的数字,却有新的发现,如前所述,虽有一百三十到二百户的小都,而三百到五百户的都最多,甚至还有千户以上的都。因此笔者想到,温州和四川泸州的状况难道不是一样的吗?因为它们都处于南宋的同一时期,温州永嘉县的各都应该也不止二百五十户,而应有更多的户数。这样说来,在永嘉县各都内,三十亩以下的所有者和佃户的多数比例更会相应上升,此外,还应想到,其中还有商人、工匠等因素。

《南宋鄉都の税制と土地所有》还推测:在温州永嘉县各都中,占有大土地者为官户,并举建牙乡的名族蒋氏、周氏为例。在此补充如下,温州人薛季宣《浪语集》卷三四陈敦化行状曰:陈敦化居建牙乡鹏飞里,家富于财,凶年每救济乡里,修缮桥道,绍兴时行经界,他被选为经界官,金军逼近时治乡兵为备,乾道二年死,其子陈谦以防金军有功,嘉定元年知江州。[①] 陈氏也是建牙乡的官户,似应拥有许多土地。又陈傅良《止斋文集》卷五一有薛季宣行状,谓薛季宣家亦为永嘉望族,薛季宣官至知常州,死后葬于吹台乡慈湖之原野,则薛氏亦应在吹台乡拥有许多土地。又《南宋鄉都の税制と土地所有》还引用黄震《慈溪黄氏日抄分类》,据卷七八咸淳七年(1271)四月《委临川周知县滂出郊发廪榜》和《委周知县出郊发廪第二榜》,可知在抚州临川县延寿乡七十六、七十七、七十八都及长寿乡六十三都等地,官户拥有许多土地,他们令佃户耕种。

---

① 参见叶適《水心先生文集》卷二五陈谦墓志铭。

如上所述，都保制在南宋确立，都中官僚之家占有许多土地。而且这些官户一般都被免除都保的保正长之役，为此，官户的土地所有便愈来愈多。正如《宋史·食货志·农田》中淳祐六年殿中侍御史兼侍讲谢方叔所言："今百姓膏腴皆归贵势之家，租米有及百万石者。小民百亩之田频年差充保役，官吏诛求百端，不得已则献其产于巨室，以规免役。小民田日减而保役不休，大官田日增而保役不及，以此弱之肉强之食，兼并浸盛，民无以遂其生于斯时也。"可见，在南宋的乡都，保正长苦不堪言，往往失其产业，而官户利用其免役特权，使土地兼并愈为猖獗。因此，乡都的土地所有便以官户为中心，佃户制更为发展。

七、结　　语

综上所述，试为结论。

宋初，仍设置唐以来的里正、乡书手，每乡各一人。里正管催税和排定职役，乡书手负责将钱谷记入税簿。里正由第一等户充任，乡书手由第三、四等户担任，隶属于里正。其后里正要代纳豪民、逃户的税，负担已增加，完成里正之役后又得服衙前之役，往往导致其家破产，因此，罢里正衙前的同时，里正也被废止。然而，乡书手被保留，成为县之公家雇员。宋初又沿袭五代末后周之制，乡村中设有传统的"管"这一区划，各管置有三名耆长（三大户）和户长，壮丁隶属于耆长。耆长令第一、二等户充役，官户也不得免除，壮丁由第四、五等户充当。耆长掌管之事，从盗贼、诉讼、烟火、桥道到作物、农具，在乡村有一定权力，因此，在管之下亦形成耆长管辖的"耆"这一区划。有的地方又在耆下实行五保之制。户长掌管催税，是在废止里正之后增差的。宋初就是这样，尽管乡里制仍存，但实际上管及耆、保制也变得更重要了。

神宗朝改差役法为免役法（募役法），在乡村推行保甲法，编成都保，置保正、大保长。而其后罢户长代以催税甲头（保丁），废耆长、壮丁,以保正、大保长捕盗贼,雇承帖人隶属于保正,因此是以保甲法代役法。哲宗初期又罢保正、甲头、承帖人,令募人充耆长、户长,最终却恢复了耆长、壮丁、户长的差役。然而,哲宗一旦亲政,又以保正长代耆长,甲头代户长,壮丁代承帖人,最终令保正行耆长之事,大保长行户长之事,废甲头,置承帖人,给保正长、承帖人支雇钱,无人应募保正长之时,可招募耆长、壮丁、户长(《绍圣常平免役敕令》)。这些规定到徽宗初曾一度改变,但很快便得以恢复,一直施行到南宋。

在北宋末,县通过保正、耆长及大保长、户长施行县政,保正、耆长掌管的事务相当广泛,他们承受县文书,而这些文书还各有不同的执行期限,必须在规定的时限内捕捉盗贼、上报诉讼、找到有关当事人等。于是,"耆"这一区划仍被延续。户长负责本"管"的催税,但也有的地方置催税甲头。于是,这个时期管、耆之制仍行,但也并省管、耆,编成都保了。其中,耆制到南宋已不在许多路分施行,初期尚见于浙西、江西路等,而到南宋末,仅残存于四川泸州、福建路。观察这些资料,可见耆名与管相同,大都采用当地的地名,一耆约二三百户,因为户长所管地域大于耆长,应是在管设置的。

又乡书手在神宗行募役法之后变为招募担任,负责制作本乡的五等丁产簿,排定保正长之役,将不动产交易记入砧基簿,掌管税租钞,在租税簿上销掉已纳租税等。因此,南宋时乡书手和县里的其他职役一样,已经胥吏化,他收受贿赂,便在登录诸簿时上下其手,勾结富强之家,随意征派税役。

南宋初期也曾执行绍圣免役敕令,但因为耆户长、壮丁的雇钱被并入总制钱,便不能继续雇佣了,于是保正行耆长之事,大保长行户长之事,都保制更为稳定了。南宋亦设置承帖人,保正也称为里正。作为大保长、户长的替代,亦屡置甲头管催税,但由于甲头多令下户担当,并不能收到形势户的税,他们苦于代纳,故一般仍置大保长、户长。然而,直到南宋末,各地仍置有甲头。像北宋的耆长、户长一样,南宋时县也通过保正、大保长施行县政。保正除负责盗贼、诉讼、桥道等事

之外，县又令其负担修造廨舍、科买各种货物、雇佣工匠、检验尸体、土地测量等事的费用，还要负责催税，代纳欠税等。保正更要承受县的文书，这些文书相当多，而且各有常、定、紧等期限，并伴随着各种征科，一旦违限便会受到重罚，因此保正苦不堪言。又江浙等路强制保正行耆长之事，而福建路、四川泸州等地并置保正与耆长，因此，这些地方有都和耆。大保长行户长之事，他不仅苦于代纳逃户、形势户的租税，而且由于大保长是根据物力选择担任的，而不问其居地，所以可能令他催督他乡人的税，这也令其痛苦，他还有其他的负担，也受到胥吏的索贿诛求。

南宋时保正行耆长之事，因此实行都制，乡、里或耆之下皆设有都。只是都和管、耆不同，皆按顺序以数词称呼。观察四川泸州三县之都，可见从北宋末到南宋都户数已颇有增加，三百户到五百户的都最多，相当一部分都甚至达千户以上。这些都，下还有市、店等。浙西路平江府常熟县亦有同样的这类现象。因此，可知南宋的都中除农民以外，还有商人、制造农具的工匠等人。在这些都中大土地所有的现象也很兴盛，这些所有者多为官户，这主要是因为官户得到免除保正长差役的特权。

总之，在宋初，经历唐末以后的战乱，中国内地的乡村发生了变化，因此，于乡里之外设管，置耆长、户长，似将原来的乡村进行了再编，耆长由豪族、官户担任，所以其权力较强，管之下形成了耆制。然而，北宋中期行保甲法，北宋末保甲法代替役法而稳定下来，保正、大保长便行耆、户长之事，管、耆皆被分为都保。特别是由于保正行耆长之事，都制才得以成立，北方还残存管制，而到南宋，乡、里和耆之下一般皆行都制了。这是中国乡村制发展史上的大变化。都制的成立，是由于南方特别是江浙一带土地开发盛行，户口颇有增加，原来的管或耆的行政区划就显得太大了，因此要采用其下分都保的方式。然而，以上所谓管或都的成立，也是和当时的土地制度乃至租税制度相适应的，管与五代末、宋初的均税法，都保与南宋初的经界法密切相关。在北宋的耆，官户、形势户更有权力，而在南宋的都，官户、形势户推行大土地所有，这一点在宋代的乡村是通常不变的。只是，在北宋的耆，官户也任耆长，而在南宋的都，官户却被免除保正长之役，于是利用这一点推行大土地所有。在观察宋代乡村制变化时也必须注意这一点吧。

程郁　译

（原载《史學雜誌》七二之一〇，昭和三十八年八月十七日；昭和三十九年一月三十一日补正）

《宋代乡村制的变迁过程》导读

刁培俊

日本著名汉学家周藤吉之先生(1907—1990)的《宋代乡村制的变迁过程》,是宋朝乡村制度研究领域的一篇力作,几近于日本汉学界这一领域的终结之作。这篇力作之后,在日本宋史研究学界,佐竹靖彦、柳田节子、伊藤正彦等学者又各有论著发表,[①]但均无碍于周藤吉之这篇力作的光辉。近十余年来,在中国史学界,为标示遵守学术规范,直接或间接引述周藤吉之先生此文者,相当之多。笔者鄙陋不敏,虽在研究生阶段即已一知半解地多次阅读过日文本,但如今先睹程郁老师的汉译文,依然为本文雄厚的精微论证和整体感而震撼。

20世纪60年代前后的日本中国史研究,涌现出一大批优秀学者,创作出了众多在中外学界都享有盛誉的学术成果。周藤吉之先生的这篇文章,是在他多年沉浸宋史研究的基础上完成的。此前,他已经完成了以宋代为主的《中国土地制度史研究》(东京:东京大学出版会,1954年),所收论文针对宋朝的庄园制、佃户制、官庄、屯田营田的经营和典卖权、方田均税法、宋代的两税负担和南宋的公田法等议题,进行了深入探讨。梅原郁教授曾专就这一领域的成就发表论文《围绕土地制度的宋代研究之动向——以周藤吉之教授的业绩为中心》。[②] 周藤吉之教授随后完成并出版的《宋代经济史研

① 佐竹靖彦:《宋代鄉村制度の形成過程》,《東洋史研究》25—3,1966年,收入氏著《唐宋変革の地域的研究》,東京:同朋舍1990年;柳田节子:《宋元鄉村制の研究》(東京:创文社,1986年);草野靖:《宋代の都保の制》,《文学部论丛》第29号,1989年;伊藤正彦:《宋元鄉村社会史論——明初里甲制体制の形成過程》,東京:汲古書院,2010年。

②《东洋史研究》第19卷第3号,1960年。

究》（东京：东京大学出版会，1962 年）、《唐宋社会经济史研究》（东京：东京大学出版会，1965 年），与此相关的，其学术议题涉及的有：以经界法为中心探讨南宋的乡都税制与土地所有，以宋代职役为核心考察五代节度使的支配体制，宋代州县职役与胥吏的发展，宋代的诡名寄产，宋代的佃户制度，南宋役法与宽乡狭乡宽都狭都的关系，南宋的保伍法，与宋代乡村制关联的陂塘管理机构和水利规约，宋代乡村的店市步的发展，等等。可以说，周藤吉之先生在这一时期的学术研究主要论题是两宋社会经济史，且以宋代乡村制度及其周边问题的研究为重点。

周藤吉之先生以社会经济史为主要研究议题，这样的选择，是受到了当时日本汉学研究主流风潮的影响。这一时期的日本汉学界既接纳了当时国际人文社会科学研究风行的兰克学派、年鉴学派、新史学流派，也接纳了马克思主义理论的学术研究路径。除了兰克学派的影响，周藤吉之先生就深受马克思主义理论的影响。而作为社会经济史研究重大关键问题的土地制度史、赋役制度史，尤其是与乡村社会经济紧密相关的乡村制度，是帝国财经命脉之所系，是帝国发展运行的根基之所在，乃是牵一发而动全身（整个帝国）的核心议题。周藤吉之先生多年沉浸于此，以“高明独断”“沉潜考索”的学术理念，以其全局的把握和深邃的洞察力，在这一议题上完全可以说是致广大而尽精微，澄其源而清其流；追求“透彻精细、博大宏深”是其显著的特点，以沉潜求实的精神，采用“穷举”之志和归纳总结之法，显现出其长时段和整体史的理论关怀。

就学术史意义而言，这一学术名篇获得的巨大学术创获，其特色大致体现为：第一，力图呈现复杂多元而鲜活立体的宋代乡村历史图景，从“关系”和“过程”的考察中力求展现朝廷与地方的互动；第二，以时间先后为序，在看似“细碎”的描述中凸现整体史的学术理路，兼具通史的眼光和精微的治学理路；第三，史料搜讨多元而繁富，对文献的解读力求详尽甚至“榨干其中所蕴藏的所有信息”，精细再现宋朝乡村制度的诸多细节，见地高远，使人透过乡村之制隐约感受到当时的

政局演进和社会经济状况，看到了朝廷和臣僚对此事诸番探求无果的诸多"实验"，并可借此寻找根源，仿佛使人重回大宋时代；第四，论文整体结构精致，对史事的揭示力求一丝不苟，精益求精，显现出日本汉学研究的基本特征。

结合20世纪上半叶国际史学发展之学术史，相比于近年来中国学者在这一议题上的相关研究，取径以"后见之明"，蠡测这篇论文在当时境况下的"见与未见"，可以进而探索国内学者持续性研究可能性的进展，以及展望这一问题未来研究的前景又将会如何。

一、议题建构与文献取舍，整体史和"活的"制度史

周藤吉之先生《宋代乡村制的变迁过程》一文，首刊于《史学杂志》第七十二卷第一〇号，初稿完成时间为昭和三十八年八月，即公元1963年，后经修订，收入作者《唐宋社会经济史研究》一书，由东京大学出版会1965年出版。现在虽然距离最初发表已半个多世纪，但是，它依然是宋史研究领域的必读文献，成为一篇公认的经典之作。

在这里，必须略述宋代乡村制的轮廓和存世文献的"见与不见"。宋朝乡村管理机制是一个看似简单实则极为复杂的学术问题。[①] 需要特别明确的是，在两宋朝廷的视野和制度设计里，并不存在一个前后完备且相对规范、能够保证良性运行的乡里制度。宋朝的行政建制，县级官府以下，基本上在朝廷的官方文献中极少看到相对切实完备的记载。在不同时段，各区域内的乡村制度推行并不是整齐划一的，研究者对存世文献进行"望文生义"和"循名责实"相

① 赵秀玲认为，中国的乡里制度研究困境，大致包括四个方面：一、中国大多数朝代并不将乡里视为一级行政政权；二、缺乏县以上制度的规范性、完整性和条文性的特点，往往带有地域性、零散性和非固定性的特征；三 、存世文献记载十分简略；四、这一问题研究起步晚，既有成果可参考者少。参阅其《中国乡里制度研究及展望》，《历史研究》2008年第4期。

当危险。[①] 在存世文献中,有关这一领域的资料大多归类在"职役"之下,朝廷给承担职役的民户既定的身份就是"民",是"庶人在官者",是帝国用来"役出于民"、以民治民的吏民。[②] 他们要"以职役于官"[③],其身份却并非"官"。宋人或云:"国朝因隋唐之旧,州县百役,并差乡户,人致其力,以供上使。岁月番休,劳佚相代。"[④]既然在朝廷的视野中乡村职役人并非"官",则相应而言乡里耆管都保等也就不能构成一级完整的行政机构[⑤],各种记载对其轻忽也就不难而知。进而言之,存世文献有关宋朝乡村职役的记载,其属性或来源是比较单一的:朝廷的诏令,州县官员推行诏令的反应,中央和地方官员有关这一问题的建议,地方志和儒士文集的记载,也大多可以归属于朝廷、官府主流话语背景下的事件表述。其中较为关键的问题是,无论朝廷的诏令、臣僚的奏请还是州县的推行,大多数存世文献并不能呈现出"实践环节"和具体落实情况。不同时空(尤其是不同空间)之下的差异,也并不能得到圆满解释。至于乡村百姓究竟如何应对职役制度方面的记载,则较为少见。如此一来,立足于"自下而上"的视域使这一制度及其实施完备无缺地展现出来,是相当困难的。

宋人论及役法改革时,所说"前后改移不一,终未成一定之法"[⑥]

---

① 参阅王曾瑜《宋代社会结构》,收入《涓埃编》,保定:河北大学出版社,2008 年,第 172—173、175—176 页。参加科举考试的儒士须署乡贯,其中所述乡里等,多是沿袭前代之既有,未必就是当时该地之实况。倘如研究者所认定乡里乃"行政区划",则乡村头目当属宋朝官职,那么,望文生义与循名责实,是宋朝官僚制度研究中须认真思讨的陷阱。参阅王曾瑜《宋衙前杂论》,前揭《涓埃编》,第 456 页。另参王曾瑜《治辽宋金史杂谈》,收入《纤微编》,保定:河北大学出版社,2011 年,第 32 页。

②《宋史》卷一七七《食货上五·役法上》,北京:中华书局,1985 年,第 4299、4295 页。职役人是"既为之民,而服役于公家"的,参见刘挚《忠肃集》卷三《论助役十害疏》,裴汝诚等点校本,北京:中华书局,2002 年,第 52 页。

③ 清代《皇朝文献通考》卷二一《职役考》,杭州:浙江古籍出版社 2000 年版《清朝文献通考》本。

④ 李焘:《续资治通鉴长编》卷三七八,元祐元年五月壬午,北京:中华书局,2004 年,第 9189 页。

⑤ 刁培俊:《宋朝的乡役与乡村"行政区划"》,《南开学报》2008 年第 1 期。

⑥《宋会要辑稿》食货六五之六三至六四,六六之六四。文彦博在宋神宗朝时也曾说:役法"前后所降命令不一,致州郡难以适从",反映出熙丰到元祐时期,朝廷役法反复更易,导致州县无所适从的状况。见《潞公文集》卷二六《论役法(元祐元年五月)》,文渊阁四库全书本,第 1100 册,第 732 页。《续资治通鉴长编》卷三九二元祐元年十一月癸未,第 9457 页。熙丰到元祐时期,役法多次反复更改。南宋以后,也呈现出这一特征,或在差募之间,或在役名设置方面,均可见役法之反复变化。

“官司素无定法”[①],或说“屡有更张,号令不一”“朝夕不定,上下纷纭”[②]“朝廷重于改更,因循至今”[③],确为两宋职役制度的真实写照。自熙丰保甲制渐次应用于乡役制之后,其纷烦变化,更加凸现。或可说,两宋朝廷受制于内外交困的政局,对于乡村职役根本不重视,持“头疼医头脚疼医脚”的策略。[④]

唐朝制度规定里正的职责是“按比户口,课植农桑,检察非违,催驱赋役”。[⑤] 虽宋有所变化,但宋朝乡村管理者也延续了上述这些职责。就存世文献而言,宋朝乡村职役制度(现今学人或曰“乡村区划”“乡村制度”“乡里制度”等)并不甚重要,实际上,广土众民的两宋皇朝之所以能够长期持续存在,在很大程度上端赖于乡间百姓奉献的赋役。众所周知,在农耕社会时代,来自农业的收入占据了朝廷财政税收的大部分。这是整个皇朝赖以生存和发展的经济基础。而对于乡村烟火盗贼治安管理等,自然也是整个皇朝稳定发展的重中之重。这从赵宋朝廷一而再再而三地关注乡村职役制度,并反反复复地做出调整中,可稍窥一斑。

窃以为,这篇经典文章具有以下特点。

第一,力图呈现复杂多元、鲜活立体的宋代乡村历史图景,从“关系”和“过程”的考察中力求展现朝廷与地方的互动。

诚如前揭,宋朝乡村制度复杂多变,名实不一,乡、里、耆、管、都、保、甲等地域名目或辖户名目,乡官、里正、耆长、户长、壮丁、承帖人、都副保正、大小保长、催税甲头等乡役名目,以及轮差之役、雇募之役、名募实差等职役制度的区分,不同时空之间,多有不同,更罔论制度实

---

① 楼钥:《攻媿集》卷二六《论役法》:役法“……惟其官司素无定法,故难以推而行之”,四部丛刊初编本。

② 司马光:《温国文正公文集》卷五三《申明役法劄子》,四部丛刊景宋绍兴本。《宋会要辑稿》食货六六之五八至五九,元祐元年(1086)六月二十七日,司马光语。

③《宋会要辑稿》食货六六之二二。

④ 参阅刁培俊《从“稽古行道”到“随时立法”——两宋乡役“迁延不定”的历时性考察》,《中国社会经济史研究》2008年第3期。

⑤ 杜佑:《通典》卷三《食货三》,北京:中华书局,1988年,第62—63页。依同书第68页王永兴先生所做校勘记,“其村居如满十家者隶入大村,疑‘如’下脱‘不’”字。这一推断,颇有道理。

施过程中之千差万别。而在县级官府的视域内,实际承担乡村职役的民户又有着官府视域的认知,村落间豪强形势户的认知和应对,乃至中下等民户和少量客户以“弱者的武器”应对官方的治理。存世文献大多来源比较单一,多为官方和豪强形势户们及其代理人(中下层儒士和部分士大夫)的口径,鲜见村落百姓尤其是中下等民户的声音。任何一位研究者拟欲呈现出这一境况下鲜活立体的历史图景,无疑都是颇具挑战性的。

周藤吉之先生迎难而上,在《宋初乡村制的变化》一节中,作者对乡村之里正、乡书手、耆长、壮丁、户长和管、耆保之制作了概略性描述,全面区分了乡—里、耆—管之制与里正、户长、耆长等乡役名目在这一时期内的潜流涌动之后的剧变。类如唐朝那样,百户一里,五里一乡整体化一的乡里制已经发生了巨大变化,从联户单位到地域空间名称的改变,在变与不变的牵连纠葛之中,只有结合唐宋两朝土地制度、赋役制度和财经制度的演变,方可呈现乡村制度的真正历史面相。此前,周藤吉之先生针对宋朝土地制度、庄园制、佃户制、两税制等学术议题的研究,在这里显示出巨大的影响力和学术渗透力。这篇文章因此而具有了整体的长时段研究视角。

接续前节之后,在第三节《北宋中期以后耆户长和壮丁的免役、差役两法与保甲法之关系》中,作者梳理了宋神宗朝的变法过程:元丰八年神宗去世后,哲宗即位,宣仁太后摄政对于此前役法的更革;宣仁太后去世之后,哲宗亲政对役法的再次改革;元符三年哲宗去世之后,徽宗即位,向太后摄政期间的役法改革;北宋末年的役法改革。这一研究路径是“历时性”的,凸显出作者注重“过程”的研究,也显现出作者对于两宋政局变动而牵涉到役法随之而变,顺而牵连到乡村制度的变动,这一研究是极有针对性的。

历史上的政治制度大多是变动的,以动态的研究理念,在“关系”和“过程”这一学术视角下,考察宋代的乡村制度,也是周藤吉之先生所拥有的睿智。在以下诸问题的研究中,该文展现出作者注重“关系”的视角。作者在宋初乡之里正、乡书手、耆长、壮丁、户长的研究过程

中，几乎无时无刻不在关注它们与“管—耆—保”的关联。对于南宋的保正副、耆长、承帖人、大保长、户长、催税甲头和里正的研究中，则无时无刻不在关注它们与县—都—保的关联。在具体论述过程中，则在若干类似的探讨中也蕴含有这一研究理念。譬如，“关于神宗朝以后的保甲法，已有曾我部静雄等的研究，所以此处简述保甲法之类，而以北宋中期以后耆户长和壮丁的免役、差役两法之变迁与保甲法之间的关系为中心进行论述”和“北宋末期的免役法和县、管耆之关系”，这里除了关注到县级官府之与乡村职役的关系，更论及乡役制度和乡里制度的前后叠合关系。在稍后的篇幅里，作者广泛引述资料，以穷举的研究理念，依据《永乐大典》《淳熙三山志》中的资料，尽量揭示乡役制度与乡里耆管的衔接与差异，以及户数多寡与耆管掌控空间范围之关系。[①] 这一视角不但显现出作者对制度设计及其相互间关系的关照，也是恰当的。

作者相当重视不同时空之间的差异，尤其是南宋时期不同区域之间的差异，由于存世文献增多的因素，作者进行了更为深入的探讨。譬如，北宋时期的“管”的研究中，作者指出：“管也有变化，其中耆长管辖的区域发展为‘耆’，有的地区一直到南宋仍有耆存在。”关于此，数十年后的学者依靠文献阅读和电子数据库的检索，制作出了《两宋乡里、耆管、都保调查取样》[②]，虽尚未穷尽所有文献，但基本显现出存世文献之中名义上存在的乡村名目，印证了周藤吉之先生半个多世纪前的论断。再有，作者指出：“南宋时乡里制崩坏，乡都制发达，但即便如此，仍可见各种状况，一般乡下置都，但有的地方在乡里之里下设

---

① 黄繁光先生于1980年台北中国文化大学完成的博士学位论文《宋代民户的职役负担》中，延续了周藤吉之先生的研究理念，对《永乐大典》中的资料，再次引述《江阳谱》，将泸州府乡都保正长与户数的关系作了比较。参阅该文第341—343页。

② 见刁培俊《两宋乡役与乡村秩序研究》，南开大学2007年度博士学位论文，第277—309页；并请参阅王旭《宋代县下基层区划的“双轨体制”研究》，暨南大学2017年度博士学位论文，散在各章中表格，如第40—41页、第44—45页、第47—49页、第80—81页等。丹乔二归纳出宋朝存世文献中村落名称的各种分类，参阅丹乔二《宋元时期江南圩田地区的村落共同体》，原文见日本大学文科研究所《研究纪要》第40号，虞云国译，1990年，载《宋史研究通讯》1992年，总第24期；并参阅丹乔二《试论中国历史上的村落共同体》，虞云国译，《史林》（上海）2005年第4期。

都，或于乡里耆之耆下设都。在这些都中，于北宋中期置都保之后，其管下之户数似颇有增加，如在南宋的江南、四川等地，一都之户数为设立之初的数倍乃至十数倍，一都由数村至十数村构成，其中似包含店、市等单位。一都之内的土地所有者，既有相当多的中小土地所有者，又发展至包括官户、形势户等在内的大土地所有者。”在这里，我们看到周藤吉之先生既关注到区域间的差异，又揭示了不同时空之下村落名称的错乱无序。虽然涵括作者已有专题研究的“店、市等单位”是否妥当，容或再加研究，但这一错综复杂现象和论断的指出，在丹乔二的后续研究中已显露无遗。[①] 在第三节对“耆”的研究中，作者认为：“有的地方在耆之下行伍保之法，神宗朝的保甲法便由这一伍保之法发展而来。”这一论断的揭示，自属睿见，但能否有更多文献论证得以落实，尚不敢遽尔评骘。在对南宋保正长、耆户长的研究中，作者指出：“在有的地区保正长与耆长、壮丁并用，如福建路、四川的泸州等地。”“在南宋末，一般由大保长行户长之事，但也有的地方置甲头负责催科。”“在管之下亦形成耆长管辖的‘耆’这一区划。有的地方又在耆下实行五保之制。户长掌管催税，是在废止里正之后增差的。宋初就是这样，尽管乡里制仍存，但实际上管及耆、保制也变得更重要了。”上述三点都是颇具洞见的学术论断，也显现出周藤吉之先生注重制度演变过程及其与若干相连制度错综复杂关系的研究理念。

第二，以时间先后为序，在看似“细碎”的描述中凸现整体史的学术理路。

这篇学术力作整体上按照时间先后为序，分为宋初、北宋中期以后和南宋三个时间节点，全面考察宋朝乡村制度。但是，作者在研究中相当重视细节处理。譬如将耆长制度追溯到五代时期，在稍后的篇幅里，又竭泽而渔般地搜讨相关资料，论证“宋初于乡村的管设耆长、壮丁，以捕捉盗贼；而当时为防盗贼又行伍保之法，这是唐代邻保制度之保的沿袭”，从而指出“唐以来就有里正和乡书手，到宋初仍每乡皆

① 丹乔二：《宋元时期江南圩田地区的村落共同体》，原文见日本大学文科研究所《研究纪要》第40号，虞云国中译，1990年，载《宋史研究通讯》1992年，总第24期。

置，并新设管，置耆长、壮丁和户长”。这一论断所蕴含的学术认知，正如前文所揭，为此后我国相关研究学者所忽略。作者在讨论南宋时期县政与耆、都保的过程中，先后针对《永乐大典》有关泸川的资料，与《作邑自箴》《州县提纲》相关资料的互相印证。譬如对《作邑自箴》卷七《牓耆壮》，作者跟随原作者之后，列举县官约束或警诫耆长、壮丁共二十一条，揭示其事为南宋的保正所继承，在南宋成为重要的问题。在《牓耆壮》中有这样的表述：“耆长只得管干斗打、贼盗、烟火、桥道等公事”（四条）、“耆、壮解押公事并须正身”（二十一条）等，但由其下几条可见他们也负责承受或上达县之文书。作者在随后约 2 000 字篇幅的论述中，更可见这篇文章给人以“细碎”的印象。但在一番“细碎”的有规律的文献引述和追讨资料背后的诸多关联之后，作者揭示出“北宋灭亡，南宋兴起，都保制在南方普遍推行，像四川的泸州江安县，耆下亦确立都保之制；而在福建，伴随着耆制，都保制也在施行。只是北方被金人统治，直到元朝管仍有残留。”再如关于“县和保正长、耆户长之关系”的论述中，作者对于保正长、耆户长的各种职责规定，不厌其烦地反复引述不同来源的资料而举例，拟欲全面揭示南宋时期耆户长和保正长的“官府职责规定”，这样又显现出了作者长时段、区域意识的研究理念，融汇在追求“由碎立通”的研究文本之中，依然显示出作者“细密精微”的学术追求。

存世文献显示出宋朝乡村制度的错综复杂，具体实行中的变化千头万绪。针对宋朝乡村管理的发展变化这一问题，周藤吉之在这篇文章中，对此有相当全面而深入的揭示。概言之，两宋各个时段内，乡村管理体制的名称、职责、朝廷、地方州县官府和乡间百姓（主要是有别于普通百姓的村落代言人）的焦虑及其互动联系，以及乡村体制前后变化的内在因素等，全文均有考察，并努力呈现了一幅多元、立体的历史图像，既关照整体，又突出了特殊地域。这样的研究视角，一则反映出作者整体史的研究理念，二则也彰显出作者对于不同时空之间有关宋朝乡村职役之“全局”的把握能力。

第三，史料搜讨多元而繁富，对文献的解读力求详尽甚至“榨干其中所蕴藏的所有信息”，以为文章整体建构服务。

在20世纪60年代，几乎不存在历史文献数据库，几乎所有历史文献的搜集，都需要作者广泛读书，钩稽索引，披沙沥金。就周藤吉之先生这篇文章而言，其中搜求的资料既包括《宋史》《宋会要辑稿》《续资治通鉴长编》《五代会要》《续资治通鉴长编纪事本末》《唐六典》等正史类文献，还包括有文人文集如《直讲李先生文集》《包孝肃奏议》《临川文集》《司马温公文集》《栾城集》《欧阳文忠公集》《南阳集》《范忠宣公文集》《止斋文集》《嵩山集》《后村先生大全集》《水心先生文集》《昌谷集》《周益国文忠公文集》《杜清献公文集》《晦庵先生朱文公文集》《朱子语类》《黄文肃公文集》《定斋集》《双溪集》《西山真文忠公文集》《浪语集》《文定集》《黄氏日钞》《经进东坡文集》《苏魏公文集》《丹渊集》《范文正公政府奏议》，更有元末人陶宗仪《辍耕录》；地方志、地理总志则有《景定建康志》《淳熙三山志》《嘉定赤城志》《嘉泰吴兴志》《咸淳临安志》《重修琴川志》《舆地纪胜》等，还有《两浙金石志》等金石类文献、《救荒活民书》《作邑自箴》《庆元条法事类》《昼帘绪论》《州县提纲》等官箴书类文献、《夷坚志》；类书则有《永乐大典》《册府元龟》等笔记小说。此外，周藤吉之先生此文除了不时补充修正完善自己的既有研究，还与中村治兵卫、仁井田陞、曾我部静雄等学者商讨。所有这些历史文献的搜集、淘洗与既有学术认识的商讨，尤其是前者，在20世纪60年代的学人治学过程中，在没有任何电子文献可以检索的时代，所耗时间与精力，都是相当惊人的。也只有静心沉潜，长期持续投入，专心于此，方可写出如此宏文。

周藤吉之先生此文，对于文献的解读和使用，是有着榨干史料蕴藏的所有信息之心志的。这篇文章之中，最具代表性的莫如作者对“耆”的研究。在周藤吉之先生之前，河上光一和中村治兵卫等学者曾有过研究，展现出北宋时期“管”和“耆”的一些历史景象，但均未呈现出更为明晰、翔实的制度实施过程中的细节。在这里，作者首先细究《五代会要》卷二五《团貌》的资料，从而指出：“我认为，以往的研究未曾考虑到，从显德五年十月到六年春，均税法在全国施行，此诏与查实

全国户数与垦田数有很深的关联。即经唐末的混乱之后,为查实当前的全国户数和垦田数,便要改编以往的乡里村,每百户为一团,选三个大户(指豪族至形势户)为耆长,不仅以此察知奸盗,而且为监视百户内垦田数的增减,并使其平均分担民户之租税。① 因此,在后周的领土内,曾进行乡村的改编,设置耆长,耆长掌管捕盗和征科。"然后,作者依据《续资治通鉴长编》《宋会要辑稿》的记载,邃密结合,细致分析,从而得出了令人信服的论断。作者引述《宋会要·职官》四八《县官》"诸乡置里正,〔主〕赋役,州县郭内旧置坊正,主科税。开宝七年,废乡分为管,置户长,主纳赋,耆长主盗贼、词讼。诸镇将、副镇、都虞候同掌警逻盗贼之事",指出,中村治兵卫先生的断句和阐释都有偏差,"我以为从'诸乡'至'词讼'是一段,'诸镇将'以下是另一段,管和镇将并无直接关系。"他不同意中村治兵卫先生将"乡"不视为"地域性区划","管"是联户单位的区划,"管"内设户长和耆长——"在原乡设管"。周藤吉之先生则依据上述资料,深入剖析,最后断定:这一时期的宋朝乡村区划,依然是"乡—管"模式。② 作者进而结合唐朝邻保制度实行的历史史实,长时段地展现了耆长职责的展开,"管中三大户成为耆长,乡中豪族或官户也出面担任,他们拥有一定程度的武力,因此于管之下形成耆长管辖的'耆'这一区划。户长置于管,由户等次于耆长的人担当,因此在乡村不能拥有像耆长那样大的权力。"作者此后的叙述,几乎是遍举他可能搜集到的资料,以为耆长在这一时期内实际推行的印证,并努力揭示"这时由耆长管辖的称为'耆'的区划已经形成",并试探性地指出"可考虑把'耆'当作管之下的区划"。在这一过程中,作者尽力发掘资料中所蕴含的所有信息,努力建构自己的学术论断,特色极为明显。

同样的实例,尚见于作者针对《作邑自箴》之《牓耆壮》和《州县提

---

① 参见周藤吉之《五代の均税法》(收入《中国土地制度史研究》)。

② 半个多世纪后,包伟民先生搜集了更具普遍意义的资料,其"北宋多种地方总志所记述的乡制在各地普遍、长期存在的史实,揭示了即如在相州这样'管'制推行的典型地区,其与乡之间仍然存在着更为复杂的关系",或可视为周藤吉之先生前置论断的再印证。参阅包伟民《宋代乡村"管"制再释》,《中国史研究》2016 年第 3 期。

纲》的深入阐释，以及《永乐大典》《淳熙三山志》引述资料之后的分析，恕不一一再行赘述。

所有上揭的铺叙，无疑都是为作者建构其宋朝乡村制度体系而服务的。其中，既有作者自己研究成果的修补，也有针对其他学者既有成果的商榷，更有作者独自阐发、别出机杼的洞见。斯波义信先生认为周藤吉之先生是“日本研究中国宋史的先驱，以其透彻精细、博大宏深的学风和业绩而驰名海内外”。其“典型的文章风格”是“叙述了明快的问题和研究的历史概况，继而以严密考证的正文、简洁的结论和资料、文献题解贯通一气，史料探索与经济动态分析密切融合”①，实非过誉之词。

第四，论文整体结构精致，对历史史实的揭示力求一丝不苟，巧思和洞见，时有显现，显现出日本汉学研究的基本特征。

努力凸显“面”，但更关注由“点”到“面”，然后步步推进，是这篇文章的表面结构。除了从时间推移为序之外，作者就里正、户长、乡书手、耆长、壮丁、都副保正、大小保长、承帖人等这些具体的乡役入手，一步步地解决（在各制度互相关照的背景下，极尽邃密阐释之能事）作为其中之一的乡役名目，最终建构成为宋朝乡村制度的整体面相。这一由点到面、点面融通有机结合的步步推进，使这篇文章结构清晰明朗，相当精致。

当然，就总体印象而言，历时性、整体性的综合性研究，是周藤吉之先生这篇力作的重要特点。

“宋初乡村制的变化”这一部分虽然是作者在既有研究之上的考察，但仍有不少洞见。譬如，作者指出，“宋初的里正在从事催税的同时，又因参与确定人民差役而获取许多利益，恐怕他们参与制作差役簿吧”，以及“神宗熙宁年间以后，每乡都设置乡书手一名，所从事的工作为制作五等丁产簿，并将钱谷记入租税簿等，可以认为，在宋初，他们也曾做这类事情”。在这两处的研究中，作者“恐怕他

① 斯波义信：《日本中国宋史学家周藤吉之博士》，君羊译，载《国外社会科学》1992年第4期。

们参与制作差役簿吧”“可以认为,在宋初,他们也曾做这类事情”是一敏锐而恰当的判断,我们结合后来宋朝五等丁产簿的编制及其实际运作即可逆推而知。[①] 在历史文献不曾记载的“历史暗影”(“平常”)中捕捉到本属于“历史阳光普照”的“光谱”(“异常”。凡史实得以历史资料记载且显著者,大多是历史发展进程中的“异常”而非“平常”),也只有甚具博学卓识者以其“历史的感觉”方可感知并将之呈现出来。再有,至和二年后,“从北宋到南宋,仍可看到在乡村中有里正之名,但如后所述,它指的是都保的保正,其职掌和宋初的里正不同”。需要特别强调的是,1980—1990 年前后,有若干中国学者在这一问题上被卷入了“陷阱”,以“顾名思义”和“循名责实”的既有理念,将北宋后期和南宋时期的“里正”完全等同于北宋前中期的“里正”,且由此论证两宋时期“里”和“里正”长期存在。在这一问题上,颇显周藤吉之先生深具卓识和对问题认识之切当、深刻。近年来的研究者通过艰苦卓绝的反复研究,印证了南宋时期历史文献中出现的“里正”确实是另外一种有别于北宋前中期里正的乡村职役。在宋朝,“镇”和“管”是不同层级的两类行政或“类行政”管理名称,“镇”全然有别于乡村乡里管耆都保等名目。[②] 所以,“镇将”也与乡里管耆都保等乡村管理模式迥然不同。作者指出:“在宋初虽然乡里之制尚存,但实际上管及其下之耆已成为社会经济方面的重要组织。”这一论断早在 20 世纪 60 年代即已揭橥,但我国学者迟至 1990—2000 年依然延续前人旧说,并未重视北宋前期的管耆之制。作者对于相关文献一丝不苟的深挖细剖的研究理念,也显现出东京历史文献学派的普遍性特征。

再有,在第四节的末尾,作者指出:“在南宋,乡书手成为胥吏,掌

① 王曾瑜:《宋朝的鱼鳞簿和鱼鳞图》《宋朝的鼠尾簿和鼠尾法》,收入王曾瑜《锱铢编》,保定:河北大学出版社,2006 年,第 578—587 页;梁太济:《家业钱的估算内容及其演变》《五等户定制及其细分化形式化倾向》,收入梁太济《两宋阶级关系的若干问题》,保定:河北大学出版社,1998 年,第 19—68 页;戴建国:《宋代赋役征差簿帐制度考述》,《历史研究》2016 年第 3 期。

② 余蔚:《宋代的县级政区和县以下政区》,《历史地理》第二十一辑,上海:上海人民出版社,2006 年,第 84 页。

管差账、砧基簿和税簿，他勾结贵家富户，对农民诛求不已。这一点，乡书手和县里其他的胥吏是同样的。”在这里，既见作者充分考虑到历史资料中欲盖弥彰的豪强形势户对乡村职役制度的诸多牵绊与渗入，又客观地揭示出晋升为县吏的乡书手残剥普通民众的一面，这是极具洞见的论断。[①] 前揭在北宋前期管耆问题的研究中，作者指出：“管也有变化，其中耆长管辖的区域发展为‘耆’，有的地区一直到南宋仍有耆存在。”在史阙有间，存世文献不足全然证实的境况下，能够将管—耆和此前的乡链接在一起，给读者呈现出一个比较完美的学术建构链条，不能不说这是作者的巧思。

综括而言，周藤吉之先生这篇力作，是一篇实证学术研究的典范，它搜集了相当烦富且多元的资料，针对资料的阐释与解读达到了一个相当精深的地步；它建构了两宋乡村管理体制的总体面貌，从不同时空的反转变化之中凸显出两宋乡村管理模式的特点；它是在20世纪初期，受欧美年鉴史学、新史学流派影响且能秉持兰克学派铺叙求实的基本特点，以雄厚的文献资料展现并建构自己学术论断的典范；它也是在美国新史学风潮影响之下，在马克思主义理论倡导之下，在社会经济史领域开拓创新的力作；它既注重整体史的建构，又绝不轻忽历史细节的精致追求，着力追求无限碎片化极致即为整体史建构的路径——从20世纪初叶即已形成的日本汉学研究取径，尤其是东京历史文献学派所致力追求的史料批判学术理路[②]，在很大程度上与欧美的汉学研究存在较大差别。我们在反思欧美汉学研究时，尤其是20

---

① 王曾瑜：《宋朝的差役和形势户》，收入氏著《涓埃编》，保定：河北大学出版社，2008年；［日］梅原郁：《宋代的乡司》，载《刘子健博士颂寿纪念宋史研究论集》，东京：同朋舍，1989年；张谷源：《宋代乡书手的研究》，硕士学位论文，台北：中国文化大学史学研究所，1998年；王棣：《宋代乡司在赋税征收体制中的职权与运作》，《中州学刊》1999年第2期；王棣：《论宋代县乡赋税征收体制中的乡司》，《中国经济史研究》1999年第2期；王棣：《从乡司地位变代看宋代乡村管理体制的转变》，《中国史研究》2000年第1期；王棣：《宋代乡书手初探》，载张其凡等主编《宋代历史文化研究》，北京：人民出版社，2000年。

② 参阅孙正军《魏晋南北朝史研究中的史料批判研究》，《文史哲》2016年第1期；安部聡一郎：《日本学界“史料论”研究及其背景》，《中国史研究动态》2016年第4期；孙正军：《通往史料批判研究之途》，《中国史研究动态》2016年第4期。关于史料的内外考证，另请参阅杜维运《史学方法论》，北京：北京大学出版社，2006年，第121—136页。

世纪中叶之后历史学无限社会科学化时代的欧美汉学研究，不能将日本的汉学研究与之相提并论。

二、周藤吉之先生及其学术成就

周藤吉之是20世纪日本汉学界的一位健将，以研究宋代史著称于世。其嫡系门生、享誉寰宇的日本汉学家斯波义信先生曾撰文称：

> 周藤吉之博士（1907—1990）是日本研究中国宋史的先驱，以其透彻精细、博大宏深的学风和业绩而驰名海内外。先生任公职41年，大致的情况是：前半期任史料编纂官及研究所员，后半期在大学从事研究和指导诱掖后进。在此期间，先生的学术活动涉及宋代社会经济史、朝鲜高丽及李朝时期的官制史与社会经济史、清初旗地制度史三个方面，有主要著作8册，合译注书1册，合著史籍解题1册，其他合著3册，论文、评论、书评等约130篇。[①]

就笔者熟悉的宋朝史研究领域而言，周藤吉之先生先后有《中国土地制度史研究》《宋代经济史研究》《宋代史研究》《唐宋社会经济史研究》等四部著作出版。[②] 斯波义信先生认为他已建构“周藤史学”体系，且进一步褒扬他是“日本研究中国宋史的先驱，以其透彻精细、博大宏深的学风和业绩而驰名海内外”。其“典型的文章风格”是“叙述了明快的问题和研究的历史概况，继而以严密考证的正文、简洁的结论和资料、文献题解贯通一气，史料探索与经济动态分析密切融合”；“在谈到周藤先生时，斯波先生字正腔圆地说出‘实事求是’四个汉字，高度概括和评价其师周藤先生学问。在他看来，周藤先生读书很

① 斯波义信：《日本中国宋史学家周藤吉之博士》，君羊译，载《国外社会科学》1992年第4期。

② 周藤吉之：《中国土地制度史研究》，东京：东京大学出版会，1954年和1980年；周藤吉之：《宋代经济史研究》，东京：东京大学出版会，1962年；周藤吉之：《唐宋社会经济史研究》，东京：东京大学出版会，1965年；周藤吉之：《宋代史研究》，东京：东洋文库，1969年。

多,知识渊博,学问非常细腻、扎实。与此同时,无论是加藤繁、西嶋定生,还是周藤吉之,都受到了马克思主义的巨大影响,因而他们的学问深深地打上了时代的烙印,这是斯波先生针对东京派、京都派关于中国古代社会发展阶段的激烈争论而言的。"[①]当然,不得不说,令人疑窦顿生的是,师生二人在社会科学化的史学研究取向上迥然有异,斯波义信先生之所以享誉国际汉学界者,正是因其"盐溶于水"般的社会科学化的史学研究取径。周藤吉之先生 1954 年申请东京大学博士学位的力作《中国土地制度史研究》"在学术界做出了空前的贡献",彰显了东京历史文献学派的研究特色,于 1956 年获日本学士院奖。他在此后接连完成的六部著作,"形成了屹立于学界之林的不可动摇的地位"。[②]

如若就 20 世纪上半叶日本宋史研究的研究取向而言,在从宏观到微观研究的过渡中,宫崎市定(1901—1995)、周藤吉之(1907—1990)、中嶋敏(1910—2007)、佐伯富(1910—2006)、柳田节子(1921—2006),以及梅原郁(1934—)等学者,均已开始向微观转化,他们更多专注于制度的考证与复原,[③]逐渐形成了研究取径"细密精微"的特点。在这一过程中,毫无疑问,周藤吉之是具有引领和典范意义的重要学者。

周藤吉之这篇长文,同样反映出其学术研究的精湛与洞彻的学术识见。此文发表之后,佐竹靖彦、柳田节子两位学者仍有论著发表,进行论争和补充。这两位学者的侧重点与周藤吉之先生大有差异。佐竹靖彦先生的研究视角在于宋初土地所有和村落规制、唐末五代地主在村落秩序中的影响、宋初村落行政的形成等。[④] 柳田节子先生立足于户等制与乡村制的关系,更侧重户等制,在其《乡村制的展开》中,强调里制的崩坏与村制的形成、都保制与村落共同体,相比于周藤吉之

① 游彪:《访日本经济史学家斯波义信教授》,《中国经济史研究》2001 年第 1 期。

② 斯波义信:《日本中国宋史学家周藤吉之博士》,君羊译,载《国外社会科学》1992 年第 4 期。

③ 王瑞来:《近藤一成教授与日本的中国史研究》,北京大学《国际汉学研究通讯》创刊号(2010 年 3 月)。

④ 佐竹靖彦:《宋代郷村制度の形成過程》,《東洋史研究》第 25 卷第 3 号,1966 年;在中译本《佐竹靖彦史学论集》(北京:中华书局,2006 年)中,惜乎并未收入此文。笔者粗略阅读的印象,佐竹靖彦先生此文不在于修正周藤吉之先生的既有研究,而在于向前追溯。

先生的既有研究，显然搜讨资料更显集中，视角也自有不同。[①] 近年来，日本学者伊藤正彦的研究，乃在于长时段的考察，着重于明清以来里甲等役法的探索，抑或更能显现长时段视域下宋朝乡村职役体制的内在进展路径和后来者的研究取向。[②] 由此而言，周藤吉之先生这篇力作，我们完全可以称为日本汉学界宋朝乡村制领域研究的终结之作。嗣后，对这一学术议题再行深究者则几无一人，这似乎足以表明周藤吉之先生这篇力作的经典性学术价值。但在中国学术界，这一研究却长期以来并未受到应有的重视。

三、周藤吉之宋代乡村研究“前史”与“后史”：国内学术视角的观望

由于信息交流不畅，语言文字的阻隔，在中国历史学界，日本学者的经典性学术研究被忽略的现象并不少见，尤其在20世纪90年代之前。此后，中国学者有些人不识日文，在“引用”域外学者尤其是日本学者的研究时，只出现论文发表信息，不曾展开切实的商讨；稍有懂日文者，则有的径直转述以为己有，有的故意视为未见，乃至出现学术乱象。随着互联网信息交流的快捷和中日学术交流的日新月异，一些日本著名汉学家的著作越来越多地被翻译为汉语，在国内广为流传，这些著作也就越来越受到国内学人的关注，中国学者展开切实研究者也日益增多。

在中国学界，聂崇岐、李剑农、孙毓棠、漆侠、朱瑞熙等先生的研究成果与周藤吉之先生的这一研究紧密相关，且发表时间大多属于同一时代。[③] 其中，除了聂崇岐、李剑农两位先生的研究成果，大致可与周

① 柳田节子：《宋元鄉村制の研究》，東京：创文社，1986年。

② 伊藤正彦：《宋元乡村社会史论——明初里甲制体制の形成过程》，東京：汲古書院，2010年。

③ 聂崇岐：《宋役法述》，《燕京学报》第33期，1947年，收入聂崇岐《宋史丛考》，北京：中华书局，1980年；李剑农：《宋元明经济史稿》，北京：三联书店，1957年；漆侠：《王安石变法》，上海：上海人民出版社，1959年；孙毓棠：《关于北宋赋役制度的几个问题》，《历史研究》1964年第2期。

藤吉之先生这一研究相比之外,中国学者这一时期的研究主要关注职役的性质和税的负担者,以及职役的阶级剥削性。聂崇岐先生《宋役法述》这篇长文,其结构顺序大致是:宋代色役及其渊源、役法之流弊、仁宗英宗两朝之改良役法、熙宁改革役法、元祐绍圣后役法改革的纷更、南渡后置役法等,基本上是历时性的研究。其取材广博,史料繁富,立足于官方视角,基本厘清了两宋役法制度的前因后果、役法变革和纷争的诸多历史现象,但全文并未更多措意于乡村制度的前后沿革及其背后的因素,与周藤吉之先生的研究取径差异不小。李剑农先生在《宋元明经济史稿》一书中设有专节"宋代的役",历时性地针对差役、募役和差募并用、名募实差等各个环节作了陈述,对于宋代役法涉及的各种役名和对应的职责等也有所考察。但整体构架和诸多制度性细节及其变化尚属疏略,与聂崇岐先生的研究有某些近似之处,与周藤吉之先生的研究相差较大。

在中国古代乡村管理制度这一问题的讨论中,中外研究视角存有巨大差异。在很长一段时间内,日本学者更多关注其制度演变的层面,以及制度与其周边的关系。受日本学者研究成果的影响,美国学者 Brian E. Mcknight(马伯良)著有 *Village and Bureaucracy in Southern Sung China*(《中国南宋乡村职役》,The University of Chicago Press, 1971)也是一部历时性的学术力作。20 世纪 90 年代之前,学界交流少,成果互鉴少,域内域外大抵如此。同样受限于信息沟通的不畅,国内学者在研究时,不但对日本学者的成果视之如无,而且对我国台湾学者王德毅、黄繁光两位教授的成果也多忽略。[①] 90 年代之后,我国学者越来越多地针对两宋乡村制度、乡村职役制度演变与乡村社会秩序的构建,进行切实而深入的研究。其中,郑世刚、吴泰、王棣、张谷源、刁培俊、梁建国、谭景玉、鲁西奇、包伟民、王旭等学

① 此之所谓"忽略",也许并非学人不知之,而是知之或并未亲见,道听途说,仅是在脚注中出现而已;也包括亲见原著却并非深入阅读,汲取学养,以为自己攀升学术巅峰的阶梯,而是自己展开研究时,将之忘却于脑后而只顾自说自话。

者的研究①,显现出学术商讨和赓续周藤吉之等日本学者的研究路径,在精细研究的基础上,又有新的进展。

学界既有成果目前聚焦于以下讨论:宋朝县级行政以下,究竟是怎样的一种乡村治理体制?乡、里、耆、管、都、保、甲等各种历史文献呈现出的称呼之间,究竟是怎样一种关系?这些称谓究竟是实有的,抑或仅是儒士大夫的"惯称"?上述称谓在各个时段的变化,是否存在地域化、第二次地域化、地域标识、联户组织、财税体制的倾向?近年来,包伟民先生再度集中发表高显示度期刊论著,讨论这一问题。② 他认为,在宋代乡村制度的研究中,历史文献记述与制度运作之间出现了落差(这一洞见大致与王曾瑜先生所说的不能循名责实近似)。从唐入宋,乡村基层组织作为联户组织、以一定人户规模建构起来的唐代乡里体系,随着历史演变发生地域化与聚落化的制度蜕化,其中地域化是主要方向,导致了业已普遍蜕化成为地理名称的某乡某里等被地方志编纂者作为一种地域标识体系记载下来。入宋以后,帝制国家出于管理需要,重新组建的乡管、乡都等联户组织则因其尚不够稳定,无法用以标识地域,这类历史既存的"旧迹"在记述中被忽略了。这一由制度蜕化引发的议题,他认为当属历史文本与史实之间复杂关系的典型案例。此外,还有一些以历史地理为研究方向的学者,在推进宋朝乡村制度的研究中,更多关注"空间"性的研究视角,在地域史、村民的历史、村落的历史"时间和空间"等领域展开研究。他们也关注帝国

① 中国学者回顾这一领域学术史的文章,请参阅刁培俊:《当代中国学者关于宋朝职役制度研究的回顾与展望》,《汉学研究通讯》(台北)2003 年第 3 期(增订收入《宋史研究通讯》2004 年第 1 期);朱奎泽:《20 世纪 80 年代以来国内两宋乡村政权与社会控制研究述评》,《甘肃社会科学》2007 年第 1 期;谭景玉:《宋代乡村组织研究》,济南:山东大学出版社,2010 年;贾连港:《宋代乡村行政制度及相关问题研究的回顾与展望》,《中国史研究动态》2014 年第 1 期;王旭:《宋代乡的建置与分布研究——以江南西路为中心》,西安:西安地图出版社,2015 年;王旭:《宋代县下基层区划的"双轨体制"研究》,暨南大学博士学位论文,2017 年。此外,亦见于侯鹏:《宋代差役改革与都保乡役体系的形成》,《社会科学》2015 年第 8 期;侯鹏:《经界与水利——宋元时期浙江都保体系的运行》,《中国农史》2015 年第 3 期;高森:《论宋代县乡吏役在土地清丈中的职责》,《河南大学学报(社会科学版)》2018 年第 3 期。

② 目前已发表者有:《宋代乡制再议》,《文史》2012 年第 4 辑;《中国近古时期"里"制的演变》,《中国社会科学》2015 年第 1 期;《新旧叠加:中国近古乡都制度的继承与演化》,《中国经济史研究》2016 年第 2 期;《宋代乡村"管"制再释》,《中国史研究》2016 年第 3 期。

自上而下的控制乡村中的广土众民的乡里制度,村民们自发自生的“村落自治”等问题,给这一学术议题带来更多学术热点。譬如王旭《宋代乡的建置与分布研究——以江南西路为中心》一书,着眼点是宋代江南西路作为基层区划的乡的建置与复原,进而研讨乡的人文地理特征,这包括乡的分布特点与经济格局、命名与改名、划分原则与调整方式、地望与隶属的变革等。在其新近完成的博士学位论文《宋代县下基层区划的“双轨体制”研究》中,作者主要关注点在于考察宋代以太湖流域为主的县下基层区划形成“双轨体制”,即以乡为代表的“乡村型”体制和以镇为代表的“镇市型”体制,该体制形成的时间大约是北宋中期。作者认为:前者以管理农业居民为主,包括乡、里、耆、管、都、保、团、社等基层区划单位,在地图上呈现出片状分布的特征;后者以管理工商业居民为主,包括镇、市、务、墟、步等基层区划单位,在地图上呈现出点状分布的特征。作者认为这两类体系中层级最大且最为稳定的乡、镇,对宋代县下基层区划体系的形成、运作、管理等纠葛牵涉者甚多,并对此问题进行了详密的探讨。

宋朝乡村管理体制这一学术议题,如果将视角放在宋朝,从“整体史观”入手考虑,是否应该结合乡村职役(本处不用“乡村制”)与户等制的关系、与保甲制及其变异模式的关系、与地方胥吏的关系、与州县尤其县级官府的关系、与州县地方财政与乡村秩序(帝国秩序)的关系等?是否可以归诸“整体史”的视野?① 周藤吉之先生在这一议题研究过程中所涉及的“问题点”,是否都有必要纳诸“乡村职役”或“乡村制”的研究之中?乡村制—乡村职役—乡村区划—乡村(村落、基层)行政,在语言表达方面究竟是以今日通行的学术用语表述宋朝,抑或使用宋朝人自己的称谓用语研究宋史?存世相关资料来源的单一性导致我们更多地观察到来自官方主流意识形态的表述——来自“国家”“官方”的历史(譬如宋朝历史文献更多呈现出职役人负担沉重的一面,而很少呈现职役人在乡村作威作福的一面。这一历史书写的背

① 请参阅刁培俊《当代中国学者关于宋朝职役制度研究的回顾与展望》,《汉学研究通讯》(台北)2003年第3期(增订收入《宋史研究通讯》2004年第1期)。

后，究竟蕴藏着怎样的隐情与幽微？这一叙述逻辑的偏颇和导引，确应引起我们更多的注意），缺乏真正属于“民间立场”阳迎阴拒的互动，缺乏反抗或逃离国家的角度，缺乏在乡村看到的、被改变了之后的国家制度之实际运作，及其与国家制度变动过程中的差异，更缺乏真正参与运作的“人”的因素。另外，我们是否需要针对搜讨来的所有资料进行“锱铢必较”？似乎可以说，半个多世纪之前，周藤吉之先生的既有研究成果，已经给我们指出了路径。20 世纪以来的日本汉学研究，更多专注于制度的考证与复原，逐渐形成了研究取径“细密精微”的特点。在这一过程中，毫无疑问，周藤吉之是具有引领和典范意义的重要学者。

历史研究的取径，历来就有宏观与微观的争论。究竟是细碎到极致就等于完美，“非碎不能立通”，抑或是宏观建构学术理路，以宏观叙事入手，结合其他社会科学、行为科学的理论方法（即科际整合）[①]，高度概括出一些研究模式甚至探索出新的研究方法、建构出新的理论等，哪一种更具学术价值，自是言人人殊、见仁见智的事情。[②] 譬如，史学界所熟知的“施坚雅模式”、魏特夫东方专制主义下的“水利社会”、内藤湖南的“唐宋变革论”、谷川道雄的“豪族共同体”、斯科特的“弱者的武器”，乃至费正清等针对中国封建社会的长期停滞而提出的“刺激—反应”论、柯文之的“在中国发现历史”、黄宗智的“过密化”论、王国维的“两重证据”、顾颉刚的“层累构造的中国”、陈寅恪“关中本位

---

① 邢义田：《台湾学者中国史研究论丛 · 总序》，北京：中国大百科全书出版社，2005 年，第 4 页。邢先生也在这篇序文中反思了窄而深学术研究取向的利弊得失，思考何以不曾“建立起一套对中国史发展较具理论或体系性的说法”。但是，历史学的理论与方法究竟取径于社会科学、行为科学的理论与方法，还是追求它的“人文性”“诗性”？著名史学家何炳棣先生晚年曾反思说：“这本《明清社会史论》在我所有的著作里，运用社会科学理论较多，也最为谨慎，曾引起不少学者仿效。但此书问世若干年后，蓦然回首，我对某些理论逐渐感到失望与怀疑，最主要是由于其中不少著作不能满足历史学家所坚持的必要数量和种型的坚实史料，以致理论华而不实，容易趋于空诞。”参阅何炳棣著《明清社会史论 · 中译本自序》，徐泓中译，台北：联经出版公司，2013 年，第 iv 页。

② 强调碎片化仍然不够，无须过于追求宏大叙述的历史研究取径。请参阅“中国近代史研究中的‘碎片化’问题笔谈”（上、下）中罗志田、王笛的文章，《近代史研究》2012 年第 4—5 期。

论”、王明珂的“华夏边缘”。至于年鉴学派的“长时段”和美国“新史学”派社会科学化的历史学，以及“后现代理论”影响下的中国历史之重构与被建构等，最近半世纪来更为国内学者所熟知。颖悟而兼具博学卓识的学者努力追求历史研究的价值，在更高远和更广阔的理路下探寻史学之所为史学。史观学派和史料学派，或曰分析归纳型史学研究与精细实证型研究相比，给人的观感自然是意义重大，但亦有很多学者立志于追求无限“细密精微”的学问，努力建构和呈现历史的所有细节——纤毫毕现[①]——周藤吉之先生此篇典范之作，即为此一领域之楷模。世间抑或不存在“最好的”历史学——没有“最好”，只有“更好”，但是，志向高远的学人无不追求成为“最好”：我们的史学研究，究竟在多大程度上有所贡献，为“中国历史”贡献了什么，为“历史学”（全球史、人类文明）贡献了什么——观点、议题、理论、角度、方法、智慧。无论是“求真”，抑或是“求美”“求善”，所有历史研究的探寻，只有“真”才会产生“美”——无真不美。

① 就中国古代史研究而言，汉晋新出土简牍、敦煌吐鲁番文书的研究大多是在细碎的断烂朝报之间努力牵连宏大历史，徽州文书、清水江文书等新近发现并运用于史学研究的文献，其研究取径也多是细碎型的。田余庆有关东晋门阀政治（参阅其《天朝的崩溃》，北京：生活·读书·新知三联书店，2005年）、茅海建有关戊戌变法和鸦片战争（参阅其“戊戌变法研究系列”）的研究，或近似之。

农村社会

——研究笔记

[日] 滨岛敦俊

一、绪　　言

日本的中国明清社会经济史的研究,从西嶋定生的江南棉业研究、藤井宏的徽州商人研究开始,始终关注的是农民以及农村社会。中国人口的大部分居住在农村,宏观上看,财富主要来自农民的家庭劳动,包括历史上存在的农民家庭经营中不可缺少的手工业部分,而国家的财政基础主要也是来自农业税。再者,作为研究者的一种强烈愿望,为了能在贯串各文明具有普遍意义的时间序列中把握时代区分,古岛和雄、北村敬直、田中正俊、佐伯有一、重田德、小山正明、鹤见尚宏、安野省三、森正夫等人,对所有制和生产关系、农民斗争以及共同体等课题,试图从统一的逻辑思路加以解析,产生了许多研究成果。

本文并不是全盘继承上述理论框架,而是在吸收这些研究成果的基础上,对于尚未完全弄清,或者几乎还没有着手的一些问题、现象,发表一己之见。不过,作为一项独立的研究,在理论的成熟性,或史料数量的积累方面,本文的许多方面还未臻完善,而且许多问题在笔者今后的研究中究竟能否有所突破还很不确定,其中有些问题有可能完全是误解,对前辈、新进学者研究成果的斟酌也很不充分。也就是说,本文相当于一种研究笔记,只是把笔者脑海中所呈现的一些萌芽状态的印象记录下来。从本丛书原来的旨趣来看,相信这样的文稿也是被允许的。

而且,由于笔者以往所涉及的史料的关系,本文的论述以江南农村为主。明王朝草创初期,太祖给即将赴任北京开封府知府的官员的上谕中说:“今丧乱之后,中原草莽,人民稀少,所谓田野辟、户口增,此正中原今日之急务。若江南则无此旷土流民矣。汝往治郡务,在安辑民人,劝课农桑,以求实效。勿学迂儒,但能谈论而已。”(《太祖实录》洪武元年十二月辛未条。檀上宽曾引用该史料)这里,一方面讥讽了构成智囊团的浙东朱子学派,同时又明确显示出在明代初期,南方、北方农村的状况已经大不相同。目前对各地的考察积累还不够充分,论述对象自然只能局限于特定的区域,这大概也是被允许的吧。

二、身份编制和秩序

任何国家权力,都会根据相应的理念,将所统治的人民编成一定的身份序列。蒙古的统治,其影响并没有涉及原来南宋所统治的农村的基层社会(以忽必烈为首的蒙古统治集团本来就没有这种意图)。元明鼎革就南方农村而言,没有形成一个像唐宋变革或16—17世纪蓬勃的商业化那样历史性的转折,但在统治理念的层次上自当别论,根据新的统治理念,即和蒙古的统治观念不同的理念对身份加以重新编排,是必然的。

前引的上谕,暗示了在各地乡村设定统一的身份秩序的困难。华北,特别是华北东部,由于战乱以及随之而来的饥馑、瘟疫,造成了大量的人口空缺,为此通过强制移民①,建立了新的村落。在这种新的移民村落中,很有可能原来的社会关系不复存在,设置“里社”(详后),和在里社中强制推行“齿序”,即长幼之序,正符合这种既无宗族结合,又没有主佃、官民之分,居民完全对等的这种开拓村,因而实际上能够发挥作用。但是,在南方,原有的社会结构几乎原样不动地保存下来,没有一种简单明确的统一标准,很难简单地确定齿序。国家对齿序的规范化,浙东地主集团的首领宋濂可能起了很大的作用,朱元璋政权

① 许多地区都存在着定型化的移居传说,说是经山西省洪洞县迁移,就像福建的固始传说和珠江三角洲的珠玑巷传说那样。

统治理念的形成，本来就是依靠浙东地主集团。

根据宗族的原理，“长幼之序”当然以“尊卑之分”为前提。但是，作为农村社会要素的宗族结合，在浙西三角洲地区可以忽略不计[1]，因而也就不存在这种逻辑关系。在宗族社会中，没有必要通过国家权力重新设定并强制推行这种秩序。设定齿序，是针对非宗族社会而言的。在宗族（祠堂）极为罕见的浙西三角洲地区[2]，设定齿序才有意义。昆山人叶盛（1420—1474年）记下了一件关于卢熊的轶事。卢熊也是昆山人，曾任山东兖州知府，编纂有《苏州府志》（洪武三年）。卢熊“尝扁舟遍村落间，访核府志事迹。里中长老见衣冠儒者，每延之上座。兖州（卢熊）曰：‘齿少，法当居下。’”（嘉靖《昆山县志》卷一五《集文》引叶盛《赠徐宋二君序》）。这里的“法”是否意味着国法，在解释上可以保留不同的理解，但从中可以看出江南村落当地的习惯，和学者官僚观念中乡村应有的长幼之序之间的矛盾。

关于朱元璋政权如何看待这种士大夫官僚，将在下文论述。这里可以窥见，当时无论在国家，还是在民间，都还没有确立一定的习惯做法和理念。

一方面以“长幼之序”为基本，同时朱元璋政权也没有不顾“官民之分”。洪武十二年八月辛巳的上谕，规定了退职返乡的官僚，座次另排上座，与庶民不同。同时在租佃关系发达的南方农村社会，还存在着“主佃之分”的习惯。著名的洪武五年四月的“乡饮酒礼”，看起来是一条复古的规定，表明朱元璋政权并没有无视这种主佃的区别，而是企图把它包容到统一的秩序逻辑体系中去。像这样各种上下差别，由国家权力来明确地规定在同一场合如何统一整合，毕竟是办不到的。强行规范化，使之明文化，不难想象，就会像明初的其他观念规范化一样，可能立即就会陷于空洞化。明朝的里甲制，是在元代的“社制”基础上增加了徭役剥削体系的功能（详后），而元代的“社制”看起

① 为此，对于20世纪80年代日本明清史研究的新方向，有个学者提出“从方志转向族谱”，笔者不禁感到疑惑。

② 浙西三角洲地区并不是完全不存在宗族，有几个实际例子可以说明这一点。

来只是对农村现实存在的共同性加以规范化而已。里甲制的形式,依各地农村实际情形的不同而各种各样,但在继续保留原有的社会关系的南方,里甲制的实际形式是以"社"(实际上是土地庙)的祭祀为核心的结合(详后)。在这种社会结合中,上述种种上下关系的矛盾,大概就熔融于各地自发形成(存在)的合理秩序中。

最后谈一下"主佃之分"。笔者的一孔之见已经公开发表。简要地说,不仅在农村社会作为礼的规范这一层次上存在"主佃之分",可以确认,在审判时"主佃之分"作为法的规范也同样发挥作用。但是从基层官僚直到皇帝的案件审判各阶段中,越往上层,这种规范的意识就越淡薄。相反,越往下层,审判官(即"行政长官")的理念、规范中的"主佃之分"就似乎越浓厚。现在还不能断定作为一种身份,佃农是否是一个牢固的规范性观念,但估计这种可能性很小。笔者只是根据少量的判牍,推断案件审判中这种规范的存在。今后需要对这种刑案、判牍加以进一步的搜集研究。

附:朱元璋政权和士大夫——关于优免问题

前引洪武十二年的上谕,规定了退职返乡官僚的优免。在明末清初的江南,以县为单位的地方社会,官僚身份持有者的免役特权,以及免役的处理(即"均田均役"),是最大的社会政治问题。具有官僚资格的人,如何负担徭役义务,在法理上并没有明确的规定,这也是议论纷争的原因之一。这里探讨明初的这个问题。

本来,在明朝建立伊始,即使是现职官僚也不能享受优免特权。湖州府德清县新市镇的方志《(正德)仙潭志》(上海博物馆藏),记载了这样一些资料。洪武三年,王轸被任命为陕西平凉府崇信县知县,他的父亲王升给王轸的信被官方截获,明太祖看了这信,敕书褒奖。王升的信和太祖的敕书以及相关事项,都记载在《仙潭志》中。其中的原委是,王氏在德清县担当"两图黄册里长",在邻近的归安县也担当"各处甲首",而且还当上了新设的"新市巡检司弓兵",负担所需的经费(卷六,王升"付男轸家书")。太祖对此赞赏不绝,王升在信中嘱咐

王轸"俸有余"买些附子、川椒等，太祖赐其附子、川椒，并赏赐银两，命"有司免本户杂役，按从前任里长，免除弓兵"（卷五所收诏敕）。这里只是作为特例，而且只免除杂役，由此可见，相当于后来里甲正役、杂役的徭役负担，现任外官并没有得到免除。《太祖实录》洪武四年闰三月末也记录了这件事，关于免役的恩典，只是简单地提到"复其家"。以此类推，洪武十二年八月辛巳的上谕"复其家"，也并非意味着全面免除徭役，可以理解为仅仅免除杂役。

洪武十年的上谕最为宽大，指示"输租税外，悉免其役"（《太祖实录》洪武十年二月丁卯）。这一上谕和洪武十二年上谕的关系不十分明确，但从《太祖实录》和《大明会典》来看，这一时期关于优免的规定似乎处于摇摆之中。这种游移不定的优免方针最终得以确定下来，就管见所及，是洪武十三年的规定。这一规定极为严厉，只是免除现任京官的杂泛差役，对于外官和退职官员没有任何优免，而且现任京官也必须承担正役（万历《大明会典·户部七·户口二·赋役》）。到嘉靖二十四年为止，《会典》中没有再记载官员优免的明确规定。洪武十三年对于官僚士大夫来说，政治形势极为严峻，正是在这样的局势下，定下了最为苛刻的规定。而最为宽大的洪武十年、洪武十二年的上谕，虽然说"着为令"，但《会典》中没有记载，而《会典》中记载的十三年的规定，又不见于《实录》中，这绝非偶然。

在徭役负担上对于官和民几乎一视同仁的这个规定，在江南农村可能也发挥了作用。嘉靖末年，作为均田均役改革先驱的海盐县王文禄，就坚决否认士和民的区别，认为士人在乡里受到民众的推崇和敬仰，在民中间出人头地，这并不是在观念上理应如此，而是说他自己在江南农村社会所目睹的现实（乡居地主就任粮长，在这一阶层中产生出仕者，退职后又返回这一阶层）。王文禄还谈到了收取一定的报酬受诡别人土地的事例，愤慨地表示这是"新例"，十年前编审时还没有。这表明王文禄从他的实际体验预感到社会正处于一个重要的转折点，乡居的粮长阶层的影响正在逐渐淡化，居住在城里的乡绅地主开始取而代之，农村社会的士民一体感正在消失。

三、开发和直接经营

16世纪下半叶以后,由于人口增加以及新大陆作物的引进,在这基础上出现了山地开发。而在此之前,中国经济的扩大主要依赖于低地开发。在江南三角洲,唐代末年开始的低湿地开发,从北宋一直持续到明代中期。对于不断增加的耕地,国家权力不可能及时把握。14世纪初,元代的延祐经理,从方志记载来看,在江南三角洲就到南京台地东端的镇江府区域为止,浙西三角洲低地的丈量,要到明初才进行。南宋贾似道恶名远扬的公田政策,应该从政府未能把握新田不断增加这一前提来理解。元代皇室、贵族、寺院等所拥有的庄田,大多设定在这一区域,也是出于同样的原因。明初有名的江南官田重赋,正是由于存在新田不断增加这一事实,才有可能实现重赋。只要贯彻原额主义,只要低地圩田造田还在持续,在该地财富的产出、流动、分配结构中,就能充分消化这种重赋。

不久以后,在最早开始开发的苏州附近,不再有适宜开发的土地,于是最早(15世纪中叶)进入了圩田开发的最后阶段——分圩。正如森正夫详细考证的,处理官田重赋的是周忱,正是他最早实施了有系统的分圩政策,这两件事同时由周忱来进行不是偶然的。在地势最低的吴江、青浦一带,从17世纪上半叶到中叶进行了有组织的分圩,其后就不再有关于分圩的议论。这意味着唐末以来江南三角洲低地圩田开发的结束。此后的开发转向东部地势稍高的地区。

对于江南的地主制,也应和这一开发史结合起来考察。当存在适合圩田开发的土地,能够以相对低的成本开发耕地的时候,只要存在对米谷的需求,资本就会投向土地开发和农业的直接经营。这里的劳动力,根据小山正明的描述,或者根据北田英人对低地开发初期陆龟蒙庄园的描述,以及后引的李日华《味水轩日记》的记述,在经济上对地主的从属性强(因而往往伴随着人身的隶属),是奴仆、佃仆的形象。同时,笔者在江南三角洲、珠江三角洲开发史的实地调查中,形成了和

这完全不同的印象。在珠江三角洲最顶端的万顷沙围基开发中,宗族等地主(即“出资者”)拿出资金设置堤防、水门(进行潮汐灌溉)、聚落(围基上的茅屋,附带防御设施),招募有经营能力的佃户,自家拥有“牛、船、车”是农民应召的必要条件。西泽治彦关于江北盐垦的口头报告中也说到,新田基本具备耕作条件后,所招的佃农不是附近的江北人,而是有资金并且有种棉经验的江南地势稍高地区的富裕农民。在投资者完成生产基础设施的农田上,由自立的小农来经营,这两者结合的开发模式也是存在的。在长达七百年的江南三角洲低地开发中,有没有这种开发模式的存在呢?较多的佃农集中居住在地主的附近,可能是出于开发阶段三角洲的治安状况恶劣,为防备水贼等的袭击而集体居住,未必都是佃农对地主隶属关系的表现。当然,为了家庭生计的周转,农民经常性地向地主借性命米、工本米的史料记载也不能无视,从属性较强的佃农也确实存在。不可否定,他们往往是“义男”“家人”,即属于“奴婢”(雇工人)的身份。这里想指出的是,并不是所有的农民都是这种自立程度较低的佃农。

在三角洲开发的过程中,劳动力是如何来的呢?在珠江三角洲的调查中查明,一般的过程是从船上生活(捕鱼和打工,称作“流柴水”)到半定居(居住棚屋,补充农忙时的劳动力不足,即“短工”),然后成为定居(落户)的农民。这一过程的第一和第二阶段(有时甚至在到达第三阶段以后)是完全可逆的。在江南三角洲,如前所述,低地开发已经在明末清初完成,有关移居、开村的由来,农民们的记忆早已消失在遥远的远方。但是在江南也可以找到同样的痕迹。在地势最低的青浦县中也属于地势最低的朱家角镇沙家埭行政村金家沙,是来自苏北、绍兴(也包括来自苏北的重新移居)的人组成的移居村落,他们经历了从船上生活(捕鱼、短工)、草棚居住,到成为农民(同时继续打鱼)的过程。在江南三角洲,属于开发晚期的东部地势稍高的地区,这种记忆就更为鲜明。嘉定县最北面的娄塘镇是地势较高的植棉地带,农民的移居传说,大都是在坐船漂流途中,因为碗掉下来,所以就停下定居。三角洲既是定居农民的世界,同时也是非定居的船民的世界。

解放后，特别是人民公社时期，强制许多人定居，但也还存在众多的内陆渔民，船上生活的意愿并没有消失。

明代，稍有财富，能为父母、祖父母定制墓志铭的江南三角洲农民（乡居地主），在他们的家谱记载中，往往是格式化的始祖传说“扈从宋南渡”云云。这种传说姑且不论，在一些稍具体的始迁祖传承中，大致从浙东、苏州等西部往东迁的较多。作为移居的缘由，往往是“入赘”，因此“本姓”某某等记载频繁出现。单纯的婚姻、入赘[①]可能是成为定居农民的契机，但从明代无锡的安氏（东林派安希范家族）来看，实际上也有可能作为“义男”收养，而称作“入赘”的。

安氏家族在明末出了安如山（嘉靖八年进士）、安希范（万历十四年进士）、安广居（崇祯六年举人，十三年副榜）等乡绅，关于这一家族的史料，希范有文集[②]，广居有日记[③]传世，还有嘉庆年间所修的族谱《胶山安氏黄氏家乘合抄》（书名按“犹他族谱协会”的目录，以下简称《家乘》）。东洋文化研究所只收藏族谱中末尾卷十六的义庄规约《赡族录》，但“犹他族谱协会”所藏的族谱微缩胶卷可以查阅全卷。族谱中虽然把北宋末期的枢密使安涛作为安氏始祖，但以后的传承不明，迁往无锡的时期和始迁祖也不明。从第一世元末安元卿开始，第二代安汝德明初任金华府同知。问题是第三代，安汝德有儿子二人（安宇、安宙），各有子孙繁衍，但又将长洲县的黄仲茂收为养子。安如山等人实际上是仲茂的子孙。仲茂有四个儿子，除了一人无后以外，两个儿子姓安，一个姓黄。这黄氏也在无锡的相同地方繁衍后代，清代大概有族谱《华山黄氏谱》（以下简称《黄谱》）存世，《家乘》多处引用《黄谱》。《家乘》题为“合抄”，是因为卷四、卷五题作《泽上宗谱》，只记载宇、宙一系，而卷六、卷七题为《胶山新谱》（以下简称《新谱》），记载仲茂一支。《新谱》可能就是以《黄谱》为基础编写的。

---

① 有学者指出，在珠江三角洲，也有因为入赘而进入到已有的村落定居的说法。

②《天全堂集》，清刊本，历史研究所藏。据北京图书馆北海分馆的女馆员说，某大学藏有更多的稿本，但秘而不宣。从日记原稿的保存来看，文集稿本的存世是很有可能的。

③ 原本，《明安廓庵先生手写日记》，上海图书馆藏。

据《家乘》卷一第三世仲茂条所引的《黄谱》，有“仲茂立嗣汝德”，卷六仲茂的记述为“妻安氏”。如果确实如此，安氏的《家乘》中应该有所记载，但立嗣的事以及夫人姓氏都没有记载（同代的宇、宙的夫人姓氏都有记载）。而且卷六、卷七的《新谱》把仲茂作为第一世，世代的数法也不同。这表明两支并不是同一家族。

其他还有不可思议之处。仲茂和宇、宙两系的下一代名字都有“以”字；而到第五代，即宇、宙的孙子辈，名字都有“示”字旁；仲茂的孙子辈（第三世，相当于第五世）的名字却都是庠、序、学、校等，没有“示”字旁。但曾孙三人（第四世，相当于第六世）的名字如“祚”等，都有“示”字旁。如果仲茂真的进入了安氏家族，作为同族对待，这种奇怪的区别是不可能出现的。估计《家乘》和《新谱》中有一种，或者两种都是后世假托，不然的话很有可能当时就把两系当作不同的宗族来看待的。可以想象，如山等人的祖先仲茂并不是作为家族的一员入赘，有可能是作为“义男”被收养的。

据各种记载，仲茂一支在第五世（相当于宇、宙一系的第七世）安国的时候发家致富（详后）。其后是如山、希范等延续，上升为乡绅家族。而宇、宙一系，宙配戍云南楚雄卫，其子以式及其后代，在当地成了举人、贡士。而留在无锡的“宇”系以忠一支以及“宙”系以文一支的子孙中，只有少数的生员，连出仕贡生都没有（唯一的记载是以文一系第十三世女性出嫁无锡浦氏，所生儿子即著有《史通通释》的进士浦起龙）。大概是无锡安氏的宇、宙一系未能成为乡绅家族，于是和先祖时代的“义男”（奴仆）仲茂一系通谱（连谱）的吧。这样看来，所谓“入赘”，很有可能也包括作为义男（奴仆）投靠（被收养）的情形，后世子孙社会地位上升后，把这种收养奴仆美称为“入赘”。

四、从直接经营到寄生

已有研究表明，在明代中期以前，地主居住在乡村直接经营。而到明代后期，居住在城镇的地主占多数。通过科第等出仕的官僚，在退职后返回乡村，这在江南也是常见现象。随着低地开发的完成（出现饱和状态），由于投资转向更有利的领域，从而促成了地区整体的商业化。对此，笔者曾根据施坚雅（William G. Skinner）的移动战略（mobility strategy）理论，考察了明代中期的江南三角洲。在投资量、技术的制约下，各阶层的选择各不相同。小农经营中包含的传统的手工业生产转向商品化生产，在乡居的直接经营的地主阶层中，出现了从事商业活动，而且是远距离贸易的商人。笔者曾经以上海浦东的陆氏等为例，指出明代中期江南三角洲乡居地主所选择的典型投资有：直接经营、开发，商业、客商，教育投资、科举，三者并举。上述的无锡安氏也符合这一模式。仲茂一系的第四世安祚就役粮长，封为义官。关于第五世安国（1481—1513 年），据《家乘》所引方志类资料，曾帮助开浚白茆①（可能就是这个缘故，其子如山在科举及第、出仕封赠前就获得了承事郎——正七品的官阶），兴办灌溉事业，饥荒时捐谷（这两件事被称作“活人无算，溉田无算”），开辟了大量柑橘园，是一个典型的明代中期的乡居地主。从“积居诸货，人弃我取”而发财，并行走华北华中的记载来看，很有可能他和同时代的其他人一样，也从事客商活动（据江阴县记载，弘治年间直接经营的地主在农闲期从事远距离经商，是社会的普遍现象。江阴县就是无锡安氏所居住的邻县）。另一方面，当然也细心照看男孩的学业，终于使如山科举及第（次子如盘也从监生出仕鸿庐寺署丞）。

这种江南地主的客商活动，到明代后期（大约嘉靖以后）即不复见。江南人中唯一还在进行一定规模的远距离贸易的，就是傅衣凌教授所指出的太湖中东山镇的“洞庭商人”。东西洞庭是坡地湖岛，缺少平地，除了种植柑橘之类以外，无法开展农业。而一般的江南三角洲的富人，没有必要投资风险大成本高的远距离贸易，在当地的各种手工业、商业以及商业性农业不断扩大的条件下，像拥有土地、坐贾、牙行、典当等，本地不乏投资渠道。而徽州商人则是在饱和状态下，没有

① 白茆：江南三角洲全境的基干排水渠。

其他出路，从施坚雅的战略说法来看，就是筹集零星资本也不得不从事客商活动。本地商人可能在和徽商的竞争中失败，因而资金投向别处。

现在所知道的明代后期江南地主的城居化倾向，可能和这种商业化是联动的。当土地开发、直接经营的投资不能得到最佳效益时，地主就向租佃、流通、金融、教育、科举方面投资，选择在城里居住。如果拥有土地，进行租佃而得不到和成本（包括操心）相符的回报，大概连土地都会放弃。张仲礼已经指出，在清代乡绅的收入来源中，土地所有的比重在下降。笔者在浙江湖州市双林镇的调查中，看到了同样的倾向。19 世纪中叶当地的方志中记载，由于佃农以“村、社”为基本单位，经常性地进行有组织的抗租，以致当时居住在镇上的地主（即“城居地主”）发出苦恼的黑色幽默，慨叹“田为累字头”。据说土地改革时，湖州东部所谓“地主”的比例低，自耕农较多。双林镇是全国闻名的丝绸大镇，作为镇的手工业，收购周围农民的生丝并进行丝绸生产。住在镇上的富人选择了以金融、流通为主的其他投资领域。

相反，如果能够确保和成本相符的足够的收入，地主也会选择直接经营农业。湖州府南浔的庄元臣，在 17 世纪初进士及第的时候，从原来祖居的“庄”（大约在吴江县城西南部，具体所在不明，但肯定不是在郊外）迁移到南浔。当时完全放弃了对“庄”附近水田的直接经营，但对“庄”附近的 20 亩桑地（还有鱼塘）没有放手，由仆人管理雇佣三个长工继续自己经营。城居的乡绅地主直接经营，是极为罕见的现象，由于桑地的效益远远高于水田，所以水田租佃出去，桑地依然还是直接经营。庄元臣留下了极为详细的有关家庭经营的家规，把高利贷作为“作家之道”十分重视，对于高利贷的运作十分审慎。在清代，由于桑地经营投资周期长，所以往往是直接经营的地主、富农从事蚕桑农业，这一点已有前辈学者阐明。这里可以确认城居的乡绅也进行直接经营。庄元臣在科举及第、出仕后六年左右就去世了，作为乡绅理财发家的机会不多。如果他继续在世，可能主要收入会从土地（地租）转到金融业，这时是否还会继续直接经营桑园，令人很感兴趣。

在 17 世纪初,具有官僚身份的人不住在城里,继续直接经营,并非仅此一例。嘉兴进士李日华的《味水轩日记》,在卷二“万历三十八年八月四日条”中,记载了访问姻家平湖县周家堰张氏时的一件事。该地位于平湖县城东 18 里,乍浦镇以西 25 里的“海滨淤沃之壤”,原来是分给盐场灶丁采薪用的草荡,当时已经不再制盐,每亩只纳银四分,靠近村落的地方渐渐被开垦成耕地,纳“官”米五斗,村里的大姓“世擅其利”。张氏家附近,“佃丁杂僮奴”居住着百余家。张氏祖先靠财力(纳粟?)捐了监生,得了“侍从”(王府侍读?)官。李日华最后说,“市井大商豪贾射利一时,非不舆服赫奕,卒不免荡析倾覆,子孙或不能保数十年之产,其相去万万也。今士大夫乐市居之嚣华,厌田里之俚朴,处于众争之地,为不保旦夕之谋,卒与商之转徙同归,亦甚愚拙矣”。据说张宅本身从宋代就开始居住。随着盐场的耕地化,在还有开发的余地,就像李日华所说的“每亩五斗”,承佃者(开发者)的负担不重[①]的地方,进入 17 世纪后,还有可能存在开发并直接经营的地主。

这里想指出的是,居住农村进行直接经营,还是居住城市成为寄生地主,投资收益的高低是进行这种选择时考虑的一个重要因素。

五、聚落和共同体

农村研究本来应该考察聚落的形态。由于史料中没有庄园、村落档案、村落绘图,以及中国大陆人文地理学的长期空白,再加上到目前为止对于聚落地理的漠视,在这种学术背景下,聚落这一农村研究的基本内容被搁置起来,详情至今不明。[②] 不过,不是作为学术领域,从“行政”以及“政治”的角度所作的聚落调查研究并不是完全没有。从 20 世纪 80 年代开始的新方志的编纂、出版过程中,进行了聚落、地名的调查,其中的一部分作为方志的地名志或者单独的地名志出版,有

① 普通水田每亩五斗的税率不能说少,但应考虑到草荡地和已有的耕地不同,面积估算极为粗略。

② 据说有明确结论,“聚落地理”“社会文化地理”的研究对中国大陆学者是禁区。

些地名志刊载了许多信息。[①] 这些作为国家的事业，由各基层组织实施的知识积累，是在人文地理学以及历史学几乎毫不参与的情况下进行的，所提供的信息似乎也不是为学者研究服务，这是十分遗憾的。

笔者根据极为零星的材料推断，清末江南低乡（太湖南岸）的集村平均 100 户[②]，高乡（东部地势稍高地区）为 5 户以下的小村、疏村（大概原来是独户庄宅）。在江南三角洲，还有像南京台地末端的常州府地区，从天目山脉延伸的湖州府西部平原部和山区，以及嘉兴府的平原地区（上述地形分类根据海津正伦），这些地区目前没有任何材料。[③]

为什么有必要关注聚落的形态、规模呢？毫无疑问，这和农村社会的共同性，以及地缘、血缘乃至各种任意的社会集团的形态具有密切的关系。[④] 在江南三角洲，由于地形（以及生业）的微小变化，聚落形态也各不相同，所形成的共同关系不可能一致。在湖州（估计在西部平原），据《浙江风俗简志》介绍，作为基层社会的"村、村落"（即"聚落"）中，分别在"阿爹"的地方议事，进行共同活动。在村的上面，有几个村合成的以"总管庙"为核心组成的"庄"，"阿爹"们汇聚到"庄头"处议事，讨论祭祀、水利、修路、纳税等事项（各庄有编号，大概是清代中期浙江实行的"顺庄编里法"的反映）。在一个自然村的层次上进行这样的组织活动，既和村的规模相关，也和村的地理形态有关。从实地观察来看，湖州府西部的平原地区，各聚落集中在一起形成块村，以一定的间隔分布。虽然经过土改、人民公社以及改革开放，随着时间的变迁，村落的形状和规模发生了很大的变化，但是和东部地势

---

① 如最早出版的广东的《顺德县地名志》，记载了各自然村的名称、所在、由来、姓氏、地势、主要产业、规模、形态等。

② 唯一有详细地理学记述的吴江开弦弓村，有 360 户，正如调查者费孝通自己所说的那样，是"江南罕见的大村落"，在规模、形态上都不是江南低乡的典型聚落。

③ （附记）说起研究上的空白，我想强调在农村、农业研究上必不可少的灌溉史的领域也是一个空白。中国近世的灌溉，从井水灌溉（福建沿海亲见）到潮汐灌溉等有各种形式，江南三角洲的圩田灌溉现已大部分弄清（还不完全），华北的沟渠灌溉虽然有若干分析，但从灌溉面积上看占有绝大部分的陂塘灌溉、井堰灌溉现在根本没有研究。日本战后的中国史研究据说是已经无可拓展，但作为切身的感想，和日本史研究相比，我们的农村研究还远远未有尽头。

④ 例如，像成都平原那种依靠都江堰灌溉水系的完全的散村地带，在聚落层次上就不可能形成基层社会。

稍高地区的稀疏的小聚落地带相比，社会组织不可能相同。笔者在实地调查中查明，低乡的社（即“土地庙管辖范围”，也就是“庙界”），是以聚落为单位分割，但在高乡，是以地理区分的“图”来决定庙界的。从明末到民国初年，作为抗租斗争的基本组织也就是这样的“社”（村、村社）。

在江南三角洲这样的小范围内，聚落的形态以及与此相关的社会结合，也存在着这种不同。更何况中国全境，农村聚落以及社会基层组织的形态更为复杂，要定出统一有序的规则，无疑是极其困难的。如果一定要从一个统一的视角来把握的话，那么只有以土地庙祭祀为核心的结合，超越了这种聚落形态的不同，是全国农村普遍共同的社会结合。从历史上看，最顺应这种现实的是蒙古王朝。他们就把“社”这一俗称作为统一的乡村制度的名词。关于元代的“社制”，自松本善海、杨讷以来就有研究，其中对“社制”的渊源以及基础的考察，以井崎隆兴最为详尽。但是，井崎隆兴把“社”和唐代以来的战乱时期产生的任意团体社、善社结合起来，从社本身的意义来看，这一点让人难以苟同。元代的社不是来自作为任意团体的 fraternity 的“社”，而是以土地神的传统祭祀为核心的一种地缘结合。

洪武十四年制定的里甲制，以及制定前的历史，松本善海曾经论述过，鹤见尚弘也做过详细探讨。如果仔细查阅《太祖实录》，会发现关于里甲、里老（耆老）和里社三者的用词以及规定相互关联，而又区分使用。在明初，特别是和礼制相关的事，总是渗入了浙东朱子学派的原理主义观念。自从魏晋南北朝时期，古代的“社”（自然神，有坛、立木）开始向“土地庙”（人格神和庙屋）转化以后，近千年中土地庙成为民众在乡村层次上共同祭祀、信仰的对象。但是，尽管内容发生了很大的变化，称呼上还是保留了社、里社的古代称呼习惯。朱元璋政权对于新的移民组成的聚落不管如何，对南方原来已有的聚落，继承了元代的政策，利用原有的以土地庙——社为核心的结合，组织乡村社会。在这基础上强行推行观念性的复古体制——里社坛、乡饮酒礼，试图取代土地庙（民众性的里社）。但是这没有现实基础，只是以

儒教官僚（前引洪武元年十二月上谕中所说的“迂儒”）的观念为基础，强制推行的义务，要在乡村社会中发挥实际作用是困难的。现实中土地庙的信仰牢固地存在，一直到现代。在这期间，就像和田博德所指出的那样，确实有试图恢复太祖祖制的事例（如吴江黎里镇乡约所的遗址中，有嘉靖年间重振里社坛的石碑），估计这不可能产生实际影响。

总之，在江南农村，高乡、低乡共同的地缘结合，就是以土地庙—社的祭祀为核心的共同关系。明王朝虽然进行了制度的有序整合，但还是容许了乡村传统的自发自律的共同体的调节、惩戒功能（前者在元代的社制中也得到承认。1996年唐代史研究会上，柳田节子的报告中，虽然不是确定，但提到在宋代，也有尊重乡村自律解决纠纷的习惯）。这一点就像禁止越诉的规定一样，具有尽可能地减少行政成本的功能。里老人的审判权，并不是明初作为制度设定以后才突然出现的，在南方农村，只是追认农村中传统的自律维持秩序的能力，把它整合为制度化。担当这种功能的基层组织的形态各不相同，特别是新设立的移民聚落大概不具备这种能力。统一南北、新旧各种聚落（村）或基层社会（社），确立全国通行的规范，必然经过了种种曲折。直到洪武末年《教民榜文》才被定制化，可能就是因为落实这种规范需要花费相应的时间。

称之为“社”（里社、村社）的农村基层组织，主导权为乡居地主——粮长阶层所掌握。在社的祭神中明显地反映了乡居地主的影响力。前引的《浙江风俗简志》中提到，称作“总管”的土神——地方神是共同祭祀的重要对象。总管神（总管似乎是元代海运船队指挥官的称号）的信仰形成于元末（估计）江阴县，曾经一阵衰微，永乐迁都以后再度兴盛，其有着种种保护漕运的显灵传说，成为江南三角洲农村的重要祭神。一般中国的土神，都是死者（鬼）的显灵传说，能带来某种现世利益，因而“为神”。其显灵以魂附巫师的形式来表现。江南农村的巫师，使保护漕运的神灵，也就是粮长层即农村社会的统治者迫切祈望的神灵依附在自己身上，通过“神”的嘴巴说出显灵事迹，来获得粮长层的崇拜信仰。“统治者的意识成为统治意识。”

因此，在明代后期的江南农村，当没有了乡居地主（当地的权力解体），小农在乡村占优势后，原有的总管信仰失去了重要的基础。对小农来说，保护漕运的显灵传说没有任何意义。也就是说原有的共同体信仰产生了空缺。乘虚而入的就是把“李王出世”作为真言的山东、山西的李福达、龙华会系列的白莲教。正德年间以前，江南三角洲白莲教的形迹极为罕见（可以说不存在），而清代以后也没有发现。只是在明末很短的时期中出现，有过两次暴动。这种宗教，从方志记载的宣卷等活动来看，好像具有一种共同体的色彩。随着乡居地主主导权的消失，江南农村的共同体信仰解体，这时候白莲教正是作为共同体信仰替代物而渗透进来的。

不久巫师创造出新的传说。在江南三角洲，人口压力的出现早于全国，大约在16世纪就发生了。小农家庭耕地面积的经常性不足，只能通过家庭手工业赚取货币来弥补。虽然农民以种植水稻为主，但开始经常性地购买大米作食粮。对于小农来说，米价以及手工业产品的价格，是关系到切身利益的问题。史料记载，正德年间松江就有人指出，遭到水灾的农民生活穷困，和当时手工业品的廉价相关。陈龙正在明末提出过赈灾，并进行过周到的赈灾活动，他曾为防止饥荒时商人不买棉织品采取对策。

曾经以保护漕运传说得到江南广泛信仰的土神，到清代后期以至现代，转变为饥荒时擅自开仓济民，并引咎自杀的传说。什么时候发生这种变化，并形成新的显灵传说，在文献上还没有查证，估计大概是在清代前期形成的。对于社（土地神）的祭祀、信仰对象，为了适应商业化，相关的传说被重新改编了。

在遍及江南三角洲农村的土地庙（社）的结合中，有些人被排除在外。没有在陆地上定居的渔民不能参与这种社的祭祀。被排除在社以外的后果，现在看来一是产生刘王庙信仰（刘王庙位于嘉兴王江泾镇北面、莲泗荡畔），二是天主教。这些信仰从什么时候开始的，有怎样的经过，在怎样的状况下形成的，现在还不明了。但在19世纪前半叶的方志中就记载，清明时，数万渔船、渔民从江南三角洲各地到刘王

庙参拜(大概十年以前又恢复了这种参拜活动)。而天主教很早就在江南三角洲的渔民中传播,现在江南农村的天主教徒几乎都是渔民,而且江南渔民的多数(有人说达半数)是天主教徒。由于政治障碍,外国学者不能对这些渔民天主教徒进行学术调查,这种研究不仅其本身具有学术意义,而且在反观对比以社(土地庙)为核心的农民的社会结合上,也有重要意义。

六、商业化和流通、市镇

16 世纪进展的商业化,使农村社会的各种关系发生了很大的变化。对于在家庭经营的内部确立了商品生产的小农来说,和流通过程的关系是不可切断的。明代中期以后,三角洲产生了众多商品集散中心,其数量之多是此前所无法比拟的。这种以市镇为中心的市场圈,借用费孝通介绍的吴江县的俗语就是“乡脚”[严格地说是市镇方面对于和特定市镇具有密不可分关系的村(聚落)的称呼],成为农民重要的生活圈。市镇都有茶馆,实地调查也发现男性农民经常(一般在早晨)去茶馆。这使农民超越自己所居住的村(聚落),扩大视野和信息。可以说,“社”是农民的第一层共同生活圈,乡脚是第二层生活圈。这表现在宗教上,出现了“社”作为下级庙向上级庙镇庙(大多是非定制的镇城隍庙,也有东岳庙)“朝集”“解钱粮”的习俗。乡脚又成为第二层信仰圈。

明末清初开始,这一地区的市镇范围的方志数量猛增,这种市镇的方志不仅记载非农地区的市镇本身,而且必定记载周围聚落以及农村的景况。从清末嘉兴新塍镇的方志来看,对周围农村的记述是有意识进行的。该志开头部分就说明,一般“某镇的某村”已成为常用的表达方式,这并不是因为“行政上的统属”关系,而是由于固定的“交易”,因而把这些村落也包含在叙述范围中。

但是,一般商业中心地的发展,通常认为在时间系列上要经历临时集市、定期集市,到每天集市、常设店铺的过程。在江南三角洲是否能核实这种过程呢？在市镇资料收集上付出最大努力的中国学者之一樊树志教授，在其大作中也根据这一般规则加以叙述，但关于定期集市，对江南三角洲的五府没有举出任何史料，只是列举了周边的事例。笔者（滨岛）认为，江南三角洲的各种史料①丝毫没有论及定期集市，甚至不存在有关定期集市的记忆，这是值得注意的，有可能江南三角洲没有经历过定期集市。斯波义信介绍过宋代有收买米谷的“米船”。江南三角洲水网四通八达，且水流极为缓慢，没有撑船技术的普通人也可以摇船出行，方便地利用水路交通，或许这导致了定期集市未必非经历不可。

16 世纪中叶以后，以市镇为核心形成的地域社会，其指导阶层是哪些人呢？时常看到所谓“乡绅”“农村社会的指导者”的说法，但这是不正确的。乡绅是在更大范围的地域社会——“县社会”（借用青山一郎研究福建宁洋县时的用词）的层次上活动的。小林一美在对 19 世纪中叶常熟县东部的抗租暴动所作的详尽分析中，仔细记叙了农民们袭击的场所，袭击的都是乡绅设立的收租设置，乡绅本人都居住在县城。在“乡脚”（可以包括在“农村社会”范畴中）的世界，是商人以及生员阶层掌握主导权的社会，许多商人本身也是生员。商人中可能主要是商人团体，经营当地主要商品的商人团体在发挥主导作用，像青浦朱家角镇的“米业公会”那样。朱家角作为专业的米谷集散地，没有其他特产品，因此“米业公会”负责壮观的城隍庙（现在上海道教协会的管辖下作为城隍庙已经正式恢复）的日常维持和祭礼。可以设想，农村社会存在着三个层次，小农的卓越的“社”的世界，下层知识阶层、商人的“乡脚”的世界，以及乡绅的“县社会”。

这种农民生活圈的扩大，以及掌握主导权的乡居地主（粮长层）的消失，导致了在社的层次上共同性比以前淡薄，特别是维持秩序的自律能力弱化。这表现为江南三角洲从 16 世纪开始诉讼的增加。结果产生了两种现象。第一，诉讼到县衙的案件增加，由于一般惯例要拘

① 任何人都不会否定，从地域上看，江南三角洲是近世及近代农村社会史料、信息最为丰富的地区。

禁被告、证人，有时甚至要拘禁原告进行讯问，这导致了拘禁场所的不足，从而出现了非定制、不合法的拘留所"铺仓"。就管见所及，从嘉靖三年的吴县开始，到明末所有的州县都设了"铺仓"。就像其他事例一样，由于高谈"礼义"的原教旨主义(fundamentalist)儒教官僚的攻击，康熙年间敕令一律禁止。但是由于现实的需要而出现的设置，不可能因一纸法令而消失。也像其他事例一样，这种设置改换名称，一直持续到清末。第二，前代就有的讼师的活动更加活跃。关于这方面，夫马进的研究硕果累累，这里不再赘述。但是笔者以为，中国历史上，诉讼是16世纪中叶开始增加的，是当时社会结构性变化的结果，诉讼并不是中国社会的传统习俗。①

七、明末江南奴变的有关问题

当明清农村社会成为历史学研究对象的时候，明清鼎革时大量爆发的奴变，作为和抗租、抗粮并列的民众斗争之一，受到学术界的关注。这方面还没有详细的研究，过去一般的理解似乎把奴变作为较早的甚至是古代残余的奴隶阶级，为改变自己的身份而进行的反抗斗争。随着对奴婢、雇工人身份研究的深入，以及地主制研究的深入，自然要求从新的视角来看待奴变。

在江南三角洲农村，我们可以看到许多被称作"奴婢"的人和主人分开居住，自己独立经营的事例，祁彪佳的《宜焚全稿》详细记录了崇祯年间在常州府宜兴县宰相周延儒家发生的奴变，时任巡检的祁彪佳也亲自参与镇压这起奴变。这一事件还没有专文论述，从《宜焚全稿》的记述来看，许多散居在周围农村的小农都被称作奴仆。姚廷遴《历年记》中出现的奴婢家人("家人")，也是和居住在上海县城的主人分

① (附记)笔者在旧稿中曾从处理欠租的角度提及拘禁设施，并举出铺仓的作用之一为拘留逮捕的佃农。但出现了笔者没有料到的误解，以为笔者只是把铺仓作为处理租佃关系的设施。这里需要强调的是，笔者在旧稿中也已经说明，"铺仓"的出现，是为了应付诉讼的增加。而诉讼的增加是由于商业化的进展，农村自己解决纠纷(包括欠租问题)的能力弱化而引起的。

开,独自住在农村。他的女儿被姚氏的祖母卖掉,因此确实是一个奴婢(雇工人)。从巡检祁彪佳的案例判决看,即使在经济上远远超过主人的奴婢(三代前被卖身,但和主人分居),也明确认定其"主仆之分"。这一些都明确显示,在身份范畴上,并不能以所谓奴隶的概念来理解奴婢(雇工人)。

像这种独立经营的小农家庭,为什么会成为奴婢身份呢?就结论而言,估计其缘由不少是出于明代后期的"诡寄"。各县徭役的定额总量没有减少,具有官僚身份的大土地所有者能通过优免特权免除徭役,他们原来应该承担的徭役就转嫁给没有特权的土地所有者,于是就产生了诡寄。可以大胆地设想这样一种模式:中小庶民地主阶层的诡寄是一种一田两主的形式,而小农的诡寄不仅是投献土地,而且伴随着人身投靠以求得乡绅的保护。原来自己独立经营的就成为佃农,人身下降为奴隶身份。换而言之,作为当时中国最先进的结合商品生产的小农经营,为了保护自己的经营不受国家的剥夺,而把自己人身投献于人。南浔镇庄元臣所写的详细的家规中,对收养别人有具体详尽的条件,规定哪些人不得收养。反过来说,来历明确,能独立经营,不会给主家带来经济上的或精神上的负担,这样切实可靠的小农来投靠,才能接受。

为寻求保护所投靠的官僚,在明王朝崩溃后,他们本身的特权、权势变得飘忽不定,在即将到来的新的统治者支配下,作为旧朝官僚的主家将经受怎样的命运,他们的既得利益会怎样处置,这一切都不明确。据说当时奴婢要求归还卖身契,冲到主家高叫"天下变主,我等也变主",这一口号绝不是认清天下国家大势,要求世界变革的宏伟大志(记得曾有过这种浪漫主义的理解),只是对极为现实的各自利益感到不安的表白而已。

八、结　　语

以江南农村社会的开发为主轴的发展理论看来,16 世纪低地圩田

开发的结束是一个句号。在世界史上这恰好和大航海时代相一致、相连接。在“商业化”方向，农业开发达到饱和状态的江南农村社会，开始经历第一次划时代的大变动。在商业化方向的变动方面，江南也是中国最先进的地区。

关于农村社会基本问题的论述，还有许多问题这里尚未涉及。如农业生产力的测定和经营的计量复原（足立启二的研究等）、农村的货币流通、粮食的需求和饥荒赈灾对策，等等。农村景观的变迁，和人口、聚落、共同体等相关，也是不可忽视的要素。疾病和医疗（巫医）、贫困和救济、犯罪和治安、教育和娱乐，等等，关于“社会史”的领域几乎还没有开拓。依笔者现有的学力和想象力，不可能详加叙述。在我们面前，史料的制约是一个巨大的障碍。但是，尽管困难重重，今后还必须无休止地探求。

沈中琦　译

（原载森正夫主编《明清時代史の基本問題》，東京：汲古書院，1997 年）

《农村社会——研究笔记》导读

许哲娜　张传勇

滨岛敦俊的《农村社会——研究笔记》最早发表于森正夫主编的《明清时代史的基本问题》，由日本汲古书院于1997年出版；后经沈中琦翻译成中文，收入上海复旦大学历史系中外现代化进程研究中心主编的《近代中国的乡村社会》，由上海古籍出版社于2005年出版。此后，森正夫所编论文集又经周绍泉、栾成显等翻译为中文，于2013年由商务印书馆出版。滨岛这篇作为"长年学术研究的一个小结"的研究笔记，被两度收录，可见其在明清江南农村社会史领域的重要地位。

一、战后日本明清社会经济史学的发展与滨岛敦俊的学术之路

战后日本史学界一改此前忽视明清中国历史研究的风气，将明清时期视为中国从前近代向近代演变的重要时期，并展开了热烈探讨和争论。中国的江南地区作为社会经济发展最具有时代特征的地域而备受瞩目。此后，日本的明清社会经济史研究先后经历了"商品经济论・地主制论""乡绅论・国家论・共同体论""小经营生产方式・地域社会论"三个阶段。[1] 滨岛敦俊在《农村社会——研究笔记》绪言中提到的日本明清史研究者——西嶋定生、藤井宏、古岛和雄、北村敬直、田中正俊、重田德、小山正明、鹤见尚宏、森正夫，便是战后日本明清社会经济史研究沿着这三个阶段不断深入发展的主要推动者。而

① 高寿仙：《关于日本明清社会经济史研究的学术回顾》，《中国经济史研究》2002年第1期。

滨岛敦俊则是摒弃了第一阶段研究模式，从第二阶段走向第三阶段的代表性人物。

其中西嶋定生是滨岛敦俊在东京大学三年级学习文学院东洋史专业时的导师，他关于明代江南棉业的研究给了滨岛敦俊很大启发，引起了后者对明代中国的浓厚兴趣。① 西嶋定生是日本明清社会经济史研究第一阶段最重要的代表人物。他通过对江南地区商品生产的深入研究，提出了中国社会经济发展具有阶段性的观点，打破了以魏特夫为代表的近代西方学界"中国社会停滞论"对史学研究者的思想禁锢，为日本史学界的中国历史研究开创了新格局。② 西嶋的研究成果发表后，引起了日本学界的热烈探讨。许多学者分别对各个专业生产部门进行实证研究，如藤井宏的盐业研究、佐伯有一的丝织业研究等。

小山正明是滨岛大学三年级时东京大学文学院东洋史专业的助教，当时关注的是明代江南农村社会结构和主佃关系，也是滨岛对明清江南社会经济史产生兴趣的重要启发者。

田中正俊是滨岛大学四年级时的主要指导教师。由于东京大学历史系尚未设置明清史的老师，因此当滨岛决定投身于明代江南研究后，西嶋便建议他师从横滨市立大学的田中正俊。在向田中正俊请教的过程中，滨岛参与了"明代史研究会"的活动，在理论框架和史料解读方面受到了很好的训练。③

不过，对滨岛产生影响最为深远的还是佐伯有一。佐伯是滨岛进入东洋文化研究所以后的导师。他"全然不同的教育方式"对滨岛摆脱日本明清史研究第一阶段的影响，起到了关键作用。

20 世纪 60 年代以前的日本明清史学界关注重点在于阶级矛盾、阶级斗争以及资本主义萌芽问题。西嶋、藤井等人都认同明代江南农村手工业生产的"划时代意义"，认同"明清时代是中国封建制的解体

---

① 张继莹：《专访滨岛敦俊教授》，《明清研究通讯》第 45 期，2014 年。

② 千里：《滨岛敦俊谈日本的明代社会经济史研究》，《中国社会经济史研究》1982 年第 2 期。

③ 张继莹：《专访滨岛敦俊教授》，《明清研究通讯》第 45 期，2014 年。

时期”,为日本史学界“理解中国前近代向近代过渡问题”奠定了“理论基础”,但尚未找到中国“向近代过渡的契机”①,这也为第二阶段研究的进一步开展留下了极大的空间。20 世纪 50 年代后期以后,日本明清史学界将目光转向了乡绅阶层的研究。以佐伯有一、田中正俊、安省野三为代表的日本学者“致力于从土地关系的角度研究乡绅”,但这种研究思路失之于将主佃关系两极化,也忽视了国家权力的作用,这就促使森正夫提出了“国家论”,即注重国家因素在明末江南社会中的作用。但是“国家论”本身也存在着不同思想的纷争,即到底是佃户依靠国家力量形成“佃户支配”社会,还是乡绅利用国家权力作为媒介,形成“乡绅支配”社会。

滨岛受到这一时期学术思潮的影响,于 1969 年发表了江南三角洲水利事务的分析文章,强调了东林派乡绅与官员的重要性。不过在滨岛看来,日本明清江南社会史研究的主流学术思想仍处于“讲座派”(日本马克思史学流派)的史观笼罩下,因此才会有学者在意识形态的驱使下不假思索地批评滨岛的分析文章“不看人民的力量”。滨岛认为,直到 20 世纪 70 年代后期,由于社会史研究方法的兴起,日本明清史学才取得了真正突破。

在这一时期,森正夫提出了“地域社会论”,即要在经济、政治、意识形态之外,对人们所生存的基本场所中,对这一场所成员自身规定并反过来规定着自身意识的社会秩序问题展开研究。这种想法受到厌烦了阶级论的年轻学者的热烈欢迎,比如在共同体的研究中把研究目光从人际关系等级之间、统治者与被统治者之间的垂直结合转向同类之间的水平结合,并初步确定了所谓地域社会论就是“将‘地域’与‘社会’作为不断地生成、根据认知而成立、因具体情况而变化的‘动态’来把握”。②

也正是在这一时期,滨岛延续了 20 世纪 70 年代以来开发史的研究思路,对江南社会展开了别开生面的研究,先后从水利、赋税以及民

① 高寿仙:《关于日本明清社会经济史研究的学术回顾》,《中国经济史研究》2002 年第 1 期。
② 高寿仙:《关于日本明清社会经济史研究的学术回顾》,《中国经济史研究》2002 年第 1 期。

间信仰等视角去认识明清江南社会的“共同关系”以及“多层次的矛盾问题”,试图以此掌握江南社会的核心部分。

滨岛在实证研究的基础上对森正夫的地域社会论提出了独到见解。他认为,所谓地域社会论是建立在以明末为时间界限、以江南为空间界限的研究基础上的。滨岛更是根据实际研究结果,将传统定义下的江南八府缩小到五府,即苏州、松江、常州、嘉兴、湖州。他认为在这一区域独有的“圩田”是构成其强烈的区域特性的经济基础,总管信仰,乡绅的特殊地位,越过定期市阶段直接进入市镇,宗族社会的缺乏,都是江南五府有别于其他三府的独特现象。①

从这一点来看,滨岛是较早对江南研究进行反思的学者之一。江南研究一直是学界研究的焦点,这一现象被刘志伟称为“明清社会经济史研究的江南核心性”。他主要从制度建构的角度来阐释这一问题,认为江南是全国性制度形成的来源,是搭建国家制度架构的依据,是王朝制度变化的主导力量。② 这就使得很多学者在研究明清经济社会变迁过程中不得不从江南出发,以江南为参照。

但是“江南中心论”“以江南论全国”的偏颇性也在逐渐引起学者们的警惕。滨岛就认为这一时期江南社会的“语言、宗教与族群的矛盾基本上都不存在,行政机制也完全发挥效力”。这种“开发结束的稳定”状态是明末江南地区特有的社会现象,并非“社会每个阶段”的普遍特征。他在本文的绪言中通过分析《明太祖实录》中朱元璋的一段上谕,指出中国北方和南方“状况已经大不相同”,从而向读者明确了本文研究对象主要限定于江南地区,增强了其研究的科学性及其结论的严谨性。

从上述日本战后明清江南社会史研究的历程可以看出,以共同研究兴趣为基础的学术共同体的活跃,既是战后日本明清史研究蓬勃发展的重要表现,也是推动其深入发展,并取得丰硕成果的主要原因。

---

① 张继莹:《专访滨岛敦俊教授》,《明清研究通讯》第45期,2014年。

② 刘志伟:《超越江南一隅:“江南核心性”与全球史视野有机整合》,《探索与争鸣》2016年第4期。

滨岛的学术思想正是在这种浓厚的学术氛围中逐渐孕育形成的。如在滨岛学术成长初期起到关键作用的“明代史研究会”以在日本极具影响力的东洋文库为研究基地，由知名明史学者山根幸夫主持。

虽说滨岛是“最早使用判牍和发扬判牍资料价值的学者”，对明清史学界产生重大而又深远的影响，但这应该是受到了20世纪60年代以来日本明史学界研究热点的影响。滨岛敦俊1982年在向厦门大学师生介绍日本明代社会经济史研究状况时，就曾提到法制史，特别是佃户、奴仆、雇工人的法律地位，是日本学界的主要研究方向之一。①

除了学术共同体内部的交流，学科之间的学术交流也对滨岛的学术道路产生了重要影响。田野调查是日本最为源远流长的学术研究方法之一。早在20世纪40年代，就有社会法学者指导满铁调查班对华北农村社会进行大规模的调查活动，最终完成了六卷本的《中国农村惯行调查》，这也是战后日本史学界提出村落共同体研究设想的重要基础之一。社会学家福武直在中国华中地区的调查构成了《中国农村社会的结构》一书的核心基础。森正夫认为该书对于战后日本明清江南农村社会研究有着“启发意义”。②

而让滨岛认识到田野调查重要性的却是来自自然科学家的启发。1978年京都大学东南亚研究中心举办的江南三角洲开发史研究会，被滨岛本人视为个人研究的转折点。在会上，身为北海道大学教师的滨岛发表了他此前一直关注的江南“分圩”问题的研究成果。结果，与会自然科学家从东南亚各地三角洲的大量田野调查经验出发，对滨岛从社会阶层和共同关系角度对江南“分圩”现象历史意义的解释提出了批评。这使得滨岛充分感受到田野经验在历史研究中的重要性。③

恰好在这一时期，中国改革开放政策的逐步推行，为日本明清史研究者提供了越来越多访问中国并与中国学界开展合作的机会，使得

---

① 千里：《滨岛敦俊谈日本的明代社会经济史研究》，《中国社会经济史研究》1982年第2期。

② 森正夫：《田野调查与历史研究——以中国史研究为中心》，《上海师范大学学报》2003年第3期。

③ 张继莹：《专访滨岛敦俊教授》，《明清研究通讯》第45期，2014年。

田野调查方法的实践成为可能。滨岛曾于1985、1990、1995年多次到浙江的湖州双林镇、嘉兴王泾江镇等地进行田野调查。森正夫认为，滨岛最负盛名的著作《明清江南农村社会与民间信仰》[①]可以说是完全得益于田野调查，因为他所研究的民间信仰，“在文献里几乎没有记载”。

二、开发史视角下的明清江南社会经济研究

圩田开发史、判牍研究、民间信仰是滨岛学术建树的三大支柱。社会结构是其关注的焦点。对水利、赋役、民间信仰的研究都是为了探寻江南农村社会结构的基本形态。

对南方地区社会关系的整饬是朱元璋上台后巩固新政权的主要政治举措之一。长幼之序还是主佃之分是定位等级身份的主要参照。第一部分“身份编制和秩序”，概括的正是滨岛关于南方社会等级结构问题的核心观点。

主佃关系是滨岛敦俊和数辈日本学者长期关注的一个焦点问题，因为这是把握中国社会发展的一个重要依据，因此，从仁井田陞到重田德、高桥芳郎和经君健都对主佃关系提出了自己的看法。其中高桥芳郎提出了“主佃之分”与“主仆之分”两种社会关系的区分，揭示了地主与佃户之间关系的复杂性。

地域社会论的主要学术思想之一，就是认为地域社会是“根据人们的主观的认识形成”的产物。[②] 主佃关系不仅是一种经济契约关系，更是社会观念建构的结果。滨岛通过对判牍资料的解读，分析了社会观念中对主佃关系的认识。判牍资料的解读其实就是把法律制度放到当时的社会生活环境中考察其实际运作的方式和效果。这与田野调查有着某种相通之处。如果说田野调查是对历史累积而成的现场进行考察，那么判牍解读就是在历史文本中进行田野调查。法律

---

① 滨岛敦俊著：《明清江南农村社会与民间信仰》，朱海滨译，厦门：厦门大学出版社，2008年。

② 高寿仙：《关于日本明清社会经济史研究的学术回顾》，《中国经济史研究》2002年第1期。

条例具有一定的权威性，但在实际的审判过程中往往存在着是否严格执行的多元情况，审判结果也与审判主体的思想意识、价值倾向有着密不可分的关系。主佃之分是否影响审理结果，成为认识主佃关系意识的重要依据。在一些严格运用律例的案例中，滨岛发现并未有"主佃身份差异的迹象"，但在一些主管律例官员在律例中写下的按语中却透露出认可身份差异的思想意识。在实际案例中也存在着诸多"因地主和佃农的身份不同而造成量刑差异"的情况。[①]

滨岛提出"乡绅"是在嘉靖以后从"士大夫"当中分化出的一个新概念，反映了士大夫在乡里社会居住形态的变化。滨岛认为这种变化主要体现在以下三个层面。首先是士大夫从乡居转向城居，与乡村庶民发生了分离。其次，与地方官就地方政治事务进行商议的士大夫，已经从此前居住在地方上的官僚资格保持者转变为以财富积累为基础的群体。最后，由于居住空间与乡村庶民发生分离，城居地主得以消除以往在共居状态下难以转嫁徭役的制约因素，从嘉靖以后开始"无所顾忌地全面逃避徭役"。这也就是为什么嘉靖末年会出现令王文禄非常愤慨的"诡寄"现象，即收取一定的报酬诡受别人的土地，以帮助对方逃避徭役。城居地主与乡村庶民在空间上的分离，在承担徭役方面的差异，也是文中提到的"士民一体感"消失的主要根源。

第三到第七部分呈现了滨岛为寻找明清时期中国村落社会共同体，曲折而又独到的学术路径——从水利史以及抗租运动史等多个视角切入，最终在对民间信仰的调查研究中确认了土地庙是村落共同体的核心。

水利维修是一项需要多方协作的活动，因此向来被学界视为社会共同体赖以产生的重要基础。然而，水利研究并未让滨岛找到满意的答案。滨岛通过文献资料和现代田野调查，都没有发现江南低地区域存在以水利为基础的共同体。他认为这是由江南特殊的地理环境所决定的。多雨的气候条件和多水的自然环境使得江南三角洲地区并

---

① 滨岛敦俊：《关于明清时期的主佃之分》，《第七届明史国际学术讨论会论文集》，长春：东北师范大学出版社，1999 年。

不存在“水源的确保、分配问题”，因此也不存在以此为宗旨而形成水利共同体的基础。防洪或者防涝才是江南三角洲地区需要面临的核心问题。疏浚排水通道和修筑围护耕地的圩岸是这一地区的常见活动。因此有学者尝试从“各圩临时组织的共同排水活动”中寻找村落共同体存在的可能，并把“圩”视为村落共同体的基础。滨岛称自己也曾经深陷其中。

滨岛继承了小山正明通过分析江南农村抗租斗争的组织形式来论证村落共同体的研究路径，得出的结论却与小山正明将“圩”视为共同体并与“村”等同这一观点截然不同。在《关于江南“圩”的若干考察》一文中，他将抗租运动中拜“总管”的习俗与方志中把这些供奉“总管”的庙作为各个村落之间“强固的结合”的中心的存在形式联系起来，认为所谓“连圩结甲”的抗租运动是建立在村落而非“圩”基础上的斗争。

在这篇文章中，滨岛对“村”和“圩”的关系进行了多重视角的考察。一是利用清朝乾隆时期江南文人陈瑚的水利规则，以及费孝通对开弦弓村的田野调查，考察了村与圩的地理位置关系，得出了“约束这些生产者，使之具有一定的归属感的地缘性组织，不是‘圩’而是‘村’”的结论。二是借助相关的水利技术史料，考察了圩田规模的变迁以及分割的方法和技术，印证了分圩主张的历史实践。①

尽管圩田水利研究没能帮助滨岛厘清明清时期江南村落社会结构，但却为他日后一系列重要的学术成果和学术建树奠定了重要基础。江南三角洲地区圩田开发活动发展至明末出现的新情况，使滨岛窥见了江南社会另一个重要发展趋势——商业化的动力来源，以及这种发展趋势对江南地区社会结构和社会制度产生的根本性改变。

本文的第三至第四部分清晰地勾勒出了江南三角洲低地地区开发经营、开发完成后的制度变革与社会转型这一完整历史脉络。其中第三部分“开发和直接经营”概述了滨岛对唐末以来江南三角洲地区

① 滨岛敦俊：《关于江南“圩”的若干考察》，《历史地理》第七辑，上海：上海人民出版社，1990年。

圩田开发过程的认识。

滨岛在《明代中叶江南土地开发和地主的客商活动》一文中把江南三角洲地区开发活动分为三个阶段。其中,在唐末圩田正式开发以前为第一阶段,其中从南朝到唐代主要是开凿水路,方便交通。第二阶段开始于唐代末年,到了北宋走上正轨,主要是“筑造圩围,将低湿之地耕田化,整备排水系统”。这一过程一直持续到明初,都处于新田不断增加的阶段,这也是江南地区作为朝廷财税重要来源地,能够负担不断加重的田赋的重要原因之一。在自然科学家的启发下,滨岛提出分圩是江南低地开发进入最后阶段的标志。到了15世纪,苏州周边地区将所有具备条件的湿地几乎开发殆尽,不再具有新增土地的可能,迫使当地人改变原来那种“修筑的大规模圩围其内心留着湿地和池溇”的“外延的开发方法”,将耕地的开垦推进到留在圩围内部的湿地和水面,也就是水利史上所谓“分圩”。滨岛介绍了分圩的两种办法,“一是利用圩内的水面,开十字河等水路;二是在圩内筑造堤防(径塍)分成独立的各部分(也叫阡)”[①]。这种“对付土地开垦饱和状态”的“工程学办法”即分圩活动一直持续到17世纪中叶左右。这意味着江南低地开发的最终完成。

在这一部分,滨岛还利用族谱进一步揭示了开发过程中劳动力的来源渠道。刘志伟指出,通过讲述祖先事迹来表述“有关宗族历史的记事,包括祖先的来历,迁移和定居经过”,已经成为明清以后族谱一项相当常见的内容。宋元以后江南地区的大规模开发有赖于大量劳动力的迁入定居。劳动力来源和迁移机制是江南开发史研究中不可回避的重要问题。族谱被视为人口迁移研究的重要资料。移民的来源、移民定居的契机都可以从族谱中找到线索。但是刘志伟同时也指出,族谱的功用并不在于忠实地记录家族历史,而在于为现实生活中宗族制度建设和宗族生活提供依据,因此族谱所记录的祖先故事往往会因社会文化心理、联宗的现实需要等各种因素的干扰而出现附会、

① 滨岛敦俊:《明代中叶江南土地开发和地主的客商活动》,《广东社会科学》1988年第2期。

虚饰、重构等情况，这都是研究者在使用族谱过程中需要谨慎对待的。① 与此同时，族谱的历史叙事与常识之间的“违悖”也恰恰为撬开时间之门、揭开历史真相提供了一道缝隙。

滨岛正是从安氏族谱和与之有某种关联的黄氏族谱之间的互相牴牾中，窥见了江南开发过程中移民定居留下的蛛丝马迹。

滨岛首先考证了安氏族谱与黄氏族谱之间的关联以及安汝德收养黄仲茂的情况，认为《胶山安氏黄氏家乘合抄》中卷六卷七可能是以《华山黄氏谱》为基础编写的。

其次，他比对了《家乘》《新谱》《黄谱》之间的矛盾之处：一是记载的内容不一致，《黄谱》中记载的仲茂被收养之事以及仲茂之妻在《家乘》中并未记载；二是《新谱》中出现了不同的世代数法；三是字辈排行不一致，安氏养子黄仲茂与安氏血亲安宇、安宙从孙子辈开始，字辈排行出现了差别，这在同族中是不可能出现的情况。滨岛由此推断出仲茂进入安氏家族的身份并非是家族的正式成员而是作为奴仆的“义男”。被揭开真实身份之谜的仲茂可以看作是移民通过婚姻、入赘以外的途径，如作为奴仆被收养成为定居农民的典型代表。

最后，他结合仲茂和安宇、安宙后代的繁衍发展情况，解释了对仲茂出身的美化，可能是留在无锡的安氏支派衰落后与发家致富的仲茂后人一系出于通谱的需要，从而对历史上定居农民的迁入途径给予了更加确切的辨析。

第四部分“从直接经营到寄生”总结了滨岛对于江南三角洲低地开发接近极限背景下乡居地主投资转向问题的研究成果。

此前对江南地区商业化现象的研究主要聚焦于从事单纯商品生产的小农阶层，研究者认为这是他们为了承担日益沉重的田赋而做出的策略性选择。滨岛则将目光投向了地主阶层，指出在江南三角洲低地开发达到了饱和、再也无法实现利润高增长的背景下，地主阶层选

① 刘志伟：《附会、传说与历史真实——珠江三角洲族谱中宗族历史的叙事结构及其意义》，载王鹤鸣等主编《中国谱牒研究——全国谱牒开发与利用学术研讨会论文集》，上海：上海古籍出版社，1999 年。

择从事客商活动加以应对，是江南地区商业化的另一重动力。在《明代中叶江南土地开发和地主的客商活动》一文中，滨岛利用传记、墓志等资料，通过对陆平、汤文守、赵博等人生平经历的解读，推断他们所谓的旅游活动实际上是在"贱商"语境下对其客商活动的隐讳说法，并将这些个人案例与《江阴县志》中有关商业风俗的记载互相印证，从而证实了在农闲期间从事季节性客商活动是明代中期江南乡居地主的普遍现象。滨岛还指出，这也是明代中期所特有的现象，"是明末江南整个社会趋向商业化的预兆之一，也是为商业化做准备的"，对于明末江南社会转型具有承上启下的特殊意义。而这种转型的根本原因是与第三部分所论述的江南三角洲地区开发完成有着极为密切的关系。

正如滨岛自己指出的，他从历史地理学的视角，通过对江南三角洲低湿地区分圩意义的解读，在真正意义上对明代中后期江南"人多地少"的通常说法进行了实证性论证。这就对何炳棣囿于"有明一代没有可追踪人口的确实的统计数据"因而无法从人口学角度加以解答的问题，给予了较为圆满的解答，从而帮助滨岛建构起独具个人特色的江南开发史理论。① 在这一部分中，滨岛还对乡居地主城居化的原因进行了推断。他将视线投向了江南以外的地区，指出徽商在生存环境"处于饱和状态"、没有其他出路的情况下，"即使筹集零星资本"也必须要从事客商活动。这或许是徽商在与江南三角洲富裕地主的竞争中表现出极为强劲的进取心的重要原因。滨岛认为除了洞庭湖东山、西山两座岛屿上受自然条件的限制只能种植柑橘，因此当地人不得不继续从事客商活动之外，后者在退出与徽商的竞争之后，并没有把从事"风险大、成本高的远距离贸易"当作一种必要的谋生方式，而是利用了江南地区商业化的环境优势，从直接经营土地的乡村迁居到附近的城镇，转而从事金融、中介批发、仓库、房地产以及其他城市手工业等。

乡居地主城居化对江南社会产生了深远影响。如赋役制度的改

① 滨岛敦俊：《明代中叶江南土地开发和地主的客商活动》，《广东社会科学》1988 年第 2 期。

革可以说是对社会关系变化的一种应对,也可以说是这种变化的产物之一。在乡居地主退出对圩田的直接经营之后,圩田水利的组织者出现了空缺,派役方式必然有所调整。滨岛通过对"业食佃力"制度的来龙去脉以及实际运作情况进行考证,阐明了在江南商业化、乡居地主城居化的背景下,国家、乡绅与佃农在明末江南地区这一特定的时空中错综复杂的互动关系。乡居地主衰落之后,修筑水利活动中的协作劳动关系得以维系并非缘于佃农自发性的地区结合,而是国家强制协调的结果,因此在维持这种协作关系的过程中,无法反映佃农通过从事以单纯商品生产和赚取货币手段为特征的手工业劳动,从而逐渐摆脱对地主经济的依存关系,从而走向自立性发展的趋势。"业食佃力"也不是地主与佃户之间自然形成的产物。滨岛通过对碑文和水利修筑规范等资料的解读,发现很多贵人豪室"同农业生产完全没有关系,只是剥削佃租,并不负担当地的水利费用。总之,地主与佃户在水利方面不存在什么关系"。[①] 这一制度的推行完全是国家出于担忧水利荒废会威胁地主阶级统治而强制乡绅阶层做出的让步。其次,滨岛进一步分析了明代江南地区佃农不愿从事水利修筑活动的原因,指出在商品化的社会背景下,佃农获取货币(饭米)的可能性增多,农闲时节从事手工业劳动换取薪米成为习惯,而这种时间节律与修筑水利的时间产生了冲突。国家推行"业食佃力"正是针对这种情况对佃农做出的补充,或者说是强制佃农无法选择从事水利修筑之外更有利的劳动。立足于时代背景的实证性研究拨开了当时士大夫阶层"典故癖"笼罩在明代"业食佃力"制度之上的迷雾,指出"业食佃力"在明代出现和推行的社会动因与宋代存在着巨大时代性差异,不应因宋代已经出现"业食佃力"就简单地给明代"业食佃力"扣上复古的帽子。

种种历史现象表明,分圩既是江南地区开发结束的标志,也是江南社会进入另一个发展阶段的新起点。

本文第五部分展示的是滨岛学术成就中最富有个人特色也是最

① 滨岛敦俊:《业食佃力考》,载李范文等主编《国外中国学研究动态》,西宁:青海人民出版社,1988年,第132页。

引人入胜的部分。他以抗租运动为起点，但最终摆脱了曾经沿袭前辈的道路——从水利、赋役等视角探索明清江南农村社会共同体，开辟了从民间信仰阐释社会共同关系的全新视角。

抗租运动作为一种对凝聚力有较高要求的活动方式，是社会结构与组织方式得以充分显现的重要场域，也是共同体礼仪标志得以凸显的重要契机。滨岛从道光二十二年（1842）常熟抗租暴动入手，展开了对江南农村社会最重要的四位神灵来历的追溯、社会功能的分析、与国家互动关系的阐释以及变迁动因的解读，论述了供奉这些神灵的土地庙在江南农村社会中的核心地位。这是因为滨岛正是在官府镇压抗租暴动时一个在今天看似匪夷所思的惩罚举措中，发现了江南农村社会共同体的礼仪标志。除了参与者遭到逮捕之外，各村小庙中的神像也被押送到城隍庙，追究其"惑众"之罪。滨岛认为，这一惩罚举措说明官员充分认识到民间信仰在暴动的组织过程中具有举足轻重的独特作用，存在着神明的力量逾越国家权力的危险，因此在镇压凡世的同时必须对民众的心灵世界进行禁压。[①] 这就使得他对这些神灵的来历产生了兴趣，并试图探索它们在江南农村社会所扮演的角色和意义，促使他在田野调查的基础上完成了重要的代表作《明清江南农村社会与民间信仰》。

在中国传统社会，聚落形态受到地理环境的深刻影响，呈现出千姿百态的差异。这种差异不仅存在于南北之间，即便是同在江南地区，由于地势的高低不同，聚落形态也出现了一定的区别。在千差万别的聚落形态中，是否能够找到共同的特性，并用一个统一的名词加以称呼，这是解答中国社会是否存在村落共同体的关键。滨岛首先利用民国初期的两则材料，对江南地区低地与高地的聚落形态差异进行了分析，得出了低地以集村、高地以疏村为主要聚落形态的结论。

那么在"高乡与低乡聚落形态差异极大的江南三角洲基层社会"，是否存在着共同的社会关系形态呢？随后滨岛从非常零散的资料中

① 滨岛敦俊著：《明清江南农村社会与民间信仰》，朱海滨译，厦门：厦门大学出版社，2008年，第11—12页。

梳理出了"社"这种"实行强制性制裁的地缘性社会集团",用以作为统一把握二者情况的名词,如同治《双林镇志》中关于农村会社活动情况的记载,《巴溪志》中关于民众会盟的叙述,《当湖外志》中对民众结社的记录,以及当代采访记录中对"阿爹"议事以及以总管庙为中心划分庄等社会风俗的收录等。

不过,滨岛的民间信仰研究并未止步于对村落共同体的阐释,而是进行了时间、空间上的继续延伸。本文第六部分从民间信仰、司法制度两个视角切入,概述了在商业化的历史背景下,农民生活圈的扩大对江南社会产生的重要影响。

商业的兴盛与市镇的繁荣,是明后期江南社会发展的新特点。民间信仰祭祀结构的变迁,是农民生活空间发生变化的产物,因而也是观察江南社会变迁的重要切入点。顺治年间在江苏昆山出现的"解钱粮"风俗,即模仿粮长、里长或地保向纳税户催收税粮,并向县衙门解纳的行为,包含了丰富的历史信息。滨岛通过对常熟《虞乡志略》《淞南志》《黎里志》等方志中相关记述进行梳理,肯定了乡村土地庙向镇城隍庙"朝集"和"表敬"风俗的普遍性,从而使"市镇为中核的共同祭祀"得以确认。祭祀结构的变化不但表明农民的生活圈超越了自然村落或者"社",也是市镇兴起在"宗教方面的反映"。①

国家机器的主要功能在于"维护统治阶级的利益",牢狱则是其中"重要的一环"。牢狱体制的变革,意味着阶级关系出现了需要解决的新问题,因此也成为剖析社会关系的重要切口。滨岛曾在多篇论文中探寻了铺仓这一新的羁押体制兴起的社会背景,将其归结为 16 世纪以来诉讼案件增多的产物。而诉讼案件增多的根源主要在于社会结构因商业化和市镇兴起发生的变化。这种变化主要体现在两大方面。一是乡居地主势力的衰落,导致乡村社会自我调解能力的下降。二是农民生活圈扩大,导致进城打官司的情况增多。在《试论明末东南诸省的抗、欠租与铺仓》一文中,滨岛主要是以抗、欠租事件中官府、地主

---

① 滨岛敦俊著:《明清江南农村社会与民间信仰》,朱海滨译,厦门:厦门大学出版社,2008 年,第 207 页。

与农民的互动关系为切入点，来说明乡居地主势力衰落对农村社会结构的影响乃至对司法体制变革的推动。由于乡村权力的瓦解和崩溃，明末江南地主无法继续通过超经济强制来维护其对佃农的剥削，不得不采取向官府控告欠租佃农的方式来制裁佃农。但是抗租、欠租作为一种新出现的社会现象，尚无相应的法律条文对其加以惩处。除非佃农暴力抗租，否则官府没有予以干涉的法律依据。这就导致了判处的混乱。为了关押日益增多的被告，官府在“监”之外设立新的牢狱“铺”，在华北也被称为“仓”，并得到了中央政府的承认。铺仓主要出现在阶级独立尖锐化与乡村权力缺失程度较深的地区，恰恰说明了铺仓是社会结构发生重大转变的产物。

文章第七部分则对明末另一个与抗租同等重要的社会现象——奴变，进行了独树一帜的全新阐释，揭示了社会进化以及阶级斗争视角下未能得以窥见的另一重历史面相。一是明末奴婢和主人分开居住，自己独立经营的案例反映了明末奴婢身份的复杂性。二是明末部分奴婢来源于小农“诡寄”田地以及寻求乡绅保护的自愿行为，反映了奴婢身份来源的复杂性。正是这两重复杂性，使得滨岛反对从阶级对立的视角对明末奴变进行简单化阐释，而从政权更迭的历史背景出发，认为奴婢们喊出“天下变主，我等也变主”是出于对所投靠官僚命运、特权和权势可能因改朝换代面临危机的极度担忧，而绝非试图颠覆社会等级秩序的“世界变革”的宣言。

三、滨岛对明清江南农村社会研究的影响与反思

滨岛教授关于明清时期江南地区农村社会的研究，对中国学界产生重要影响，为中国史学界进一步开展明清社会史研究提供了重要学术基础。他发现的一些现象和提出的一些问题，成为很多学者研究的重要起点。具体表现在以下几个层面。

一是采纳滨岛的观点成果，作为解释某些现象和问题的依据。如

著名经济史学家李伯重就引用了滨岛关于江南三角洲地区圩田的研究成果,来解读明清时期江南的改土工作所取得的重要成就和对于水稻生产的重要作用和影响。①

二是在滨岛研究的基础上更进一步,把一些学术问题的研究推向更加具体和深入。比如,滨岛对江南庙界以及解钱粮研究具有开创性,青年学者王健在明清江南民间信仰的研究中,以此为基础,对庙界概念的属性、类型、差异以及关系等问题进行了追问:“庙界究竟是一个单数的概念,还是一个复数的概念。是否存在不同类型的庙界?庙宇与聚落分布的关系在高乡与低乡的差别是否真那么明显?庙界是一个臆想的概念,还是与现实世界有着密切的联系?不同的庙界之间存在怎样的关系?解钱粮现象还有没有进一步解释的空间?”王健通过实证研究认为,苏、松地区存在着围绕土地庙形成的庙界和围绕东岳庙、城隍庙形成的庙界,两者的意义不同,均有相应的组织和信仰活动,庙界划分与行政区划有关,并会因地域开发的先后、相关群体的利益驱动而引发冲突和竞争。②

三是对滨岛的研究提出反思,展开讨论。谢湜和吴滔等青年学者尝试对滨岛等人在江南市镇研究中尚未完全摆脱的“专业市镇”研究范式进行更为彻底的突破。谢湜对滨岛“太注重‘乡居经营地主’‘客商’这些身份标签,而且过于强调明后期地主‘乡居’向‘城居’的转变”因而缺乏对地主的粮长世家出身的敏感提出了质疑,认为滨岛研究的缺陷之一就在于“没有追问地主在从事客商活动之前的家业基础”。他的一项研究便是从家族发展与地方社会机制互动的视角出发,追溯江南高乡地带乡村权势的发展轨迹,从利用元代海贸、明前期永充粮长制、宣德时期改革、成弘时期商业发展等契机拓展家业的江南高乡地带世袭粮长中“发现”创立市镇者。③ 吴滔则在江南区域社

① 李伯重:《“天”、“地”、“人”的变化与明清江南的水稻生产》,《中国经济史研究》1994年第4期。

② 王健:《明清以来江南民间信仰中的庙界:以苏、松为中心》,《史林》2008年第6期。

③ 谢湜:《十五至十六世纪江南粮长的动向与高乡市镇的兴起——以太仓璜泾赵市为例》,《历史研究》2008年第5期。

会变迁的大背景下，对“吴淞江水利的兴废、财政赋役改革等因素与市场发育之间的相关性”进行具体而深入的阐释。[①] 他们的研究在“经济理性”为主导的研究取向之外，开辟了从社会机制视角探讨专业市镇的兴起机制。青年学者越来越多元化的研究视角对江南市镇研究中的“类型化”思维提出了有力挑战。[②]

王建革在以常熟为个案的明清水利单位与地方制度研究中，对滨岛提出的地主城居引起里甲制崩溃的观点进行了反驳。二人的观点分歧主要来源于两个方面。一是对当地水利环境认识不同，王建革认为明正德年以后，黄浦江承担了太湖东部的出水功能以后，丰水环境的改变使得筑圩的必要性大大降低，一些地方形成了干旱化现象，从而导致塘长们不再熟悉水利任务。二是对里甲组织与民间力量关系的认识不同。王建革认为滨岛“错误地估计了乡绅的作用，才把地主城居引起的变化夸得那么大”。在王建革看来，并非里甲的崩溃，相反是里甲对水利共同体的取代导致共同体的功能丧失，才是圩岸建设崩溃的原因。[③]

毋庸讳言，尽管滨岛试图通过田野调查弥补资料方面的不足，但是资料方面存在诸多薄弱环节，包括资料不足被迫进行推论，以及对资料的解读存在争议等问题，仍是学界争论的主要矛头所在。这从赵轶峰就明初城隍祭祀制度问题同滨岛展开商榷，以及张传勇同赵轶峰再商榷即可见一斑。[④] 吴滔也多次指出，滨岛“由于资料的缺乏”而“不得不借助于推论来构成某些重要的逻辑环节，致使其某些论证不免显得生涩”。他批评滨岛“过分地关注经济中心地对周边农村的支配地位”，从而给读者造成了“‘解钱粮’中镇庙与村庙之间的上下级关系，除了具有行政区划的意味外，更多是按照市场的层级呈现出来”

① 吴滔：《赋役、水利与“专业市镇”的兴起——以安亭、陆家浜为例》，《中山大学学报（社会科学版）》2009 年第 5 期。

② 谢湜：《十五至十六世纪江南粮长的动向与高乡市镇的兴起——以太仓璜泾赵市为例》，《历史研究》2008 年第 5 期。

③ 王建革：《明代江南的水利单位与地方制度——以常熟为例》，《中国史研究》2011 年第 2 期。

④ 赵轶峰：《明初城隍祭祀——滨岛敦俊洪武“三年改制”论商榷》，《求是学刊》2006 年第 1 期；张传勇：《明初城隍祭祀三题——与赵轶峰先生商榷》，《历史教学》2007 年第 8 期。

这样的"人为的假象"。对这种未能摆脱"乡镇共同体"的研究论断，吴滔进行了反思，并以清代苏州地区为研究个案，在市镇角度之外增加了农村视角，来"重新审视村庙和镇庙在近世江南地方社会中的功用"。他通过依托于一些规模较小、市场层级较低的市集的民间信仰活动，如双杨市昭灵侯庙的双杨会、芝村的龙蚕会等对周边诸多市镇的覆盖和影响，来说明"一些以村落为中心的民间信仰活动，其组织原则是按照神祇灵力的大小进行分类的，不存在明显的级别"，从而对滨岛"简单地用支配与被支配关系来概括共同信仰的社会组织的构成"的观点提出了商榷。①

显而易见，众多具有一定社会影响力的学术论著同时提及滨岛有关江南农村的研究，不论采信还是质疑，无不表明滨岛的研究乃是明清江南社会经济史领域一座重要里程碑。后来者的相关研究，或是以之作为出发点，或是以之作为重要参照，都是不容回避的。回顾、总结滨岛江南农村社会研究的历程，有助于我们站在更高的起点，将明清社会经济史研究推向新的高度。

---

① 吴滔：《清代苏州地区的村庙和镇庙——从民间信仰透视城乡关系》，《中国农史》2004 年第3期。

宗族与乡村控制

萧公权

宗族与村庄

宗族的存在为村庄带来了一种凝聚力,是其他元素所无法提供的。由于这个原因,对清政府来说,宗族是一个非常有用的乡村控制工具,但控制家族本身也同时呈现一些令人疑惑的问题。本章主要目的就在于探讨宗族组织在乡村控制体系中的地位。不过,我们必须先检视宗族本身的结构和功能。

"族"本来是一个血缘关系的群体[①],但自古代以来,它就已经在一些地点生根。[②] 就像最近一位学者指出的,"'族'是拥有一个共同祖先的群体,定居在某个地方或邻近地区"。[③]

---

① "族"一词的另一译文是"sib"。有关该词语的讨论,见 Robert H. Lowie, *Social Organization* (New York: Rinehart, 1948), pp.58, 236, 237. Hu Hsien Chin(胡先缙),*The Common Descent Group in China and Its Functions* (Viking Fund Publications in Anthropology, NO.10, 1948),则喜欢用"common descent group"一词。

② 顾炎武,《日知录》,10/22b(卷一〇,第 22 页),引述景穆对《周礼》中一段的评论。〔编按:景穆原文作"Ch'en Mei",译名疑误。坊间常见《日知录》多为清道年间黄汝成的集释本,其卷一〇各文的论题主要与《孟子》有关,虽有提到《周礼》,但与此处所论无关,也未引述《周礼》内文。作者所引应为《九族》一文,《日知录集释》收在卷二(遂初堂刊本同),文中提到"周礼小宗伯掌三族之别,以辨其亲疏",下文即提到陈氏《礼书》曰:"己之所亲以一为三,祖孙所亲以五为七……""Ch'en Mei"应即陈氏礼书的作者。《四库全书》收录了宋代陈祥道的《礼书》,全书共 150 卷。据陈垣《日知录注校》,顾氏所引评论《周礼》的段落见于该书卷六三的"宗族"条,因此"陈氏"就是陈祥道。但是作者为什么说他是"Ch'en Mei"? 陈祥道字祐之,一作用之,是福建闽清县人,与弟弟陈旸在家乡被并称为"二陈",建有"二陈先生祠"来崇敬他们。梅溪在该县汇入闽江,所以朱熹曾用"梅溪千古两先生"来称陈氏兄弟。不知作者是否要用梅溪来称呼陈祥道,结果掉字变成了"Ch'en Mei"。〕

③ Hu Hsien Chin, *The Common Descent Group in China and Its Functions*, p.9.该书 p.18 又给了另一种定义:"'族'是由一个共同祖先传下来的团体,定居在某个特定地方或邻近地区。"James D. Ball, *Things Chinese* (4th ed. New York: C. Scribner's Sons, 1904), pp.172 – 173,认为中国之家族与苏格兰的大致相同。这一观点很难说正确。

族最初定居的地方，可能是一个市或镇，但更常见的是，它定居于乡村中的某个点，可以发展出一个完整村落的点。事实上，族经常是在乡村地区得到最充分的发展①，而族经常是村落形成的主要功臣。虽然乡村聚落并不总是家族定居的产物，但是族的出现总会带给它们高度的凝聚力，比其他元素可能做到的都高。根据一位近代西方学者所说，在许多情况下，"可能除了那些基于经济地位而发展起来的之外，所有村落组织都是由宗族关系直接或间接决定的。……邻居主要是由同一宗族的家庭组成"。② 在这种情况下，把宗族视为"村落的中坚"③，无可非议。

宗族和村落之间关系密切的理由很明显。村落里占多大数的农业人口，总是不像城市居民那样容易流动。因此，血缘纽带在村落里保存得比在城市中好。④ 这样，城市和村落就产生不同的社会组织模式，前者以行会和"市民"组织为典型，后者则以宗族为特征。⑤

---

① 屈大均，《广东新语》(1700)，17/5a - 6b。这段文字也引见《广州府志》，15/8a - b。Olga Lang, *Chinese Family and Society* (New Haven: Yale University, 1946), p.180 赞同家族实质上是一种乡村现象的观点："宗族只存在于村庄或小镇。在城市里根本没有宗祠，也没有族长。"不过，Olga Lang 这一看法过于偏颇。直到 20 世纪，还可以在北京、天津、南京和成都这样的大城市里看到宗祠。参见注 7。

② Martin C. Yang(杨懋春)，*A Chinese Village: Taitou, Shantung Province* (New York, 1945), p.241.

③ Daniel H. Kulp, *Country Life in South China: The Sociology of Familism*. Vol.I. "Phenix Village, Kwangtung China" (New York: Bureau of Publications, Teachers College, Columbia University, 1925), p.135.

④ Hu Hsien Chin, *The Common Descent Group in China and Its Functions*, p.10："族在乡村邻里之间、大村庄和小镇里占有重要地位，尽管主要的宗祠有时坐落在州县城里，甚至在省城里。而在较大城镇里，由于职业和社会阶层极大不同，宗族已经消失。"城市居民的流动性相对较高，也对宗族产生不利的影响。不过，规模相对较大、组织结构较紧密的宗族，常常会在作为社会中心和政治中心的城市设立"大宗祠"，也就是，居住在周围乡村地区的各大"房"，一起分享并维持的一个公共或中心宗祠。《嘉应州志》，8/2b，为这种情况提供了一个极好的说明事例："俗重宗支，凡大小姓莫不有祠。一村之中，聚族而居，必有家庙，亦祠也。州城复有大宗祠，则并一州数县之族而合建者。"

⑤ 在印度，也可以看到宗族和村庄之间存在着紧密关系。例如，B. H. Baden-Powell, *The Origin and Growth of Village Communitites in India* (London and New York, 1899), p.23 这样描述印度的一种"部落"："……这些现有成员都是一个祖先的后裔。由于其人数不是很多，因而很难称为'部落'。很有可能，某个人(或两三个兄弟)来到某个荒野地区，并定居下来；接着，出现家庭，家庭繁衍，出现'宗族'，崇拜一个共同的祖先，认为宗族中存在某种纽带关系。……我们发现，一个方圆好几百英里的地区现在分成'村落'群。所有村落或者由拥有一个共同'称号'的农户组成，被认为是一个祖先的后裔；或者来自两个或三个家庭，不会更多。"参见同一作者较早的著作 *The Indian Villago Community* (London, New York, and Bombay: Longmans, Green (转下页)

一位19世纪的西方作者描述村落是宗族定居的结果："在很久很久以前大家已经无法确定的时候，一些家庭从其他地方来到这里，安营扎寨，使自己成为'当地居民'。……这就是村落。"①这个过程可能在清帝国的几乎所有地区、随时都在发生。三坡（直隶涿县的乡村地区）就是一个例子。这个多山的地区位于涿县东北边境上。在一片方圆55×30里的土地上，散布着大小不等的24个村子；其中最大的村庄，人口不超过130户。根据地方志记载：

> 就其村多同姓、姓多同宗观察之，当初不过少数人家，因贫入山，私行开垦，日久渐成村落。②

在特殊的社会环境下，会出现大规模的移民和定居。在这种情况下，不但可以知道定居的大致时间，也可以观察到实际的过程。四川省原住人口遭到"流寇"大规模屠杀后，在17世纪再次兴旺起来，就是一个能够说明问题的事例。根据地方志的记载：

> 康熙时，招徕他省民以实四川。……始至之日，田无业主，听民自占垦荒。或一族为一村，或数姓联为一堡。……有一族占田

（接上页）and Co., 1896), chapter 6, sec. 3. Radhakamal Mukerjee, *Democracies of the East a study in Comparative Potitics* (London: P.S. King and Son, Ltd., 1923), p.255 认为宗族和村庄之间关系更为密切："在印度，虽然宗族生活在不同村庄，是一个父系繁衍下来的，是一个父系的后裔，但是他们的行为方式特殊，因为其成员居住在一个或一个以上的村庄。在中央邦，有个家族的名字叫'卡拉族'（*khera*，该词的含义就是村子），绝大多数宗族名字是从村子名字而来的，或者就与村子同名。在'康得人'（Khonds）中，一个宗族的所有成员都居住在某个中心村周围的同一地区。"Mukerjee 教授接着在 p.299 描述了他所认为的中国制度："在中国，村庄的经济联系因宗族制度而变得模糊不清。宗族共同享有财产，宗祠财产以很低租金在较穷成员中进行分配。……祖传的宗族田地不可分割，谁去侵占或使用，谁就会犯盗窃圣物罪。"看来，Mukerjee 教授夸大了"公共财产"的观念，忘记了宗族在19世纪的中国并不是一个普遍的现象。很难看出他所认为的"村庄的经济联系因宗族制度而变得模糊不清"是什么意思。George L. Gomme, *The Village Community* (1890), pp.39－41 认为，在"部落"之外形成村庄，是"社会个体化进程"中早期的一步。

① Arthur H. Smith, *Village Life in China: a study in Sociology* (New York, Chicago, and Toronto: Fleming H. Revell Co., 1899), p.30.

② 《涿县志》(1936), 8/2a。

至数千亩者。……然所占实不能尽耕也。

雍正时,四川总督宪德以入川人户繁多,疏请编保甲。……以一夫一妇为一户,户给水田三十亩,或旱地五十亩。兄弟子姓成丁者给水田十五亩,或旱地二十五亩。……得旨允行。于是各州县荒地以次开垦……至乾隆八年清查牌甲,共四千四百七十户,一万伍千八百七十八丁。以四十里弹丸之地,阅时十三年,遽得此数。①

偶尔也可能在一个特定地区追溯个别宗族的定居史。某些宗族的"族谱"或"宗谱",就叙述了他们移民和发展的历史。也可以从一些地方志爬梳出相关的资料。其中一部地方志的一些事例,可以让我们对宗族村庄的形成过程有进一步的了解。

广东香山县义门郑族的始祖,来自湖南衡州。1754 年(乾隆十九年),跟着父亲来到香山。他的儿子定居在斜排村;20 世纪初,该族在那里发展成三"房",丁口有两百多人。②

广东香山县义门郑族的始祖,来自浙江。11 世纪(宋天圣年间),他担任广州郡守。由于他及儿子都葬在香山,所以他的孙子就定居香山,也就成了"香山郑氏开族祖"。传到第八代,香山郑族由于人丁非常兴旺,而分成两房;这一代的两个兄弟,各自成为一房的始祖。其中(哥哥万四的)一房称为庞头郑族,其"九世祖"娶豪兔乡高氏家族的女子,并移居到那里。他的子孙城乡丁口约千人。他们大多数仍然留在乡下务农,但也有一些在城里经商致富。弟弟(万五)的一房,则又发展成三个分房。(1) 长子郑宗荣,有三个儿子(也就是第十代):郑谷彝、郑谷纯、郑谷纹。谷彝和谷纯一起迁居到濠头,成为濠头分房之祖〔谷彝和谷纯号尚纶及尚絅,合称纶絅祖〕,后裔五千余人。(2) 谷纹跟父亲住在钱山,成为钱山郑氏分房之祖,后裔约为六百人。(3) 郑宗荣唯一的弟弟郑宗得,在 15 世纪初担任过凤阳府和

① 《新繁县乡土志》(1907),5/1a-2b。

② 《香山县志》(1879),3/45b。

严州府知府。他定居鳌溪(守祖宗庐墓不迁),成为鳌溪郑族的祖先,其后裔约四百人。①

陕西同官县王原王族的始祖,是山东督粮道,因被控渎职而被放逐陕西。他和家人最初住在县城西40里地的西古村,随后移居王家河。他的一个后裔在16世纪(明嘉靖朝)取得举人头衔,并移居同官城内。在17世纪,王氏家族搬回乡下,定居蒲池王原;20世纪初,家族成员大约50户,仍然住在祖先住过的村子,西古村、王家河和王原。②

这几个例子显示,移居者会定居在某个地方,并最终创造出一个族以及一个村落;或者,他可能把自己安顿在一个村庄或城镇里,繁衍出一个族而不是一个村庄。这种不同的定居模式,部分解释了两种不同类型的宗族村庄,在"单族村庄"里,住着一些同姓的家庭;而"多族村庄"里,两个或两个以上的族比邻而居。

"单族村庄"在南方各省比较普遍。近代一位学者指出:

> 在过去六七个世纪里,迅速发展起来的家族,集中在华中和东南地区,也就是位于长江两岸和福建、广东两省。在这些地区,许多村庄的居民完全是或主要是单姓家族的,他们之间存在着亲戚关系。……而在华北,由不同姓家庭组成村庄占大多数。③

一位西方观察者在19世纪的广东发现了以下情况:"同姓的人大体上居住在同村或附近;从始祖分出来的各房,就像榕树的分支一样,围绕着主干落地生根。"④

另一位19世纪的作者报道了福建一个村庄的情况:"全村居民都姓林,显然是透过家族长制的纽带联结在一起的。这种村庄宗族制度

① 《香山县志》(1879),3/1b-36a。〔编按:具体见于《香山县志》卷三,页1b, 7b, 8a, 35b。〕

② 《同官县志》(1944),25/1a-b。

③ Hu Hsien Chin, *The Common Descent Group in China and Its Functions*, p.14.

④ *Chinese Repository*, IV(1836), 412.亦见姚莹(1785-1852),《中复堂全集·东溟文集》(1867),3/12b。

是一种强大的结合。”[1]

这种单族村庄在华北比较少见到，那里的村庄常常是由“一群家庭所组成，而非一个宗族”，或者说是由“经济独立的一群家庭，而非单一家一族”[2]所组成。不过，单族村庄的确存在于北方。陕西《同官县志》的纂修者写道：“昔多聚族而居，故村庄多以姓名，如冯家桥、王家匾、董家河、梁家塬、李家沟等。”[3]陕西《城固县乡土志》提供这个资讯：

> 国朝旧少土著，明季寇乱以来，自甘肃、四川、山西、湖北迁居者，一姓之民聚族于一乡，即以姓名其地。[4]

不过，这样的事例相当少。一些以前由单一宗族构成的村庄终究失去了单族的特点。一位19世纪的西方作者指出：“经常出现的情况是：随着时间的推移，在命名村庄家族的变化中，没有单族村庄保代表留下来。在这种情况下，村庄名可能保留下来，也可能改变，不过所有变化的环境可能无法追溯。”[5]

我们没有统计数字来说明两种类型的乡村在清帝国各地的分布情况，但是下列数字尽管并不充分，却给了我们有关当时情况的一些印象。江西高安县（既不怎么繁荣也不贫穷）据载在19世纪中叶左右有1 291个村子，两种类型村庄的分布情况是：单族村庄，1 121个（约占87%）；多族村庄，170个（约占13%）。[6] 在广东花县，村庄总数为

---

① George Smith, *A Narrative of an Exploratory Visit to Each of the Consular Cities of China* (London, 1847), p.445.

② John S. Burgess, *The Guilds of Peking* (New York: Columbia University Press, 1928), p.24. Olga Lang, *Chinese Family and Society*, p.178，回应了这个观点：“华中、华北村庄的实际情况证明了家族的重要性降低了。在这些地区，特别是在较北边的地区（种植的是小麦和高粱，而非华南的稻米），很少能看到漂亮、维护得很好的宗祠。……华中和华北大多数村庄都不是宗族村庄。”

③《同官县志》（1944），25/1a。

④《城固县乡土志》（1937），17a。

⑤ Arthur H. Smith, *Village Life in China: a study in Sociology*, p.30.

⑥《高安县志》（1871），2/7a－37b。引见 Hu Hsien Chin, *The Common Descent Group in China and Its Functions*, p.14.

398个,不过分布情况与高安县不同:单族村庄,157个(约占40%);多族村庄,241个(约占60%)。[①] 看来,单族村庄并不必然控制所有华南地区,但那里的单族村庄明显依然多于北方。一位现代学者发现,在直隶定县这个以农业为主的地区,在62个村庄中只有一个属于单族村庄。[②] 这或许不是决定性的证据,但它可以支持一个总体的观察结果:在华北,由不同姓氏家庭组成的村庄占大多数。

还应该指出的是,就像几个家族可能住在一个村庄里一样,一个家族在子女繁衍、最初家园容纳不下时,就会分散居住在几个村子里。[③] 陕西同官县杏林村王氏家族就是一个极好的例证。在元朝末年(1367年),有位益王避难来到该村。他的后裔在明朝和清朝都以务农为生,到清末才有一部分人入学。这个宗族虽然没有族谱,但是对居住在6个不同村庄、超过80户的族人,他们的宗族关系,历经几个世纪都没受到损害。[④]

单族村庄与多族村庄性质的区别,反映在组织上的一些不同。在单族村庄中,宗族群体和乡村庄区实际上是一致的,村庄领导就是宗族领导。例如,浙江宁波某个单族村庄,"选出"一名"长者"来"主持村庄的行政事务",他同时又是族长,主持宗族事务。[⑤] 类似的安排也

---

① 《花县志》(1924),2/15a－22a。花县最大的家族村庄有:毕村,大约10 000人的毕氏宗族居住在该村;三华村,居住着大约9 000人的徐氏宗族;鸦婆垅,大约8 000人的黄氏宗族居住在该村。花县最小的单族村庄,人口大约十多人。

② Li Ching-han, *A Survey of the Social Conditions of Ting Hsien* (1933)〔李景汉,《定县社会概况调查》〕,引见 Hu Hsien Chin, *The Common Descent Group in China and Is Functions*, p.15,并加上这样的评论:"在定县……没有任何地方的族在村庄行政中扮演重要角色。而在华北农业较为发达的地区,族的组织显得较强。"

③ 《南昌县志》(1919),27/1b:"一姓多至百族或数十族,都图所隶,或一都数族,或一族数都、或数图。""都"和"图"本来是因税收目的而成立的乡村机构,但在清帝国一些地方,变成了一种地域单位。

④ 《同官县志》(1944),25/1b。一个宗族居住两个村子的事例,见 Hu Hsien Chin, *The Common Descent Group in China and Is Functions*, p.107.

⑤ L. Donnat, *Paysans en communauté du Ning-po-fou* (Paris, 1862), p.85:"与钱氏宗族(Tching-fou)、谢氏宗族(Si-fou)及其他姓宗族一样,王氏(Ouang)宗族居住的村子也是单族的,是同一个祖宗的后裔。根据可靠记载,王氏宗族在其始祖创立家庭好几代之后,抛弃以前居住过的地方,来到宁波附近的横溪(Heng-tcheou)创业。根据族谱(亦就是记载自始祖去世后好几个世纪家族情况的家族史)记载,由于王氏宗族是个大族,村中甲长放弃了手中权力,由各户家长集中在祠堂里选举族长,以便主持村庄公共事务。"

见于清帝国其他地区。[①] 在多族村庄,情况就有些不同。族长虽然对村中事务具有明显的影响,但不一定就是村长。[②] 一个村庄出现一个以上的宗族群体,就会发生宗族间的竞争或公开冲突,我们稍后就会看到。此处应该指出的是,居住在同一个村子的各族之间,比起属于同一族的各个成员之间,并不存在着更多的社会平等。正如一个族的绅士成员控制该族的普通成员一样,一个特定村庄里的一些族也会歧视其他族。他们的歧视可能建立在居住优势、人数比较多,或自己族中一些成员拥有较高社会地位的基础上。即使在宗族组织比较弱的华北地区,也可以看到这种现象。就像一位西方学者说的,“强调已被接纳的旧族成员的地位,而倾向于歧视最近移居而来者,视他们为外人”。[③]

在讨论宗族组织之前,尝试对19世纪中国各地宗族发展程度的不同提出一些解释,应该是很有帮助的。[④] 有些学者,例如J. S. Burgess,认为历史环境是一个决定性因素。他指出:

> 在中国北方,由于满人和蒙古人不断入侵,原来居住的宗族或者成员被杀害,或者被迫迁移到南方,家一族体系的连续性遭到摧毁。而在南方,远离这些入侵的浪潮,同样的宗族在它们原来居住的城镇和村庄里拥有更持久的住所。[⑤]

这个看法很有道理,但作者应该进一步追溯到更早期的中国历史。早

---

① Robert K. Douglas, *Society in China* (London, 1894), p.115:“经常出现的情况是,一个家庭就拥有整个村庄,这样,村庄就称为‘张家庄’等。在这种情况下,宗族中的长者就扮演着村庄领袖的角色。” Marion J. Levy, *The Family Revolution in Modern China* (Cambridge, Mass.: Harvard University Press, 1949), p.239:“有时,邻居由一个族的成员组成;在这种情况下,邻居和族组织通常范围是相同的。”

② John S. Burgess, *The Guilds of Peking*, p.25.

③ *Ibid.*

④ James Dyer Ball, *Things Chinese* (5th ed. Revised by E. Chalmers Wemer, London: John Murray, 1926), p.173.

⑤ John S. Burgess, *The Guilds of Peking*, p.24, Li Chi(李济), *Formation of the Chinese People* (Cambridge, Mass.: Harvard University Press, 1928), pp.232–237,指出4世纪以来南向移民的历史。

在蒙古人入侵、在13世纪后期消灭宋朝之前,北宋在12世纪前25年崩溃,迫使许多大的汉人家庭和宗族渡过长江,移民江南。[①] 而且在此之前,还有另一场大规模南向移民发生在西元320年代。西晋一崩溃,一些望族移民江南,把许多汉族传统文化和社会风俗也带到江南。

经济因素可能也发挥了作用。一位现代学者认为,在华北经济较不繁荣的地区,宗族在村庄行政上并没有什么重要地位;而在华北的"农业发达地区",宗族就发挥较大的影响。[②] 即使在南方,按照一些学者的观察,各地的宗族发展情况绝不是一致的。在广东、福建和江西,宗族势力较大;而在广东某些地方,特别是在"土沃而人繁"的地方,宗族的规模和活力就不是其他地区能够相提并论的了。屈大均在1700年的著作,描绘了以下的景象:

> 岭南之著姓右族,于广州为盛。广之世,于乡为盛。其土沃而人繁,或一乡一姓,或一乡二三姓。自唐宋以来,蝉连而居,安其土,乐其谣俗,鲜有迁徙他邦者。[③]

乡村繁荣和强大的宗族组织间关联很容易理解。经济的富裕没有达到一定程度,就不能形成村庄,也不能维持任何规模的宗族,贫穷就不可能拥有宗祠、祭田,等等;而这些,对于一个想要充分履行其职能的宗族,是不可或缺的。陕西省一些地区的情况,可以说明这种连结。一位地方志修纂者说,洛川、宜川和邻近地区,大多数居民都住在窑洞。虽然也有一些小房屋,但都算不上是什么财产。可以预料得到,在这些贫穷地区,宗族组织是不存在的。[④] 另一位地方志修纂者指出,陕西同官县的情况是:"家族喜聚居……近因生活关系,析居者渐

① 例见《容县志》(1897),4/16b。参考《泰和县志》(1878),6/3b:"当五季干戈之扰,四方大姓之避地者辐辏竞至,曾自长沙,张自洛阳,陈、严、王、萧、刘、倪等族皆自金陵而占籍焉。"

② Hu Hsien Chin, *The Common Descent Group in China and Its Functions*, p.15.

③ 屈大均,《广东新语》,17/5a－6a。

④ 《宜川县乡土志》(1937),12b。

多矣。"[①]

有时,地方经济的影响并不是那么决定性的。在陕西城固县,宗族采取减小规模、简化形式的方式存留下来。据指出:

> 土著既少,谱牒无征,一族仅数十户,求如江南、广东之大姓,一族多至数百户,得姓受氏本末可考,则远逊矣。[②]

同样,陕西另一个相对贫穷的县份宁羌,"客籍往来,多无定所。……其有入籍稍久,似续延长,宗支蕃衍,称为世家大族者……无由以考其世代源流。是亦谱牒之学久亡,而邑人又不讲宗法。"[③]即使在这些案例里,经济因素的影响也是明显的。

成员与领导

宗族的发展很大程度上取决于其绅士成员。绅士与宗族之间的密切关系,让一些研究者论定,宗族不过就是一种绅士组织。例如,一位中国学者就这样说:

> 我认为,无论是"大户"还是宗族,都是绅士的组织。……我确信,宗族在中国并不普遍,最有效率、组织完善的宗族只能见于绅士。宗族组织对没有土地的人或可怜的小地主完全是多余的。[④]

一般说来,这种看法是正确的,但宗族是"绅士的组织"一语,应该是指

① 《同官县志》(1944),26/2a。

② 《城固县乡土志》(1937),页 17b。

③ 《宁羌州乡土志》,页 23a。了解清帝国不同地区宗族的数量分布情况,以及在那些宗族构成村庄生活常规特征的地区,宗族成员和不属于宗族人口之间的比例,将是很有趣的。作者为无法承担这样的工作而感到惋惜。

④ Fei Hsiao-t'ung(费孝通),*Peasantry and Gentry: An Interpretation of Chinese Social Structure and Its Changes* (New York: Institute of Pacific Relations, 1946), p.5.

宗族在正常情况下是由绅士促进和控制的。宗族明显不是完全由绅士成员组成的。另一位中国学者就正确地指出:“既然共祖群体(宗族)包括了同一远祖传衍下来的所有家庭,它就包括了不同的社会阶层:有富裕和地位突出者,也有贫穷和地位低下者,因为个别家户的财产情况有别。”[①]正是由于这种包括性,才有可能让一些宗族在合适的环境下达到一定规模。一位中国作者观察到,广东省一些最大的宗族夸称成员达到一万人。[②] 如果认为它的所有成员都是官员或有功名的士子,那就很可笑了。的确,也有一些个别的事例显示,某个宗族(可能在一个时期或某个时点)全部都是农民。一位作者最近引述了一位受访者的话:

> 我们的村子在邻近地区是唯一姓楚(Ch'u)的。……虽然跟于(Yü)族的村子比邻,但两村之间既没有利益关系或行政关系,也没有敌对情绪。不过,我们宗族人丁日益兴旺,而他们日渐凋零。——他们的宗族成员全部是务农的,而我们的既有农人,也有读书人。[③]

不过,在这些于族的“农民”中,应该有一些地主。还应该指出的是,于族人丁之所以“日渐凋零”,部分原因在于缺乏绅士领导,因为一个家族中有了“士—官”(scholar-official),不仅会强化该族的威望,也会加强该族的力量。浙江嘉兴一些最突出宗族的成员中,包括了相当大比例的士子,他们在明清两代京试中得到了最高等级的荣誉。[④]

因此,虽然宗族成员常常包括绅士和平民,但宗族的领导显然是要靠绅士的。绅士为宗族群体提供了积极的成分,而平民则是消极的。

在一个宗族内,绅士和平民之间有别,前者支配后者,是不争的事实。山东蓬莱县的宁氏宗族,成员中没有财富或社会地位者,既不能

---

① Hu Hsien Chin, *The Common Descent Group in China and Its Functions*, p.10.

② 姚莹,《中复堂全集·东溟文集》,3/12b。

③ Hu Hsien Chin, *The Common Descent Group in China and Its Functions*, p.112.

④ 潘光旦,《明清两代嘉兴望族》(1947),页98—99。他指出,在明清两代,在京试时通过最高等级考试〔中进士〕的嘉兴士子,属于当地望族的超过67%。

参加半年一次的祭祀和随后的宴会，对祭田也无权表示意见；他们作为宗族成员所享有的唯一权利，是可以葬在宗族墓园。① 在江西南丰县谭族，以下列方式强调"士—官"的社会地位：首先，所有士子都被要求参加每年一次的祭祀；其次，举行祭祀时，所有执事都由"绅士"中挑选；第三，分发献祭过的肉（"胙肉"）时，普通人只能得 1 斤（大约 0.597 公斤），但参加仪式的每个绅士，根据他通过科举考试的等级，却可以分到 2 至 8 斤；第四，仪式结束时，所有"绅士"和长者参加一个大型宴会，而所有其他成员都被排除在外；第五，拥有官品或至少通过举人考试的成员，他的牌位可以免费供在宗祠，而所有其他成员的牌位要想进入，就必须缴交许可费。② 在江苏无锡县赵族，绅士成员和普通百姓之间的区别更为明显，其族谱记载了下列族规：

> 此后捐银入祠，永宜禁止。……若夫忠孝节义，行堪风表，发名成业，身列甲科，是克振家声，以光世德，身后自宜入祠享祭。③

然而，应该指出的是，虽然宗族成员间的社会差别导致了社会不平等，拥有相当财富的宗族尤其如此④，但是，绅士成员常常满足于享有祭祀的特权，及对个群体的控制。他们较高的地位和威望，不但让他们自然地成为宗族的领袖，而且经常成为其贫困族人的恩人。⑤ 他

---

① Ida Pruitt, *Daughter of Han* (New Haven: Yale University Press; London: Oxford University Press, 1945), pp.61－62.

② Hu Hsien Chin, *The Common Descent Group in China and Its Functions*, Appendix 16，引自《谭氏续修族谱》，第 1 本，"祠堂规条"，页 2b－5a 和 7b；第 14 本，"祭田记"，页 1b－2a。

③ Hu Hsien Chin, *The Common Descent Group in China and Its Functions*, Appendix 48，引自《暨阳章卿赵氏宗谱》，第 22 册，卷一九，"家范录"，页 6a－b。

④ Hu Hsien Chin, *The Common Descent Group in China and Its Functions*, p.29："手头现有材料证明，族越贫穷，社会差别越小。"Olga Lang, *Chinese Family and Society*, p.180 作出类似结论："日子过得好的人，更有族的意识。"至于 Leong and Tao, *Village and Town Life in China* (London: G. Allen & Unwin, Ltd.; New York: Macmillan Co., 1915)，p.25 的说法："由于整个宗族只不过是大家庭，因而所有宗族成员对宗祠具有同等的权利和责任。"我们很难赞同。

⑤ 例如江苏南京的方氏宗族和无锡的杨氏宗族。Hu Hsien Chin, *The Common Descent Group in China and Its Functions*, p.166－167，引方苞（1668—1749），《望溪先生文集》（1881），14/3a；《安阳杨氏族谱》，第 16 册，卷二三，页 47a。

们一般要对后者慷慨的,要帮助后者。不仅是因为向族人伸出援手可以增强群体的凝聚力,而且因为,慈善在传统上被视为品德高尚的象征,是扩大他们自己威望的有效方法。

宗族组织的细节每个事例各不相同,但在一般来说,每个宗族群体都会公推一名合适的成员作为领袖,建立起一种管理或处理宗族事务的组织。宗族领袖通常称为"宗长"或"族长";他可能是祭祀活动的主持者、宗族的"首席执行官",或兼而有之。[①] 有时,宗族也会挑选一些"执事者"来帮助族长履行其职责,特别是管理宗族财产和祠堂的职责。[②] 在规模较大的宗族,还设置了几名"副族长",每名统率所属的"房",因而一般称为"房长"。在这种情况下,涉及各房的事务,就可能由各房长处理,但关于整个宗族事务的处理或决定,就要征求所有这些领袖的意见,或者取得他们的合作。[③] 偶尔,宗族改组成一种"直接民主":所有成员在族长和房长率领下,聚集在宗祠里共同决定重要的事情。领袖们引导讨论,资浅者发表意见。[④]

年龄、较高的辈分,以及个人才能,通常是宗族领导的主要条件,但社会与经济地位也经常是同样重要的。在一些宗族,族长是从辈分最高的人里头挑出来的,但被选中的不必是属于最长的那一房的成员[⑤];在另一些家族,假如候选人的年纪都够大了,就根据"才干"

---

① Hu Hsien Chin, *The common Descent Group in China and Its Functions*, pp.120 - 128,引鲁九皋的《山木居士文集》(1834),2/1a - 4b;安徽桐城《王氏族谱》(1847),第1册,卷一,页34a - 35a;江西南丰《谭氏续修族谱》,第1本,卷一,页1b - 2a;湖南《曾氏四修族谱》,第1册,卷一,《文艺四·吉公祠条规》,页1b - 4a。〔编按:湖南曾氏称为户首。〕

② Leong and Tao, *Village and Town Life*, p.28.参照 Olga Lang, *Chinese Family and Society*, p.175:"广东和福建的宗族有两组领导人:(1)家族长老;(2)家族执行官。第一组,由族长领导,至少就理论上来说,成员由家族中最高辈分中的最年长者组成。当然,例外并不罕见。……但是家族长老只是年高德劭的花瓶。真正权力掌握在经理、财务、委员会成员等宗族执行官的手中。当然,这些人都来自社会地位突出、富裕之家庭,他们因为生活程度高,能够受到较好的教育,而能承担这样的工作。这些人大多数年纪超过50岁,但年纪大并不是最重要的。"

③ Hu Hsien Chin, *The Common Descent Group in China and Its Function*, pp.119 - 120,引《曾氏四修族谱》,第1册,《文艺四·吉公祠条规》,页1b - 4a。

④ Hu Hsien Chin, *The Common Descent Group in China and Its Function*, p.131,引《庐江郡何氏大同宗谱》,卷一三,页1b。

⑤ *Ibid.*, p.127,引安徽桐城《王氏族谱》,第1册,卷一,页34b。

来挑选。[①] 在大多数情况下,绅士成员都享有优先权;拥有足够的财产,有时也被视为占有一定职位的条件之一。一位现代作者概括了这个情况:

> 在一个中国村庄,一位族长(或宗族领袖)对族中所有家庭具有一定影响。……他一般是比较年长的,但有时也可能是该村最富有家庭的家长,因为他很有钱,能够做其他人做不到的事。[②]

总之,"才与德"的标准很容易并到官品和财富里面。理由很简单,目不识丁的农民很少有机会展现个人的才华,而功名、官品,或殷实的财富,很容易拿来充分证作为拥有者的才华。此外,个人权力常常伴随着较高的社会地位及经济影响力而来,没有什么重要性的宗族成员因而不得不承认绅士宗亲的领导地位。

社会地位在所有宗族中并不一定都扮演同样重要的角色。一位学者最近的就指出:

> 家族越贫穷,社会差别就越小。在这种情况下,年龄和辈分就是挑选族长适当的决定因素。但是,如果有一些成员拥有殷实的财富和较高的社会地位,社会等级就会越来越被强调,在选择族长时就必须考虑这些因素。[③]

这个论述非常正确,因为宗族的物质和财务资源一定来自知名及富有的成员的捐助。因此,宗族群体的财富仰赖最成功的成员的成就。在这种含义上,甚至可以更确切地说,一个宗族内的社会差别越小,它就

---

① *Ibid.*, p.119.〔编按:此处所引为《曾氏四修族谱》,第1册,页1b-4a,即《文艺四·吉公祠条规》。其第一条议户首的原文是:"户首为一族之领袖,必须总持大纲,每届公举才德俱优、严惮可敬者二人,督率族事。……议定三年交卸,公举能胜任者轮接,照常管理。"并未提到年纪的问题。〕真正负责实际事务的宗族领袖,通常主要是依管理能力而推选出来的,例见《紫阳朱氏重修宗谱》(1867),卷末上,页44b。

② Martin C. Yang, *A Chinese Village: Taitou, Shantung Province* (1945), p.181.

③ Hu Hsien Chin, *The Common Descent Group in China and Its Functions*, p.29.

越贫穷。但是,由于宗族组织无法发展到比较大的程度(除非当地繁荣到一定程度),而帝制中国的财富分配并不平均,绅士控制宗族也就成了常态,至少在清代是如此。

宗 族 活 动

虽然不同的宗族着重的活动类型不同,但不论何等重要性的宗族活动,都离不开绅士领导。最常见的如下[①]:(1) 编纂、修订族谱;(2)“祭祖”,修建祠堂,管理祭田和祖坟;(3) 周济族人;(4) 年轻族人的教育;(5) 惩罚犯罪,解决争端;(6) 自卫。

族谱

从一开始(大约西元3世纪),编纂族谱实质上就是一项绅士的工作。[②] 晚近的族谱或宗谱与魏晋时期的谱牒,虽然在许多方面已有不同,但他们实质上都具有相同的基本目的——追溯和记录宗族的谱系;而且跟早期的谱牒一样,它们多半是绅士的工作。

并不是所有宗族都有族谱。拥有族谱的宗族,其成员中常常拥有相当数量的士—官。居住在较为贫穷地区的宗族,常常没有族谱,特别是那些住在北方省区,宗族现象不像南方那么显著的。[③] 举例来说,陕西同官已知的208个宗族中,只有2个宗族有族谱;其余的,或者从未编纂过,或者以前曾经编过但没有保存下来。[④] 在该省洛川县的

① 有些家族所从事的活动相当广泛。例如,湖南宁远县一些宗族在春分后第15天在宗族坟地举行祭祀仪式。仪式结束后,通常要把稻米和其他粮食分发给经常参加的几百名族人;对结了婚或生了儿子的族人进行补助;尊敬地邀请族中所有年满50岁以上的老人出席宴会;处罚犯错的族人,有些鞭打,有些暂时停止分享胙肉的权利;鼓励取得生员头衔或在宗族学堂教书的士子。《永州府志》(1867),卷五上,页42a-b。

② 赵翼,《廿二史劄记》,17/6a-9a。这位著名的历史学家在18世纪晚期的著作中,把族谱的起源追溯到三代,但是认为,只有在三国时期魏国(3世纪)推行“九品中正”任官制度(以有声望善识别人才者为“中正”,州郡皆设置,使区别当地人士,分为九等,政府据其所定,选择任用)之后,族谱才取得实际重要的地位。在六朝期间(4世纪至6世纪),当士族和庶族之间界限十分明显之时,研究“谱牒”就成为一门独立而又高贵的“学问”。

③ 吴汝纶(1840—1903),《桐城吴先生日记》(1928),15/48a。

④《同官县志》(1944),25/9a。

168个宗族中，只有8个宗族有族谱，下表就显示了关于这8个宗族的一些相关资料。① 即使在南方，有一些宗族也没有族谱；在湖南靖州，在的相当多宗族中，只有38个保有族谱。②

陕西洛川8个宗族的族谱

宗　族	族人数目	科第人数	编纂时期	宗祠所在地
李	4 838	37	1788	阿时村
赵	1 284	7	1811	韩村
吴	836	3	1825	京兆村
韩	1 168	15	1867	京兆村
董	302	21	1906	桥章村
屈	1 391	46	?	城区
樊	334	3	?	青牛村
安	594	1	1939	黄章村

略为浏览一些族谱的内容③，让我们确信，没有财力的家族是无法做这些事的。一些较为精致的族谱，不仅包括了家族诞生以来的历史（真实的或想象的）、人丁发展情况、各房（如果有的话）迁移和定居情况；家族财产、宗祠和祖坟的描述与记录；杰出族人的传记、以各种方式获取褒扬之男女的名单；还有族人所写的"文翰"或"著述"，"族训"和"荣进"，等等。④ 这种规模的工作，需要相当数量的识字人力来编纂，也需要相当的资金来印刷。即使是最简单的族谱，也需要士子的笔和地主的钱来合作完成⑤；普通农民贡献不出什么，甚至连提供内容

① 《洛川县志》(1944)，22/7b－8a。

② 《靖州乡土志》(1908)，2/12a－21b。

③ 下列族谱是19世纪编撰的：《靖江刘氏族谱》(1825)；《会稽陶氏族谱》(1830)；《归德方山葛桥南李氏宗谱》(1833，译按：应为1862)；《大缘叶氏族谱》(1867)；《安阳杨氏族谱》(1873)；《皖桐胡氏宗谱》(1880)；《暨阳章卿赵氏宗谱》(1883)。Hu Hsien Chin, *The Common Descent Group in China and Its Functions*，各页引用了这些族谱的部分内容。

④ 《南海县志》(1910)，11/24a－b。

⑤ 不同宗族花费各不相同。例如，江苏吴县王氏宗族1771年修订族谱，共26卷，装订成30册；编辑、刊印100套的总花费为716两银子。参见《洞庭王氏家谱》，卷末，页42以下。吴县另一宗族蒋氏，1803年花费312两重修族谱。参见《娄关蒋氏本支录》(1846)，卷末。1900年，湖南湘乡县曾氏家族第四次重修族谱，全谱1 744页，花费5 469元，印刷114套。参见《曾氏族谱》(1900)，卷末。假定花费多少与族谱规模成正比，那么1911年江苏吴县篇幅达到66卷、52册的《吴中叶氏族谱》，肯定要比王氏宗族1771年或曾氏宗族1900年重修的族谱花费要来得多；而1874年苏州《彭城钱氏宗谱》，因为只有4册，而且还是手稿，所以花费相对来说要少。

来丰富或点缀族谱的版面也办不到。由于族谱的公开目的是维系紧密的亲族纽带,编修者不能排除非绅士族人的名字,或他们家庭的重要统计数字。不过,在这样的目的背后,推动这个工作的绅士可能存在一种动机,想借由家族的威望来提高自己的威望——通常是宣称自己为历史上或神话里的圣贤的后人;或者是对被认为曾经"光宗耀祖"的"杰出族人"的生平与事功加油添醋大事吹嘘。至于普通的族人,他们最关心的是如何让自己和家人活着,可能对这件事没有什么兴趣。

"祭祖"

"祭祖"可能比族谱更具有吸引力,但也不能免于绅士的支配或控制。宗族作为整体的祭祀和个别家庭(不论是否属于某一宗族)的祭祀,必须明显的区隔开来。后者是村中普通人家常常做的事,而前者明显是一件绅士的事情。

理由很明显。宗族祭祀必须要有宗祠[①]、一些祭田,或许还有祖茔。[②] 这些又必须假定族中有一些富有的族人,他们认为应该捐献钱财或土地来加以实现。"族祠"或"宗祠"以及"祭田"尤其是绅士关注的首要目标。官员(无论是否退职的)和士子常常乐意捐钱或地给自己的宗族。捐献者对于自己的慷慨而实现的祠堂和祭田,在管理方面自然也有比较大的发言权。宗族财产的建立或扩大,经常被成功者视

---

① Justus Doolittle, *Social Life of the Chinese* (New York, 1865), I, 225 这样划分宗祠:"宗祠可以分为两种。一种是祭拜同姓、拥有亲属关系的所有家庭的祖先;一是祭拜同姓、具有近亲关系的一房的祖先。"这说明了为什么在许多事例中,一个宗族拥有许多宗祠。

② Edwin D. Harvey, *The Mind of China* (New Heaven: Yale University; London: Oxford University Press, 1933), pp.244 – 246;自 *Chinese Repository*, I(1832 – 1833), p.449ff.引述了在宗祠和祖先坟地举行的祭祀仪式如下:"有些规模比较大的宗族(由同一个祖先繁衍下来的,生活在同一地区),他们成群结队去祭拜。无论富或穷,全都集合起来。甚至乞丐,也到祖坟面前下跪,祭拜。这一活动称为'扫坟墓''拜山'。在其中一些场合……即使家族有两三千人,即使其中一些成员非常富有,另一些在政府担任高官,但无论老少、富穷,全都被召集到'祖宗祠堂'(或称宗祠)里。杀猪宰羊,各种各样的祭祀品琳琅满目。在这些场合,祭祀队伍从宗祠行进到坟地,以主要人物的官阶被允许的最壮观的方式来进行。……这就是在祖宗墓地举行大规模祭祀的基本情况。但对许多人来说,祭祀仪式中最好的部分,是在祭祀结束之后举行的宴会。烤全猪、米饭、鸡鸭、鱼、水果、酒等都带回祠堂;然后在祠堂举行宴会,按照年龄、地位坐好,吃喝、玩乐。"相关描述见 Daniel H. Kulp, *Country Life in South China: The Sociology of Familism*, p.305;《永州府志》,卷五上,页 42a – b。

为他们生涯的无上成就。

地方志里到处都是这样的事例。广东东莞县生员陈璋在省试中失败了,但经商却非常成功。当他最终累积了相当多财富之时,满意地说道:“是可以行吾志矣!”他随即为他的宗族添购祭田,并建了一座新的宗祠。① 花县商人汤允良,经商致富之后,捐了个五品官衔,并在家乡为宗族“始祖”修建了一所祠堂,召集乡绅一起订立了一套乡规作为族人的行动指南。他的村子是有1 200人的单族村庄。② 南海县某村村民康国器,以赤贫起家,在1870年署理广西巡抚。他一退职,就捐钱整修祖坟、修建新宗祠,购置祭田(数量未说明)。③ 广西郁林人苏献可,1789年中举,担任过直隶宣化县的教谕。他主要负责修建家乡的祠堂,整修所有祖坟。④ 1807年中举的陆锡璞,担任过湖北几县的知县,用自己的积蓄为宗族修建了宗祠,并济助所有需要帮助的族人。⑤ 安徽庐江人、监生、1869年去世的刘世家,晚年聚集了相当的财产,捐献2 000两银子重修毁于太平天国的宗祠。他另外捐献500两购置祭田。⑥ 江苏宿迁县孝义乡富有村民陈陶,修建宗祠,修订族谱,购置一定量的祭田。⑦ 直隶抚宁人单槐,1752年中举,为自己宗族修建了一所富丽堂皇的宗祠,购置了1 000亩的祭田,并在县城为宗族购买了相当多的房屋。⑧

---

①《东莞县志》(1921),68/9a。

②《花县志》(1924),9/26a。

③《南海县志》(1910),16/14b。康国器是康有为父亲的堂兄弟。

④《广西通志辑要》(1890),15/13b。

⑤ 同上,4/45a。

⑥《续修庐州府志》(1885),50/42b。

⑦《徐州府志》(1874),卷二二中之下,页22b。

⑧《抚宁县志》(1877),14/5a。偶尔,没有绅士地位的富者也修建宗祠。《北岭徐氏宗谱》(1884),11/1a记载了一个有趣的事例:“我义彰公之兴于北岭也,承观成公之遗业。……公以盐艘往来海上,不及二十年,号称中富。”此事发生于明朝中叶。后来,徐氏家族的宗祠不少于8所。不过,像这样的富有宗族,并不能持续多久,就像下面这段话所暗示的:“族中有致身通显,位望俱隆者,固属其人之遭逢,亦由祖宗之积累。所宜体一本之谊,于宗族之贫困者周之,祠谱之失修者辑之,举凡有益宗族之事,一一量力而行。”同书,1/17a。为了修建和管理宗祠,有许多方法可用来募集资金;其中最常用的方法是自愿捐助。有时,绅士成员要捐一定数目的款项;捐款金额依据他们的官品和地位而定。例如,江苏常州的李氏宗族规定绅士成员捐款的数额:担任布政使或按察使的,捐400两;担任知州知县的,200两;担任州县以下基层官员的,20两,等等。偶尔,宗族也利用通常称为“借贷会”的精巧发明来集资。刚刚提到的李氏宗族,有个成员与他的两个兄弟在一起,利用这种方式,共同为宗祠募集了2 000多元。参(转下页)

宗祠和祭田与各地的经济状况有关。我们不必期望，要在居民比较贫穷、宗族本身都很难存在的地区，看到宗族修建许多宗祠或持有许多祭田。相反，在亲属群体比较兴旺的村庄，经常可以看到宗祠(其中有些规模相当大)林立，祭田绵延。宗祠—祭田现象，江南地区比长江以北来得显著。[①] 但是，产生这个区别的直接原因在于社会经济，而非地理差异。在北部的某些地方，也可以看到宗祠和祭田；而江南的一些地方，也有看不到的。[②]

祭田是宗族组织的经济基础。拥有祭田，宗族在维持祭祀之外，

(接上页)见《李氏迁常支谱》(1894)，附录，页1a和6a。其他家族规定，想要把去世父母的牌位安放进宗祠，想要把刚出生子女的名字记录进族谱，就要付钱。没有及时登记的子嗣，是不能参加祭祀的；例见《王氏宗谱》(1840)，卷五。无锡浦氏宗族则采用了另一集资方法：为了解决重修宗祠所需资金，该宗族规定凡是并非特别贫穷的成年男子，必须每月交纳100文铜钱。参见《前涧浦氏宗谱》(1931)，8/6a以下。这些事例表明，虽然宗族组织一般是由绅士成员控制的，但他们并不需要扛起所有财务负担。

① J. S. Burgess, *The Guilds of Peking*, p.25认为"整个华北地区也没有宗祠。"

② 我们手中的资料是零散的。下列地方志提供适切的资料：关于广东的，参见《广州府志》(1879)，15/7b；《九江儒林乡志》(1883)，3/9b、4/12a－14a；《信宜县志》(1889)，卷一之十，页1b；《清远县志》(1880)，2/14a；《惠州府志》(1881)，45/7a；《花县志》(1924)，2/28a；《佛山忠义乡志》(1924)，9/10a－12a；《恩平县志》(1934)，4/2b－3a。关于浙江的，参见《处州府志》(1877)，24/3b；《剡源乡志》(1916)，7/7a－12b。关于江苏的，参见《扬州府志》(1810)，60/7b；《通州直隶州志》(1875)，6/51a。关于安徽的，参见《滁州志》(1909)，卷二上，页2b。关于湖南的，参见《巴陵县志》(1891)，52/3b；《新宁县志》(1893)，19/3b；《永州府志》(1867)，卷五上，页40b－43b；《道州志》(1878)，10/9b。关于湖北的，参见《湖北通志》(1921)，21/675－676；《兴国州志》(1889)，4/1b；《沔阳州志》(1894)，卷九，《义行下》，页22a。关于四川的，参见《富顺县志》(1931)，7/4a；《江津县志》(1928)，卷一一之一，页22a。关于贵州的，参见《铜仁府志》(1890)，2/4a；《平远州续志》(1890)，5/15a－22a；《普安直隶厅志》，4/1b－2a；《黎平府志》(1892)，卷二下，页120b－121b。关于广西的，参见《博白县志·志余备览》(1832)，卷上，页1a－7a；《容县志》(1897)，8/2a－3a；《贺县志》(1934)，4/13a。关于云南的，参见《镇南州志略》(1892)，2/26b；《镇雄州志》(1887)，3/9a－10a；《昆阳州志》(1839)，5/10a－b；《南宁县志》(1852)，1/18b。Justus Doolittle, *Social Life of the Chinese* (1865), I, 226，指出福建福州邻近地区的情况："许多中国人都不承认对这个地区的任何公众的或共同的宗祠感兴趣。他们大体上是从福建省其他地区或清帝国其他省区移民而来的后裔，他们还不算富有，人数也不多，因而还不能修建宗祠。不过，所有这些人都坚持在自己家中摆设祖宗牌位，进行祭祀。"关于华北地区一般不存在宗祠的情况，可以参见下列资料：《邯郸县志》(1933)，6/5b；《卢龙县志》(1931)，10/3b－4b；《天津府志》(1898)，26/1b；《滦州志》(1898)，8/23b；《昌平州志》(1886)，9/3b；《顺天府志》(1884)，18/10a－13a；《延庆州志》(1880)，2/65b－66a；《定州志》(1850)，19/15b；《西宁县新志》(1873)，9/2b；《遵化州志》(1794)，11/2b。关于山东的，参见《滕县志》，3/2b；《济南府志》(1839)，13/5a。关于山西的，参见《翼城县志》(1929)，16/5a和7b；《丰镇县志书》(1916)，6/4a。关于陕西的，参见《榆林府志》(1841)，24/2a－b。关于河南的，参见《南阳县志》(1904)，2/40b；《鹿邑县志》(1896)，9/4b。

可以开展其他各种活动。在家族活动范围最广的南中国,一些家族手中拥有的祭田数量十分可观。一位近代学者认为,在某一特定地区,宗族所拥有的祭田可能接近当地所有耕地的75%,而原先的比例为23%到40%之间。① 我们没有对19世纪的情况作过估计,从不同来源所得到的一些数据,尽管不完全也可能不正确,但可以对当时的情况提供一些想法。下表所提到的祭田,也可能用来扩大对族人的物质济助;事实上,一些宗族把他们的田地叫做义庄。②

宗 族 祭 田

地 区	宗 族	祭田数(亩)	大致日期
江苏无锡[a]	华	1 590	1835
	周	1 098	1804
	蔡	1 000	1810

① Chen Han-seng(陈翰笙), *Landlord and Peasant in China: a study of the Agrarian Crisis in South China* (New York: International Publishers, 1936), pp.31 - 32. Olga Lang, *Chinese Family*, p.174, 指出广东的情况:"……属于宗族的土地比例是不同的。1937年对广东24个宗族进行调查,发现宗族土地所占比例从10%到90%。这两个极端数字并不多见。大多数情况下,族人耕种的土地有50%到70%是属于宗族的,其余则是族人私产。这种比例似乎是广东的典型。福建的宗族土地比较少。"在找到足够材料对这种情况进行较准确研究之前,所有看法——包括陈翰笙和Lang——都只是暂时的。

② 理论上,"义庄"或"义田"明显与"祭田"不同,各自有不同的用途。祭田是用来维持祭祀费用的,而义田是用来帮助贫困族人的。《王氏家谱》(1911),卷二下,35a,对义田的目的作如下的解释:"义田立,则贤者不以谋衣食而荒其业,愚者不以迫饥寒而为不肖,鳏寡孤独得所养,婚嫁丧葬有所赖。"〔王仲鎏,《义田说》〕不过,在实际运作上,这种区别并不总是存在,同一种土地可以用于上述两种目的。例见张心泰,《粤游小志》,下文注81所引。李慈铭,《越缦堂日记·桃花圣解盦日记》,甲集,页82a叙述了一个事例,说1870年代湖南一名高级军官捐献3 600亩土地。Chang Chung-li(张仲礼), "*The Gentry in Nineteenth Century China Their Economic Position as Evidenced by Their Share of the National Product*" (Ph.D. dissertation, University of Washingto, 1953), pp.167 - 169,根据《吴县志》(1933),31/11以下所提供的资料,列表说明吴县、常州和元和县等地义田比较多。其中最多的,总数5 300亩,是吴县范氏宗族设置的;最少的,仅有1 000亩,是另一宗族设置的。义田数量,与拥有义田的宗族大小、兴旺程度成正比。浙江会稽《张氏族谱》(1841)下面这段话就说明了这一点:"世家大族多立义户……而尤莫盛于山阴杜氏之田,数至千亩……吾族人丁稀少……田率以百亩为率。"〔见《重修登荣张氏族谱》19/3a - 4b《张氏义田记》。编按:"田率以百亩为率",在《义田记》中是指设立义田的标准,而不是指张氏已有义田的数量不及百亩,原文译作"as a rule, the amount of land it owns does not exceed one hundred *mou*",似有出入。〕如果认为南方所有或大多数宗族都有祭田或义田,是错误的。据说在江苏吴县(该地被认为是义田最初起源的地方,也是地方经济相当繁荣的地区),"乃素封有力之家,奚啻百十数,而合郡城之广,著录仅十余族。"参见《汪氏支谱》(1897),卷首,《耕荫义庄记》〔编按:全名为《汪氏耕荫义庄记》,由冯桂芬所撰〕。

（续表）

地　区	宗　族	祭田数(亩)	大致日期
	钱	890	1808
	胡	660	1839
	滕	658	1877
	顾	486	1810
江苏武进[b]	王	超过 1 000	19 世纪晚期
	盛	超过 1 000	19 世纪晚期
安徽合肥[c]	李	超过 1 300[f]	1870
安徽庐江[d]	张	超过 3 300[f]	19 世纪早期
广东汕头[e]	1 400 人的宗族	2 300	1800
	2 000 人的宗族	1 650	1800
	800 人的宗族	785	1800
	400 人的宗族	350	1800
	300 人的宗族	240	1800

a：《无锡金匮县志》(1881)，30/10a－15b；

b：冯桂芬，《显志堂集》，4/lb、3b 和 5a；

c：《续修庐州府志》(1885)，17/23－24；

d：同上，16/9a－b；

e：Adele M. Fielde, in *Journal of the Royal Asiatic Society*, North China Branch, N.S., XXIII (1888), 111.

f：粮食产量的单位是“石”或“担”。根据李慈铭，《越缦堂日记》之《息荼庵日记》页 42a－b、《桃花圣解庵日记》丙集，页 82a 所说，湖南、浙江一两亩土地平均可以收入租额粮食一石。至于在安徽和华中其他省区之间，没有多大区别。

假定在上述地区只有这些宗族拥有祭田，那么它们拥有的祭田总数相对于这位近代学者所说的数字是相当少的。但对于个别宗族来说，拥有 1 000 亩或更多的祭田，当然是相当可观的财产；即使只有几百亩祭田，也让宗族能够履行一些基本职能，这在没有祭田的情况下办不到的。

按照早期学者的了解，祭田的理论是：田地作为宗族的永久性财产，其收入用于举行祭祀活动，解决族人的困难。下列引文所反映的观点就很有代表性：

> 蒸尝田，无论巨姓大族，即私房小户亦多有之。……偶见《新宁县志》载：土俗民重建祠，多置祭田，岁收其入，祭祀之外，其用

有三。朔日进子弟于祠,以课文试,童子者,助以卷金,列胶庠者,助以膏火及科岁用度,捷秋榜赴礼闱者,助以路费。年登六十者,祭则颁以肉,岁给以米。有贫困残疾者,论其家口给谷,无力婚嫁丧葬者,亦量给焉,遇大荒,则又计丁发粟。……此风粤省大抵相同。惟视其尝田之多寡以行其意,所以睦姻任恤者,于是乎寓。①

其他作者也赞同此种观点。② 虽然很有可能,购置祭田的人是受到履行对祖先的责任、照顾族人的福祉的愿望所鼓舞,但是,没有什么能够阻止他们把一个潜在的功利主义价值与他们的行动联系起来。一位现代中国作者说:

做官的成员通常要捐献一块土地给宗族。表面上,是要用这块土地的收入,支付照顾祖先坟墓和常规祭祀所需开支。但在实际上,这种公共财产是一个公共安全保障,用来维持宗族在村庄更广泛的政治结构中的地位。如果支助族中年轻成员的教育,这样他们就能够进入士子阶级,从而取得较高的官位,并保护他们族人的利益。③

这是一个非常精彩的解释,虽然作者似乎把事情过于简化了。无论怎样,有两件事是非常清楚的:首先,祭田一定是由拥有绅士地位、并拥有一定财富的宗族成员购置的;其次,宗族公共财产的控制或管理权通常掌握在有财产、有特权的族人手中。④ 正是因为有了祭田,许多宗族才拥有经济基础;也正是由于有了祭田,才使绅士控制家族成为自

① 张心泰,《粤游小志》,见王锡祺,《小方壶斋舆地丛抄》,4/305a。《嘉应州志》(1933),8/7b,有类似记述。

②《广州府志》(1879),15/26b－27a;《花县志》(1924),9/26b;Daniel H. Kulp, *Country Life in South China: The Sociology of Familism*, pp.86－87.

③ Fei Hsiao-t'ung, *Peasantry and Gentry An Interpretation of Chinese Social Structure and Its Changes*, p.5.

④ 例如《谭氏续修族谱》,1/1b－2a,《宗祠规程》。引见 Hu Hsien Chin, *The Common Descent Group in China and Its Functions*,附录 14, pp.124－125.其部分内容为:"从前,各房轮流管理宗祠。若遇管理者贫穷,则祭祀不行,族人亦不纳费。……后经族人商定,自今以后,以族中富者管理宗祠。……义仓亦由富者管理,经族人选定。……因储于义仓之粮食为备饥荒之用,应由富者掌理。"

然而或许不可避免的结果。

福利事业

宗族的福利事业以许多方式来办理。最普遍的做法是用宗族财产的增值所得或宗族谷仓所储藏的粮食,帮助或救济年老和贫困的族人。江苏江阴杨氏宗族提供了帮助年老族人的一个好事例。该宗族以祭田(1 000 亩多一点)所得的部分收入来预购粮食和衣物,每一个年纪够大或穷困的族人有权分到一份;每人可以领到多少视年纪而定。没有再嫁的寡妇、孤儿和丧失劳动力者,也在领取名单之内;在学堂读书者、店铺或手工作坊学徒、家庭遇到婚丧喜庆者,也可以得到特别补助。① 在一些家族,祭田或义庄购置者所在的"房",其成员享有优先被救济权。例如,江苏常熟县的赵氏宗族,"长房"成员从义庄所得的实质帮助比"次房"成员所得的要多。② 金匮华氏宗族在 1876 年拨出 100 亩的田地,作为义庄创立者本支子孙独享的救济金。③ 至于宗族粮仓虽然没有义庄那么普遍,但是在广东香山也可以找到一些事例。19 世纪中叶,方姓、杨姓和缪姓等族各自在其居住的乡村地区为族人设了一座义仓。杨氏宗族义仓得到 950 亩的捐田,用以保证义仓存粮不断。④

有时,宗族给予成员的帮助是以借贷的形式出现的。广东南海陈氏宗族有一个确立的做法,想要借贷的族人,可以从祭田收入的基金借钱。如果借贷者无力偿还,那么就用他的田地来还。⑤ 江苏无锡杨氏宗族对族人非常大方,在 19 世纪 50 年代太平天国起事期间,抵押祭田,筹钱借给需要帮助的族人。⑥

一部地方志记载了宗族帮助的一个奇特事例。大约在 19 世纪晚期,住在广东南海县一个村庄的王征远倡立"义会",帮助族人缴税。

---

① Hu Hsien Chin, *The Common Descent Group in China and Its Functions*, Appendix 58.

② *Ibid.*, pp.143 - 144.

③ 王先谦,《虚受堂文集》(1900),13/1a - 2b。

④《香山县志》(1879),4/3a - b。

⑤《南海县志》(1910),17/8a - b。

⑥ Hu Hsien Chin, *The Common Descent Group in China and Its Functions*, p.67,引《安阳杨氏族谱》,第 14 册,卷二三,页 47a - 48a。

族贫耆老,屡以欠粮被拘,征远乃约同志各捐私产,倡立义会。凡遗粮尽归会完纳,族人免催科之累。①

有些宗族以另一种方式帮助成员纳税。南海冯氏宗族的做法如下:

庄头冯村有钱粮会,每年上下忙在乡祠开收,期以三日。……过此加一惩罚。有抗粮者责其亲属,不少假借。故其乡三百年来无抗粮之民,无积欠之户,不见追呼之役。……闻此法为冯潜斋先生所定宗规云。②

这个地区其他宗族也有类似的做法。③ 在一些情况下,政府干脆以宗族来担任税收代理人。④

宗族也会承担起修建灌溉沟渠、蓄水池和桥梁的任务。广东花县铜瓦坑村的黄滕陂,灌溉县城南门外的大片农田,"此陂系邝姓创建,历来邝姓管业,并无与异乡别姓公共"。⑤ 黄家塘,灌溉农田千亩,为四川富顺黄姓宗族所有;该县"农田水力在池塘,而不在江流"。⑥

"水利"有时由几个宗族共同兴修,共同受益。花县大斜陂就是由小布村江氏宗族和瓦沥村的缪氏宗族共同捐钱修建的,灌溉超过 80 亩田地;坐落在鸭湖乡的陂塘,是张氏宗族和罗氏宗族 1866 年合力修建的,灌溉田地 2 000 亩。⑦

修建桥梁的事例相当常见,但其中最著名的一例发生于陕西洛川

---

① 《南海县志》(1910),20/20a。

② 同上,4/24a。

③ 《九江儒林乡志》(1883),21/30a。

④ *China Review*, VIII(1880),391,关于"中国土地税"的注释说:"税吏把土地税单交给'总户'或其世袭代表,总是可以在祠堂里找到的。"

⑤ 《花县志》(1924),2/11b。

⑥ 《富顺县志》(1931),3/53b。〔编按:文中引句在 3/56b。〕

⑦ 《花县志》(1924),10/2b – 3a〔译按:应为 2/12a – 13a〕。〔编按:"鸭湖乡"原文作 Ya-chiao-hsiang。〕另一事例载于江苏昭文县:"昭文归氏世为东吴望族。明嘉靖间,归氏始祖春迁居牌牟。地处河岸,四周皆水,春……修沟渠、水闸,荒地成良田,屋舍林立,若街市焉。"参见《京兆归氏世谱》(1913),4/9a – 10a,引阮元(1764—1849)文。

县。石家庄的一座桥梁,最早大约在 16 世纪末或 17 世纪初,由一位当地居民修建的,他的后裔负责维修,这项工作最后终成为宗族的长年的计划。1771 年,此桥以石头重修;1796 年,再次大修。[①] 很明显,这座桥和其他由宗族修建的桥梁,也方便了所有旅人。

族人的教育

宗族一般注重对年轻族人的教育,这样使他们能够参加政府主持的科举考试,以取得功名和官品。这种兴趣表现在各种鼓励他们读书识字的办法,以及为他们读书提供的各种设备。

对于那些显露头角、对学业充满激情或信心的学子,家族经常给予经济帮助。江西吉安县坊廓乡、广东新会县茶坑和湖南湘潭的一些家族就常常是这样的。[②] 在这些地方,读书人受到奖励;至于奖励的幅度,与他们分别取得的功名成正比:

> ……应院试者送费钱一千六伯〔百〕文,应乡试者送费钱四千文,应会试者送费钱二十千文。有入泮者公送贺仪四千文,中乡试者公送贺仪八十千文,中会试者,得公送贺仪一伯〔百〕二十千文。[③]

接受济助者的财务需求有时也被纳入考量。例如,在湖南湘乡曾氏宗

---

① 《洛川县志》(1944),10/2b - 3a。

② 《吉安县河西坊廓乡志》(1937),卷首;梁启超,《中国文化史》(1936),页 60;Hu Hsien Chin, *The Common Descent Group in China and Its Functions*, p.120.

③ Hu Hsien Chin, *The Common Descent Group in China and Its Functions*,引《曾氏四修族谱》,第 1 册,《文艺四 · 吉公祠条规》,页 1a - 4a〔引文在 3a〕。湖南善化黄氏家族以现金奖赏科场考试成功者,金额从 500 两(在京试中取得状元者)到 10 两或更少(取得各种等级的生员)。《黄氏支系考》(1897),第 5 册。有时,还对年轻士子提供财务援助,好让他们能够完成学业。例如,在 18 世纪中叶,浙江会稽张氏宗族有名作过官的族人购置"学田",以其收入赞助贫困士子(每月支米三斗,每季支银五钱)。《张氏族谱》(1841),19/1b。江苏丹阳县李孟雄捐钱为家族购置"祭田",他以设想宗族田地对学子成功的影响如下:"简言之,吾乡祭田之盛,如常过访之横塘秦家……有祭田千余亩。……藤村江家……有祭田千亩。……江澍胡家,虽自来不甚兴旺,亦复祭田几百亩。……此三姓科场得售之人,较之本地他姓为多。"《李氏宗谱》(1883),3/56 以下。

族,拥有30亩土地以下的家庭被列为“中户”,拥有30亩以上的叫做“上户”。“中户”的幼童一进学堂,每人每年可得1石粮食,而且可以按时得到津贴,直到“成才”。而“上户”的幼童只得4斗(1石的40%)。①

许多宗族还为年轻族人、特别是贫困家庭的成员创办学堂,来提倡教育。他们设立“族学”,也称为“家塾”“祠学”,或简称为“义学”。下面几个事例足以说明这个情况。安徽庐江章氏宗族设立“家塾”以“课族子孙”,维持费来自3 300亩义田收入的一部分;而这些田地是一名曾经担任过湖北学政的族人1823年捐献的。19世纪早期,合肥葛氏宗族用一名监生捐献的300亩田地,为族中幼童和年轻人设立了一所义学。② 江西兴安县篁村李氏宗族因长期维持一所族学而享有好名声。这所学堂称为“篁村义塾”,早在元朝至正年间(1341—1367)就设立了,明朝弘治年间(1488—1505)增置维持义塾的学田数量;它在明末因战乱而被毁坏,但在康熙五十三年(1714)重建。令人遗憾的是,地方志编修者没有继续记载它后来的历史。③ 有时,一个宗族所属各房各自为他们的成员设置学堂。西方一学者就在广东凤凰村(单族村庄)发现了这种事例:“有四栋半公共性质的建筑:全村主要的宗祠……分属村中两大房的祠堂及学堂……还有一座小庙……位在市集中心南面。”④事实上,广东家族对教育非常感兴趣,按照当地作者所说,“到处家祠作学堂”。⑤

秩序与道德

规模较大和组织较好的宗族费心地维持自己团体的秩序与道德。他们有时会依据儒学的基本原则制定行为规范,通常称为“宗规”。这

① 《曾氏四修族谱》,第1册,《文艺四·吉公祠条规》,页4a。

② 《续修庐州府志》(1885),34/29b和53/10a。〔编按:庐江章氏捐置义田的是章廷梁,据《府志》本传,廷梁曾署湖北按察使及布政使,但未言及担任学政。〕

③ 《兴安县志》(1871),7/27a。

④ Daniel H. Kulp, *Country Life in South China: The Sociology of Familism*, p.14.

⑤ 《九江儒林乡志》(1883),21/18b。引文是当地一位打油诗人所作押韵小品诗作的最后一句。该诗描述了他家乡的繁盛,内容如下:“极目人烟遍四方,古榕修竹护村庄。弦歌自信儒林盛,到处家祠作学堂。”

些规条或者在适当的场合口头宣讲[①],或者写下来贴在祠堂里合适的地方。[②] 儿子要孝敬父母,妻子要忠于丈夫,兄弟要和睦相处。所有族人都被劝诫不许懒惰、奢侈浪费、赌博、争吵、使用暴力、以及其他犯罪行为。[③] 通奸、不孝父母,被视为严重犯罪,经常受到驱逐惩罚,甚至被处死。[④] 在一些宗族,严格禁止杀婴和吸食鸦片。[⑤] 湖南著名的宗族之一制定了一些规条,其中许多反映了《圣谕广训》中的训示,并在族谱中重印了大约 40 条大清律令,以此向族人明白宣示,在个人言行、家庭关系和经济事务上,哪些是可以做而且合法的。[⑥]

宗规借由奖励和惩罚而得到加强。一些宗族把宗规定义得十分清楚,也执行得十分严厉。例如,族人的优良行为要记载在特别的"族善簿"[⑦]中,或向官府请求赐匾或赐建牌楼,以示表扬。[⑧] 违反宗规者

① Hu Hsien Chin, *The Common Descent Group in China and Its Functions*, pp.54 - 55,引郑太和(1277—1367)的《郑氏规范》(载《百部丛书集成·学海类编》),提供了的一个适切的事例:"朔望,家长率众参谒祠堂毕,出坐堂上,男女分立堂下,击鼓二十四声,令子弟一人唱云:'听,听,听! 凡为子者必孝其亲,为妻者必敬其夫,为兄者必爱其弟,为弟者必恭其兄。听,听,听! 毋徇私以妨大义,毋怠惰以荒厥事,毋纵奢以干天刑,毋用妇言以间和气,毋为横非以扰门庭,毋耽〔耽〕曲糵以乱厥性。……睠兹祖训,实系废兴。"胡先缙在 p.186 提到另一个口头训诫的事例。

② Leong and Tao, *Village and Town Life in China*, p.25.

③ 例见 Hu Hsien Chin, *The Common Descent Group in China and Its Functions*, pp.133 - 136,引《毗陵承氏宗谱》,1/88b - 89a;《王氏宗谱》,第 2 册,页 1b;《易氏宗谱》,第 1 册,卷 1,页 33b - 34b;《谭氏续修族谱》,第 1 本,"祠事规条",页 3a - b。

④《南海县志》(1910),20/19a,记载了一个发生于 19 世纪的事例,有个年轻人沉湎于赌博,受到母亲责备而大怒,殴打自己的母亲。族中一名绅士下令将他处死。Hu Hsien Chin, *The Common Descent Group in China and Its Functions*, p.123,描述了"开祠堂"的做法,也就是集合族人来处理不守规则的成员。

⑤《东莞县志》(1921),98/9b,叙述了一个有趣的事例:"广东东莞县陈姓村,族人不满五百,而乡规肃然。阿芙蓉一物,村人视若寇雠,有染之者,族长必严惩,令自革除,屡戒不悛,则屏之出族。"根据 1898 年《知新报》59/9a - 10a 的记载,广东香山县沙尾乡张氏宗族制定了一套约章,禁止族人吸食鸦片烟,所有吸食者都必须在一年内戒掉。如果未能戒掉,就要处罚暂停分享胙肉的权利(除籍的一种)。Hu Hsien Chin, *The Common Descent Group in China and Its Functions*, p. 121,引用湖南《曾氏四修族谱》说:"合族不準〔准〕溺女。无论贫富,各家有生女者,一月之内理合报明房长。"杀害女婴的,要被罚款并接受杖刑。〔编按:见《文艺四·吉公祠条规》,页 3b - 4a。〕

⑥《曾氏四修族谱》,第 1 册,《文艺三·大清律》,页 1a - 11b 重印了《大清律》中有关家庭关系、婚姻、坟墓和纳税的 40 条规定。此外,该族谱还记载了曾氏族规(总共 22 条,每条都有简短注释〔编按:称为规训,共 21 条〕),要求族人孝敬父母、尊敬长上、与族人及邻居和睦相处、教育子孙、安分守己、勤俭持家、及早纳税、不做坏事等。

⑦ Hu Hsien Chin, *The Common Descent Group in China and Its Functions*, p.133,引《徐氏宗谱》,第 1 册,卷一,页 7a - b。

⑧《佛山忠义乡志》(1924),10/10b - 12a。

由族长处理。如果罪行十分严重,就会在宗祠里、当着所有族人面前审问;其目的并不是听取大家对判决的意见,而是使犯罪者公开受到嘲笑,以阻止其他人犯罪。犯罪者所受到的惩罚,有公开训斥、鞭打、罚款、暂停特权、驱逐,甚至处死。① 这些肉体惩罚和金钱惩罚当然未经清政府批准,因而是非法的,但很少引起地方官的注意。

尽管有了宗规,族人之间还是不断发生争论和口角。如何平自争端也就成了宗族的一项重要活动。这种任务自然落到了亲属群体的领袖或族长的身上,有些家族制定了书面的规则,作为族长执行职责的指南。江苏镇江王氏宗族1847年重修的族谱,包含了下列的规定:

> 族中言语小忿及田产钱债等事,俱赴祠呈禀,处明和解。事有难处,方许控官究理。若不先呈族长,径自越告者,罚银五两,入祠公用。②

广东南海县冯氏宗族,所有族人都必须参加每五年举行一次的大型祭典。祭典后一天,召开全家族大会,解决所有争端,并决定村里的事务。③

自卫

抵御暴徒、土匪及其他敌人的乡村自卫任务,有时由亲属组织承担。广东恩平县在19世纪中叶就有这样的事例:

> 咸丰年间,客人作乱…… 于是联合十里内各姓,组织一团体……名为五福堡。即醵赀,在沙湖墟筑室数楹……遇事召集

---

① 除了注109和110提到的资料之外,另见《花县志》(1924),9/23a; Daniel H. Kulp, *Country Life in South China: The Sociology of Familism*, pp. 321 – 322; William Martin, *A Cycle of Cathay* (Edinburgh, 1896), p. 335; and Hu Hsien Chin, *The Common Descent Group in China and Its Functions*, pp.55 – 63.

② Hu Hsien Chin, *The Common Descent Group in China and Its Functions*, p.132.〔编按:引文见《苦竹王氏宗谱》,第2册,卷一,《祠规》,页1a – b。〕

③《南海县志》(1910),4/24a。

面商。[1]

下面的记载,虽然发生的时间要晚得多,却可以让我们进一步了解家族在地方防卫中的角色:

> 在广东,"族"扩大到包括同一地区所有同姓的人,为了攻击和防守的目的而集中他们的力量。1944年夏,日军攻占台山和三水县,威胁开平〔译按:原文误作L'ai-p'ing〕。虽然中国军队已经撤退,但司徒氏和关氏两族自己组织起来保卫家乡。司徒氏的富商和地主,体认到重大的危险已威胁到每一个人,因而把全部家产捐献出来购买武器。由于资金还不够,祭田和其他公共财产也被拍卖了。[2]

宗族为了保护自己利益,还以武力对抗官府代理人。下面这件事情发生在19世纪末福建的一个村庄:

> 黄东林(Huang Dunglin)的祖父还在世时,一名税吏来黄村收税,冤屈了该村的某个家庭。黄东林的祖父性格耿直,他敲锣召集族人,准备抵抗税吏及其随从。如果〔税吏〕当时不立即道歉,肯定会有流血冲突。从那时起,黄村就得到了一个称号,被称为"野蛮村"。[3]

有关宗族活动的探讨得到一个结论:宗族活动在相当大程度上与前面一章中所描述的村庄活动完全相同。这并不稀奇,因为家族和

---

① 《恩平县志》(1934),6/18a。

② *China Daily News* (New York), Feb.8 and 9, 1945, 引见 Hu Hsien Chin, *The Common Descent Group in China and Its Functions*, p.67.

③ Lin Yüeh-hwa(林耀华), *The Golden Wing: A Sociological Study of Chinese Familism* (London: Institute of Pacific Relations, 1947), pp.1-2.

村庄是紧密联系在一起的，两者实质上都受到同一因素（即绅士）的控制，都由相同的居民（大多数是农民）组成，没有理由在活动上有什么明显的区别。

在村庄（尤其是单族村庄）中存在着宗族，自然会为乡村生活带来一些不同。宗族会增强其所在村庄的团结，使村庄比其他情况下的更紧密、组织更完善。但是，宗族并没有在实质上改变乡村生活的基本模式。社会和经济地位不同的人之间的区别仍然存在；许多村庄未能解决的问题，宗族也没有解决。

茶坑——一个19世纪的单族村庄

上面所得到的宗族—村庄的景象是一种合成的，从各种资料来源收集来的并列的事实所形成的，这些事实很少有时间或空间的联系。下面这段资料就描述了一个真正的宗族—村庄，是作者梁启超在19世纪最后几十年的亲身观察。当然，我们没有必要接受他对事实的解释。

> 吾乡曰茶坑，距厓门十余里之一岛也。岛中一山，依山麓为村落，居民约五千，吾梁氏约三千，居山之东麓，自为一保，余、袁、聂等姓分居环山之三面，为二保，故吾乡总名亦称三保。乡治各决于本保，其有关系三保共同利害者，则由三保联治机关法决之，联治机关曰“三保庙”。
>
> 本保自治机关则吾梁氏宗祠“叠绳堂”。自治机关之最高权，由叠绳堂子孙年五十一岁以上之耆老会议掌之。未及年而有“功名”者（秀才监生以上）亦得与焉。会议名曰“上祠堂”（联治会议则名曰“上庙”），本保大小事，皆以“上祠堂”决之。
>
> 叠绳堂置值理四人至六人，以壮年子弟任之，执行耆老会议所决定之事项。内二人专管会计，其人每年由耆老会议指定，但有连任至十余年者。凡值理虽未及年亦得列席于耆老会议。

保长一人，专以应官，身份甚卑，未及年者则不得列席于耆老会议。耆老及值理皆名誉职，其特别权利只在祭礼时领双胙及祠堂有宴饮时得入座。保长有俸给，每年每户给米三升，名曰“保长米”，由保长亲自沿门征收。

耆老会议例会每年两次，以春秋二祭之前一日行之。春祭会主要事项为指定来年值理，秋祭会主要事项为报告决算及新旧值理交代。故秋祭会时或延长至三四日。此外遇有重要事件发生，即临时开会。大率每年开会总在二十次以上，农忙时较少，冬春之交最多。

耆老总数常六七十人，但出席者每不及半数，有时仅数人亦开议。

未满五十岁者只得立而旁听，有大事或挤至数百人，堂前阶下皆满。

亦常有发言者，但发言不当，辄被耆老呵斥。

临时会议其议题，以对于纷争之调解或裁判为最多。每有纷争，最初由亲支耆老和判，不服，则诉诸各房分祠，不服则诉诸叠绳堂。叠绳堂为一乡最高法庭，不服则讼于官矣。然不服叠绳堂之判决而兴讼，乡人认为不道德，故行者极希。

子弟犯法，如聚赌斗殴之类，小者上祠堂申斥，大者在神龛前跪领鞭扑，再大者停胙一季或一年，更大者革胙。停胙者逾期即复，革胙者非经下次会议免除其罪不得复胙，故革胙为极重刑罚。

耕祠堂之田而拖欠租税者停胙，完纳后立即复胙。

犯窃盗罪者，缚其人游行全乡，群儿共噪辱之，名曰“游刑”。凡曾经游刑者最少停胙一年。

有奸淫案发生，则取全乡人所豢之豕，悉行刺杀，将豕肉分配于全乡人，而令犯罪之家偿豕价，名曰“倒猪”。凡曾犯倒猪罪者永远革胙。祠堂主要收入为尝田，各分祠皆有，叠绳堂最富，约七八顷。凡新淤积之沙田皆归叠绳堂，不得私有。尝田由本祠子孙承耕之，而纳租税约十分之四于祠堂，名曰“兑田”。凡兑田皆于

年末以竞争投标行之，但现兑此田不欠租者，次年大率继续其兑耕权，不另投标。遇水旱风灾则减租，凡减租之率，由耆老会议定之，其率便为私人田主减租之标准。

支出以坟墓之拜扫祠堂之祭祀为最主要。凡祭皆分胙肉，岁杪辞年所分独多，各分祠皆然。故度岁时虽至贫之家皆得丰饱。

有乡团，本保及三保联治机关分任之，置枪购弹，分担其费。团丁由壮年子弟志愿补充，但须得耆老会议之许可。团丁得领双胙。枪由团丁保管（或数人共保管一枪），盗卖者除追究赔偿外，仍科以永远革胙之严罚，枪弹由祠堂值理保管之。

乡前有小运河，常淤塞，率三五年一浚治，每浚治由祠堂供给物料，全乡人自十八岁以上五十一岁以下皆服工役，惟耆老功名得免役，余人不愿到工或不能到工者须纳免役钱，祠堂雇人代之。遇有筑堤堰等工程亦然。凡不到工又不纳免役钱者，受停胙之罚。

乡有蒙馆三四所，大率借用各祠堂为教室，教师总是本乡念过书的人。学费无定额，多者每年三十几块钱，少者几升米。当教师者在祠堂得领双胙。因领双胙及借用祠堂故，其所负之义务，则本族儿童虽无力纳钱米者，亦不得拒其附学。

每年正月放灯，七月打醮，为乡人主要之公共娱乐，其费例由各人乐捐，不足则归叠绳堂包圆。每三年或五年演戏一次，其费大率由三保庙出四之一，叠绳堂出四之一，分祠堂及他种团体出四之一，私人乐捐者亦四之一。

乡中有一颇饶趣味之组织，曰“江南会”，性质极类欧人之信用合作社。会之成立，以二十年或三十年为期，成立后三年或五年开始抽签还本，先还者得利少，后还者得利多。所得利息，除每岁杪分胙及大宴会所费外，悉分配于会员。（乡中娱乐费，此种会常多捐）。会中值理，每年轮充，但得连任。值理无俸给，所享者惟双胙权利。三十年前，吾乡盛时，此种会有三四个之多。乡中勤俭子弟得此等会之信用，以赤贫起家而致中产者盖不少。

又有一种组织颇类消费合作社或贩卖合作社者……会中所

得,除捐助娱乐费外,大率每年终尽数扩充分胙之用。①

梁启超(1898年戊戌维新领导人之一)的这段记事,是以第一手资料为基础的。他父亲担任宗祠值理超过30年,同时还是三保庙管理者之一。他父亲还参加了一个积蓄会,并长时期担任管理者。这个宗族一村庄的"自治"(梁启超自己的用语)在梁启超年轻时发展到极盛。梁启超生于1873年,这个极盛时期应该是19世纪80年代或19世纪90年代。

梁启超充满热情地述说他所看到的或听到的情况。他急切地指出,除了纳税之外,"此种乡自治几与地方官全无交涉"。茶坑所享有的"自治"或自主是否像梁启超所认为的那样广泛,是值得怀疑的。他认为类似的情况在清帝国其他地方也很容易看到的推测,也很有问题。茶坑受惠于特殊的环境,其中之一是它位在广东沿海的一个小岛上。但是可以肯定,这个高度整合的宗族一村庄,清楚地显示出亲属团体对村庄的组织和活动影响程度。

政府对宗族的控制

清政府很容易就认识到宗族的重要性。由于家族是一个组织良好的团体,容易给村庄一个较高度的社区生活;由于它是绅士领导的组织,因而可能是一个非常有用的乡村控制工具。清政府因此鼓励宗族团结,利用宗族组织来作为乡村控制的工具,并对一些不守规矩或有害于帝国秩序的宗族进行严格控制。

康熙帝和雍正帝都对宗族感兴趣。《圣谕》的第二条要求臣民"笃宗族以昭雍睦"。《圣谕广训》告诫所有臣民"立家庙以荐蒸尝,设家塾以课子弟,置义田以赡贫乏,修族谱以联疏远。"②尊重亲属纽带、对祖宗尽职、接受正统伦理道德基本格言教诲的族人,自然会成为温

① 梁启超,《中国文化史》,页58—60。

② 《大清会典事例》,397/2b。

顺、"雍睦"的臣民;而在不幸时依靠亲属团体帮助和救济的人,必须尽可能地防止他们"铤而走险"。清朝皇帝们明显认识到亲属团体具有稳定性作用,想把它们变成高度可用的工具。事实上,有些宗族在它们的族规中吸纳了钦定儒学的基本教义,甚至把《圣谕广训》的全文印在族谱里,尽管亲属组织的稳定作用整体上并未达到清王朝的期望。[①]

官员们对皇帝的兴趣迅速作出回应。18 世纪一位杰出巡抚向清廷建议,将一些属于地方官的责任尤其是小犯罪的判决和纷争的和解交由族长来承担。他说,这样做就可以有效地减少宗族成员犯法。[②]他非常相信自己的看法有道理,因而想要把它付诸实施。他在江西巡抚任上于 1742 年签发一道檄文,要求该省各宗族挑选长者担任"族正",负责解决各自宗族的纷争及鼓励善行。此外,这些族长被要求向州县官汇报争执和其他暴力行为。[③] 他的观点肯定也引起乾隆帝的兴趣,因为下列规则在 1757 年获得皇上批准:

> 聚族而居,丁口众多者,择族中有品望者一人,立为族正,该族良莠,责令查举。[④]

---

① 《施氏宗谱》(1900)提供了一个好事例。〔编按:《萧山新田施氏宗谱》,敦睦堂活字版印本〕

② 贺长龄,《皇朝经世文编》,58/76a〔陈宏谋,《选举族正族约檄》〕。Hu Hsien Chin, *The Common Descent Group in China and Its Functions*, p.56,概括陈宏谋的论点:"他站在朝廷的角度看此问题,列举了一些最严重的犯罪可由族长和房长处理:(1) 不孝不悌;(2) 抢劫;(3) 械斗。首先由房长设法劝说犯罪者改正;如果未成功,再由族长把全族集中到祠堂里,当众劝戒。只有在犯罪者仍然执迷不悟,才送交官府。……此外,族长还被鼓励仲裁并解决有关土地、坟地买卖方面的温和性争论,平息家庭纷争,如果与某个其他宗族发生什么争端,代表宗族出面处理。"这位官员明显是要利用宗族的基本特质,并不打算把宗族变成警察性工具。

③ 参见注 123。胡先缙进行概括的依据见陈宏谋,《培远堂偶存稿》,13/40a。比较同书,14/31a–32a。《嘉应州志》,15/13a–b,记载了一个事例,有位知州利用宗族组织帮助维持地方秩序。这名官员在 1850 年代制定了一套关于团练的措施,其部分内容如下:"近来子弟不尊父兄,父兄又未能持正……应请饬各乡约长会同该族商议,择公正可为表率者,以为族长。族大者则举一正一副,使约束子弟。……遇族中有争论事情,当以理教导。若敢恃蛮逞刁,即告知乡长,传到公所戒饬。复敢抗违,即送官究治。"〔编按:这位知州是文晟,咸丰年间设保安团练总局,批准团练乡约章程及捐派章程,此处所引为其中的第四条"设立族长"。〕

④ 《大清会典事例》,158/1b。不过,梁章钜(1775—1849),《退庵随笔》,7/21b(明显引自《清朝文献通考》19/5031–5032)回忆说,"族正"初设时并不打算普遍使用:"查雍正四年,尝有选立族正之例,特因苗疆村堡聚族满百人以上者,保甲或不能遍查,乃选……族长,以稽查匪类。因地制宜,非通行之制也。"依据上引《大清会典事例》158/1b 记载,1757 年(乾隆二十二年),所采取的行动,使它成为全国性的制度。

宗族就这样正式地享有了法律地位，并被置于官府直接控制之下。由于族正承担起保甲头人的实际功能，宗族在那个程度上变成了保甲的补充性工具。① 这一点在一项法律条文中规定得非常清楚：

> 地方有堡子村庄，聚族满百人以上，保甲不能编查，选族中有品望者立为族正。若有匪类，令其举报，倘徇情容隐，照保甲一体治罪。②

19 世纪的一些官员声称，他们有效地利用宗族组织来对付反叛者。举例来说，福建龙溪知县姚莹写道，为了对付肆虐该县的盗贼，他把各村的族正和家长召集在一起，赋予他们登记各自的族人、教训犯法者的任务。只有在犯罪者无可救药时，才送交知县，按照法律处理。③ 1830 年左右的江西巡抚发现族正对帮助官府镇压土匪很有用：

> 该省向立族正，原系编查保甲良法，历经照办。近年缉获赣州匪徒，多有访自绅士，及由该户族捆送者。④

同一时期著名学者冯桂芬认同宗族的作用，因而提议以宗族作为一些重要乡村控制工具——保甲、社仓和团练——的基础。⑤

清政府在运用宗族来帮助加强对乡村的控制时，是把亲属团体当作辅助性治安工具，而不是当作具有（借用《圣谕》的词语）“雍睦”原则特点的社会团体。事实上，要求族正汇报自己亲属中犯法者的规定，在某种意义上是与“雍睦”原则相矛盾的；甚至与主张人性的根基

---

① 织田万，《清国行政法分论》，第 1 卷，页 213 正确地评论说：“《户部则例》曰，‘凡聚族而居，可口众多者，准择族大有品望者一人，立为族正。该族良莠，责令察举。’由此观之，族正也是一种警察机关。……‘族正’的职掌，与‘保正’‘甲长’并无不同。”

② 《大清律例汇辑便览》，25/100a－b，关于“盗贼窝主”条。

③ 姚莹，《中复堂全集·东溟文集》，4/13a－14a。

④ 《江西通志》，卷首之三，页 28a－b。〔编按：此系道光十一年二月甲申上谕，见页 28b－29a，引文见页 28b，该巡抚为吴光悦。〕

⑤ 冯桂芬，《显志堂集》，11/23a－26a。

在于神圣的家庭关系的儒家思想相冲突。[①] 此外,正如已经指出的,宗族常常喜欢由自己的长者来处理犯罪的成员,而不喜欢把他们送交官府。因此,清王朝统治者把族正实际上变成保甲代理人,同时破坏了正统儒家思想的基本观念和宗族的自然本质。

清政府在选择这个行动时,可能已充分意识到它的含义。虽然一些皇帝的确承认"雍睦"(可能是加强宗族团结的结果)的帮助,但值得怀疑的是,有哪位皇帝打算鼓励宗族发展成整合良好、具有影响力的地方生活中心?如此看来,族正的设置,不只在家族内产生了一个监视族人的保甲代理人,也引进了一个政府支持的领导体系,足以与亲属团体中任何其他领导体系相抗衡。

无论清政府的真实意图是什么,看来可以肯定的是,由于政府的行动,宗族中出现了双重领导的局面。一边是族长或宗子,他们可以被视为"非官方"的宗族领袖,地位独立于官府之外;另一边是族正,他是宗族中的"官方"领袖。官方和非官方头人双元制的村庄领导模式,就这样在亲属团体中重复出现。我们不知道这两组领袖之间的真正关系,也不能确定是否在所有情况下族正和族长都是不同的人。如果是不同的人,那么因政府行动而设置的族正,在族中所得到的尊敬与积极的支持,要比族人自己选出来的族长少。理由之一是,应政府要求而由族人提名的族正,不能保证就是宗族中最理想或最有能力的人。族正在法律上的职责是监视自己的亲属,对那些在自己宗族中"有品望"的人,这是一个令人讨厌的职务。他们因此不愿意担任族正。清廷意识到指派不合适的人担任宗族领袖的可能性,1830 年发布的一道上谕承认,族正"举充不得其人,又恐转滋流弊"。的确,清政府发现有必要威胁要惩罚那些滥用权力的宗族领袖。[②] 换句话说,清政府对自己设置用来控制宗族的族正并没有信心。由于这些领袖没有

---

① 例如,《论语》,13/18:"叶公语孔子曰:'吾党有直躬者,其父攘羊,而子证之。'孔子曰:'吾党之直者异于是:父为子隐,子为父隐。直在其中矣。'"

②《江西通志》(1880),卷首之三,页 28b-29a,记载了这道上谕,部分内容如下:"著该抚通饬各属,切实选举公正族长绅士……如有为匪不法,即行捆送究惩。傥因匪党较多,力难擒送,亦即密禀官司严拏。如有挟私妄诬别情,照例坐罪。"

得到自己族人的尊敬,而那些与政府行动无关的领袖却可以得到尊敬,清政府很难透过设置官方领袖而达到对宗族的完全控制。

清王朝不能达成这样的控制,原因显而易见。宗族利益和清王朝的目的并不一致。双元领导可能阻止前者的不正当扩张,但却不能使它与后者一致。运用宗族作为辅助性治安工具,却没有充分考虑宗族成员的基本态度和行为,使它无法成为帝国控制的可靠工具,甚或难以成为乡下地区永久的稳定力量。清王朝的目的和宗族利益之间的缝隙从未弥补起来,因而,对清政府不幸的是,承认宗族组织是一种统治工具,可能在一些情况下鼓励了宗族朝政府讨厌的方向扩张与运作。

有些宗族做出来的讨厌的行为之一,就是"冒认"自己的祖先。明显是想要提高他们的威望或扩大影响力,这些亲属团体因而令人半信半疑地声称自己是古代知名的贤人(真实或是想象)的嫡系后裔。[①] 清政府常常找不到方法来证明它们的声称是真的还是假的,只要他们不要太离谱或没有什么危险的牵连,这个谱系就不会遭到挑战。但是,当有些家族夸张地把自己的家系追溯到古代皇帝,他们就会引起政府的怀疑,结果就是为自己招来镇压。例如,江西巡抚 1764 年发现一些宗族"附会"自己的"始祖":有个宗族声称自己的始祖是"盘古"——"开天辟地"的神话人物;另一个声称是"地皇"——传说中的第二个帝王;再一个声称是董卓——西元 2 世纪的窃国大臣;还有一个声称是朱温——西元 10 世纪唐王朝帝位的篡夺者。[②] 最稀奇古怪的一个事例或许就是,一个家族声称它的"始祖"是雷震子——通俗小说《封神传》中一个神话人物。[③] 几年后,即 1780 年,山东沂水县知县

① Hu Hsien Chin, *The Common Descent Group in China and Its Functions*, p.45:"所有族……都在中国最早的历史记载中找出一位著名的人物——有时是一位古代的神话人物——作为自己的祖先。湖南的曾氏宗族相信,其血统可以追溯到夏朝的一位王子(该王子的父亲西元前 2218—2168 年在位),以及孔子的门徒曾参。"

② 在这个个案中,清政府震惊的原因很明显。朱温原本是一个土匪头子,随后向唐王朝投降,因对唐朝统治者"效忠"而跃居高位,权势遮天。907 年,他取唐而自立,成为短命的后梁(907—923)王朝建立者。《新五代史》卷一详细记述了朱温的早期历史。

③《皇清奏议》,55/3b,江西巡抚辅德 1764 年的上奏〔《奏查禁江西祠宇流弊疏》及《覆奏查办江西祠谱疏》,55/1a - 9b〕。

上报说,有个刘氏宗族的族谱含有"狂悖"的记述,暗示这亲属团体源自汉朝皇室。[①] 清廷下令把这些家族的族谱都销毁。

政府还着手镇压另一种令人不快的做法,滥用修建宗祠和购置祭田的特权。在16世纪之前,大规模的宗族组织和拥有宗祠,是绅士的特权。不过,在一位大学士的建议下,明世宗明确准许普通百姓"联宗立庙",结果导致"宗祠遍天下"。[②] 这样的发展对帝国安全并非没有危险的。当乡村居民认识到组织意味着影响或势力,并认识到势力大小与宗族组织大小成比例,他们就会扩张自己的亲属团体(如果有必要,还会采取欺骗手段),并修建"公祠"作为其群体的有形象征和运作基地。清朝皇帝们继续准许家族修建宗祠、购置祭田,但一旦出现滥用,就毫不犹豫地缩减些机构。

最显著的滥用,是一些虽然同姓、实际上并不同宗的人所修建的"宗祠"。在清政府看来,这个做法不但违背了宗族的基本观念,而且是可能会带来危险后果的做法。早在1742年,江西巡抚就致力铲除他所称的"宗祠恶习"。他在一份官方文件中说:

> 或原系聚族乡居,而于城中借名建祠,招揽同姓不宗之人,图财倚势,附入祠中。良贱无分,宗谱混乱。[③]

大约20年后,江西另一巡抚发现"联宗立庙"的习惯跟以前一样猖獗。他在1764年上奏乾隆帝说,居住在不同村、镇或城、同姓但不一定同宗的人组成一个"族"。感兴趣者捐献基金,并兴建"宗祠"(在府城或省城),通常拥有一定数量的祭田。通常挑选一位古代皇帝、国王或高官来作为"始祖"。参加组织的人把自己祖先的牌位安放到"总龛"里,这种牌位数目成百或上千。而安放牌位的唯一条件就是捐一笔钱。至于要加入的人与"族"里其他人是否具有亲属关系,则完全不重要。

---

① 《大清十朝圣训·高宗朝》,264/19b-20b。

② 《佛山忠义乡志》(1924),9/8b-9a〔9/7b-8a〕,引《续文献通考》。

③ 陈宏谋,《培远堂偶存稿》,13/21b〔《禁宗祠恶习示》,清代诗文集汇编本,页25b〕。

这个行为背后的动机,该巡抚作如下解释:

> 今查同姓之祠,虽不能追其所归,大概由单姓寒门欲矜望族,或讼棍奸徒就中渔利,因而由城及乡,由县及府,处处邀约敛费,创立公祠,随窜附华胄,冒认名裔。而不肖之辈,争相仿效,遂至不一而足。至建祠余赀,或置田产,或贮钱谷,多有借与同姓愚民,倚祠加利,盘剥租息。①

这些虚假宗族导致的直接而明显的恶果之一,就是江西省的诉讼案件增加。该巡抚写道:

> 惟查各属讼案烦多之故,缘江西民人有合族建祠之习。……其用余银两,置产收租,因而不肖之徒,从中觊觎,每以风影之事,妄启讼端。借称合族公事,开销祠费。……用峻,复按户派出私财,任意侵用。②

清政府设法终止这个习惯。乾隆帝在1764年发布的上谕中加以禁止,并解释说:

> 民间敦宗睦族,岁时立祠修祀,果其地在本处乡城,人皆同宗嫡属,非惟例所不禁,抑且俗有可封。若牵引一府一省辽远,不可知之人妄联姓氏,创立公祠,其始不过借以醵赀渔利,其后驯至聚匪藏奸,流弊无所底止,恐不独江西省为然。地方大吏自应体察制防,以惩敝习。③

即使在乾隆帝所提到的敝“习”并不流行的省份,大族是因为成员

---

①《皇清奏议》,55/3a〔55/6b-7a〕。

②《皇清奏议》,55/1a〔辅德,《奏查禁江西祠宇流弊疏》,在55/1b-2a〕。

③《大清十朝圣训·高宗朝》,264/5b;《大清会典事例》,399/3b。

的自然增长而非虚假扩张的结果。但这些宗族的真实规模和力量也会引发滥用,直接对和平造成伤害。乾隆帝在 1766 年发布的一道上谕中说:

> 据王俭奏,粤东随祠尝租,每滋械斗顶凶之弊,请散其田产,以禁刁风。……恐有司奉行不善,吏胥等或致借端滋事。……况建祠置产,以供祭祀赡族之资,果能安分敦睦,……何尝不善?若倚恃族蕃资厚,欺压乡民,甚至聚众械斗……其渐自不可长。此等刁风,闽广两省为尤甚。……嗣后令该督抚严饬地方官,实力查察,如有此等……之事,除将本犯按律严惩外,……将祠内所有之田产查明,分给一族之人。……著将此通晓各省督抚,饬属一体留心妥办。①

清政府此时已经完全相信扩张的宗族组织的危险性,不管它们是由真正的族人或是由没有血缘关系的人组成的。至少在乾隆帝看来,大家族比小家族更容易带来麻烦。他在 1768 年回应在大族中设置宗族头人的请求时,在一道圣旨中说:

> 御史张光宪奏请设立大姓族长一折,所见甚属乖谬。……民间户族繁盛,其中不逞之徒,每因自恃人众,滋生事端。向来聚众械斗各案,大半起于大姓,乃其明验。……若于各户专立族长名目,无论同姓桀骜子弟未必能受其约束,甚者所立非人,必致借端把持,倚强锄弱,重为乡曲之累。②

这样,在 18 世纪结束之前,清王朝统治者就已经意识到宗族并不一定是可靠的乡村控制工具,而且在不利的环境下经常变成麻烦的来源。他们控制家族与镇压其不良行为的企图,坚决又快速,但没有证

① 《大清会典事例》,399/4a;《大清十朝圣训·高宗朝》,264/6a。

② 《大清十朝圣训·高宗朝》,264/10a－b。

据显示他们成功地将宗族变得对帝国统治安全而且有用。“刁恶”仍然在蔓延;无论怎样,亲属团体间的世仇在下一个世纪并未消失。在19世纪中期和晚期社会发生大动荡时期,有些家族的反映就是成为另一个骚动的来源。

中国作者相信宗族的本质基本上是“恶”的,因而以毫不迟疑的措辞批评宗族的发展超出了其自然范围;其中一些学者甚至谴责所有拥有实体组织的宗族。举例来说,一位17世纪的作者就断言“同姓通谱”动机完全是自私的,大家族组织的潜在动机在于“蠹国害民”。①19世纪的一位学者不但赞同此观点,而且言辞更激烈。他相信宗族组织漠视对清王朝的应尽职责,漠视对所有族人应尽的亲谊②:

> 聚族而居,家之幸,而国之不幸。小则抗粮殴官,大则谋反叛逆,皆恃人众心齐也。③

这个观点可能太过严厉,而不为中国所有作者所共同持有,但看来还是有一些道理。或许,宗族的本质中有某些东西使它做出这样行动与反动。这就是家庭的派生;它在理论上是以赋予家庭真实性的同一自然关系为基础的。但是,由于家庭群体会扩大到超出其自然范围之外,无论家庭中存在着什么样的自然的情感或喜爱,都必定会在宗族的消失点稀释。因此,宗族团结在一起,经常是出于功利主义的考量,而非成员之间的情感联结。正如我们对宗族活动的研究显示的,亲属团体的许多行为,动机并不是出于无私的原则。许多事例显示,宗族组织的形成和维持,是为促进和保护少数族人的利益。即使是为了全体成员的利益,也是自私的,因为族人们认为他们的利益高于村

① 顾炎武,《日知录》,23/14a,引见 Hu Hsien Chin, *The Common Descent Group in China and Its Functions*, p.50.

② 汪士铎(1802—1889),《汪悔翁乙丙日记》(1936),3/21a。

③ 同上,3/19b。参见 Fei Hsiao-t'ung, *Peasantry and Gentry An Interpretation of Chinese Social Structure and Its Changes*, p.4:“不在地主需要政治权力来保护自己。为了保护自己的利益,绅士是好战的,他们必须如此。为了在政治上有力,有影响,绅士组织必须大而且强。”

庄的总体利益。宗族组织是由相当多的人和家庭组成的一个单位,集中力量,统一行动,产生出来的力量是自然家庭所没有的。如果它在某地的发展比一般情况还好的话,宗族就会变成当地的一股力量,有时甚至是一股支配性的力量“权力使人腐化”,宗族所享有的权力也不例外。对于一些家族来说,的确容易成为乡下地区的掠夺集团。可以这么说,这些宗族变成团体恶棍,行为与残害许多中国村庄的个别恶棍非常像。

当然,并不是所有宗族都是如此。在一些事例中,宗族被描述成乡村生活中的稳定性力量。即使假设亲属组织一般是因自私目的而促成的,其中一些宗族的领袖也可能够精明,可以看出他们宗族的福利取决于,受到较大的村庄总体安定的左右,因而自我克制不采取非法的或公开的反社会行为。广东新会县茶坑梁氏家族表现出来的行为,就提醒我们不要对宗族作一网打尽的谴责。还应该指出的是,由于宗族领导权一般掌握在绅士族人手中,由于绅士在一般情况下倾向于承认和维护帝国秩序,因而至少可以说,宗族可能是稳定社会的因素,同时也是破坏的因素。有些证据显示,一些家族领袖不仅乐意让他们的组织置于政府控制之下,甚至借由取得政府批准,设法寻求宗族权威的合法化。例如,安徽桐城县朱氏宗族把他们的“宗规”送请知县审查,要求他公开宣布朱氏族长有权移送不守这些规定的族人。[①]事实是宗族的行为会随着不同时间以及不同环境而有所不同。在宗族利益和清王朝的利益明显冲突时,亲属团体就会公开地或秘密地反抗清政府。还应该记住的是,宗族事实上就是村庄的全部或一部分,因而一般拥有村庄的一些基本特征。无论是家族组织还是村庄组织,其运作并不总是符合帝国安全的原则。

这个讨论的结论是:虽然家族组织可以为清王朝提供一个乡村控制的额外工具,但它并不是安全可靠的,它甚至会带来一些额外的控制问题,而这些问题却没有令人满意的解决之道。

---

① 《紫阳朱氏重修宗谱》(1867),《宗规》。文中所提到的安徽桐城县衙门公告是应一些族人的请求而发布的。这些族人包括4名生员、7名监生和1名小官。

宗族组织的衰落

与19世纪中国其他任何社会组织一样,当有利于亲属团体发展的环境普遍发生变化时,宗族经历了一个衰落的过程。这个过程在清帝国各地以不同的速度发生和程度也不同。有些宗族因情况例外而未步入衰落,甚至又重新繁荣起来①,但一般说来,随着社会动荡的19世纪中叶的消逝,宗族的繁荣时期就过去了。②

家庭财富难以预测的变化,是宗族衰落的一个明显的因素,虽然不一定是决定性的。宗族的强大与繁荣,主要依赖有力的领导。如果缺乏这样的领导,宗族的凝聚力是维持不了多久的。③

宗族衰败最明显的征兆,是其团结的有形象征瓦解了。祠堂任由它变成废墟或被不敬地使用;祭田这个亲属组织必不可少的经济基础,也遭到挪用或非法处置。这类事例多不胜数,即使在宗族通常发挥最大影响力的地方也很容易找到。1830年的一个文件,描述了广东一个地方发生的情况:

---

① Olga Lang, *Chinese Family and Society*, p.173:"在1936年拜访广东或福建的人,都很容易发现宗族组织仍然在发挥作用。富有的村庄……通常受到三种建筑物支配:宗祠,在这里祭拜宗族祖先;当铺,其收入用来增加宗族的财富;碉堡,用来保护富有的宗族成员,防止土匪和反叛者。在这里,5人中至少有4人属于统治村子的宗族之一。"这对其他经济相当繁荣的地区,大抵也适用。正如本书其他地方已经指出的,在经济不怎么发达的地区,家族就没有那么兴旺了。见注78所引的资料。

② 一个显而易见的原因是,这段时期遍布各地的动乱削弱了许多家族,即使没有完全毁灭也去了一半。例如,浙江嘉兴曹氏宗族就是这样:"呜呼,我宗竟一衰至此耶!溯自……乾隆之际,瘦山、秋渔(曹焕、曹焜)两公先后卒,门祚渐衰;道光以降,横遭兵革,日益零替。……今所存者……自斑白以至孩提甫逾十人耳。……城中有地名网埭,夙闻里人云,上中下三埭,屋庐栉比,泰半为我曹氏居,今则荒芜弥望无人迹。当时居者虽不能一一实其人,而百数十年来死于贫饿、死于兵革、展转沦落于不可问者,实不知凡几。"引见潘光旦,《明清两代嘉兴的望族》(1947),页136。

③ 潘光旦,《明清两代嘉兴的望族》,页116—136,列举了他所研究的91个家族继续存在或繁荣的三大原因:(1)这些宗族祖先是来自其他地区的移民,暗示他们及其后裔机智而且适应力强;(2)这些宗族之间广泛通婚,使得族人拥有的各种优秀特点能够得到加强;(3)有些祖先长寿是适者生存的另一个记号。潘光旦似乎在强调遗传和优生学,他可能过于夸大了这些因素对家族的影响。

查佛山乡内惨见各姓列祖祠墓折掘……盖缘木石旧料,价曰倍增,墓经发迹,人多觊觎。不肖子孙,营私忘祖,辄起贪谋,而土豪奸商,乘机渔利。①

宗族财产被盗卖的事也同样经常发生在其他地方。早在18世纪中叶,江西〔译按:应为江苏〕巡抚向皇帝奏报了下列情况:

近岁粮价增昂,田土日贵,即间有为富不仁之徒,设谋诱买,贿嘱族中一二不肖子孙,将所欲得田产私立卖契,给与半价,即令远飏。买者遂恃强占踞,硬收租利。及控告到官,每因得价者不能缉获,审结无期,听盗买者执业。②

其他地方也有类似情况的报告,特别是在19世纪。在一些地方,宗族财产在清王朝崩溃后仍然存在;但即使在这些地方,宗祠和祭田最终也被用各种方式变卖掉。③

---

① 《佛山忠义乡志》(1924),17/29a。

② 《皇清奏议》,50/9a〔50/18b,庄有恭,《请定盗卖盗买祀产义田之例以厚风俗疏》〕。这份奏折是1756年提出的。这里可以引用两个例子。根据1894年所刊的江苏无锡《华氏宗谱》,卷首上,页27a的记载,华氏家族在16世纪初拥有良田500亩,其收入用于祭祀仪式、祠堂维修和帮助穷困族人。然而这些土地很快就消失了。1563年,一名绅士成员重新购置32亩祭田,但在大约100年后又消失了。到清王朝初年,再次购置70亩祭田,可是又被侵占。根据《溧阳南门彭氏族谱》(1894),2/33a,用于祭祀"二世祖"的祭田,共计500亩,由于管理不当,很难支持祭祀仪式。

③ 例见 Hu Hsien Chin, *The Common Descent Group in China and Its Functions*, Appendix 49, pp.167-168 引自《京口李氏宗谱》。1637年设立的祠堂和祭田,由于管理不善,"未及百年,后人尽售他姓。"Ch'en Han-seng(陈翰笙),*The Present Agrarian Problem in China* (Shanghai: China Institute of Pacific Relations, 1933), pp.12-13:"中国的祭田制度同样瓦解了。……广东、广西、贵州和福建等省的祭田所占比例相当高,但被少数收租者所控制。他们因而实际上成为大地主。" Institute of Pacific Relations, *Agrarian China: Selected Source Materials from Chinese Authers* (London: G. Allen & Unwin, Ltd., 1939), pp.22-23:"众所周知,祭田既不能出售,也不能分割。许多宗族(特别是苏州、常州、常熟和无锡的大族)的地契并不是写在纸上,而是刻在石碑上,砌在宗祠的墙上。……但近年来,各处祭田的管理人员把它秘密卖掉;这只不过再一次证明,活着的人的活力,要胜过刻在石头上的想象中具有约束力的字。……无锡河村〔Ho-tsun,查《无锡金匮志》卷四《乡都》未见'河村',但扬名乡有'河庄'(4/18b)〕的曹氏宗族,祭田数从1930年的1 000亩减少到1933年的300亩,只是一个例子而已。在一些事例中,祭田甚至被分割,因而完全消失。……即使在祭田没有被正式分割的宗族,租税收入实质上由很少(转下页)

有时，祭田不再是整个宗族的财产，但仍然由组成该宗族的某一家庭所控制。例如，根据记载，在“广东省，一些宗族共同拥有的大量土地，常常被宗族中几个有势力、损公肥私的家庭占有，他们因而成为宗族内仇恨产生的又一原因”。[①]

既然宗祠和祭田受到宗规和反对卖产的社会习惯的保护[②]，我们就不能不断定，上述现象是宗族组织患了某种严重疾病的征兆。就像前面已经指出的，宗族通常是一种受绅士领导和支持的组织。因此，它的财产就与其领导的绅士成员的财产密不可分；它的繁荣昌盛的程度，取决于有品级的官员或有功名的士子（他们在一定时刻为宗族带来光彩）的能力、财富、影响和个人兴趣。不过，这种宗族领袖并不能够永远活着，也不是在所有时间都可用；事实上一个宗族的主导家庭，

（接上页）一部分人控制。”这些作者所观察到的趋势，在20世纪加快脚步，不过正如已经指出的，这种趋势早在18世纪就已经很明显了。在个别事例，意志坚决的族人可能挽救族产免于被直接卖掉；例如，广东南海县张氏宗族就是这样。《南海县志》（1910），20/8b。虽然家族组织总是难免衰败，有些家族却由于各种原因而长时期保持繁荣；江苏吴县范氏宗族就是一个显著事例。《京兆归氏世谱》（1913），4/11b，引吴锡麒（1746—1818）〔《归氏义田记》〕的话：“吾尝游吴门，登天平山，拜公〔范仲淹〕祠下，所见良田沃壤，阡陌相接，岁时享祀，子孙昭穆咸在，多至数千百人。”同书4/9b引阮元（1764—1849）的话：“吴中士大夫建义庄者凡数家，惟范氏最著，自有宋至今七八百年，而守之弗替。”《洞庭王氏家谱》（1911），卷二下，页35a－b，引王仲鎏的话：“范文正〔仲淹〕置负郭常稔之田千亩赡其族人……余尝询诸范宗，文正义田今已增至八千余亩。”根据这位作者，同一地区的蔡氏宗族最初的义田很少，但由于管理得当，捐献不断，因而不到30年，义田就达到1 500亩。王大概是指19世纪的情况。

① Francis L. K. Hsü（许烺光），*Under the Ancestors' Shadow: Chinese Culture and Personality*（New York: Columbia University Press，1948），p.130.

② 见注153所引 Institute of Pacific Relations，*Agrarian China: Selected Source Materials from Chinese Authors*，开头的陈述。下列书籍中的记载同样确切：《花县志》（1924），2/28b：“祭田之入名曰蒸尝〔田〕，世世相守。……其私家自卖之田地契内，亦必声明不是尝业，而买主乃受。”Peter Hoang，“A Practical Treatise on Legal Ownership，” *Journal of the Royal Asiatic Society of Great Britain and Ireland*，North China Branch，N. S.，XXIII（1888），147：“……宗祠、祖坟，以及家族或宗族共有而且专门用以充实家族共用基金的土地〔祭田〕……还有为慈善目的而捐献并且在地方官府这样登记的土地〔义田〕。……原本的授予者是不能买卖的。违背这些法律的人是要受到惩罚的。”政府还以另一种方式来保护宗族。江苏布政使在发给吴县叶氏宗族的文件（日期未说明）中说道：“傥有奸徒捏冒诡寄，及不肖子孙私行盗卖，许即执帖首告，按律惩治。”《吴中叶氏族谱》（1911），63/90以下。有时，宗族采取特别手段，在宗族公共财产和各个家庭私产之间，画出一个清楚而牢固的分界线。上面提到的叶氏宗族，族人是不能承租义田并以佃农身份耕种的。同书，63/91。淮阴吴氏宗族也有类似规定。《吴氏宗谱》（1921），第5册，《祠规》。不过，在这个事例里，禁令主要是为了避免向欠租族人追缴租金而带来的麻烦。

也不可能永远保持昌盛。① 我们不赞成家庭的昌盛延续不过三代或四代这个有争议性的观点②，但必须承认，由于中国家庭和社会的一些特

---

① 有时，一个宗族的所有成员家庭都沦为平民。李慈铭，《越缦堂日记补》，壬集，33a 引述施润章（1619—1683）关于山阴张氏家族的下列记述："山阴张氏为衣冠甲族……今则子孙寥落，皆编农籍矣。"

② 一位 19 世纪的西方作者如此概括这个观点："财富是艰辛积累起来的；与其他国家一样，中国人也认为，富不过四代。有首通俗诗说：
'一代辛勤耕耘，舍不得花一分钱；
二代养尊处优，穿着宽大的裘衣、缎子；
三代卖掉土地，典当房屋；
四代衣不遮体，饥饿难熬，无家可归，到处流浪。'"
Adele Marion Fielde, *A Corner of Cathay: Studies from Life among the Chinese* (New York, 1894), p.21.中国作者也经常发表相同的论点，例如，《慈利县志》(1896)，2/5a，在湖南慈利县第三图，张氏、王氏和李氏宗族接连而兴，接连而衰；各个宗族的昌盛"不过三代"。一些晚近的作者也支持这个观点。Martin C. Yang, *A Chinese Village: Taito, Shantung Province*, p.132 说，宗族昌盛很少有持续三代或四代的。Francis L. K. Hsü（许烺光），*Under the Ancestors' Shadow: Chinese Culture and Personality*, p.305 总结说，杰出的家庭，很少有一次跨越两代以上的。他在 *American Sociological Review*, XIV(1949), 664－771 发表的论文，也得出同样的结论。Karl A. Wittfogel, "Public Office in the Liao Dynasty and the Chinese Examination System," *Harvard Journal of Asiatic Studies*, X(1947), 13－40 指出，特权家庭的子孙通常享有特殊的机会，这样的趋势可能有助于维持他们家庭的昌盛。潘光旦，《明清两代嘉兴的望族》各页认为，望族的昌盛时期比通常认为的要长。他质疑孟子所说"君子之泽五世而斩"(《孟子·离娄下》)的真实性，并引证事实来支持自己的看法。他在页 94—96 叙述了嘉兴 91 个最著名家族的情况，这可以概括如下：

共有几代	家族数	共有几代	家族数
4	8	12	7
5	15	14	1
6	13	15	2
7	13	16	1
8	8	17	4
9	8	18	1
10	5	21	1
11	4		

换句话说，在 91 个家族中，有 49 个其昌盛时期为 4 至 7 代，32 个家族的昌盛时期为 8 至 12 代，有 10 个为 14 至 21 代，平均为 8.3 代。
本书作者无须在这两种观点之间作取舍。零星的资料表明，19 世纪帝制中国持续或未中落的望族相当少，特别是从财务兴旺（主要是土地占有）的观点来看。那些显然支持宗族长命说的观点，本身也遭到质疑。例如，E. A. Kracke, "Family vs. Merit in Chinese Civil Examinations Under the Empire", Harvard Journal of Asiatic Studies, X(1947), 103－123，就质疑家庭背景的影响是否像 Wittfogel 所认为的那么重要。潘光旦的看法也不是结论性的。他本人提到这一事实，在他所研究的嘉兴地区，有 60 个不太著名的宗族；在这些宗族的成员中，只有少人值得一提（亦即地位够重要，可以在地方志中留下名字）。我们自然会认为，这些宗族是相对（转下页）

点，不可能保证有能力或有雄心的子孙够持续不断地出现，可以继续一些前辈曾经取得的“贵显”。家庭只能享有短暂的兴旺，最终反映到宗族组织。毕竟宗族只是一个扩大的家庭。

一个衰落的宗族，或者整体堕落，或者分崩离析。下面这个盛行于19世纪湖南省某地的情况，说明了宗族瓦解的一些后果：

> 永俗散居之户无宗祠。各宗之家若异姓，不惟远祖不联他支，谱畏讼而多不修，族有长而并无教，昵妻孥疏亲长。①

如果宗族所在地区的总体社会经济环境仍然有利于发展，家庭的财产和族长的变迁也就不会长期阻碍宗族的发展。当新领导人从某个组成家庭产生之后，经历过繁荣消退期的亲属团体，又会重现以前

（接上页）短命的。根据潘光旦提供的资料（该书，页107—110），在60个宗族中有40个持续不超过4代，其中26个不超过3代。这些数字对“昌盛”很少持续到第4代的一般看法，提供了一些支持。但是，就像宗族的昌盛取决于一些成员家庭的昌盛一样，一个家庭是否昌盛取决于其领导成员的成就；如果条件都一样，显赫家庭的数目越多、这些家庭的昌盛程度越高，相关的宗族就能享有更长期的昌盛。19世纪中国社会的一些因素显然限制了家族昌盛的持续期间。财产分割常常有害于家庭昌盛。Fei Hsiao-t'ung, *Peasantry and Gentry: An Interprelation of Chinese Social Structure and Its Changes*, p.6正确指出，“几代之后，大户又崩解成一些小小的地主”。比较Fielde, *Journal of the Royal Asiatic Society*, North China Branch, N.S., XXIII (1888), 112.缺乏经济资源并不一定就阻碍了家庭提高他们的社会地位，但常常成为维持昌盛的强大障碍；叶昌炽，《缘督庐日记钞》，6/4a－b；李慈铭，《越缦堂日记·籀诗研雅之室日记》〔编按：萧著书目英文有“之”字，中文漏载，今据补；又李氏原书“雅”作“疋”〕，页13a和40a；以及Lin Yüeh-hwa, *The Golden Wing* (1947), pp.2－3提到的事例，可以说明这一点。家庭昌盛短暂的本质经常直接影响到宗族的领导权。当由一度昌盛的家庭（或多个家庭）掌握的领导权瓦解后，宗族注定要遭到挫折，除非亲属团体里的某个其他家庭取得有力的领导。众所周知，这种新的领导有时的确会出现；这部分解释了有些家族持续昌盛了达几个世纪，上面提到的吴县范氏宗族，就是一个显著的例子。另一个是浙江绍兴新河的王氏宗族，族谱保持了长达8个世纪，每个世纪只修订一次。见《绍兴新河王氏族谱》（年代不详）。不过，这并不意味着长命宗族在较长的时期里一直昌盛发达。它们实际上也经历了昌盛、衰落的周期，这种周期与个人和家庭财富以及总体社会环境难以预测的变化相呼应。家庭财富并不是唯一的决定性因素，但经常是直接而又相当重要的因素。就像上一个世纪〔编按：指19世纪〕一样，当先前有利于宗族组织发展和存在的整体历史环境逐渐消失并为另一组完全不同的环境所取代时，宗族自己继续存在或复兴的机会就逐渐减少。在这种情况下，缺乏一个成员家庭的领导，对宗族比以往更可能是一个灾难。

① 《永州府志》（1867），卷五上，页48b。潘光旦，《明清两代嘉兴的望族》，页133—134，举出浙江嘉兴清圻沈氏宗族在大约4个世纪的时期里，从第一世到第十一世，家族人丁折损的很多原因，包括早死、未婚、无子嗣、移民他乡和失踪等。随着时间推移，族人人数增加了，但折损的百分比也增加了。在18世纪和19世纪期间（第十一世），该族折损了超过53%的成员。

光彩。但对宗族不幸的是环境并不总是有利的。宗族的生命力和健康取决于农业的乡下地区是否存在一定程度的和平与繁荣。乡村平衡的严重扰乱注定要带给宗族不利的影响。不断降临的自然灾害,频繁的民变,以及战争,特别是在19世纪下半叶,导致清帝国许多地区的经济萎缩,这些不幸的结果经常延迟复兴的到来。一些族人可能已移民到较有希望的地方,而留在家乡的族人可能会发现难以找到钱来维持祠堂这个奢侈品。对许多族人来说,比起房亲戚的福利和对死去的祖先尽责,他们还有更迫切的事情。

居住在浙江绍兴乡间的李氏宗族,可以充分说明亲属组织如何受到社会条件的影响,以及在经历一场重大灾难后想要复兴是何等艰难。李氏宗族的第一个祠堂和第一批祭田(约200亩),是一个族人(曾在邻省担任过知县的进士)在18世纪初年创设的。到19世纪中叶,由一些族人管理的祭田大部分被管理者侵占,宗祠也被攻占当地的太平军焚毁。在恢复平静之后,一位享有文名却未得意科场的族人在1868年提议重建宗祠,复兴宗族组织。他的提议没有得到回响,他用这段令人沮丧的话来表达他的情绪:“族中衣冠零落,鲜知尊祖之义。今为此议,一唱百咻,深可叹也。”①他的努力到1871年有了结果,但他不得不为此付出代价。祭田被恢复了并且抵押给一名富有的族人(一名节俭的普通商人,由于没有绅士情感,因而看不出有必要让3个儿子学会读写),靠这样筹集的资金重修祠堂。发现宗族的资源不足以维持祭祀活动,这位热心的士子(刚刚考中举人)捐出属于自己那一房的28亩土地。② 1885年,在祭田艰难地设置起来之后不到15年,一名“不识诗书”的族人又把它盗卖掉了。③

这个事例不一定是典型的。有些情况宗族的财产永远丧失,而另

---

① 李慈铭,《越缦堂日记·受礼庐日记》,下集,页76b。有关明代以来的李氏宗族历史,参见《越缦堂日记补》,丙集上,页48a-49a;辛集下,页36b。

② 李慈铭,《越缦堂日记·息荼庵日记》〔编按:萧著书目中英文“荼”俱作“茶”,今据李氏原著改〕,页28a;《桃花圣解盦日记》,丙集,页5b。

③ 李慈铭,《越缦堂日记·荀学斋日记》,庚集下,页21a。

一些情况，宗族甚至在19世纪晚期得到更多的资源与财力。[①] 但无论清帝国各地个别宗族的运气如何，普遍的情况是，宗族组织的继续存在与兴旺，直接取决于内部的强有力领导及外在的有利条件。[②]

宗族当然还受到其他因素的影响。有时，正是亲属团体的团结，成为一个削弱或毁灭它自己的麻烦的根源。在广东的一些地区，族人企图逃税，经常"辱其祖先"。根据一份官方报告：

> 粤东祖祠祭产，其为田必数十顷，其为粮必数十石。当其收租之曰，人人皆其子孙，及春完赋之时，人人皆可推诿。即有管理公尝之人，类皆一年一更，又必多方躲避……时有封祠堂、锁神主之事。[③]

宗族团结还会以另一种方式带来麻烦。在对付外人时，尤其是在他们卷入某种冲突或纷争时，宗族通常站在自己族人的背后。[④] 因此，个人间的争吵，常常发展成亲属团体间的争吵。这些争吵经常和平解决，但同样也常常变成宗族间的世仇，特别是在福建、广东、江西等宗族组织非常强大的省份。[⑤] 关于土地、水利、祠堂和其他事情的争论，有时突然爆发成大规模的械斗；根据一位现代学者的研究，这是引发华南地区过去几个世纪的许多武装冲突的原因。[⑥] 在许多场合下，由

---

① 参见前表《宗族祭田》。

② 不过，一个地区的商业繁荣会给宗族村庄带来新的社会关系，可能对亲属社区产生不利的影响。Daniel H. Kulp, *Country Life in South China: The Sociology of Familism*, pp.30 - 31，观察到近代一个华南的村庄就有这种情况："这样一来，在市集街道上……有15家店铺老板不是来自凤凰村有影响力的家族。……在租店铺经商的老板……和族人自身之间，产生了一种市民关系。这种结合不再是血缘，而是经济利益。"

③ 葛士濬，《皇朝经世文续编》，21/17a。

④ Hu Hsien Chin, *The Common Descent Group in China and Its Functions*, pp.131 - 132，引《庐江郡何氏大同宗谱》(1921)。

⑤ Samuel Mossman, *China a Brief Account of the Country, Its Inhabitants and Their Institutions* (London, 1867), p.257; Samuel Wells Williams, *The Middle Kingdom* (London, 1883), I, p.484. 和平共处当然是可能的。例见 Hu Hsien Chin, *The Common Descent Group in China and Its Functions*, pp.91, 121，叙述了范氏宗族与其他几个族一起居住在无锡附近一个小镇的情况。

⑥ 郎擎霄，《近三百年中国南部之械斗》，《建国月刊》，4卷3期(1936)，页1—10；4期，页1—14；5期，页1—12。

于情况非常严重而引起了清廷的注意。例如,雍正帝在1734年的一道上谕中说:

> 朕闻闽省漳泉地方,民俗强悍,好勇斗狠。而族大丁繁之家,往往恃其人力众盛,欺压单寒。偶因雀角小故,动辄纠党械斗,酿成大案。及至官司捕治,又复逃匿抗拒,目无国宪。……此中外所共知者。①

尽管清廷发布禁令,宗族世仇在整个19世纪仍继续存在于福建和其他省份。一位中国作者描述一个福建西南县份的情况:

> 平和地界闽广……民皆依山阻水,家自为堡,人自为兵,聚族分疆,世相仇夺。②

同一位作者还提到他在福建南部另一县份龙溪所看到的情况:

> 古县〔村〕之郑姓及杂姓五十余社械斗于南,天宝〔村〕之陈姓及杂姓七十余社械斗于西,田里〔村〕之王姓及洪岱〔村〕之施主械斗于东,归德〔村〕之邹姓与苏、郭等姓械斗于北。……频年以来,仇怨相寻,杀夺不已。③

一位欧洲传教士在19世纪40年代的记述,概括了一个福建村庄的宗族械斗:

> 整个村子的居民都姓林,看来是按照父家长制的纽带而联结在一起的。……他们在村界以内,拥有水井和寺庙等共同财产,

---

①《学政全书》,7/8b。

② 姚莹,《中复堂全集·东溟外集》,2/10a。

③ 同上,4/9b。参见同书2/11a-b。

这是偶尔与邻村村民发生争端的主体。这些争端有时达到了一定程度,双方的好战分子通常召集他们的武装力量,诉诸身体的暴力。①

广东巡抚1766年的一道上奏,具体描述了该省的情况,有助于了解宗族世仇的特点:

广东人民,率多聚族而居,每族皆建宗祠,随祠置有祭田,名为尝租。大户之田,多至数千亩;小户亦有数百亩不等。递年租谷按支轮收,除祭祀完粮之外,又复变价生息,日积月累,竟至数百千万。凡系大族之人,资财丰厚,无不倚强凌弱,恃众暴寡。

如遇势均力敌之户,恐其不能取胜,则聚族于宗祠之内,纠约出斗,先行定议。凡族中斗伤之人,厚给尝租以供药饵。因伤身故,令其木主入祠,分给尝田以养妻孥。如伤毙他姓,有肯顶凶认抵者,亦照因伤之人入祠给田。因而亡命奸徒,视此械斗之风,以为牟利之具。……迨经拏讯,而两造顶凶各有其人。……种种刁恶,皆由于尝租之为厉。②

该巡抚接着建议,如果一个宗族拥有的祭田超过100亩,就应"散"出去,希望以此终止械斗。乾隆帝部分同意他的建议。③ 根据随后的报告,这个"锢弊"至少在广东省一些地方仍然没有缩减;一位西方人在1836年观察到:

在广州和黄埔邻近地区各村庄,世仇普遍存在。为了应付这个紧急状况,按照习惯产生了一个非常奇怪的措施。他们成立

① George Smith, *A Narrative of an Exploratory Visit to Each of the Consular Cities of China* (London, 1847), p.445.

②《皇清奏议》,56/13b-14a。〔王检,《请除尝租锢弊疏》,56/30a-31a。〕

③《大清会典事例》,158/1b。

> “献身队”，把成员的名单保存起来。这些献身者自愿出面承担罪责，拿生命任赌注。一旦有什么指控，名单上的第一位就必须站出来，承认自己是行凶者，并向官府自首。然后由他们及其亲友雇请讼师、寻找证人，辩护凶手是无辜的，或者证明可以减轻惩罚。……万一被判死刑，补偿是……可以维持其家人的生计；还会得到一笔土地或金钱的报酬，有时达到300美元。这笔钱是由那个村子的居民自愿“认捐”的。①

细节虽然有一些不同（例如，给予“献身者”的报酬，是靠特别捐献而非来自祭田收入），但基本的行为模式是不变的。

有时，宗族世仇是由一些觊觎族产的无耻族人所鼓动的。一位著名的中国作者指出：

> 盖闽粤之乱，首械斗。大姓之公堂，皆积巨赀，乱民觊公堂之赀，而无以攫之，则与他姓构衅，以成械斗。斗成则官赂山积。官乐乱民之械斗以纳贿，乱民乐官之纳贿以开销公堂。故例，有械斗，案定，即将公堂分散其族，唯留祭资之专条。然定例后，卒未见有遵行者。盖公堂散则械斗息，是官自塞利源也。②

如此看来，地方官对宗族世仇的猖獗应负责任。事实上，最无耻的地方官据说“以械斗案多为‘丰年’，少为‘歉岁’”。③ 另一方面，胆小的地方官“惧干处分，容忍不办”④，他们未能作出恰当处理，间接助长了世仇。不过，应该强调的是，腐败和无能的地方官虽然导致清帝国许多地方的糟糕情况，宗族组织的领袖还是应负主要的责任。他们为一点小争吵就组织械斗。他们雇用受雇的剑客从事战斗，以减少他

① *Chinese Repository*, IV(1836),413.包世臣(1775—1855),《齐民四术》,11/3a,1828年写的一封信,也有类似的观察。

② 包世臣,《齐民四术》,8/22a。

③《皇清奏议续编》,2/12b。

④《江西通志》(1880),卷首之三,页10a－b。

们及其族人的危险;这个事实部分说明了他们易于驱使他们的团体投入血腥的战斗。两广总督 1886 年奏报给清廷的这段话,足以支持我们的观点:

> 每因睚眦小怨,田山细故,辄即不候官断,招雇外匪,约期械斗。主斗之人,大率系其族首、族绅、祠长之不肖者。……号召者或数百人或千余人,附和者或数村或数十村。……有攻击三五年而互斗不已者。①

就像亲属团体的其他活动一样,宗族世仇的场面也是由绅士主控的,但是他们并不总是在这些冒险的事情上取得领导权。普通族人会扮演宗族恶棍的角色;或许比他们扮演臭名昭彰的村庄恶棍的机会要少些。根据 19 世纪初在广东南部任职的一位地方官的报告,这些宗族恶棍"不必富户有功名之人。其人本非善类,而为烂匪之所依附,为之爪牙,听其指挥"。②

有一些事例,普通族人实际上分享了他们领导人的"义愤",扮演积极角色以保护宗族荣誉或利益。在这种情况下,就完全不雇请剑客。安徽泾县包氏宗族一名成员在 1785 年报道了下列事件:

> 包揁达者,吾族之农民也。乾隆乙巳大饥,吾族远祖葬凤凰山,去村十里,座落曹姓水口亭前。曹姓挖蕨根为食,不可禁,几伤墓。族长榜祠前曰:"自六十至十六不病者,某日各持棒集祠前,往凤凰山。不到即削谱。"族人会者千五百。曹姓悉族止三百人,拒水口亭,棒接而吾族败奔。……揁达曰:"包为曹败,无颜见乡人。有从我打复仗者否?"应声者三十人。曹姓方饮胜者于祠,揁达留十人断水口亭,而率二十人入其村,斗于曹祠前,当取其安

① 《东莞县志》(1921),36/3a－b,收录了这一文件。

② 《牧令书辑要》,9/16b－17a。

> 墓禁山服约而回。①

不过,类似这样的事例相当少。大多数见于记载的事例和观点指向一个结论:宗族世仇一般是由有关团体的领导成员鼓动和指挥的。但是,无论这些成员的个人地位如何,他们的行动带给其宗族的多半是危害而非好处。纵使世仇的确没有直接造成宗族的毁灭,但由于它经常是灾难性的,以致实际上把宗族的元气快速耗尽。一位西方作者报道19世纪初福建的情况说,"有个宗族姓蔡,另一个姓王。双方都把族人聚集起来,他们进行械斗,直到许多人被杀,许多房屋被焚毁"。②19世纪晚期,广东省一些仇杀的宗族蒙受的损失,甚至要更严重:

> 有攻击三五年而互斗不已者……若攻入彼村……所烧房屋动以数百间计,所杀人口动以数十名计。……一次械斗,即丧失一二年或数十年之资产。③

亲属团体随着环境变化而兴衰的情况,以及强烈的世仇对它的影响,19世纪广东乡间一个宗族的事例,让人印象深刻:

> 1855年,本文作者应邀到惠州府归善。在何凹(Ho-au)〔村〕,他在许多客家人口中发现了一个富有的本地(Punti)家族。他询问其家族的起源时,得到的家族史简短摘录如下:
>
> "我们宗族〔金氏(Chin)〕祖先是从江西吉安府和庐陵县移来的。在南宋高宗帝在位时〔12世纪〕,江西因土匪太多,深受其害。于是,始长和他的两个兄弟逃到这个省的南雄州珠玑巷。此

---

① 包世臣,《齐民四术》,12/30b。

② John F. Davis, *China A General Description of That Empire and Its Inhabitants, with the History of Foreign Intercourse Down to the Events Which Produced the Dissolution of 1857.* 2 Vols. (London, 1857), II, p.459.

③《东莞县志》(1921),36/3b。

后不久,兄弟中一人迁移到虎门附近的沙井,另一人迁到同一县〔新安。译按:Sin-ngan,今属深圳市〕的庵上(Yentsan);而始长则来到归善县的何凹(Ho-ya,或 Ho-au)。从宋代到明代中叶,我们家族的人丁增长很少,财产也不多。那时,居住在何凹村的有两大姓,一是姓孔(K'ung),一是姓梁。但在我们人丁兴旺时,这两大姓都以相同的程度消逝。……"

"这三位兄弟传下来的村子是显金岭(Sien-jin-ling)、蒲芦围(Pu-lu-wei)和汪柯(Hwang-ko),在新安县的村子有九转岭(Kiu-tsiun-ling)、上市(Shang-shi)、下市(Hia-shi)和沙井(Sha-tsin)等,总共有 15 个。……""本朝乾隆爷在位期间(1736—1796),金三明(Chin-san-ming)和其他祖宗发家累积了许多财富。其中一个祖宗修建了蒲芦围。早在 1737 年,蒲芦围的围墙高达 20 英尺,拥有 16 个城垛。……围墙周长约半英里,护墙河深 10 到 20 英尺。1843 年,蒲芦围村与客家人发生冲突,几乎导致全族毁灭。……"

在何凹西南大约 3 英里处,有一个何凹村人〔亦即金氏宗族〕修建的市集。那年〔1843 年〕,租用的客家人拒绝缴纳租税〔即租金〕,因而……不得不诉诸武力。当何凹村为了维护同样属于他们的另一市集,而与势力甚至更大的家族发生冲突时,双方已经打了 6 年。

1850 年,超过 90 所村子联合起来准备灭绝金氏宗族。蒲芦围因有人背叛而陷落,村民们被剥光了衣服。虽然有超过 5 000 人围攻只有 300 到 500 人防守的何凹村,但是客家人没有勇气进入村子,没有得到什么战利品就撤走了。……

1856 年,械斗再次爆发。如果本文的作者不劝说双方坐下来再次达成协定,那么就会犯下令人厌恶的凶杀罪。

恐怖的械斗持续了多年,使这一带肥沃地区深受打击,本来必须维修的灌溉沟渠年久失修。……

1855 年,一场恐怖的流行病几乎使所有耕牛都死掉。……

村民们的家道很快就破落了,因而已故 F. Genahr 牧师在死

前指出，在50个族人中大约只有2人能够读书识字。以前女人用银盆来洗脸，而现在则落到了极端贫穷的境地。年轻人在无知中长大，成为流浪汉。少数有点财产而留下来的人，也无法平安地过日子。①

即使在宗族并不耽于血淋淋的世仇的地方和时候，宗族也会滥用它们的力量，变成乡间的扰乱因素。在一些各个宗族力量并不平衡的地区，弱小者常常成为强大者的刀下肉。一位西方作者指出19世纪晚期发生在广东的一个事例：

> 在汕头北边我经常来往的一个平原上，几年前有一个小村庄，住着一个人数少势力又弱的宗族，姓石。该村附近有12个主要是梅姓宗族的村庄，他们全部联合起来对付人数远不及他们的石姓宗族。石姓宗族种植并灌溉庄稼，而梅姓宗族却收割了他们的成果。石姓的财产不断被抢劫，问题没有得到改善，他们已面临完全灭绝的危险。②

清帝国其他地区也有类似情况，根据一位晚近的调查者：

> 在一些村庄，小族常常受到强族的欺压。……在福建诏安县，田地比邻大族田园的小族，必须得到大族人的"看管"，向大族交纳十分之一或十三分之一的收成，以确保农作物的安全。……近来有一段关于陕西醴泉县情况的描述："三百年来，本族的成年男子从未超过三十人。住在两大族之间，又是四代务农、三代教书的贫士，不可避免地受到大族的欺压和侮辱。……年复一年，月复一月，大族都来借钱。只是要求他们归还本钱，也会遭到欺凌。

① *Chinese and Japanese Repository*, III (1865), 282－284.〔编按：引文中人名及地名的拼音似有许多出于方言，《惠州府志》(1881)的地图及《新安县志》都提供了部分参考。〕

② Adele Marion Fielde, *A Corner of Cathay: Studies from Life among the Chinese* (1894), p.128.

如果不借,他们就来偷盗。……遭到欺凌时,低下头;受到欺凌时,不要还手。妻子儿女也不得不受到玷污。没有钱,休想打官司。”①

我们可以推论,这种情况与受宗族世仇骚扰地区的情况,实质上是类似的,它们都是“倚强”的结果,这是清政府不止一次提到的。世仇发生在冲突双方力量大致相当的地方,因而任何一方都有充分机会抵挡另一的侵犯;被攻击的宗族明显不能有效地抵抗欺凌者时,其结果必然是受欺压和侮辱。无论由此而产生的结果是什么,强宗大族专横霸道的行为,终究会危害它们自己所在村庄的和平与繁荣。

一些宗族还以另一种方式危害乡村安宁。按照一位 19 世纪西方作者的看法,清帝国某些地区的宗族从事抢劫、掠夺的行为:

土豪恶霸有时不断冒出来,增加了宗族的社会灾害,以及有组织的偷盗:他们武装仆从,抢劫并虐待村民。毫无疑问,这些仆从多半和土豪恶霸属于同一家族。……

这种宗族式盗贼经常装备着火器。②

事实上,“宗族式盗贼”在一些地区持续威胁着乡村安宁,持续给政府带来麻烦。一位 19 世纪中叶的两广总督,说明一些宗族为镇压广东土匪带来的困难:

遇有黉夜纠劫者,但以“发财去”三字,随路招呼,鲜不欣然同往。……甚至田舍素封,衣冠巨族,亦皆乐于一试。若惠潮地方,则竟有以盗起家,转因党与太多,不能破案,人不敢指,官不得拿者。并有通族皆盗,通乡皆盗,一拿即恐滋事。……此盗风所以

① Hu Hsien Chin, *The Common Descent Group in China and Its Functions*, pp.91－92.〔编按:此段引文的来源有二:关于诏安的部分是依据刘兴唐,《福建的血族组织》,《食货半月刊》4 卷 8 期(1936 年 9 月 16 日),页 35—46。关于醴泉的部分见刘秉乾《弱小民族》,《创痕》。据胡氏原文,“年复一年”以下为一首诗,未见刘秉乾原作,无法采得原诗。〕

② Samuel Wells Williams, *The Middle Kingdom* (1883), I, 486.

未戢也。[1]

居住在广东南海县山村的区氏宗族,可以说明势力大、影响强的强盗宗族的可能发展。根据1899年刊出的一篇报道:

> 广州南海属有西樵山焉……环山上下,凡数十乡,向为盗贼丛聚之区。……而以区村一乡为最,有盗魁区辛者,常招诱其族人及乡邻悍匪,四出掳劫。……去年水师提督何长清……至其乡指名按捕,封其祖祠,押其绅耆,反为其族绅某京官贿御史揭参其勇扰民,遂撤差去。于是区辛益纵恣无忌惮,招集至数百人。[2]

一旦一个家族或多或少集体卷入公然的反社会和非法行动,它就不再是最初公开宣称的——一个为族人利益而聚集在一起的亲属组织,遵照公认的社会与法律准则。这个组织可能继续存在,力量或许还会得到加强;但这个亲属集团,在本质上已经发生了重要的转变。

不过,盗贼式宗族现象大概并不多见。只有在特殊的环境下,宗族才会加入反叛队伍,或自己变成盗贼。一般说来,宗族更倾向于对抗盗贼,以保护族人的"身家性命",而不是抢劫自己的乡邻。

宗族组织实质上是一个乡村团体,因而与村庄组织有许多共同点。在受亲属团体支配的地方,这两个团体的领导权经常掌握在同一批人手中。家族活动和村庄活动之间,具有一定的相似度和相当的重叠性。虽然家族是一个社会团体,并以此与村庄组织明显区别,但是,由于它和村庄组织纠缠在一起,其命运随着它所在村庄命运的变化而变化。

存在于村庄中个人和团体间的社会与经济不平等,也出现在宗族

---

① 林则徐(1785—1850),《林文忠公政书》(林氏刊本),《两广奏稿》,3/18a。

② 《知新报》(1899),106/1a。

内。实际上,宗族组织加重了这种不平等。由于蒙上了一层血缘关系(无论是真正的或想象的)的面纱,绅士对平民的支配被强化了,尤其是在规模大而组织完善的宗族。一般说来,我们不能认为宗族比村庄更像一个民主社区。

宗族常常使村庄居民的凝聚力程度更高;单族村庄特别表现出一种凝聚的程度,是其他没有宗族存在或多个宗族存在的村庄所没有的。清王朝统治者意识到亲属团体的这种内在力量,因而利用它们来辅助各种乡村控制工具。不过,这种辅助性工具后来证明并不比其他工具更可靠。宗族组织在不同的环境下,呈现出不同的行为模式;并且在不同素质的领导之下,从事不同类型的活动。在一个时间,宗族会扮演乡村生活的一个稳定性力量;但在另一个时间,它们就会成为清政府麻烦的一个来源。宗族的严密组织,经常产生出能量和影响,可以用来做好事或做坏事。在后一种情况下,宗族组织不但危害了帝国的安全,而且危害了亲属团体本身的利益。因此,清政府在希望利用宗族作为乡村控制的工具时,发现有必要对它们进行控制和压制。

张皓　张升　译

(选自萧公权《中国乡村——论19世纪的帝国控制》,张皓、张升译,台北:联经出版公司,2014年)

《宗族与乡村控制》导读

常建华

《宗族与乡村控制》选自著名历史学家萧公权《中国乡村——论19世纪的帝国控制》一书第八章,该书完成于1955年,初版于1960年,为英文。该书问世后即获盛誉,出版当年获得"美国学术团体联合会"学术大奖,为东方学者获此殊荣的第一人,奖状称赞萧先生"融合中西两个伟大传统的精华"。美国著名人类学家施坚雅对该书推崇备至,称赞此书开辟新的园地,不仅给人类学家无数灵感,且能嘉惠整个学界。萧先生的学生汪荣祖教授认为,施坚雅名作《中国农村的市场和社会结构》"得益于萧书之处颇多"。①

萧公权先生的这部巨著,学术贡献是多方面的。从宗族史的角度看,《宗族与乡村控制》称得上是最早全面、系统探讨清代宗族的著作。萧先生依据丰富的地方志、族谱、文集以及官方政书,呈现出清代国家与社会关系中的乡村宗族问题,在社会科学与中西比较的视野下,得出诸多的重要看法。虽然该文问世近60年了,仍然具有重要的学术参考价值。

一、萧公权与《中国乡村——论19世纪的帝国控制》

萧公权(1897—1981),原名笃平,字恭甫,号迹园,笔名君衡,江西泰和人。1920年,自清华毕业,后赴美留学,就读于密苏里大学新闻专

① 汪荣祖:《萧著〈中国乡村〉中译本弁言》,见萧公权《中国乡村——论19世纪的帝国控制》,张皓、张升译,台北:联经出版公司,2014年。

业和康奈尔大学哲学系。1926年于康奈尔大学获得博士学位回国,先后在南开大学、东北大学、燕京大学、清华大学、四川大学、成都燕京大学、光华大学任教。1948年,当选为中华民国第一届中央研究院院士。1949年应邀赴台,讲学于台湾大学;同年底赴美出任西雅图华盛顿大学访问教授,并转为专任教授,讲授中国政治思想、中国社会制度以及中国政治思想与制度等课程。1968年退休。著有《政治多元论》《中国政治思想史》《翁同龢与戊戌维新》《康有为思想研究》《宪政与民主》等著作。1981年11月4日,逝世于美国西雅图寓所,享年84岁。

萧公权先生的全部著作由汪荣祖编为九卷本《萧公权全集》。《中国乡村——论19世纪的帝国控制》是《萧公权全集》之六,台湾联经出版公司2014年出版,译者为北京师范大学历史系张皓教授、张升教授。

《中国乡村——论19世纪的帝国控制》内容包含三编十一章。第一编是乡村地区的组织,描绘乡村社会的区位状况,分两章:第一章论述村庄、市集与城镇,第二章探讨保甲及里甲的基层行政组织。第二编叙述乡村控制,分四章:第三章从保甲体系论述治安监控,第四章谈论乡村税收的里甲体系,第五章探讨社仓等饥荒控制体系,第六章讲述乡约等思想控制体系。第三编,讨论乡村社会控制的效果,分五章:第七章述及乡村控制,第八章论述宗族与乡村控制,第九、十两章讨论乡村对控制的反应,第十一章总结。

第八章《宗族与乡村控制》内容分为宗族与村庄、成员与领导、宗族活动、茶坑——一个19世纪的单独村庄、政府对宗族的控制、宗族组织的衰落六个部分,下面依序分别介绍。

二、宗族与村庄

主要探讨宗族组织在乡村控制体系中的地位,首先讨论了宗族的概念。胡先缙为我国早期留美人类学家,1948年她发表著名论文《中国的继嗣群体及其功能》。萧公权首先引了胡先缙的两处表达不尽一致的宗族定义:"'族'是拥有一个共同祖先的群体,定居在某个地方或邻近地区。""'族'是由一个共同祖先传下来的团体,定居在某个特定地方或邻近地区。"[①]概括地说,宗族是拥有共同祖先定居某地的群体。[②] 萧先生还引述杨懋春先生的看法:许多情况下,"村落组织都是由宗族关系直接或间接决定的""邻居主要是由同一宗族的家庭组成",强调可以把宗族视为"村落的中坚",但是这并不排除城市中也存在着宗族。

萧先生引述他人的研究成果与文献记载,讨论移居、宗族、村落之间的关系。他综合性地提出:"移居者会定居在某个地方,并最终创造出一个族以及一个村落;或者,他可能把自己安顿在一个村庄或城镇里,繁衍出一个族而不是一个村庄。这种不同的定居模式,部分解释了两种不同类型的宗族村庄,在'单族村庄'里,住着一些同姓的家庭;而'多族村庄'里,两个或两个以上的族比邻而居。"接着讨论了单族村庄、多族村庄两种类型村庄在中国南北方的分布情况,认为单族村庄在南方各省比较普遍,而在华北,由不同姓氏家庭组成的村庄占大多数。

萧先生指出,单族村庄与多族村庄性质的区别,反映在组织上的一些不同。在单族村庄中,宗族群体和乡村庄区实际上是一致的,村庄领导就是宗族领导。在多族村庄,情况就有些不同。族长虽然对村中事务具有明显的影响,但不一定就是村长。一个村庄出现不止一个宗族群体,就会发生宗族间的竞争或公开冲突。

萧先生对 19 世纪中国各地宗族发展程度的不同,提出了一些解释。他认为历史环境是一个决定性的因素,经济因素可能也发挥了作用。萧先生引用了较多地方志特别是陕西的资料说明经济因素与宗族规模、结构的关系,我利用陕西的碑刻资料考察了明清、民国时期陕西的宗族制度与风习[③],可以参看。

---

① 按:凡出自萧公权本文的引文,均不赘注出处,以下同。

② 关于中国宗族定义的最近讨论,可参看钱杭《宗族建构过程中的血缘与世系》,《历史研究》2009 年第 4 期。

③ 常建华:《碑刻所见明清民国时期陕西的宗族制度与风习》,《安徽史学》2018 年第 2 期。

三、成员与领导

这部分内容重点讨论宗族与绅士的关系。萧公权对费孝通等认为宗族不过就是一种绅士组织的看法有自己的理解，他认为宗族在正常情况下是由绅士促进和控制的，并非完全由绅士成员组成。宗族的发展很大程度上取决于其绅士成员，虽然宗族成员常常包括绅士和平民，但宗族的领导显然要靠绅士。绅士为宗族群体提供了积极的成分，而平民则是消极的。他也指出，绅士成员常常满足于享有祭祀的特权，及对群体的控制。

我以为，萧公权对费孝通宗族是“绅士的组织”的讨论，对于近年来江南有无宗族的讨论有一定的借鉴意义。日本学者滨岛敦俊教授认为，宗族是一种超越家族的概念，对内部成员拥有控制力量的父系血缘社会组织或社会集团，或者可以说是“血缘共同体”，而有时兼有一种基层社会的效能，特别是兼地缘性的组织。宗族的效能主要在于保证家族的再生产，江南三角洲并没有父系血缘共同体的基层组织，即所谓的“江南无宗族”，或者说，考究江南三角洲地方社会或乡村社会的特性、结构、效能之时，“宗族”这一概念并不是不可缺少的因素，他强调江南社会中绅士的重要作用。有中国学者提出不同意见。[①] 滨岛敦俊先生是研究明清江南的专家，他观察到了江南社会与闽粤社会的差异。这使我联想到，出生于苏州吴江且对江南乡村社会进行开创性研究的费孝通先生，他的有关宗族与绅士的看法可能在相当大的程度上出自对于江南社会的观察。

萧先生考察了宗族组织的构成。他指出，“一般来说，每个宗族群体都会公推一名合适的成员作为领袖，建立起一种管理或处理宗族事

---

① 邹振环、黄敬斌主编：《明清以来江南城市发展与文化交流》“圆桌讨论”部分之“江南无‘宗族’”，复旦大学出版社，2011 年；徐茂明：《江南无“宗族”与江南有“宗族”》，《史学月刊》2013 年第 2 期；滨岛敦俊：《明代江南は「宗族社会」なりしや》，载山本英史编《中国近世の規範と秩序》，東京：東洋文庫，2014 年，第 94—135 页。

务的组织。”宗族组织设有宗族领袖“宗长”或“族长”，可能是祭祀活动的主持者、“首席执行官”，或兼而有之。有时，宗族会挑选一些“执事者”来帮助族长履行其职责。规模较大的宗族还设置“副族长”，每名统率所属的“房”，因而一般称为“房长”。

萧先生指出：“年龄、较高的辈分，以及个人才能，通常是宗族领导的主要条件，但社会与经济地位也经常是同样重要的。”而“‘才与德’的标准很容易并到官品和财富里面”。

总之，绅士控制宗族是常态。

四、宗 族 活 动

萧公权将这部分内容分为族谱、祭祖、福利事业、族人的教育、秩序与道德、自卫六个方面的问题进行论述。

编纂、修订族谱。萧先生相信编纂族谱实质上是一项绅士的工作。他指出并不是所有宗族都有族谱，“居住在较为贫穷地区的宗族，常常没有族谱，特别是那些住在北方省区，宗族现象不像南方那么显著的”。他特别利用地方志，统计了北方两个县的宗族所拥有族谱的数量，陕西同官已知208个宗族中，只有2个宗族有族谱，洛川县168个宗族中，只有8个宗族有族谱。这个比重是很低的，应当说上述看法大体上说也是不错的。然而，我觉得有两个因素应当引起注意：一是陕西有利用坟墓或祠堂碑刻记载世系的传统，即石谱保存世系，会影响到纸谱的编纂必要性与数量[①]；二是北方其他省的事例，证明宗族拥有较多的族谱，如笔者主要依据庄陔兰主编的民国二十四年（1935）纂《重修莒志·民社志·氏族》资料。莒地宗族普遍拥有自己的谱牒，族谱有祖谱、草谱、支谱、合谱等形式[②]，可惜的是，未进行数量统计。我这里只是谈对于莒地族谱普遍性的印象。

---

① 常建华：《碑刻所见明清民国时期陕西的宗族制度与风习》，《安徽史学》2018年第2期。

② 常建华：《近世山东莒地宗族探略——以民国〈重修莒志·民社志·氏族〉为中心》，《安徽史学》2014年第1期。

至于修谱的意义,萧先生指出,族谱公开的目的是维系紧密的亲族纽带,不过,绅士可能存在一种动机,"想借由家族的威望来提高自己的威望——通常是宣称自己为历史上或神话里的圣贤的后人;或者是对被认为曾经'光宗耀祖'的'杰出族人'的生平与事功加油添醋大事吹嘘。至于普通的族人,他们最关心的是如何让自己和家人活着。可能对这件事没有什么兴趣"。这一看法是很深刻的,然而也不能朝极端化理解。

祭祖,修建祠堂,管理祭田和祖坟。这一部分仍然强调绅士对于宗族的控制作用。萧公权说,"祭祖"不能免于绅士的支配或控制,绅士往往捐献钱财或土地建祠堂置祭田,享有较大的管理上的发言权。这样的事例多见于记载,萧先生也指出,没有绅士地位的富者也偶尔修建宗祠。萧先生观察到,"宗祠—祭田现象,江南地区比长江以北来得显著。但是,产生这个区别的直接原因在于社会经济,而非地理差异。在北部的某些地方,也可以看到宗祠和祭田;而江南的一些地方,也有看不到的。"他在注释中提供了地方志资料说明,有广东、浙江、江苏、安徽、湖南、湖北、四川、贵州、广西、云南 10 省的。他也列出了关于华北地区一般不存在宗祠的方志,有山东、山西、陕西的。我倒是想举出北方这三个省中宗祠存在的事例,来平衡一些对于北方宗祠与祭田的认识。陕西的事例见于碑刻资料①,山西的事例出于族谱②,山东的事例出于方志,其中山东莒州地区民国统计的 196 个族姓中,有 53 个宗族拥有祠堂,有的宗族支派也有,祠堂不止一处。宗族祠堂的命名一般是"祠堂",也有"支祠",支祠之上的祠堂是宗祠、先祠、祖祠、始祖祠。宗祠祭祀始祖,支祠祭祀支祖,长支祠往往兼有祭祀始祖功能。总的感觉似乎清代建立祠堂较多。莒地宗族拥有族田的事例 38 个,宗族拥有祭田山场一般规模以 4—6 亩最多,较多的规模为数十亩。百亩以上属于规模大的族田。莒地族田主要是祭田与茔地,主要

① 常建华:《碑刻所见明清民国时期陕西的宗族制度与风习》,《安徽史学》2018 年第 2 期。

② 常建华:《宋以后宗族的形成及地域比较》第三编有山西洪洞县韩、晋、刘三姓宗族的事例,北京:人民出版社,2013 年。

用于维护墓祭与祠祭、表达祖先崇拜，也有宗族互助、族人教育的功用。[①] 值得注意的是，19 世纪苏州吴县人冯桂芬（1809—1874）说过："今山东、山西、江西、安徽、福建、广东等省，民多聚族而居。"[②]认定北方的山东、山西也多聚族而居，因此，我们不能过分低估北方 19 世纪宗族组织的存在。萧先生也强调了义田与祭田不同的用途，吴县、常州、元和等县义田较多，但也不是南方所有或大多数都有祭田或义田。事实上，已有研究指出，即使在苏南，义庄尽管遍布苏、松、常三府——有 70 多个，一般为千亩，多的至两三千亩，少的也有数百亩——但义田在总耕地中所占的比重还是微小的，如元和县为 1.7%，长洲县 1.1%。[③]

周济族人的福利事业。萧公权概括出三点：一是最普遍的做法是用宗族财产的增值所得或宗族谷仓所储藏的粮食，帮助或救济年老和贫困的族人。二是宗族给予成员的帮助，有时是以借贷的形式出现的。三是宗族也会承担起修建灌溉沟渠、蓄水池和桥梁的任务。萧先生特别指出："在一些情况下，政府干脆以宗族来担任税收代理人。"这方面闽粤宗族的研究已经得到很好的证明。郑振满考察了家族组织在户籍管理和赋役征派体制中的职能，以期反映明清福建基层社会的自治化进程。他指出清"摊丁入亩"改革后，由于官府未能直接控制各花户的田粮实数，催征赋税仍须借助于里甲户籍。他列举《问俗录》记载的"总户"，"即各族世代相承的里甲户籍，有些家族虽有不少新立的钱粮花户，但也仍是附属于原来的里甲户籍，并未脱离家族组织的控制。"[④]在广东，清代"总户"与地方社会结构的关系呈现出相当复杂

---

① 常建华：《近世山东莒地宗族探略——以民国〈重修莒志・民社志・氏族〉为中心》，《安徽史学》2014 年第 1 期。

② 冯桂芬：《显志堂稿》卷一一《复宗法议》，《续修四库全书》第 1536 册，上海：上海古籍出版社，2002 年，第 23 页下。

③ 冯尔康：《论清代苏南义庄的性质与族权的关系》，发表于《中华文史论丛》1980 年第 3 期。收入冯尔康《顾真斋文丛》，北京：中华书局，2003 年，第 290 页。又，义庄与族田，还可参考张研《清代族田与基层社会结构》，北京：中国人民大学出版社，1991 年。

④ 郑振满：《明清福建家族组织与社会变迁》，长沙：湖南教育出版社，1992 年，第 253—254 页。又，可参看郑振满：《明清福建的里甲户籍与家族组织》，《中国社会经济史研究》1989 年第 2 期。

的情形。[1] 我再补充一点，关于救济老人和穷人，清代一般是指救济五十岁以上的老人和五十岁以下的贫穷者。[2]

族人的教育。萧先生指出："宗族一般注重对年轻族人的教育，这样使他们能够参加政府主持的科举考试，以取得功名与官品。这种兴趣表现在各种鼓励他们读书识字的办法，以及为他们读书提供的各种设备。"不过萧先生依据的事例较少，所论未能展开。事实上，在清朝孝治宗族政策下，宋以来的族学迅速发展。我根据多贺秋五郎对中国宗谱研究中的族学资料及笔者收集的其他族学资料，计得61个事例。统计分析这些较为丰富的事例后可知：清代族学主要分布于江浙地区以及安徽、福建、江西各省，其设置年代主要是乾隆以降，晚清的光绪时期有一个高潮，它与清代宗族发展的趋势一致，特别是族学的设置与义庄、义田的设置同步[3]，可见族学是义庄的一部分，族学是以族田为基础的。宗族之学的名称以义学、家塾最为普遍，说明此类学校系集体所有特别是族有性质。清代族学无论是数量还是地区分布上均较宋元明有了很大发展，它既是宋以来族学发展的继续，又是清代社会的特殊产物。宗族办学，首先是为了多出人才，使得宗族强盛，其次是作为收族手段之一。族学对学生的来源有一定的要求，大致可分为面向一般族人的和面向本族内因贫困无力上学者。族学一般在五六人到十人之间，学生数量不多，目的在于保证较好的教学效果。族学聘任教师方面，首先在于是否任用族人，强调教师的品学。族学主要是蒙学，但也有一些族学采取两级施教。一般宗族助学范围在七八岁至十五六岁，如可造就，继续给予数年的支持；如成绩平平，则建议改习他业。族学教育以基础教育和科考并重，除每天的正常课程外，还有针对科举考试的练习，一般称为会课、文会、文社等。族学多设置

---

① 刘志伟：《清代广东地区图甲制中的"总户"与"子户"》，《中国社会经济史研究》1991年第2期。又，可参看刘志伟《在国家与社会之间：明清广东地区里甲赋役制度与乡村社会》，北京：中国人民大学出版社，2010年。

② 常建华：《宗族志》，上海：上海人民出版社，1998年，第359、367—368页。

③ 参见李文治《论明清时代的宗族制》附表，载《中国社会科学院经济研究所集刊》第4辑，北京：中国社会科学出版社，1983年。

在宗祠或义庄内，宗族对族学管理的形式是不同的，有的是宗祠的专门人员管理，有的为宗族首领直接管理。族学控制在义庄、宗祠手中。族学有叩拜文化名人和祖先的制度，这既是出于对著名教育家的崇敬、感谢祖先恩德，也是族学管理的一环。宗族向族学提供经费，一般由专门的学田或族田中拨给。这些经费用于教师的报酬和学生的文具、奖励等，主要涉及书费、纸笔、饭食、助学金、赶考路费。宗族对族学的管理还反映在察课制上，族学往往就教学管理制定有规条、章程。总之，族学是宗族制度的主要内容之一，还是使宗族强盛的手段。①

惩罚犯罪，解决争端以维护秩序与道德。萧先生本节主要谈"宗规"，即依据儒学的基本原则制定行为规范，强调宗规借由奖励和惩罚而得到加强。清代族规的研究目前成果很多，已有详细讨论。②

自卫。宗族有时承担抵御暴徒、土匪及其他敌人的乡村自卫任务，宗族为了保护自己的利益，还以武力对抗官府代理人。

萧公权总结道：宗族活动大致与村庄活动相同，因为宗族与村庄紧密联系在一起，都受到绅士的控制，都由农民组成。"在村庄中存在着宗族，自然会为乡村生活带来一些不同。宗族会增强其所在村庄的团结，使村庄比其他情况下的更紧密、组织更完善。但是，宗族并没有在实质上改变乡村生活的基本模式。社会和经济地位不同的人之间的区别仍然存在；许多村庄未能解决的问题，宗族也没有解决。"

五、茶坑——一个19世纪的单族村庄

鉴于以上分析，宗族—村庄的景象系合成的，是从各种资料拼接事实形成的，缺乏时间与空间的联系。本节采取个案分析的方式，以弥补上述缺憾。于是选取了梁启超（1873—1929）对故乡广东新会茶

① 常建华：《试论宋代以降的宗族之学》，《中国社会历史评论》第一卷，天津：天津古籍出版社，1999年。

② 朱勇：《清代宗族法》，长沙：湖南教育出版社，1987年；常建华：《宗族志》第七章《族规》，上海：上海人民出版社，1998年。

坑单族村庄的考察。梁启超的描述类似民族志,十分详尽,揭示了该村保与宗族的关系、梁氏宗祠"叠绳堂"的结构与功能。调节或裁判纷争是祠堂重要职责,管理族田、组织祭祖也是重要职责,还有治河、蒙学教育、节庆娱乐、经济互助的会社,显示出宗族的"自治"性质。不过,萧公权对于梁启超描述的"自治"程度持保留态度,认为茶坑受惠于沿海小岛的特殊环境,但也肯定这个高度整合的宗族—村庄显示出亲属团体的组织和活动的影响程度。

这一微观史学的探讨方式与宏观论述相结合,增强了论述的说服力。

六、政府对宗族的控制

萧公权敏锐注意到,清政府认识到宗族的重要性,将其作为乡村控制、社会稳定的工具。尤其是康熙帝和雍正帝都对宗族感兴趣,康熙九年颁布"圣谕十六条",第二条是"笃宗族以昭雍睦"。雍正二年所颁《圣谕广训》解释这一条的具体做法是:"立家庙以荐蒸尝,设家塾以课子弟,置义田以赡贫乏,修族谱以联疏远。"事实上,清廷利用宗族制度推行孝治,是清朝以孝治天下总政策中的重要组成部分。[①]

清代宗族政策的重要表现还有推行族正。萧公权注意到乾隆初年江西巡抚陈宏谋对于族正推行的兴趣并得到乾隆帝的支持,萧先生在注释中提示了梁章钜《退庵随笔》雍正四年(1726)试行族正的史料,也指出这一史料"明显引自《清朝文献通考》",断定乾隆二十二年(1726)"使它成为全国性的制度"。萧公权评论说:"清王朝统治者把族正实际上变成保甲代理人,同时破坏了正统儒家思想的基本观念和宗族的自然本质。"对于雍正四年(1726)试行族正、乾隆初年陈宏谋如何推行族正、族正与族长关系及乾隆朝以后族正的推行问题,确实存

① 常建华:《论〈圣谕广训〉与清代的孝治》,《南开史学》1988 年第 1 期;《论清朝推行孝治的宗族制政策》,《明清史论文集》第二辑,天津:天津古籍出版社,1991 年。以上二文收入常建华《清代的国家与社会研究》第一章二,北京:人民出版社,2006 年。

在不少疑惑之处，需要辨析。[①] 由于奏折档案的公布以及研究，我们对于族正制度的实行与特性有了进一步的认识："康熙后期雍正初年也是推行保甲的时期，解决宗族的治安与教化问题，采取的方式是设立族正，族正制作为保甲的一环出现，而族正的选立却借鉴了乡约的形式，并且族正也有负责宣讲圣谕的职责，保甲、乡约渗透到宗族中，使宗族进一步组织化，我称之为宗族的保甲乡约化。尽管不同的宗族受到保甲、乡约的影响程度不同，族正制也没有在全国普及，但是政治文化对于宗族影响的制度要求与社会氛围却是同样的，宗族保甲乡约化是清代宗族的特征，族正制是这一特征最好的体现。"[②]

萧先生也注意到，清廷"承认宗族组织是一种统治工具，可能在一些情况下鼓励了宗族朝政府讨厌的方向扩张与运作"，如宗族为提高威望或扩大影响力而"冒认"自己的祖先，及滥用修建宗祠和购置祭田的特权。"在18世纪结束之前，清王朝统治者就意识到宗族并不一定是可靠的乡村控制工具，而且在不利的环境下经常变成麻烦的来源。"其实，乾隆朝宗族政策的变动较大，我梳理了这一时期宗族政策的演变，得出如下结论：

乾隆帝重视宗族问题，在他当政时期，宗族组织发达地区的福建、广东、江西等地健讼、械斗严重，影响了清政府的统治秩序，他希望治理宗族以平息健讼械斗之风，维护正常的社会秩序。

乾隆帝对宗族的政策，总的来看以抑制为主，也有一定的支持和打击。乾隆改变了雍正时代依靠支持宗族组织为主的政策，停止了其父所定致死族人免抵的法律，同时又承认和予以宗族管理族人的部分司法权，表明了有限度地支持宗族的主张。乾隆帝

① 常建华：《清代族正问题的若干辨析》，《清史研究通讯》1990年第1期；常建华：《清代族正制度考论》，《社会科学辑刊》1989年第2期。以上二文收入常建华《清代的国家与社会研究》第四章一、二，北京：人民出版社，2006年。

② 常建华：《清代宗族"保甲乡约化"的开端——雍正朝族正制出现过程新考》，《河北学刊》2008年第6期，收入常建华《宋以后宗族的形成与地域比较》，北京：人民出版社，2013年，第262页。

的族正政策曾有过明显的变化。初年，他支持在闽、粤、赣三省推广雍正时开始实行的族正制，地方官员推行族正制，已不仅仅仿照保甲，他们赋予族正的缉盗、治安等保甲以外的功能，使族正具有管理祠堂、族产、防止健讼、械斗的职能。乾隆中叶，又支持地方官打击宗族势力的措施。此后乾隆帝对进一步推广族正制持否定态度，但乾隆帝并没有停止族正制，如不断编保甲一样，族正制也屡屡重新执行，乾隆帝只想让族正起到保甲的作用，而不愿意将其权限扩大。乾隆帝后期，认为族正制改变不了械斗、健讼问题，因此，采取了重惩械斗案件以制止械斗的政策。

对宗族及族正的看法清政府内部并不统一。在地方官中，陈宏谋、郝玉麟、喀尔吉善、潘思榘、徐嗣曾等人是依靠宗族支持族正制的代表，辅德、王检等则是惩治宗族、轻视族正制的代表。在是否予以宗族处死族人免抵权的问题上，清朝官员也分为两种表现。乾隆帝在前后期态度不一致，在一些具体问题上观点有所动摇。清政权在宗族问题上这种支持与反对二重性，是由宗族组织具有的二重性决定的。宗族组织管理族人，一方面要求其用儒家的伦理规范约束自己的行为，处理宗族内部的人际关系，奉公守法，具有维护宗族及所在地社会秩序的性质；另一方面，宗族具有血缘的凝聚力，宗族组织要求族人把宗族的利益放在首位，绝对服从祠堂、族长、族法的要求，有与其他宗族及集团发生矛盾，甚至违反国家规定的情形，有时宗族利益还会同政府发生冲突，具有控制和破坏地方社会秩序和违抗政权的性质。这两方面，在不同的时间和地方会有不同的侧重和表现。因此，支持者往往强调第一方面，反对者则常常重视第二方面，使政权执行的宗族政策发生分歧和摇摆。

乾隆时治理宗族，惩治宗族械斗、健讼的实践，对维护社会秩序以及加强政权对地方社会的控制，起到一定的作用，但是并没有解决问题。总的趋势是械斗、健讼在乾隆后期有增无减，除了宗族的特性外还有两个重要原因。首先，乾隆朝人口急剧膨胀，

> 人均土地大幅度下降，民食严重短缺，械斗、健讼往往是因为争夺土地、山场、水源等所致，同时大量过剩人口也“无事生非”，人口急增造成空前的社会问题。制止械斗、健讼，解决不了民食维艰和“失业”，因而械斗、健讼也难以根治。其次，乾隆中叶以后，官场日益腐败，吏治不清，清政权的职能削弱，地方官纳贿成风，对政务不负责任，甚至畏惧和勾结宗族势力，遂使械斗之风转盛。[①]

乾隆朝宗族政策的摇摆性，足以说明当时宗族问题的复杂性。

萧先生主要论述的其实是18世纪的清廷与宗族关系问题，当然他也指出：“在19世纪中期和晚期社会发生大动荡时期，有些家族的反映就是成为另一个骚动的来源。”闽台地区19世纪的族正实践，对于我们认识族正有所帮助。我的研究揭示出：

> 清代闽台地区的族正制与治理械斗而变异的联庄制度结合在一起，族正成为保街之下隶属于总理的一级组织，与庄正同处一级，共同维护基层社会的秩序。但是与总理、庄正可以得官府颁发的戳记进入政府行政体系相比，族正是否给与戳记官府处于动摇状态，族正的民间性更强一些。由于族正的选立也经过官府认可，使得族正成为官府监督控制下的民间组织。族正的职责在于监督族人遵纪守法，防止健讼械斗，平时有教化之责，兼具乡约的性质。族正可以处理族人的诉讼事宜，最大的权力是将不法族人捆送到官。
>
> 清朝族正制的实行表明，宗族的发展已经成为闽台地区社会的基本组织形式，政府的统治必须面对宗族。从清前期到近代，清朝族正制的实践积累了丰富的经验，也形成成熟的做法，这就是上述既监控宗族又防止族正借官府权威而控制宗族，并使宗族进一步组织化。清朝的宗族政策比较得当，基本上将宗族纳入了

---

① 常建华：《试论乾隆朝治理宗族的政策与实践》，《学术界》1990年第2期，收入常建华《清代的国家与社会研究》第四章三，北京：人民出版社，2006年。

政府的社会控制范围。19世纪宗族的发展虽然带来一定的社会危机性，但未能逸出更不能威胁政府的统治，从族正看近代中国国家与社会的关系，会给我们诸多的启示。①

官府监控宗族，宗族也寻求官府的支持。萧先生敏锐观察到："一些家族领袖不仅乐意让他们的组织置于政府控制之下，甚至借由取得政府批准，设法寻求宗族权威的合法化。"宗族申请官府批准族规在清代比较普遍，而且在明代已经出现。②

七、宗族组织的衰落

这一部分篇幅最大，可见萧公权的重视，讨论的主要是19世纪宗族的衰落问题以及负面性质。萧先生判断："随着社会动荡的19世纪中叶的消逝，宗族的繁荣时期就过去了。"这种将社会稳定与宗族繁荣联系起来的观点，自然有其合理性。然而，从长时段考察宗族的组织化与普及化，可能需要进一步的证明。事实上，社会动荡也可能给宗族的组织化带来机遇和必要性，另外在华北与华南不同的地区，社会动荡的程度也不同，如何判断宗族是繁荣抑或衰落，也会有标准与程度的差异。我们对于明清山西、河北、河南北方宗族的研究表明："在发展阶段上，华北宗族虽然也是在明代中后期组织化并开始普及的，但是深入民间则是在清中叶以后，民国时期宗族仍很兴盛，因此清中叶至民国是华北宗族的重要发展阶段，比起华南的宗族来说，宗族制度的大规模普及与宗族组织化稍晚一些。"③

在宗族衰落原因的具体论述中，萧公权提出诸多具有启发性的看法。如他认为家庭财富及缺乏有力的领导，尤其是后者，会导致宗族

① 常建华：《近代闽台族正制考述》，《中国社会经济史研究》2006年第1期，收入常建华《宋以后宗族的形成与地域比较》第十三章，北京：人民出版社，2013年。

② 常建华：《宗族志》，上海：上海人民出版社，1998年，第466—471页；常建华《明代宗族研究》，上海：上海人民出版社，2005年，第335—344页。

③ 常建华：《宋以后的宗族形态与社会变迁》导言，天津：天津人民出版社，2013年，第6页。

衰落。宗族衰败的具体象征是祠堂、祭田正常功能的丧失或不当发挥。萧先生“不赞成家庭的昌盛延续不过三代或四代这个有争议性的观点”,并以潘光旦先生《明清两代嘉兴的望族》支持自己的观点。

萧先生强调:“宗族的生命力和健康取决于农业的乡下地区是否存在一定程度的和平与繁荣。”

团结对于宗族也至关重要,甚至影响到械斗问题。萧先生认为:“关于土地、水利、祠堂和其他事情的争论,有时突然爆发成大规模械斗。”根据学者的研究,闽粤的宗族械斗的确严重①,形成了社会问题。

萧先生还强调:“宗族也会滥用它们的力量,变成乡间的扰乱因素。”有的地方,宗族从事抢劫、掠夺,成为“宗族式盗贼”。然而,一般来说,宗族更倾向于对抗盗贼。

萧公权最后总结,强调三点:一是宗族组织实质上是一个乡村团体,因而与村庄组织有许多共同点;二是存在于村庄中个人和团体间的社会与经济不平等,也出现在宗族内;三是宗族常常使村庄居民的凝聚力程度更高。作为政治学家,萧先生在第二点中特别指出:“一般来说,我们不能认为宗族比村庄更像一个民主社区。”

① 谭棣华:《略论清代广东宗族械斗》,《清史研究通讯》1985 年第 3 期;郑振满:《清代闽南乡族械斗的演变》,《中国社会经济史研究》1998 年第 1 期。

中国农村的市场和社会结构(第一部分)

[美] 施坚雅

序①

在这部著作中②,我对中国农村的市场活动作了一些局部的描述和初步的分析。这个被忽视的课题所具有的意义远远超出了严格的经济学的内容。由于这里根据中国情况描述的这种市场结构看来具有被称之为“农民”社会或“传统的农耕”社会的全部文明的特征,它特别引起了人类学家的注意。在这类重要的复杂社会中,市场结构必然会形成地方性的社会组织,并为使大量农民社区结合成单一的社会体系,即完整的社会,提供一种重要模式。由于已经完成的无与伦比的大量工作,由于中国社会所具有的异乎寻常的长期性和稳定性允许很多地区的市场体系在现代化开始之前达到充分成熟,还由于可供利用的长达几个世纪的中国市场的文献为研究传统社会内部全面的发展和变化提供了丰富的史料,中国的情况对于传统农耕社会中农民交易活动的比较研究具有重要的意义。

对农村市场的研究还能够帮助了解那些构成对传统体系的背离的变化,这种变化标志着一个传统的农耕社会向现代工业社会转化的开始。市场分布和交易行为方式的基本变化为现代化进程提供了一个综合性指标。因此,在近代中国历史中可以划分开的每一个阶段

① 本序原为第一部分的引言。

② 本书最初是为参加当代中国研究联合会中国社会研究分会于1963年11月1—2日在多伦多举行的“中国社会变革进程”研讨会而作。书中有关市场社区的内容经修改和缩写后曾于1964年2月10日在伦敦政治经济学院作为大学讲座发表。

中，农村交易活动都应该受到密切的关注——当代共产党领导时期也不例外。在最近10年中，由于集体所有制单位和市场体系之间的一致性得到证实，这一课题呈现出更多的意义。我这部著作的部分意图就是要说明，对中国农村1949年以来的发展的充分阐释必须依靠对前现代农民交易活动的优先分析。

尽管有关中国地方市场的学术著作相对少见①，可供分析的原始资料却十分丰富。数千部方志——为县或其他行政单位编写的地方性的志书——提供了地方市场和通常有关交易过程本身的异常详尽的资料。在共产党统治之前的过渡时期，外国观察者的描述，地方报纸的报道，通过实地调查积累起来的原始数据，以及学者们田野调查中的点滴资料，都成为前述史料和其他传统文献的补充。研究中国大陆农村市场——无论1949年以前还是以后——的最丰富的资料来源是大批来自大陆而现在台湾、香港和海外的有可能提供情况的人，即那些各自在长达数年的时间中参与过他们家乡所属的市场体系的人。这里研究所用的数据来自我本人1949—1950年在四川进行的实地调查②，与

① 在文献搜寻方面，加藤繁做了开拓性的工作。他和另外三位日本学者开始了对方志的系统利用。加藤繁：《清代农村定期市场》，《东洋学报》23卷2期（1936年2月），第153—204页；仓持德一：《四川的地方市场》，《日本史学会研究汇报》第1期（1957年12月），第2—32页；增井经夫：《广东的地方市场》，《东亚论丛》第4卷（1941年5月）第263—283页；山根幸夫：《明清时期华北的定期市场》，《史论》第8卷（1960年），第1—52页。

中国学者写过两篇较短的论文，论述较早期朝代中的农村市场，他们没有当时的地方志可供利用。何格恩：《唐代岭南的墟市》，《食货》5卷2期（1937年），第35—37页；全汉昇：《宋代南方的墟市》，《历史语言研究所集刊》第9卷（1947年），第265—274页。

对农村市场的实地调查是由中国社会学家们开始的。乔启明和杨懋春，两人都在康奈尔大学受过农村社会学的教育，最早认识到了市场体系的社会意义。杨庆堃1932—1933年做的实地研究至今仍是第一流的。乔启明：《乡村社会区划的方法》，金陵大学《农林丛刊》第31号（南京，1926年5月）；乔启明：《江宁县淳化镇乡村社会区之研究》，金陵大学《农林丛刊》新编号第23号（南京，1934年11月）；杨庆堃：《华北地方市场经济》，油印（纽约：太平洋关系学会，1944年）；杨懋春：《一个中国乡村：山东台头》（纽约，1945年）；杨懋春：《中国的集镇区与乡村社区》，《社会学刊》第1卷（1963年12月），第23—39页。

日本人对华北的实地调查也产生了一批相关的文献，其中最重要的两种是：中国农村惯行调查刊行会编：《中国农村惯行调查》（东京，1952—1958年），共6卷；山根幸夫：《传统农村市场》，《农村交易活动》，载《中国农业问题》（东京，1953年）Ⅱ，第69—174页。

还要注意两种很有用处的四川市场的实地研究：

廖台朱（音）：《成都平原的油菜市场》，《农场经济杂志》28卷4期（1946年12月），第1016—1024页；J.E.斯潘塞：《四川乡村集市》，《经济地理》16卷1期（1940年1月），第48—58页。

② 这次实地调查得以进行，是得到了社会科学研究院和维金基金会的批准。

部分移居美国、新加坡等地的知情人的广泛交谈,大量方志,还有各种其他公开的出版物。[①] 尽管如此,我几乎没有发掘那些潜在的资料,这部著作也没有达到综合论述的水平。

第 一 部 分[②]

本书第一部分从两个基本问题开始:市场的各种形式和集期安排的规则。在接下去的各小节中,市场结构首先作为空间的和经济的体系,然后作为社会和文化的体系来分析。

一、市场和中心地

中心地——这个用于城市、城镇和其他具有中心服务职能的聚居的居民点的一般用语——可以用多种方式来定义。这里采用的方式仿效克里斯塔勒和罗希。[③] 按照这两位学者提出的解析传统,一个特定的中心地可以根据它在连锁性空间体系内的地位来分类,而在这个空间体系内,经济职能是与等级层次相联系的。[④] 可以设想,一种持续状态的"熵"——多种力量用多种方法在长达很多世纪的时期中作用于中心地体系——如果说不是在事实上导致中心地等级的规律性和职能组合与中心地在空间体系内地位的一致性,至少使它们得到了加强。[⑤]

---

① 康奈尔大学的斯蒂芬·M.奥里森和小威廉·L.帕里士有力地协助了研究工作,还要感谢香港联合研究会的肖志和约翰·刘,新加坡大学的约瑟夫·P.L.江以及康奈尔大学的市川纪次郎、约翰·T.马和小威廉·约翰·麦克等人给予的多方面的帮助。

② 根据《亚洲研究杂志》第24卷第1期重印,1964年11月。
作者当时为康奈尔大学亚洲研究及人类学教授。

③ 这两部经典著作是:沃尔特·克里斯塔勒:《德国南部的中心地》(耶拿,1933年);奥古斯特·罗希:《区位经济学》(耶拿,1944年),本页内容据1954年英译本。

④ 在这部著作中把对中心地类型的介绍放在对体系的描述之前,仅仅是为了叙述的方便。事实上,对体系的分析先于对所适用类型的分析。

⑤ 这个假设只不过是由贝利提出以解释在包括中国在内的某种传统社会中,中心地的不同规律所表现出的一种规模秩序分布理论的延伸(在一个这种类型的分布中,从小到大每提高一个规模等级所需的事件数量是一个固定的级数,在中间排列中没有或缺)。在"克里斯塔勒-罗稀式等级和城市规模的规模秩序分布"之间建立"和谐共存"方面,这种延伸大胆得让人难以想象。见布赖恩·J.L.贝利:《城市的规模分布和经济发展》,载《经济发展和文化变革》(1961年6月);另见马丁·J.贝克曼:《城市等级和城市规模分布》,载《经济发展和文化变革》(1958年4月)。

即使如此，在中国长期而相对稳定的王朝后期，对中心地的分析可以毫无困难地以下述假设为依据：一个居民点的经济职能始终如一地与它在市场体系中的地位相符合，而市场体系则按照固定的等级自行排列。

中国农村的居民点复杂多变，在把它们按照一定的意义分类的尝试中，我从基层集镇开始——一种似乎一直普遍存在于前现代农业中国各个地区的中心地。

传统时代后期，市场在中国大地上数量激增并分布广泛，以至于实际上每个农村家庭至少可以进入一个市场。市场无论是作为在村社中得不到的必要商品和劳务的来源，还是作为地方产品的出口，都被认为是不可缺少的。我用“基层”（Standard）一词指一种农村市场，它满足了农民家庭所有正常的贸易需求：家庭自产不自用的物品通常在那里出售；家庭需用不自产的物品通常在那里购买。基层市场为这个市场下属区域内生产的商品提供了交易场所，但更重要的是，它是农产品和手工业品向上流动进入市场体系中较高范围的起点，也是供农民消费的输入品向下流动的终点。一个设有基层市场的居民点（但并不同时也设有较高层次市场），这里称之为“基层集镇”。

低于基层集镇水平的居民点类型各个地区不同，在中国农村大部分地区常见的是聚居型的村庄，在很多地区，这些村庄是基层城镇下面唯一的定居点类型。然而，在一些地方，某种“村庄”中存在一种我在这里称之为“小市”的市场。这种通常称为“菜市”的小市专门从事农家产品的平行交换，很多必需品难以见到，实际上不提供劳务或输入品。作为地方产品进入较大市场体系的起点，它所起的作用微不足道。小市在中国农村的零星存在，其有限的职能及其处于较大市场体系的边缘地位，这一切使我认为它在中心地的固定等级之外——是一种过渡形式，在多数情况下可以解释为一种初期的基层市场。为了不引起混乱，我用“小市”这一术语既指这种市场，又指这种市场所在的居民点。

在中国还有一些地方，其中四川盆地是突出的例子，既没有聚居型村庄，也没有小市。农民住在分散的或三五成群的农舍中。低于基层集镇水平的仅有的经济交汇点是以“幺店”（字面意思为“小商店”）著称的小群店铺。然而,四川盆地人类生态学上的这种异常特征不应被过分强调。四川农村中分散的居住单位自行组成了自然群落,每一个都以一座土地庙为中心,可以称之为“分散型”村庄。如果把它们看作社会体系,四川的分散型村庄和较普遍存在于中国其他地区的聚居型村庄都可以被视为“村庄”。零星存在于四川的幺店,在某些情况下就是分散型村庄的“杂货店”。因而等同于中国其他地方最大的聚居型村庄中常有的店铺群。其他幺店,特别是那些由几个店铺组成,并位于与两个或三个集镇等距离的交叉路口的幺店,其职能等同于中国其他地方的小市。可以把它们看作初期的基层市场,实际上,在为我提供四川资料的一些知情人的记忆中,就有一些重新建立的基层市场是由幺店发展而来的。

需要指出的是,这里把“村庄”这个术语用来专指没有设立市场的聚居型的居民点。[①] 对于居民的社会体系来说,“村社”是一个更广泛的聚居型或分散型居民点的名称,它不涉及任何形式的市场。没有一个一般性的术语可以代表小市或幺店,它们是村社和基层集镇之间的中间和过渡。“集镇”,这里作为专用名词,限于代表经济中心等级体系中层次毗连的三种中心地,其中每一种中心地都相当于一种市场。我们已经描述过的基层市场是这三个层次中最低的一种。按照上升的顺序,另两种分别命名为“中间市场”(intermediate market)和“中心市场”(central market)。先描述一下后者:中心市场通常在流通网络中处于战略性地位,有重要的批发职能。它的设施,一方面,是为了接受输入商品并将其分散到它的下属区域去;另一方面,为了收集地方产品并将其输往其他中心市场或更高一级的都市中心。至于中间市场,只要说一句话就够了,它在商品和劳务向上下两方的垂直流动中都处于中间地位。这里还要说明一个术语:一个中间市场所在的居民点(但并不同时也是一个高一级市场所在的居民点)称为“中间集镇”。“中心集镇”也同样定义。

① 然而,“村庄”这个词在一般文献中相当普遍地用来指基层市场所在的村镇。例如,斯潘塞在他研究四川的论文中用“村庄”(village)一词来表示“集镇”(market town),尽管这样做就要给“村庄”下一个他承认并不适用于其他省份的定义。

传统中国的等级中较高层次的中心地类型由于"自然"经济中心和"人为"行政中心之间可能出现的差异而复杂化了。在中国,都市的概念一直与衙门和城墙紧密联系。① 在传统的中国人的观念中,一座真正的城市是建有城墙的县治、府治或省治。② 当中华帝国行政系统的等级结构确定时,行政中心地的三分法的分类实际上是自动形成的。但这种行政中心等级与由经济职能决定的较高层次的中心地等级之间有什么联系呢?

可能有两种简单而片面的答案。一种认为这两个系列的中心地可以重合,另一种则认为它们完全不同。这两种观点都出现于学术著作中,并且,我认为都是错误的。张盛涛〔音〕实际上给出了第一种回答。③ 他的较低层次中心地分类法来源于杨庆堃的开拓性的实地研究。杨在分析了山东邹平县市场的建立之后,推论出三种中心地,相当于我所说的小市、基层集镇和中间集镇。④ 邹平县碰巧没有较高层次的市场,并且该县县治相当独特地应归类于中间集镇,张同意把杨庆堃的实例作为典型,并进而把这个行政等级中的政区首府等同于经济等级中的中间集镇。⑤ 然后,贝利和普雷德在他们对中心地研究的颇有影响的评论中⑥,贸然肯定张的论文确定了传统中国中心地的"经典等级",并引证了一个鲁莽的分类法,把较高层次的行政首府移植到一系列经济等级中较低层次的中心地中。

---

① 可以非常肯定地说,在传统中国每个有衙门的居民点都有城墙保护,但是它的逆定理——每个有城墙的居民点都有一个衙门——却并不总是正确的。这方面特别令人感兴趣的是卫城(要塞镇)和所城(驻防镇),与县城不同,这些有城墙的市镇中的政府机关对墙外的区域没有司法权。然而我假定这些镇上军事指挥官的总部也被看作一个衙门。

② 县级单位也包括州和厅。关于清代的详细情形可参阅瞿同祖的《清代中国地方政府》(马萨诸塞,剑桥,1962 年)第 1—7 页。

③《中国县治城市地理的几个方面》,《美国地理学家协会年报》,51 号(1961 年)。

④ 杨庆堃对中国市场的分类到此为止是完全可以接受的。然而,他用的术语却存在问题。我用"小"和"基层"来表示的层次,杨称之为"基本"和"中间"——这些词在那些只有很少或没有小市的地区使用时显得很不合情理。

⑤ 张用了一个极为不典型的例子——陕西省潼关县,来说明他的分类法。潼关县治所在地肯定是一个中间集镇,但这个县异乎寻常得小,人口和面积都不足全国平均水平的 1/5。当然,具有平均规模的县,其县治所在地更可能有中心市场。

⑥ 布赖恩·J.L.贝利和阿伦·普雷德:《中心地研究:理论和应用书目提要》(费城,1961 年),第 153 页。

两种可能片面的答案中的第二个由费孝通提出。① 按照费的分析，有两种类型的城市中心——“驻防镇”和“集镇”——它们之间肯定存在着各种差异。它们在位置、“外貌”和职能方面都不同。前者是有城墙的市镇，从一开始就是人为建造的，建造位置则出于防御的考虑；它们适用于行政职能。反之，集镇没有城墙（或至多有一座不那么坚固的非公共建筑的碉堡来保卫），在一个区域内自然增多，位置与运输网络紧密一致；它们适合于商业职能。为支持他的观点，费特别提出，由于很多集镇的人口和企业数都超过了邻近的驻防镇，这两种中心地的规模顺序有相当大的重合。②

尽管费关于驻防镇和集镇的构想很有启发性，但他关于县治和其他行政中心通常不具有商业职能的设想是个明显的错误。在这方面，我所调查的所有县城都至少拥有一个市场，并且可以按照它在市场体系中的地位归类于一种已知的中心地。同时，必须同意费所说的，在同一等级层次的经济中心地，既可以建立行政中心，也可以建立非行政集镇。在这个问题上，张犯了简单化的错误。

通过参考张研究集镇所依据的杨庆堃研究过的地区，可以更好地说明这个错误。很容易弄明白，既是县城又是中间集镇的邹平，在经济上依赖周村这一在行政等级中毫无地位的中心集镇。周村在行政地位上低于它所在县（长山）的县城，而在经济方面，长山像邹平一样，只拥有一个依赖于周村中心市场的中间市场。③ 株洲，湖南湘潭县的一个河运港口，提供了一个类似的实例，这也是一个在行政等级中没有地位的中心集镇。还可以引证一个相关的例子：四川华阳县在 1949 年拥有

① 费孝通：《中国绅士：城乡关系论文集》（芝加哥，1953 年），第 5 章。

② “在太湖地区我家乡的县城吴江这个驻防镇，与邻近的集镇（如震泽）相比，要小得多，也不够繁荣。”见前书，第 103 页。

③ 不能把周村在中心地等级中地位的提高看作是这个镇从 20 世纪初就有的铁路联系造成的异常现象。正相反，铁路的建成加速了周村商业重要性的下降，并最终使它的经济依赖于铁路的两个终端青岛和济南。阿姆斯特朗 1890 年对山东中心地所作的综合性调查表明，当时周村、济宁（一个州治）和潍县在中心地的经济等级中不是地方性的就是地区性的城市——在经济地位上优于省会和大多数府治。此外，根据阿姆斯特朗对中心集镇的描写，在山东至少可以明确分辨出 5 个没有行政地位的镇来。见亚历山大·阿姆斯特朗：《山东》（上海，1891 年），第 57—72 页。

8个以上的中间集镇和一个中心集镇,而其中没有一个是县城。

在我看来,行政和经济中心的这两个等级系列重合或一致的程度,只有通过分析一个具体地区的市场结构才能确定;要把这个地区的中心地按照它们在市场体系中的经济职能和地位进行分类,然后可以与每个中心地的行政地位作比较。我并没有对任何地区彻底地这样分析,但通过对中国一些相当分散的地区市场结构的分析,我把高于中心集镇的中心地分为两个层次,并提出一些总的归纳。这里把所提出的分类和用语概述如下:

中心地类型	市场类型	最大属地
〔小市〕	〔小市〕	〔小市场区域〕
基层集镇	基层市场	基层市场区域
中间集镇	中间市场	中间市场区域
中心集镇	中心市场	中心市场区域
地方城市		城市贸易区域
地区城市①		地区贸易区域

我的初步分析表明,只有一小部分中间集镇成为县城或较高层次行政单位的首府,但三种最高层次的中心地中相当大部分具有这类行政地位。在晚清,作为县级政府所在地的都市(但并不同时也是府城或省城)往往是中间或中心集镇,后者更为常见,府治常常不是中心集镇就是地方性城市,而大多数省城在上述中心地等级中应该归类于地方或地区性城市。

一般说,在这个等级分类中,当从一种中心地上升到上一级中心地时,居民的户数就会增加②而从事农业生产的劳动力比重则下降。

① 这些较高层次的中心地通常拥有数个市场。本书不讨论这类城市中心里交易活动的复杂结构。

② 看来在同一个体系中不同层次的中心地规模几乎不会相同。即是说,地方城市的户口通常比任何隶属于它的中心集镇都多,每个中心集镇的户口都多于它下属的任何中间集镇,等等。例如,四川华阳县的一个中心集镇——中兴镇,1934年约有2 650户,它下属的中间集镇都明显小得多,户口从360户到900户。再往下,每个中间集镇户口都多于它下属的任何基层集镇。只引证一个实例:中和场这个中间集镇1934年有900户人家,而它下属的基层市场规模在50到278户之间。《华阳县志》,民国二十三年(1934年),卷一。

此外，从村庄到中心集镇之间，每一类型与前一种相比都更可能建有城墙，更可能奉祀城隍——一种具有种种美德的城市神。典型的中间集镇至少有一部分围有城墙，并有一座城隍殿。传统时代的中心集镇和城市通常完全围有城墙，并有一座正式的城隍庙，甚至那些像周村那样没有正式行政地位的中心地也是如此。由此可以看出，中心地等级类型中的地位通常与都市化——无论是用都市社会学家们所熟悉的变化多端的术语来定义，还是用中国普通人的常识性术语来定义[①]——相关。

二、周期性和集期

在清代中国，如同在大多数传统的农耕社会中一样，农村市场通常是定期而不是连续的，它们每隔几天才集会一次。传统农村市场的这一特征可以从几个方面来理解。

就生产者或贸易者方面说，市场的周期性与个体“商号”的流动性相联系。用扁担挑着商品从一个市场到下一个市场的流动小贩是中国行商的原型。但随身带着他们的“工场”的流动手艺人和修理工，以及其他提供从写信到算命等各种劳务的流动人员也是传统农村市场的特点。为什么会有这些流动？实际上是由于任何单独的农村市场的市场区域所包容的需求总量都不足以提供使业主得以维生的利润。通过周期性间隔变换自己的位置，企业能够吸收几个市场区域的需求，从而达到生存水平。[②] 从流动的业主的观点出发，市场活动的周期性可以在某些特定的日子把对其产品的需求集中在有限的地点。当一组互相联系的市场按共同的周期性（而不是每天）时间表运营时，业主就可以按照每个集镇的集期依次巡回于各个集镇。

在这方面，传统中国社会中经济角色的不明确也起了作用，因为

① 集镇的三种等级之间的一些其他差异将在后文中介绍。

② 关于定期交易活动的这一方面的复杂描述见詹姆斯·H.斯坦恩《朝鲜第三生产要素的时间概况》，载福雷斯特·R.皮特斯编《城市体系和经济行为》，（俄勒冈，1962年），第68—78页。

一个既是生产者又是贸易者的商号会发现即使只有一个市场，周期性也是有利的。而且，交易活动的周期性把需求集中在某些日子，从而使这类企业得以用一种最为有效的方式把生产和销售结合起来。这不仅有利于集镇上店铺中的手工业者，也有利于从事家庭工业的农民，以及偶然出售蛋类的家庭主妇。每个这样的生产者都是他自己的推销员。

从消费者的观点出发，市场的周期性等于一种使他不必为得到所需的商品和劳务而长途跋涉的方法。这里我们从农户平均需求的有限性入手。普遍的贫困、强调节俭的价值观和传统的消费方式都使农民家庭的维生需求限制在极低水平。此外，这些需求中相当大的部分无须市场供给，因为农民家庭生产了（或通过实物工资得到了）它的消费资料的大部分，自给乃是一种美德。在这种情况下，农户并不需要天天上市场，维持一个每日市场所需的户数非常之多。在中国农区的大多数地区，特别是在18世纪以前这个国家农村人口相对稀少的时候，维持一个每日市场所需的户数会使市场区域过大，以致边缘地带的村民无法在一天之内往返赶集，然而，一个每3天或5天开市一次的市场，即使它下属区域内的村庄数目下降到1/3或1/5，也能够达到必要的需求水平。这样，当市场是定期而不是逐日开市时，集镇就可以分布得更为密集，以使最大量的条件较差的村民能够在一段合适的时间之内赶集。① 甚至当一个市场体系内的户数增加到这个市场上的需求足以使它改为每日市场时，从农民消费者的观点看，只要每5天或6天进行一次交易活动是满足这个家庭需求的最有效的方式，改为每日市场就几乎不会有什么好处。

需要指出的是，无论人们怎样解释传统市场的周期性，交通水平都是一个决定性的变量。正是“距离的摩擦力”既限制了商号的需求区域，又限制了一个市场的下属区域。因此，根据上面的分析，在传统农耕社会中，市场的周期性起到了补充相对原始状态的交通条件的

① 斯坦恩简洁地说明了这个问题：“消费者由于服从时间的约束而使他们自己免去了空间的约束。”

作用。

随着流动的商号和流动的消费者汇聚于农村市场上而出现的经济活动的悸动规定了所有传统农耕社会的基本生活节奏之一。交易活动"周",与其他多种调节任何社会人类活动的周期一样,可以根据需要分为自然的或人为的两种。前一种形式的周期[①]受天体运行的约束,明显的例子是阴历月以及阳历年的不同季节。后一种形式的周期每重复一次的天数完全无视由日月运行决定的历律;即使这种周期最初是非人为的,例如西历的月份,它们也已经脱离了使它们得以产生的自然周期。大多数传统的农耕社会只有一个集期体系,由一种或另一种周期来协调。爪哇传统社会的5日交易周和封建英国的7日交易周都是典型的人为周期。而德川时代日本的10日交易周是一个交易节奏依赖于自然周期——这里是阴历月——的范例。在中国,两种形式的交易周都有,每种都有一系列变形。

回顾一下中国所有短期的时间周期会使问题更容易说明。[②] 首先,有两种完全不依赖太阳或月亮的运行而重复的周期。一是"旬",以10天为一循环。周期中的每一天都以有固定顺序的十个"干"中的一个命名。另一种以12天为一循环,周期同样由固定顺序的十二"支"来命名。干和支从商代起就一直用来纪日[③],直到今天为中国农民编制的历书上仍记有阴历每一天的"干"和"支"。另一种很早就开始通行的周期来自回归年分成的与太阳运行有关的24个双周(节气)。每个节气的头一天都有一个与北方季节循环有关的传统名称,它们同样被记载在中国农村到处通用的历书中。这些节气的

① 这里我排除了所有自然单位中最基本的一种——以1日为周期。

② 长期的周期仅与相对于集市的会期有关。有关中国的英文文献中用"会"(fair)既表示定期市场,又表示以年或其他长期周期定时间的节庆日,这是不妥当的,至少在中国这一用语应该标准化,因为会和集市的职能不同,它们的周期长度不重合,中国人自己对这两者之间概念上和修辞上的差异是明确的。"会"和"庙会"专指我所说的"会"(fairs),而"市场"(markets)的名称通常采用下述名称中的一种或几种:市、集、墟和场。集及其组合流行于北方,墟及其组合流行于东南,场及其组合则流行于西南。

③ 李约瑟:《中国科技史》第3卷(剑桥,1958年),第396页。

日期提供了农民需要用其指导农业活动的季节循环的"太阳"年的固定点。

传统中国其余的短期周期与阴历月相联系。由于阴历月或叫朔望月与地球自转没有有机的联系——平均每月 29.53 天,阴历月不可能无限期地以同样多的天数重复;在中国,习惯上 29 天的月和 30 天的月交替出现,尽管在长时期中 30 天的月出现得稍多。这种情况下,显然对阴历月任何进一步的细分都不可能连续按同样多的天数重复,阴历月约束的交易活动的节奏也没有一致的规定。

与本文内容有关的中国月的两种习惯上的细分是阴历的 10 天,也用"旬"这个词来表示;以及阴历的半月。3 个阴历旬分别开始于阴历月的初一、十一、廿一;在 29 天的月中,第三旬少一天。第一个阴历半月从阴历月的初一到十四,总比第二个半月更短,后者或为 15 天,或长 16 天。①

概括地说,可能与集期相联系的周期有:阴历的旬或 10 天(平均长 9.84 日)、独立的旬(10 日)、独立的十二进位周期(12 日)、阴历的半月(平均 14.765 日)和太阳年的节气(平均 15.218 日)。② 其中只有独立的旬看来没有在近代中国成为集期安排的基础。③

中国集期体系中两个最重要的谱系是以阴历旬和十二进位周期为基础的。由于后者较有规律并相对简单,我从后者开始分析。它提供了三个规则的体系,成为 12 日的、6 日的和 3 日的交易周。当然,一个有固定的 12 天周期的市场集日,用十二支之一来标明,6 日周的集日用十二支中的两个,3 日周用四个来标明。六个不同的集期安排组

---

① 科尼利厄斯·奥斯古德在《旧中国的乡村生活》(纽约,1965 年)一书第 88 页引证了云南一个农村专业市场的例子,他提出集期也可能由 28 宿——类似于天空中黄道带的分段,可以通过它测量月球的运行(见李约瑟:第 3 卷,第 233—241 页)——来协调。奥斯古德写道,马街镇"……以其马市和羊市而著称,集市在历书上那些动物所属的日子举行"。马和羊属于 28 宿中第 17 和第 23 个动物的名称,因而也符合云南流行的 6 日交易周。然而,要分析这个问题还需要有比作者已经提供的东西更详细的资料。

② 所有数字来自李约瑟:第 3 卷,第 390—406 页。

③ 这里可能会带入一个异常的反论,因为很可能人为的旬最初是作为古代中国人的交易活动周而产生的(参看李约瑟:第 3 卷,第 397 页)。

成了6日周的集期体系。它们是：

子—午（即，周期的第1天和第7天）
丑—未（第2天和第8天）
寅—申（第3天和第9天）
卯—酉（第4天和第10天）
辰—戌（第5天和第11天）
巳—亥（第6天和第12天）

3日周的固定时间安排实际上是合并了两个6日周的时间安排：或是子—午加上卯—酉，或是丑—未加上辰—戌，或是寅—申和巳—亥。因此在一般采用3日交易周的地区，只有三个不同的时间表可供各个市场间分配。

以十二进位周期为基础的这三种集期体系，流行于穿越华南的一个西宽东窄的条状地区。十二进位集期的市场与其他市场（集期以阴历旬为基础）的分界线，穿过了云南东北的钩状地带，把贵州大致上一分为二，穿过广西的东北角，在广东结束（我没能确定准确位置）。除了少数例外，十二进位的集期区域似乎限于西江和红水河水系的上游流域[①]（在位于广东和东江地区内的这两条河流下游的平原和三角洲中的市场，使用以阴历旬为基础的集期）。在整个十二进位集期区域中，市场的周期频率从西向东平稳增加。12日集期相当少见，我所知道的仅有的例子在云南。[②] 在云南和贵州，总的看来，6日集期在这三种时间表中最为普遍。3日集期在西部只是偶然出现，主要是在城市周围，更普遍的出现是在东部。[③] 以十二进位周期为基础的集期在所

① 对十二进位集期分布的明确描述需要查阅所有现存的地方志或与来自十二进位区域假定边界附近各县的知情人交谈。这里作暂时性概括所依据的资料很不充分：一小部分地方志和天野元之助（《传统农村市场》《农村交易活动》，载《中国农业问题》，东京，1953年，第81—82页）提供的有关云南和贵州部分县的集期时间表。

② 罗平县，见天野元之助，第81页。

③ 广西上林是一个其全部市场都遵循固定的3日集期的典型县。《上林县志》，光绪二年（1876年），卷四。

谈到的这些省之外只是极偶然地出现。[1]

中国其他地区普遍采用阴历旬谱系的集期体系。这一谱系中有三个紧密相关的集期体系——每旬有 1 个、2 个或 4 个集日——类似于已经描述过的每 12 天中有 1 个、2 个或 4 个集日的谱系。所有以阴历旬为基础的集期都只用阴历月的三旬中上旬的开市日期来表示。因此,"逢三"市在阴历月的初三、十三、廿三开市,"三—八市"则在阴历月的初三、初八、十三、十八、廿三和廿八开市。有均等集日间隔规定的每旬两次的集期体系表示如下:1 - 6、2 - 7、3 - 8、4 - 9 和 5 - 10。除了最后一种外,所有的安排都使每个阴历月有 6 个集日,它们可以合并组成各种不同的每旬 4 次的集期,表述如下:[2]

1 - 3 - 6 - 8
2 - 4 - 7 - 9
3 - 5 - 8 - 10
1 - 4 - 6 - 9
2 - 5 - 7 - 10
〔1 - 3 - 6 - 8〕

这些集期安排规定每个阴历月有 11 或 12 个集日。

每旬一次的集期在中国很少见。[3] 有这种集期的农村市场在很大程度上限于边远的山区或诸如山东半岛顶端的边缘地区。[4] 相反,每

① 山东半岛上的宁海州州城提供了一个实例:城里和紧挨着城的 5 个市场采用了前述 6 种可能的规则集期中的 5 种(山根幸夫:第 500 页)。还应该特别提出山西太平县的两个市场的奇怪情况。它们的集期在阴历月中的日期是:3 - 9 - 15 - 21 - 27 和 5 - 11 - 17 - 23 - 29(山根幸夫:第 500 页)。可以肯定,这种 6 日集期如果不是一个用阴历日期记述的十二进位的 6 日集期,就是这种集期向阴历月的变形。

② 一个集期体系中的各个时间表以这里采取的形式排列(注意每个竖行里完整的级数),是为了表现它们内在的逻辑性并证实体系中所有的时间表已一无遗漏。

③ 费正清、亚历山大·埃克斯坦和 L.S.杨在他们对 19 世纪前半叶中国传统农耕经济的全面概述中,把有 10 日集期的市场当作典型。这种论点让人难以接受。见《中国近代早期的经济变化:一个分析框架》,《经济发展和文化变革》,第 4 卷(1960 年 10 月),第 7 页。

④ 实例见天野元之助:第 72 页;加藤繁:第 21 页;山根幸夫:第 499—500 页。

旬两次的集期在中国各地最为普遍；除了广西可能例外，中国18个省中没有一个找不到实例，在华北大部分地区这种集期最普遍。每旬4次的集期通常用于其基层市场为每旬两集的地区中的中间市场或中心市场。

集期体系中另一种较重要的阴历旬谱系规定每10天3个集日。它由下列时间表组成：

1-4-7
2-5-8
3-6-9
4-7-10
1-5-8
2-6-9
3-7-10
1-4-8
2-5-9
3-6-10
〔1-4-7〕

可以看出，前三种集期再加上4-7-10或3-6-10，不仅为集日的间隔规定了最大的规律性，而且提供了一个地区集期的最有效分布。这一体系流行于四川盆地的中心、中国东南部较大的平原和盆地、华中较大城市中心周围的区域，以及其他一些小块地区。每旬3集的区域好像是由每旬2集的市场形成的海洋中的坚实“岛屿”或“大陆”。

我们已经提到过每10天或12天只有一个集日的集期体系在中国很少见。更长的“半月”交易周相应地更为少见。我只见到过一个县——台湾凤山县，在日本占领之前——据说有一个市场每个节气开市一次。[①] 至于阴历的半月，我可以举出仅有的两例：20世纪30年代

①《凤山县采访册》，光绪二十年(1894年)。

云南大理县，在县城南门和北门内阴历初二和十六举行的“大集”；还有湖北咸宁县的汀泗桥镇，1961 年时有逢阴历初一和十五开市的集市。①

还有一组集期体系有待描述，即那些规定市场隔日一次、一日一次和一日两次的体系，这三个体系构成了一组紧密相关的时间表，可以与上面已经描述过的每 10 天或 12 天 1 市、2 市或 4 市的那两组时间表作比较，在这三组集期体系中的每一组中，第二个体系是第一个的两倍，第三个又是第二个的两倍，尽管在习惯上不把任何种类的每日集市看作是定期的，但我见到的中国史料却没有留下选择余地。交易活动的脉动不会只由于市场周期长度变得短于一日就必然消失。在这方面应该注意，中国农村市场极少有整日的活动，通常它们只持续几个小时。某些市场是下午市或晚市——这些市场在地方志中几乎总是详细注明——但大量的农村市场是上午市，没有详细说明的市都应这样理解。因此，说一个市场是 6 日集，并不意味着那段时间的 1/6 都“在集会中”，而是每 6 日中有一个上午的几个小时用于交易活动，同样，一个每日市场并不是从早到晚“在集会中”，而只是每天上午（在某些情况下是下午或晚上）有两三个小时。一个每天两市的市场每天有两次经济活动的悸动，一次在上午，一次在下午或晚上。它的周期长度完全与大理的半月集对立。按照本文的用语，当市场变成“连续的”时，就发生了一种质变，使经济中心不仅脱离了定期市场的范畴，而且也脱离了传统经济的范畴。关于这一点，将在第二部分中论述。

隔日市用“单”或“双”来表示，这意味着它们在阴历每月的单日或双日开市。因此，在只有 29 天的月份的月底，单日市就会遇到两个连续的集日，双日市则有两天的间隔。隔日集期通常只在人口密集、都市化或商业化较高的小面积地区内流行。例如浙江省宁波市和慈溪县城之间的平原，成都平原上成都市西边和南边的部分地区，还有

① C.P.菲茨杰拉德，《五环塔》（伦敦，1941 年），第 56 页；《大公报》，1961 年 2 月 18 日。

河南北部安阳到黄河之间的一个区域。每日市和一日两市很大程度上限于中心集镇和城市。

近代集市周期的地域分布强烈地暗示出,在中国,最古老的集期体系——即黄河流域在古代最初所采用的——是每旬一集。西南方最早时则是每 12 天一集。随着市场结构的发展,可以假定,首先是较高层次的市场,后来是基层市场,通过增加一个新的集日而"加倍"了它们的集期;最终这种每旬 2 次和每 12 天 2 次的集期成为中国农村最常见的体系。① 在更往后的阶段,发展中地区的最高层次市场似乎再次加倍了它们的集期。

加倍是增加集日频率最有利的方式,因为它不必打乱旧的时间安排:新的集日可以直接加到旧的上边。这个特点解释了为什么在西南每 12 天 3 集的集期(即 4 日交易周)从未出现过,尽管从头到尾共 12 天的周期明显地容许这种做法。12 日的交易周通过一个简单地把新集日加到旧的时间表中的过程,就可以一分为二成为 6 日周,再一分为二成为 3 日周。然而,要从 6 日交易周改为 4 日交易周(即从每 12 天 2 集改为 3 集)必然会打乱连续性。现在应该很明显,为什么在 1 到 6 日的排列中,所有可能的交易周期中只有 4 日周在中国很少出现,加倍方法的方便性及其带来的完善的规律性,阻止了十二进位周期中向 4 日周的改变。而当用旬作测定单位时,没有一个时间表可能出现较多数量的 4 日周。

但是怎样解释每旬 3 次集期的普遍存在呢?阻碍每 12 天 3 集的那些因素不是也应该在阴历旬体系中起阻碍作用吗?我认为,差别来自每旬 4 次集期天生的不规则。十二进位周期中第二次加倍产生了规则整齐的 3 日交易周,而阴历旬周期的第二次加倍却导致了极不规则的间隔,即 2 日交易周和 3 日交易周的交替。我们在下面将看到,

① 近代朝鲜农村标准的集期是每旬 2 集。很可能朝鲜人只是在每旬 2 集流行于华北之后借用了中国的体系,但看起来更可能的是朝鲜经历了与华北同样的发展。日本现代化前的农村中以每旬一集为标准,猜想日本人在早些时候中国通行每旬一集时借用了中国人的体系。但为什么日本从未出现集期加倍仍然是个令人感兴趣的问题。

当一个中间市场把集期加倍为每旬4次时，实际上，它只是又规定了一个每旬2次的集期，以便适应它的两个在职能上（尽管不是在空间上）有区别的市场：一个为它的基层市场体系服务，一个为它的中间市场体系服务。因而，由于集日之间的职能分工，"每旬4次"的集期的不规律不会发生问题。但当一个每旬2集的市场需要增加集日频率时，情况就完全不同了，由于缺乏任何职能差异，集日间隔的明显的不均衡会产生严重的困难。尽管每旬3集产生的间隔还有一些地方不尽如人意，但却明显地优于每旬4集的体系。[①] 这一优点结合了另一个使每旬3集的体系具有优势的长处：造成对更频繁集日的需求的压力是逐渐增长的，可以假定一个每旬2集的市场管理机构在遇到这些压力时，会偏向于每旬3集所造成的50%的增长，而不是每旬4集所造成的100%的增长。一旦每旬3集的集期体系在一个地区建立，从每旬2集向每旬3集转换所带来的不利就变得无关重要，因为新的基层市场可以从一建立就采用每旬3次的集期。

三、作为空间体系和经济体系的市场结构

任何要了解市场结构的社会或经济范围的尝试，都必不可免地要对它们的空间特征作出一些假设。所以，把市场结构作为空间体系来分析的一个理由是，在我将来能够从事市场的经济学和社会学研究时，把构成论述基础的各种假设弄得更清楚。另一个理由是便于对变化的研究，因为很碰巧，只有在相关的资料按空间排列后，体系变化的——无论是传统的还是现代的——性质才会充分表现出来。

为了阐明作为空间体系的市场结构的有意义的命题，有必要求助于一些简单的模型。为构成这些模型所作的假设中最根本的一点是，所讨论的背景是一个同纬度的平原，各种资源在这个平原上均匀分布。以无懈可击的几何学和还算合理的经济学为基础的理论考虑告

---

① 前面列出的每旬3集的时间表所规定的市场周期中，3日周略高于2/3，其余的为4日周。所以，向每旬3集改变乃是直接依据这一事实：10只能被2和5整除，被3除时所得的商比被4除更接近整数。

诉我们,如果做出这样一种假设,这个背景上的集镇分布就应该符合一个等距离的坐标,好像位于把空间填满的等边三角形的顶点。在理论上,每个市场的服务区域也应该接近于一个正六边形。[①] 这些预期适用于世界上任何地区——无论是几何学还是经济学都不特别具有中国性,因而在我能够检验这一命题的中国的6个区域中,没有什么特别的东西可记录,大量的集镇都正好有6个相邻的集镇,因而有一个六边形的市场区域,尽管这个市场区域受到地形地貌的扭曲。[②]

但是,六边形的基础市场区域是不是离散的呢?也就是说,这些区域之间存在着部分的重合?抑或是,当它们像六边形瓷砖那样拼在一起时,有些村庄正好位于两个六边形之间的分界线上,面向不止一个基层集镇?第一个画出并描述了一个中国基层市场体系的社会科学家杨懋春说:"大体上,尽管没有明确划分的界线,每个集镇都有一个清楚的可以意识到的区域,并把某些村庄中的居民看作它的基本顾客;反过来,这些村民也把它看作他们的镇。"[③]我对四川的调查使我诚心赞成他的话,在确定我所研究的基层市场区域的界线时,我几乎没有什么麻烦,这个区域内的农民在高店子——我调查的基层集镇——进行他们的大部分交易活动,并认为这是他们的市场。[④] 在理论上有理由——如我在第二部分将提到的——预期一个含有正在建立新村庄的基层市场区域会经过某个阶段,在这个阶段中,一小部分

---

① 罗希著作的第10章中论证了正六边形是市场区域最有利的形状这一命题。可以用显而易懂的话具体说明,这个适当的模型有两个必要条件。1. 在任何一个市场区域内条件最不利的村民,与任何其他区域内条件最不利的村民相比,其不利之处不多也不少。2. 每个市场区域内条件最不利的村民距市场的距离达到最低限度。第一个必要条件意味着模型中的所有市场区域必须有同样的形状和面积,由于图形上所有各部分肯定在某个市场区域中,唯一可能出现的情况是三种"填充间隔"的正多边形,即等边三角形、正方形和正六边形。第二个必要条件说明一个多边形的边越多,在这方面它就越有效。换句话说,当沿着市场区域的边缘从最不利的位置走到最有利的位置时,三角形区域出现的差异最大,正方形区域处居中,六边形区域出现的差异最小。

② 然而,这一观点值得注意,因为对于中国农村市场仅有的有关市场区域形状的研究坚持认为它们"……接近于圆形或正方形"。(杨庆堃:第39页)。

③ 杨懋春:1945年,第190页。

④ 杨庆堃(第39页)述及邹平县的市场区域时说:"……每一个经济细胞……都有它自己的运营边界……"

新建立的村庄与两个或三个市场等距离，但在稳定状态时，没有什么理论上的理由可以用来反对受到经验证据支持的基本离散的假设。①

如果假设基层市场区域在理想状态下是离散的、六边形的、内部星罗棋布着等距离的村庄，那么，几何学的原则就要求集镇周围围绕着整数的完整的村庄环；或是一个环（由6个村庄组成），或是两个环（一环6个村庄，一环12个），或三个环（一环由6个村庄组成，一环12个，还有一环由18个村庄组成），或者更多。这些模型中哪一种最适合于中国？

经验证据明确指出了带有全部18个村庄的两环模型，并不是每一个已知的基层市场体系都有18个左右的村庄，更确切地说，我的论断依据是：（1）村庄与基层的或较高层次的市场之比，在中国任何相当大的区域内，其平均值都接近于18；（2）上述比率的变化可以通过从一种每市场18个村庄的均衡状态向另一种状态发展的模型来得到满意的解释——但不能通过设定每市场6个或36个村庄的稳定均衡模型来解释。有关第二点的资料要留待第二部分，这里我可以大致说明的只是引证几个精选的平均值。19世纪70年代，香山县每个农村市场的平均村庄数是17.9，曲江县是19.2，这两个县都在广东。② 对中国农村市场的经典的实地研究——30年代杨庆堃在山东邹平县作的研究——表明每个基层市场和较高层次市场有21.4个村庄。③ 1937年编写的《鄞县通志》④是中国方志学真正突出的范例之一，它提供的详细资料计算出鄞县的82个定期市场平均每个有20.1个村庄。我只在19世纪90年代的广东得以找到涵盖了一个相当大区域的市场及村庄在同一时代的数字记载：⑤该省村庄与市场的整体比例，在当时是19.6。

---

① 进行实地调查的人在这方面有时会由于没能区分基层市场和中间市场而受到错误的引导。村民们到两个不同市场上去——一个基层市场和一个中间市场——可能被误解为他们具有两个基层市场体系的成员身份。

②《香山县志》，光绪五年（1879年）卷五；《曲江县志》，光绪二十六年（1900年）；转引自加藤繁：第156页。

③ 这一计算所用的资料出于第5—6页。

④《舆地志》，册3，村庄；册7，市场。

⑤ 张人骏编：《广东舆地全图》，光绪二十三年（1897年），卷二。

这样，我用图解法表示为图1的基本模型，就显示出一个六边形的市场区域，集镇位于中央，周围有一个内环，由6个村庄组成，一个外环，由12个村庄组成。如同经验证明的典型情况那样，这个模型要求从集镇辐射出6条小路。

这些小路立刻成为一个经济体系的动脉和静脉，这一体系的心脏则是在它中心的集镇上的市场。在每个集日清晨的几个小时中，生活在各个下属村庄中的成年人每5人中至少有1人会经过这些小路。在台头这一杨懋春所描述过的山东省的村庄，“村庄中几乎每个家庭都有某个成员在集日到镇上去”①，而在禄村这个费和张研究过的云南

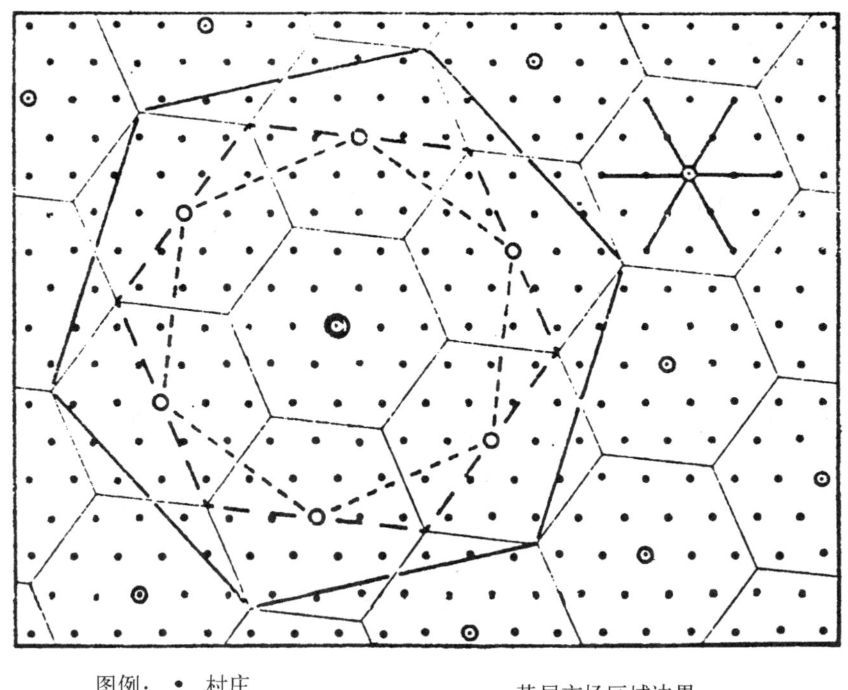

图1　作为稳定的空间体系的中国基层市场区域的模型，与三个中间市场区域的可能模型

① 杨懋春：1945年，第191页。

村庄,"……每个集日每户至少有一个人出门"。①

在村民们分散回流之前市场上的几个小时中,典型的基层集镇上可怜的设施承受了严重的负担。大多数这类集镇只有一条真正的街道,缺少一个专门的综合市场。代替它的是一系列小市场,每种产品一个。谷物市场可能设在庙院内,猪市场在镇边,而各种各样容易腐烂的产品和本地生产的小手工业品沿着主要街道各有自己习惯的交易地段。尽管任何一个基层市场上的大多数卖者都可能是流动的,基层集镇上通常还是有一些永久性的起码设施。这些设施中有代表性的有——除了具有社交意义的茶馆、酒店和饭铺之外——一家或几家油行(出售油灯的燃料),香烛店(出售宗教祭祀用品)以及至少几家经营诸如织布机、针线、扫帚、肥皂、烟草和火柴之类商品的店铺。基层集镇通常也有一批手艺人,包括最有代表性的铁匠、棺材匠、木匠以及扎制宗教仪式上燃烧的纸物的匠人。一个基层集镇上也可能建有几个加工本地产品的原始的工场。

基层市场的职能首先是为了满足农民的需求而交换他们的产品。农民不仅需要已经列举出的那些种商品,还需要磨工具者和阉割牲畜的人、开业医生和"牙匠"、宗教专家和算命人、理发匠、无数的艺人,甚至于有的需要代书人等提供的劳务。这些劳务中有很多不是在所有集日都能得到,承办这些劳务的流动人员只是不时地到每一个基层市场去。

基层市场体系中还有一些审慎的金融活动。镇上的店铺允许老顾客赊欠。在集日,有些店铺老板或土地所有者把钱借给农民在镇上作交易。农民的互助会通常也在集日时在茶馆中组织,并因此而只限于本体系内的村民。② 此外,一些地主还在镇上设立某种向佃农收租

---

① 费孝通和张之毅:《乡土中国》(芝加哥,1945年),第172页。费和张研究过的另一个村庄易村,参加交易的户数通常要少得多。但这个村庄位于中国农区的一个边远地带,这一地区的市场区域面积特别大。关于这一点,在下文中再叙述。对于四川盆地,斯潘塞(第55页)估计在全年中的任何一个集日,平均每两个家庭中就有一个会有代表去赶集——据我自己的经验,这个比例似乎偏低,还必须注意,很多家庭会有两个或更多的成员作代表。

② 乔启明:1934年,第15页。在这个对南京附近一个市场社区的研究中,互助会的村际成员身份是特别加以介绍的。

的机构。[1]

在运输方面，村社中常常有一些无地的农民，像人们通常称呼的那样，他们定期地受雇于人做运输苦力（不仅本地的上流人物，还有那些相当“体面”的农民阶层，都避免当众干挑担或推车运送沉重产品这样的体力活儿）。这些人常常沿着为一个市场体系使用的小路运送货物，并由此构成作为空间经济体系的基层市场结构的又一个要素。

尽管基层市场体系的各种活动随着市场周期而波动，但不应该认为它的结构在集日之间全无表现。事实上，很多在四川方言称为“热日”的集日上谈妥的交易是在“冷日”履行的，而这种做法既巩固了整个体系，又表现了体系的完整性。在集日售给买主的谷物可能在第二天才起运。小贩子在集日打听到谁家有花生要出售，然后在“冷日”上门收购。理发匠顺着村庄的小路到那些在集日就约好的顾客家中去理发。木匠、铁匠和其他手艺人也可以在集上受雇到村民家中去工作。这些交易都发生在首先由基层市场的贸易范围规定的体系之内。

通过上面的描述可以看出，如果从空间的或经济的角度来观察，基层市场体系只不过是一个更大结构的子系统。特别是，在基层集镇和中间集镇或与其有直接联系的更高层次集镇之间，存在着商品和行商的有规律的运动。在一般情况下，基层市场依赖于两个或三个较高层次的集镇而不是只依赖一个。图 1 的图形展示了这方面的可能性。图中三个六边形中间市场区域——基层集镇只依赖一个较高级集镇的唯一模型——中范围最大的那个区域只有在市场体系位于地形上的死角时似乎才适合于中国的情况。例如，在山谷上坡尽头的基层市场只依赖下游的中间市场。然而，甚至在这种情况下，在中间市场下游的基层集镇还可能面对一个位置更下游的中间市场。

① “地主在集镇上设有租栈并在集日与他的佃农进行接触。”李美云：《中国四川彭山县社会、经济和政治状况的分析，教育纲要的改进前景》，未公开发表的学术讲演（康奈尔大学，1945 年），第 223 页。

在中国,大量的实际事例符合于图1中用A和B标明的、两个范围较小的模型中的一个或另一个,不然就在两者之间。在模型A的情况下,每个基层集镇依赖于两个高层次集镇;在模型B中依赖三个。图2描绘了一个市场基本按模型A分布的实例;图3则显示了一个适用于模型B的可供比较的实例。两套图的设计是为了显示出一般地图上的空间“真实”与本文所用的模型图之间的联系。

这样一来,通常一个基层市场被包容在两个或三个中间市场体系中,而不是只属于单独的一个中间市场体系。这一事实指出了以基层市场体系为一方,中间或更高层次市场体系为另一方,二者之间的一个关键性区别。在包容还是排斥共有的居民点方面,前者基本是离散的,而后者不是。基层市场体系的稳定平衡模型在边界上没有村庄(过渡模型在边界上仅有一小部分村庄),中间市场体系的正规模型则显示出所有下属的基层集镇都在边界上,与两个或三个高层次集镇等距离。实际上,尽管中间市场体系范围重叠的部分并不大,但这种重

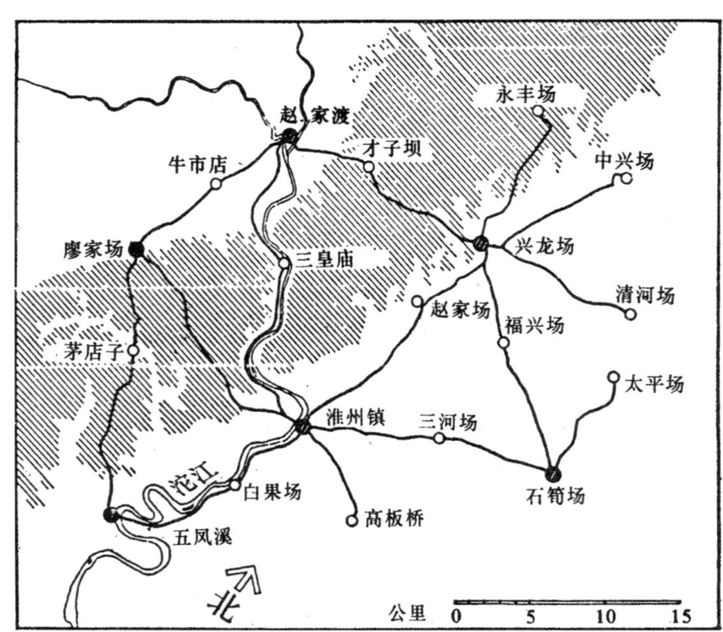

2.1　本图19个集镇均位于成都东北35至90公里之间。5个市场(永丰场、中兴场、清河场、太平场和石筍场)在中江县,其余14个在金堂县。图中的山区是龙泉山的一部分。本图只标出连接基层集镇和较高层次集镇的道路。

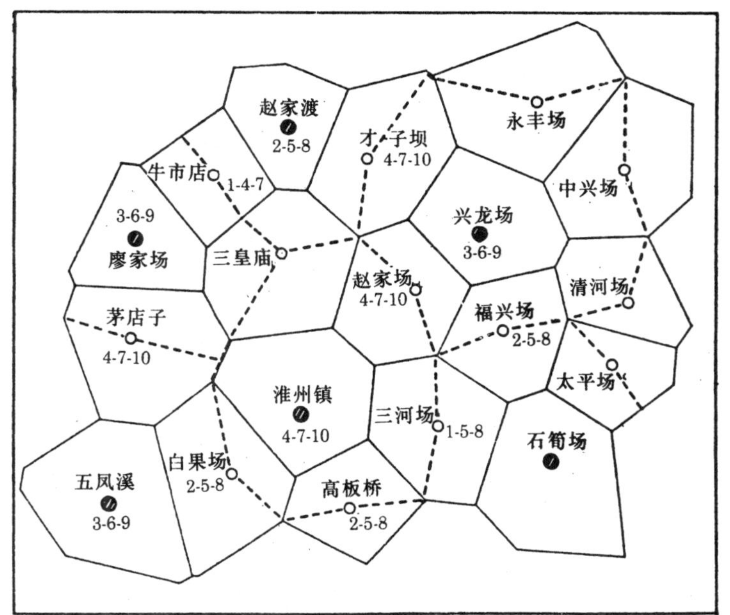

2.2　将上图初步抽象化，显示理论上的基层市场区域和中间市场区域。

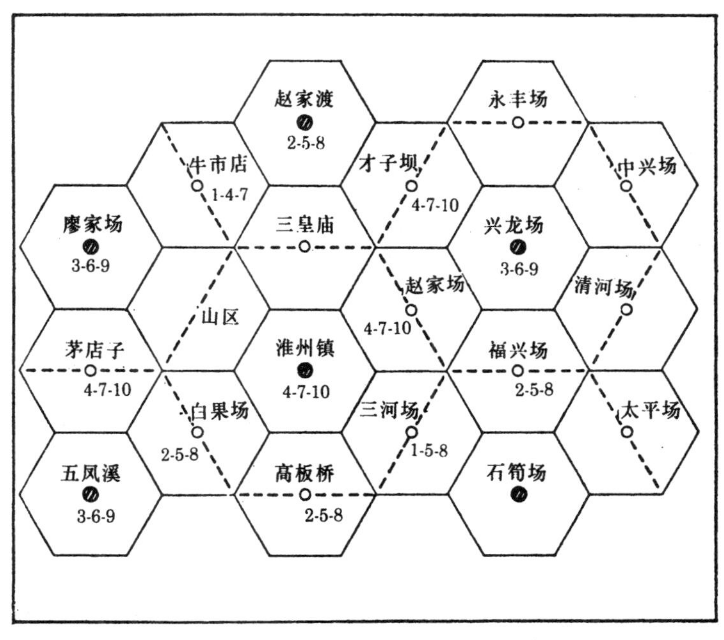

2.3　将上图进一步图解化，和图1所图解的模型A比较。

图2　四川经济区的一部分，接近于模型A的集镇分布

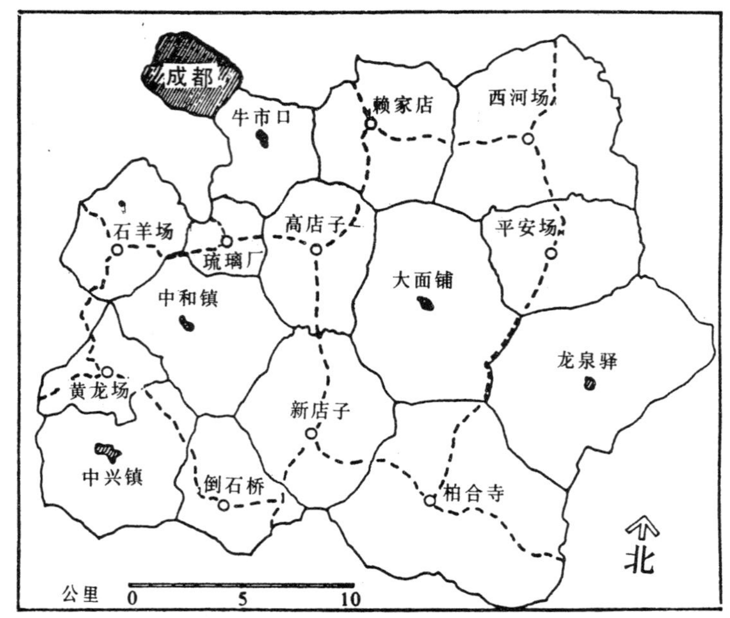

3.1 本图 15 个集镇位于成都东南 25 公里半径之内。3 个市场(平安场、龙泉驿和柏合寺)属简阳县,其余 12 个属华阳县。地形变化从平坦到丘陵;龙泉驿位于龙泉山脉西部的丘陵地带。市场区域边界仅是近似的。

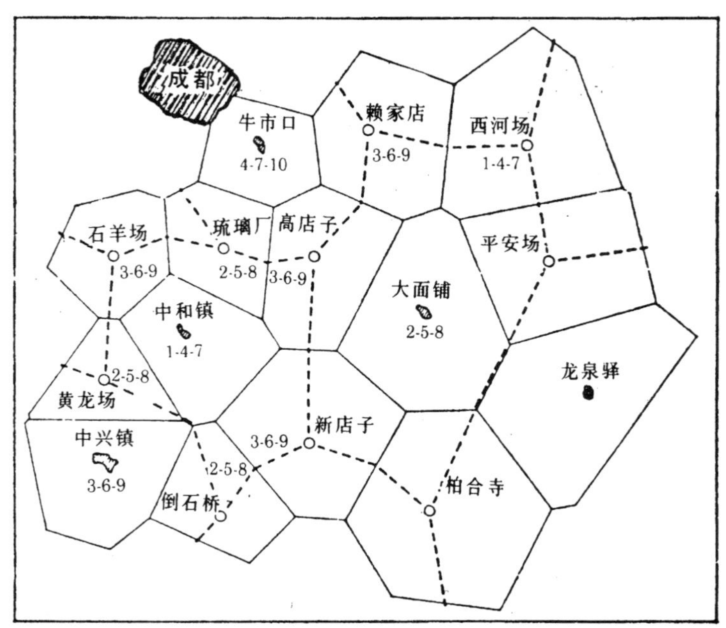

3.2 将图 3.1 初步抽象化,显示理论上的基层市场区域和中间市场区域。

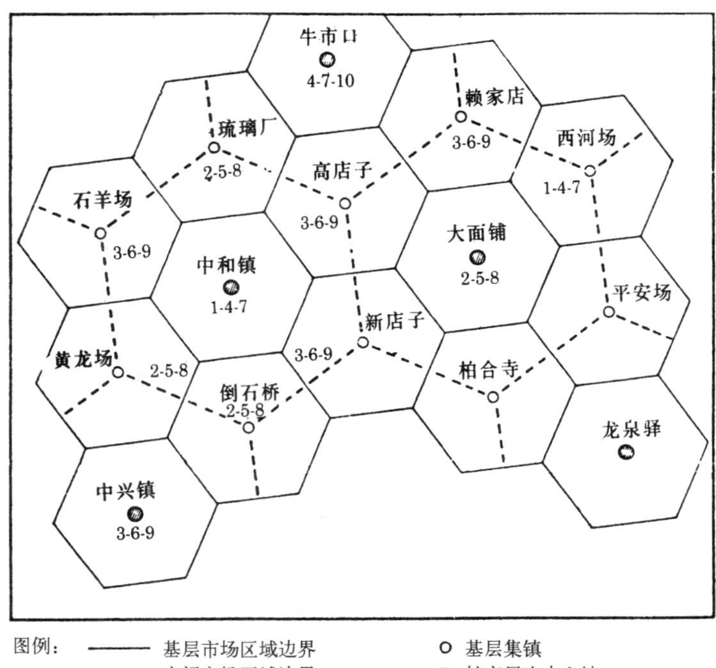

3.3　将图 3.2 进一步图解化，与图 1 所图解的模型 B 比较。

图 3　四川经济区的一部分，接近于模型 B 的集镇分布

叠却具有重大意义，因为除了核心自身之外，体系内的所有基本中心点通常都不为这一体系所独有。

中间市场体系一个值得注意的特征涉及其区域内的集期分布。在研究中国定期交易活动的著作中，常常假设市场间集期分布的方式是使每个市场开市时间尽量不与邻近市场相同。这样互相呼应的结果是，如斯潘塞所注意到的，使村民们差不多每天有集可赶，也可减少邻近的市场间的竞争。然而，不仅农民只需要在距他们最近的基层市场的集期去赶集，而且，集期分配也不是那些著作中推断或设想的那样简单。毋宁说，集期分配的原则是要使一个基层市场与它所邻近的几个高层次市场间的冲突最少，相邻的基层市场的集期则根本不必考虑。换言之，当建立新的基层市场时，所采用的集期要尽量不与邻近的中间市场发生冲突，而不管邻近的基层市场的集期。

这一点可以通过卷篷寺的例子来说明。这是四川金堂县光绪朝建立的一个市场。[①] 当它建立时,周围紧邻的四个市场集期如下:西面的是1－4－7,西北的是2－5－8,东面的是3－6－9,南面的是1－5－8。按照与所有相邻市场冲突最小的原则,这个新市场本应采用3－6－10或4－7－10的集期;至少也应该避开任何包含有5－8的集期,事实上,这个新市场选择了2－5－8的集期,理由很简单,它西面(1－4－7)和东面(3－6－9)的集镇支持着这个新市场要依赖的中间市场,而采用2－5－8和1－5－8集期的集镇是与这个新市场没有多少商业联系的基层集镇。

这种指导原则的一个结果是,毗邻的基层市场常常有同样的集期(注意图3.2中的赖家店、高店子和新店子,都是3－6－9的集期),而中间市场与它下属的任何一个基层市场通常都没有集期冲突。这意味着在每旬3集的区域中,如果中间市场的集期为1－4－7或4－7－10,那么所有六个下属的基层市场就必须分享仅余的两个互相协调的集期体系:2－5－8和3－6－9。以中和镇为中心的中间市场体系说明了这种情况(图3.2)。[②]

图1使人注意到,中间市场区域除了包括所有下属基层集镇的部分基层市场区域之外,在正中心还有一个完整的基层市场区域。这说明一个重要的事实,即一个中间集镇的作用不仅是这个较大的中间市场体系的中心,而且也是一个较小的基层市场体系的中心。[③] 如杨庆堃指出的,中间集镇"……通常有两个服务区域,一个初级区域,由附近村庄组成,村民们定期地或至少是经常地赶这个集。一个高一级的区域,包括了较远的村庄,那儿的居民只是偶然来赶集,为了买到在他

---

① 《金堂县志》,民国十年(1921年),卷一,所涉及的集镇之一位于华阳县,其集期据《华阳县志》,民国二十三年(1934年),卷一。

② 采用每12天4集集期体系的一个类似的实例是以白墟(广西上林县)为中心的中间市场体系,它的集期为寅-申-巳-亥,它下属的5个普通市场必须避开白墟的集期并分享其余的两种可能排列。具体集期见《上林县志》,光绪二年(1876年)。资料转引自加藤繁:第26—27页。

③ 一个农民在他的基层市场上所做的一切,在中间市场上也能够实现。对于那些其最近的市场建在一个中间集镇上的村庄来说,中间市场也是基层市场。

们自己的……〔基层〕市场上难以买到的东西”。[①]

中间集镇的这种二元地位常常反映在这个镇的集日安排中。在中国通行每旬两集的地区,很多中间集镇采用一种双重集期体系,固定的两天(比如1-6)通称“小市”,其余两天(比如3-8)称“大市”。[②]在这种情况下,市场在小市日起基层市场的作用,而在大市日起中间市场的作用。因而,尽管依赖这样一个中间市场的基层市场的集期不能与它的大市的集期冲突,但与它的小市的集期重合却没有什么影响。19世纪初滦州的开平镇提供了一个实例。这个镇逢五逢十举行“大”市,周围市场的集期没有一个与之冲突。它的“小市”为二、七集,周围集镇中有两个基层市场采用同样的集期。[③] 尽管每旬四集集期的不规则对基层市场可能不利,但在像开平镇这样的中间市场,双重集期的不规则很不明显,因为每一个不同职能的市场各自拥有一个规则的每旬2次的集期。

一般说来,如同上述事例所描述的,凡是较高层次市场的集期体系与其下属基层市场不一样时,较高层次市场的集期更频繁。[④] 我所知的几个情况相反的例子中除一个外都在城市,并且都可以用等级功能的完全不同来解释何以中间市场并不同时也是基层市场。[⑤]

我收集了许多这样的事实:在中间市场体系内,集期的安排是把几个集期系列中的一个为中间市场独占。事实上,这种集期安排可以用来证明一个已成市场群的体系真实性。但是为什么要这样坚执地避免基层集日和中间集日之间的冲突?显然主要并不是为了农民方

① 中间集镇在分布体系中的位置使它在与邻近的基层市场争夺农民的贸易(即基层交易)时具有某些经济优势。中间市场与基层市场相比,地方产品的要价可以略高,而外来商品的价格可以略低。因而可以预期以中间集镇为中心的基层市场区域比毗连的以基层集镇为中心的基层市场区域的面积要多少大一点。

② 在每旬3集区域中我只见到过一个有双重的“大”“小”市集期的类似实例。蔡郎桥,浙江鄞县的一个中间市场,每逢3-5-8举办“大”市,“小”市的集期则为1-7-10。《鄞县通志》,1937年,舆地志,册7。

③《滦州志》,嘉庆十五年(1810年),卷二。

④ 例如,在湖南醴陵县,1948年每日开市的市场包括了所有中心市场,只包括10个中间市场中的3个,基层市场一个也没有。

⑤ 一个例外是广东大浦县,该县有两个中心市场每旬2集,而它们下属的中心市场则是每旬3集。

便。如引用的杨庆堃的研究已经提到的那样，农民只是偶然地去赶中间市场——为了购买不常用的东西，为了得到某些农民不常需要的劳务，为了获得一笔较大的贷款，或者为了参加一年一次的宗教庆典。在四川，我曾和一个典型的农民家庭一起生活了3个月，他们的农场距一个称为高店子的集镇3里远，距另一个集镇牛市口5里远，三个月中，户主和他的妻子赶前一个集——他们的基层市场——一共46次，而对后者——他们的中间市场——只去了三次。在任何情况下，任何一种集期分布，只要每旬或每12天中有一个中间市场集日不与基层市场的集期相冲突，就可以为农民进行中间交易的需求提供很大的余地。

对于地方上层人士来说情况就完全不同了。使他们不同于农民阶层的所有一切都促使他们到中间市场去。他们有文化，只有在中间市场而不是基层市场上才能买到书和文具。① 他们的生活方式即使不说是豪华，至少也要有些身份，他们经常需要购买的食品、饰物或衣物对农民来说是太奢侈了，因而在基层市场上买不到。他们是有钱阶级，中间集镇提供的放债和投资的机会是基层集镇上无法比拟的。他们又是有闲阶级，也只有在中间或更高层次的市场上，才有适合于有闲的绅士们消磨几个小时的茶馆，特别是酒店。总之，农民的日常需求可以通过基层市场得到满足，而地方上层人物的需求只能由中间市场来满足。

如果说中间市场及其下属的基层市场之间精心协调的集期是为地方上层人物提供了方便的话，对很多本地商人来说它们就是绝对的必要。中国农村中有一大部分行商只在一个中间市场体系内活动，他们在中间集镇上安家，他们需要定期回到镇上出售他们收购的产品并补充存货，并趁此机会与家人团聚。

图3.3可以说明中间市场的排他性集期是如何配合行商们的需要

---

① 张盛涛(《中国县治城市地理的几个方面》，载《美国地理学家学会年报》，1961年3月，第42页)断言一个县只有县城里有书店，很可能在传统时代，在不是县治所在地的中间集镇上的确很难买到书籍，但并非县城的中心集镇——如四川华阳县的中兴镇——在传统时期确实有文具店和书店。到1949年，在华阳县的所有中间集镇上都可以买到文具和书籍。

的。以中心设在中和镇的体系为例。一个行贩的典型日程是，阴历初一逗留在中间市场上赶集，初二到黄龙场，初三到石羊场，初四是中和镇的集日，他回到镇上，初五到琉璃厂，初六到高店子，初七又回到中和镇赶集，这以后初八到倒石桥，初九到新店子，初十回到中和镇，在十一日参加镇上的交易活动之前休息一天。这样，在每个阴历旬中，这个行贩可以进行一个完整的巡回，在中间市场上度过三个集日，在六个下属的基层市场上各度过一个集日。按照这种方式巡回的人包括为农民提供偶尔需求的劳务的人（比方说牙医或代书人）、基层集镇的店铺里不常有的手工业匠人、出售来自中心市场的商品或产自中间集镇的产品的小贩，以及收购代理人，等等。

中心市场体系中也有商贩巡回，特别是那些其产品或劳务的需求量极少，或者在一个集镇上出现太频繁会令人厌烦的人（比如卖膏药的和说书的）。中心市场体系可以有多种空间模型，清代中国最普遍的模型似乎有四种，两种包含了模型 A 的中间市场体系，两种包含了模型 B 的子体系。图 4 中画出了这些模型。巡回方式可以用模型 AB 和图 4 右上方标出的每旬 3 集的集期来表示，按照三角形路线，行商每隔一个集期回到中心市场一次，在四旬（39—40 天）中可以完成一个完整的巡回。在这段时间中，他在中心市场上度过 6 个均匀间隔的集日，在 6 个中间市场上各赶两次集，在 6 个不属于其他中心市场体系的基层市场上各赶两次集，在 6 个也属于其他中心市场体系的基层市场各赶一次集。像这个假设范例中这样集期完全彼此协调的中心市场体系十分少见，但一个中心市场体系中其他的市场通常会避开中心市场的大集集期。下文中将引用的山东省重要集镇周村提供了一个实例。19 世纪初，周村的大集集期为 4－9，全县另外只有一个市场集期与此相同——这个市场在北面很远的地方，很可能在周村的最大交易范围之外。[①]

① 引自《长山县志》，嘉庆六年（1801 年），以河北省定县城为中心的中心市场体系提供了另一个实例，见 S.D.甘布尔：《定县》（纽约，1954 年）。据第 284 页表 88，显然，在该县较低层次市场中没有与县城集日重合的每旬 2 集的集期。

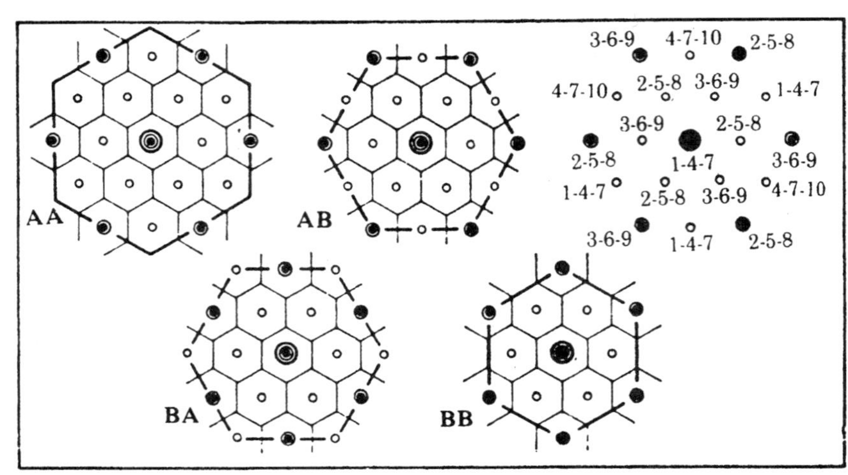

4.1 每个模型的中心是一个中心集镇。小圆圈代表基层集镇,沿每个体系边缘的较大的圆点代表中间集镇。没有画出村庄。当各个层次的市场都严格按照模型 A 或模型 B 分布时,结果便是 AA 和 BB 各自所显示的体系。AB 和 BA 体系表示两种模型分布的混合状态。
右上方是一个 AB 体系的市场群,具有每旬 3 次的规则集期。

图 4　四个中心市场体系的空间模型

某些流动人员的工作高度专业化,并且数量相当少,他们巡回于地方或地区性城市的整个市场体系内。还有一些行商精于计算,他们在几个互相毗连的市场体系中“工作”,通过不同市场体系之间的价格差获利。不过,总的说,行商对中间市场体系比对于更大的、层次更高的市场体系更为重要,在经济等级中从基层集镇到最高中心地,每提高一个层次,集日上行商对坐贾的比例也稳步下降。

现在,让我们俯视整个综合交错的市场体系,并首先看一下商品的向下流动。运到中心集镇的外来品和镇上生产的其他商品,部分在中心市场就地出售,部分由在中间市场和基层市场间巡回的行商带入整个中心市场体系,部分进入 6 个中间集镇的商号。每个中间集镇的商号得到的商品,以及镇上产的其他商品,有同样的分散方式:部分在中间市场就地销售,部分由巡回于这一中间市场体系内各基层市场的行商销售,部分进入 6 个基层集镇的店铺。在这个向下流动过程中接受商品的商号,在基层集镇上主要是小店铺,在中间集镇上包括为行商提供商品的销售商以及那些兼具批发零售两种功能的企业。[①] 在中心集镇上包括那些拥有货栈的最高级的批发商。农民所需的消费品和小手工业者需要的商品通过这个体系向下分散到所有市场。地方上层人士所用的消费品和手艺人所需物资只到中间市场,不再向下流动。而主要令官宦感兴趣的消费品和一些工业物资通常在中心集镇就地销售,不再向下流动。

当农民在基层市场上出售产品时,无论是出售给本地消费者,是卖给以基层市场为基地对商品进行加工和包装或只包装的商人,还是直接卖给从较高层次集镇到基层市场上来的买主,商品在市场体系内的向上流动就开始了。收购代理人和购买商从中心地和中间集镇到基层市场上来,他们也从地方城市及中心集镇到中间集镇来。无论这些收购商品的商号是商业性机构还是加工或消费地方产品的工业企业,这些商品都通过市场体系上升到了一个更高层次的中心。

山根幸夫研究过河北和山东一些集镇的交易活动[②],他弄清了信用等级是与等级分布和收购体系平行的,"行商"不仅依靠信用经营,而且参与了商品向上下两方的垂直流动。例如,一个流动的商贩对于中间集镇上的一个地方产品商人来说首先是一个买主,他可能同时经营用后者提供的贷款购买的商品,当他在基层市场上巡回时,他既销售各种各样的货物又购买地方产品。

山根幸夫在对山东集镇的研究中指出,至少在清代,政府对小市和基层市场所起的作用,与其对中间市场和中心市场所起的作用之间有着根本的差别。较低层次的市场(用通俗语言说是小集)只有几个无执照的经纪人,他们自我管理、自行收税。相反,中间市场和更高层次的市场(大集)在政府注册,它们的牙行由藩库发给执照,集税成为政府收益的一个来源。[③] "官"集和"义"集之间的正式区别是否山东独有,以及它在多大程度上符合于小市、基层市场和较高层次市场之间的区别,都存在争议。

① 参看杨庆堃(第 32—33 页):"孙家庄只有 4 家商店,而在县城则有 7 家商店(两地都是中间集镇)从事一些极有限的批发业务,它们的主要精力放在零售业上。"

② 个案的详细描述见第 129 页。

③ 山根幸夫:第 502 页。1726 年以前,执照由县或州政府颁发。

但在传统社会中，一个市场在中心地功能等级中的地位越高，它的交易活动受官僚机构控制和征税的可能性就越大，则是一个合理的假设。

外来的控制和市场之间的联系，说明在传统中国的交易活动和行政管理之间存在某些相似。两者都是等级体系，体系内每提高一个层次，属地单位也更大一些。在两种体系中，有限的官府力量都集中于较高的层次，中心市场的市场体系以下的市场体系，和县以下的行政体系一样，只受到较为轻微的官僚控制。

然而，当我们考察这两种结构各自的结合方式时，出现了一种根本的差异。行政单位的定义明晰，在各个层次都是彼此分离的，在逐级上升的结构中，所有较低层次单位都只属于一个单位。市场体系相反，只在最低层次上彼此分离，每提高一个层次，每个较低层次的体系通常都面对着两个或三个体系。结果是，与行政结构不同，市场结构采取了连锁网络形式。正是基层市场对两个或三个中间市场体系的共同参与、中间市场对两个或三个中心市场体系的共同参与等，使以各集镇为中心的小型地方经济连接在一起，并首先组成地区经济结构，最终形成具有社会广泛性的经济。因而，市场对于传统中国的社会一体化具有重大意义，它既与行政体系平行，又超出于后者之上，既加强了后者又使后者得到补足。

然而，整体的复杂性不应该让人认为市场体系不是铁板一块就是结构严密。不仅没有一个经济最高点可以与行政上的首都平行，而且规定了经济结构的商品流通按照现代标准看也说不上很重要。此外，如我们在下一节将看到的，每个基层市场子系统都固守着一个独特的经济亚文化群。

四、作为社会体系的市场结构

中国的市场体系不仅具有重要的经济范围，而且有重要的社会范围。特别是基层市场体系，它的社会范围对于研究农民阶层和农民与其他阶层间的关系都值得给予较大关注。为了提出一个适合于我本节论述目的的重点，此后我把它叫做基层市场社区。我相信，有很好的理由来说明为什么不仅要把这种社区当作一种中间社会结构，而且也要当作一个文化载体——雷德菲尔德的“小传统”[①]在中国的表现——来分析。

研究中国社会的人类学著作，由于几乎把注意力完全集中于村庄，除了很少的例外，都歪曲了农村社会结构的实际。如果可以说农民是生活在一个自给自足的社会中，那么这个社会不是村庄而是基层市场社区。我要论证的是，农民的实际社会区域的边界不是由他所住村庄的狭窄的范围决定，而是由他的基层市场区域的边界决定。

我们可以从这个区域通常有多大，社区一般包括多少人口开始。为了避免罗列引证众多的实例，我提出一系列估算，把我所能接触到的所有有关的经验事例中的资料合并理顺。表1以一个简单的图解模型为基础，指出了一个显著而又极端重要的事实，即基层市场体系的大小与人口密度反方向变化。在人口稀疏分布的地区，市场区域必须大一点儿，以便有足够的需求来维持这一市场，在人口密集的地区它们则较小。这个表还揭示出一种一般常识不一定能预见的关系：即市场社区的平均人口仅在一个点以前与人口密度一起增长；当密度超过每平方公里325人时，以及当基层市场区域面积降到27平方公里以下时，市场体系的平均人口开始下降。至于为什么市场区域会随它们所在地区人口的密集而逐渐变小这一问题的充分理解，有待于第二部分中对变化的分析，但表1显示出的市场体系人口和面积之间的关系则没有什么神秘之处。当各地区的市场区域面积随着人口密度加大而不断下降时，显然最终肯定会达到一点，此时更小的面积无法容纳更多的农业人口。在中国农业区[②]，

① 罗伯特·雷德菲尔德：《农民社会与文化》(芝加哥，1956年)，第70页。在中国，把“大传统”设想为一元的和同质的可能只是一种并不严重的曲解，但把它在农民阶层中的对应物设想为多元的和异质的就完全可以排除这类概念。不是有一个“小传统”而是有很多，这里我倾向于认为每一个都与一个基层市场社区相联系。

② 在本书中，“中国农业区”一词用来指一个专门规定的区域，它包括大部分习惯上称之为中国本土的地区。中国农业区和非农业区的分界线沿着县界(1958年的)划分，以便前者中能实际上包括人口密度每平方公里至少有10人的所有的县。如果在一幅地图上标出这条线来，其走向可以简要描述如下(按1958年的省区)：黑龙江北部约1/3的地区不包括在内；包括吉林、辽宁、河北、山西和陕西的全部；包括内蒙古自治区的一小部分；宁夏回族自治区的约2/5，甘肃的大部分以及青海东端的几个县；也不包括四川和云南西部的山区。中国农业区(包括海南，但不包括台湾)总共418万平方公里，非农业区(不计入西藏和昌都)，共415.94万平方公里。1958年前者有1 791个县级单位，后者有260个。一般说，这里所规定的非农业地区土地生产力极低，人口也极稀少，以致市场体系不可能按本书描述的方式存在。

表 1 基层市场社区的平均面积和人口

（以 1948 年中国农村人口密度的估计为自变量*）

密　度（人口/平方公里）	平均人口	平均面积（平方公里）	最远村民赶集所走平均距离（公里）	集镇之间平均距离（公里）
10	1 850	185.0	8.44	14.6
20	3 160	158.0	7.80	13.5
30	4 080	136.0	7.42	12.5
40	4 800	120.0	6.80	11.8
50	5 300	106.0	6.39	11.1
60	5 790	96.5	6.09	10.6
70	6 160	88.0	5.72	9.91
80	6 500	81.3	5.59	9.69
90	6 750	75.0	5.37	9.31
100	6 980	69.8	5.18	8.98
125	7 460	59.7	4.79	8.31
150	7 870	52.5	4.50	7.79
175	8 050	46.0	4.11	7.12
200	8 240	41.2	3.98	6.90
225	8 350	37.1	3.78	6.55
250	8 570	34.3	3.63	6.30
275	8 720	31.7	3.49	6.05
300	8 850	29.5	3.37	5.84
325	8 870	27.3	3.24	5.62
350	8 790	25.1	3.11	5.39
375	8 660	23.1	2.98	5.17
400	8 640	21.6	2.88	5.00
450	8 100	18.0	2.63	4.56
500	7 850	15.7	2.46	4.26
550	7 320	13.3	2.26	3.92
600	7 140	11.9	2.14	3.71
650	6 760	10.4	2.00	3.47
700	6 370	9.1	1.87	3.24
中国农村平均：111	7 140	64.4		
模型平均：150	7 870	52.5	4.50	7.79

*表现基层市场区域面积与人口密度的曲线距坐标的纵轴和横轴越近，农村经济的商业化程度越高。根据平均面积栏上部的数字作的曲线用来代表整个中国农区在 1948 年农业经济商业化的状况。它的等高线来自四川南部和东南部 76 个县选点测定的数据，但它的位置有点儿接近于纵轴和横轴，和 1948 年四川商业化程度最高的县的资料所绘曲线上的点一致。对这些过程的证明有待于第二部分对商业化的现代化的论述。

倒数第二栏用平均面积按下面的正六边形公式计算：$A = 2.598a^2$，这里，A 代表六边形面积（即基层市场区域面积），a 代表从中心到一个角的距离（即从区域中最远的位置到中心要走的距离）。最后一栏的计算公式是 $b = a\sqrt{3}$，这里，b 是两个相邻的正六边形中心之间的距离。

民国末年，这个点位于人口密度 300—350 之间。

面积达 150 平方公里或更大的特大市场区域（表的最上端）只出现于中国农业区的山岳地带和边远的不毛之地，在这些地区，人口稀疏地散居于险恶的环境中。只有在这类地区市场社区的人口才会少于 3 000 人。在另一端，面积 15 平方公里或更少的特小市场区域（表的底部）只出现于特别肥沃的平原，在典型情况下位于大城市中心的附近。中国农业区基层市场区域规模的分布可以概括如下：

占全部基层市场社区比重（%）	平均面积分组（平方公里）	密度分组（人/平方公里）
5	158—	—19
15	97—157	20—59
60	30—96	60—299
15	16—29	300—499
5	—15	500—

所以，大多数基层市场区域的范围可以让最边远的村民能够不费力地步行到集上——这段距离为 3.4 到 6.1 公里。[①] 在模型中（见表 1 最下行），市场区域的面积刚过 50 平方公里，集镇间隔不到 8 公里，到镇上的最大步行距离为 4.5 公里。基层市场社区的平均（中等）人口约 7 000 人。

所以，很清楚，即使就典型的社区——18 个左右的村庄、1 500 户人家，分布在 50 多平方公里土地上——来说，我们也不是在讨论由极为紧密的或强烈的束缚构成的关系密切的原始团体。另一方面，像大多数中国学生不习惯于把市场体系看作社区，并受到相关文献的烦扰一样，我们很可能在这方面也被引入歧途。让我用以高店子为中心的

① 我认为，“步行距离”在任何情况下都是市场区域面积的决定因素这一概念是毫无意义的。参看杨庆堃：第 14—15 页。如果集镇的间隔只是要使最边远的村民能在一天之内步行到市场上并处理完他们的生意然后回到家中，那么，基层市场区域的面积就会在一个狭窄范围内变化。而事实上，中国大多数基层市场区域远远小于步行距离的要求，而在中国农业区的边缘地带，它们会大到从最远的村庄到市场的单程就不止花一天时间。云南易村附近的几个村庄似乎就属于这种情形，如果可以根据费孝通和张之毅提供的细节（第 170—172 页）来判断的话。

社区进行说明,这是我调查过的四川一个基层集镇。这是一个不够典型的较大体系,在1949—1950年有约2 500户人家。[①] 普通农民是否认得出——更不必说熟识——那么多家庭的成员呢?

如果林先生——一个45岁的农民,我和他住在一起——可以被看作一个典型,那么答案是肯定的。因为林先生和这个市场体系各地的几乎所有成年人都有点头之交。[②] 此外,他能够认出社区中主要上层人物的家庭成员,并对他们加以形容,而不论他们居住的村庄散布于何处。他知道集镇另一边的农民家庭的详细情况,而大多数美国人不了解,也不愿意了解他们的邻居。林先生关于高店子市场社区的社会知识比起在他的场院中干活儿的农业工人或用车把他的橘子运到市场上去的运输苦力,或许给人的印象更深,但与社区地方上层中的任何有闲的绅士见多识广的社会知识比就显得逊色了。身穿长袍的地主可能只对他喜欢的几个人点头招呼,但他认识他到市场去的路上碰到的所有人,并且在他脑子里似乎装有每个人的完整的档案。

但这一切当真很奇怪吗?高店子市场社区的农民,到50岁时,到他的基层市场上已经去过了不止3 000次。平均至少有1 000次,他和社区内各个家庭的男户主拥挤在一条街上的一小块地盘内。[③] 他从住

---

① 民国末年四川西北部的基层市场体系都比较大,因为这一地区的商业化相对不足。见第二部分。

② 大部分例外情况限于居住在高店子市场区域东北边缘公路边或公路附近的"外来人"家庭。该市场区内距成都最近并有铁路经过的地方,在1947年住有约140个"下江"人,即来自四川以外别的省份的人,其中大多数于第二次世界大战时来到成都附近;还有约290个祖籍不在华阳县的四川人。这些外来人中只有几个农民;一些是公路边幺店的店铺老板;另一些人是黄包车夫或运输苦力,在以牛市口为中心的中间市场体系中工作;其他一些是在城市工作的市郊居民。林先生只认识这些人中的几个,并且几乎不关心他们。然而,居住在集镇上的"外来人"则另作别论。1947年这类人有58个,包括店铺老板和教师,都是四川人,林先生认识他们中的绝大多数。

③ 这个推断考虑到了高店子市场社区成员从一代到下一代的相对稳定。人们在每个集日获得的社会知识在他们死后继续积累,这种积累与居民家庭的延续成正比,而与迁出和迁入市场社区的家庭数量成反比。40年代后期高店子社区的家庭中,大部分是自20世纪初已经居住在那里的家庭的直接延续;在新增加的户中,由本地的家庭分裂而形成的要超过由迁入的家庭建成的。即使是在市场区域中有铁路通过的一小部分地方,80%以上的家庭中没有一个人出生在他们现在居住的这一地区之外。在市场区域远离铁路的大得多的地方——拥有整个社区人口的4/5——总户数的95%以上由当地出生的人组成。参看施坚雅《中国人口的微观研究》,《人口研究》,第5期(1951年11月),第91—103页。

在集镇周围的农民手中购买他们贩卖的东西，更重要的是，他在茶馆中与从离他住处很远的村社来的农民同桌交谈。这个农民不是唯一这样做的人，在高店子有一种对所有人开放的茶馆，很少有人来赶集而不在一个或两个茶馆里泡上至少个把小时的。殷勤和善的态度会把任何一个踏进茶馆大门的社区成员很快引到一张桌子边，成为某人的客人。在茶馆中消磨的一个小时，肯定会使一个人的熟人圈子扩大，并使他加深对于社区其他部分的了解。

让我们暂时停下来，注意一下，当一个农民对他的基层市场区域的社会状况有了充分良好的了解，而对基层市场区域之外的社会区域却全无了解时，会引起的某些结构上的后果。这意味着他所需要的劳务——无论是接生婆、裁缝，还是雇工——大部分都会在体系内的家庭中找到，由此而建立起一个老主顾与受雇用者结成的关系网，这个关系网全部存在于基层市场社区内，这也意味着，如前一节所提到的，一个迫切需要资金的人会期待在他自己村庄范围之外组成一个互助会。

这还意味着农民常常在市场社区内娶儿媳。媒人们（在四川，他们常在集镇上的某些茶馆中活动）和适龄小伙子的母亲们有相当大的保证，可以在整个基层市场社区中寻找未来的儿媳，但他们对体系之外的家庭则缺乏了解，无法从那里寻找候选人。总之，基层市场社区中有一种农民阶层内部通婚的特别趋向。对于这一点，吉恩·P.瓦特对香港新界一个客家村社的研究提供了一个有趣的证明：村里最活跃也最成功的媒人是一个富有的寡妇，她特别频繁地到大埔镇上去，那是一个每日集，她在那儿记下较大社区中适龄女孩儿的名单。[①] 结果是，一个宗族按传统方式把它的年轻女子嫁到另一个宗族中做新娘的安排往往集中于基层市场社区内，又好像是更接近于可能没有直接先例的固定的联姻。农民的姻亲结合因此而构成另一个遍布于基层市场社区的网络，并使结构更为完整。

---

① 1964年2月8日的私人通信。另见吉恩·A.普拉特《移民与直系血缘群体：香港新界一个客家村庄的婚姻状况研究》，《东方人类学家》第13卷（1960年），第147—158页。

在父亲血缘关系方面，我怀疑基层市场社区在宗族组织方面起了一种可能解决令人感到困扰的分解问题的作用。在中国，新的村庄习惯上或是由一个家庭或是由一小部分有血缘关系的家庭建立。在这种新村落中的家庭，实际上构成他们原来村落——通常不太远——的宗族的一个支系。经过几百年间的这种分裂，中国农村的不少部分逐渐维持了大量的同姓氏的地方化宗族，它们由于来自一个共同祖先的血缘关系而在历史上重重联系，但每一个地方化宗族都位于一个不同的村庄或集镇。[①] 为什么在某些情况下，相邻的地方化的宗族之间的联系会永久存在并形成有组织的统一体，而另一些具有同样久远的祖先的宗族却各自独立？我的设想是，由于农民家庭的社交活动主要在他们的基层市场社区内进行而很少在其外进行，同一个市场体系内的宗族间的联系可能会永久存在，而在不同基层市场区域中地方化的宗族之间的联合常常受到时间的侵蚀。在四川，我调查过的地区，林姓客家家族主要集中于以高店子、赖家店和大面铺为中心的三个基层市场区域中。然而，每个区域中的林姓家族似乎是单独组织起来的，在它们各自集镇的茶馆里有自己的议事机构。水野曾提到，在华北，宗祠通常设在集镇上而不是村庄中。[②] 因此，我们把基层市场社区视作“复合宗族”的通常所在地可能要好些。

在这方面，我还要提到另一种有启发性的情况。在福建海澄县港尾的基层市场社区中，全部人口的大部分都属于一个复合宗族。1948年市场本身受到“大房”（字面意思为大的分支）的控制，这个“大房”是位于集镇北面一个村子的宗族中的一个分支。在港尾集上，三个掌粮食斗的人，牲畜经纪和猪的过秤人、轿夫头儿，甚至于乞丐头，都来自大房，从大房来的买主在集上有特权。在这种情况下，大房在复合

① 阿米欧神父在他对菲律宾华人家族领地的研究中引用了福建晋江县的几个例子。J.阿米欧：《马尼拉的华人社区：中国的家庭主义在菲律宾环境中的变形》（芝加哥，1960年），第44—52页。在提到同姓宗族地方化的村庄常常集中在某一个乡中以后，阿米欧指出（第40页）：“按照这个区域的习惯，乡这个词或是指一些村庄形成的某种统一体性质的组合，或是指这个组合由以得名的最大的村庄，通常是一个集镇。”

② 水野薰：《华北的村庄》（北京，1941年），第171页。

宗族中社会地位的优势明显表现在市场社区的经济体系中。在适当的环境中，会出现这样的情况。正如地方化宗族中占统治地位的支系能够在村社中维持最高权力一样[①]，在复合宗族中占统治地位的地方化宗族也可以僭取对市场社区的控制。[②]

港尾的例子还表明，在这种情况下，基层市场社区的权力结构不可能与对市场的控制分开。在四川，民国初期，以哥老会为共称的秘密会社在农村社会的所有层次都行使最高权力，基层市场社区也不例外。事实上，基层市场社区是一个最重要的单位，因为哥老会的分会由一个基层市场社区组成，而且在几乎所有情况下都只限于一个基层市场社区内。在以高店子为中心的基层市场社区中组成了两个分会，一个“清”，一个“混”：两个都在镇上的茶馆中设有山堂并举行会议。大部分男性成年人属于一个分会或另一个分会，几乎在每个集日分会成员们都能与分会职员们一起处理事务，后者待在一个指定的茶馆中。在高店子，如同在四川盆地其他很多集镇上一样，市场本身受一个秘密会社分会的控制。掌粮食斗的人、猪的过秤人、牲畜经纪人和其他一些拿佣金的代理人都由会社成员担任，每个经纪人的酬金中都有一部分要上缴作为分会的财产。

在中国其他地方，对市场的控制可能更广泛地分散在一些基本村庄中。在山东，常见的安排是同赶一个集的村庄轮流负责市场管理。在阴历月的每旬中，指定一个村庄，或几个村庄共同负责出人担任公共的计量人员，并给这些人出津贴，以使他们作为免费的诚实的经纪人提供服务。然而，杨庆堃引用的一些实例表明，这种分散的控制限于小市和较不重要的基层市场；在中间市场（以及某些明显较大的基层市场），权力往往是集中的，或是由于大量村庄的共同管理行不通，或是由于在一个大的、比较繁荣的市场上，经纪人的酬金多到权力集

① 参见莫里斯·弗里德曼《中国东南的宗族组织》（伦敦，1958 年），第 8—9 章。

② 地方志有时会隐约提供一些有关占统治地位的宗族对具体市场拥有控制权的情况。见仓持德一：第 25 页举例。

团不能忽视不理的程度。[1]

这样,市场本身就构成市场社区中社会结构的一个焦点。另一个焦点,其重要性几乎不弱于市场,通常由镇上较大的寺庙提供。首先,管理寺庙的董事会不仅由虔诚的镇民组成,还包括了住在市场区域中各个村社的有宗教信仰,有领导地位的居民。然而,在与寺庙供奉的主要神灵有关的节日举办的一年一度的庙会,是件十分重大的事情,不能只靠虔诚。在高店子,庙会由一个董事会组织,董事会成员由店铺老板中的头面人物和地主上层人物中最有权力的成员担任。每年在节日期间组成地方治安团体以管理拥挤的人群并引导队伍行进,1950 年这个治安团体约有 60 位志愿人员,而且包括了该市场区域中各个村庄的人。此外,庙中供奉的神灵本身在尘世上的活动范围,被认为与基层市场区域一致。东岳——一位管理地狱的官员——的雕像每年要被抬出来在他的权力区域内游行。传统的路线是,沿着由集镇辐射出的每条主要道路,抬着神像依次走过红门铺、沙河铺、窝窝店和大石子——每个幺店位于市场区域的一角。用这种方式,这个宗教节日每年一度重新肯定了该社区的领地范围,并象征性地加强了它的以集镇为中心的结构。

基层市场社区的分立性还以另一种方式染上宗教色彩。由信徒组成的祈祷团体参加宗教庆典时共同为受祝的神奉献祭品,并作为团体参加游行。1950 年,30 多个这类团体参加了高店子的庙会,除了来自成都的三个团体以外,每个团体的成员都限于一个基层市场社区,来自外地社区的团体都以它们的集镇的名称命名。在传统时代到宗教圣地朝山进香的人们组织的"香会"和"山会",似乎通常也在基层市场社区内组成,原因也许仅仅是官府会对较大规模的宗教团体的活动加以留难。[2]

上述事例说明,各种各样的自发组成的团体和其他正式组织——

---

① 杨庆堃:第 18—20 页。

② 参见萧公权《中国农村:19 世纪清帝国的控制》(西雅图,1960 年),第 313—314 页。

复合宗族、秘密会社分会、庙会的董事会、宗教祈祷会社——都把基层市场社区作为组织单位。[①] 职业团体也可能在基层市场社区内组成。高店子有一个茶馆是一个牲畜配种人联合会聚会之所,另一个茶馆则是木匠和泥瓦匠联合会的总部。还有其他自发组成的联合会,尤其是与农业生产有关的组织(例如看青会或管水会),尽管与市场社区的界限不同,却往往整个位于市场社区内。[②]

还要提到的是,基层市场社区与农民的娱乐活动息息相关。基层市场和较高层次市场是专业说书人、戏班子、卖唱盲人、摆赌摊儿的、卖艺的、练杂技的、卖膏药丸药的以及魔术师等等人物的舞台。不但村庄里明显缺少这类人,而且一般情况下小市上也见不到他们。正如集日通过提供娱乐机会减轻了农村生活的无聊一样,庙会使村民全年的娱乐达到高潮。

在上述概括性研究所表明的基层市场社区结构的实际情况的范围内,同时还可以提供一个基础,用以评估这样一个社区在多大程度上可以作为一个文化载体。文献中有大量的关于中国村庄文化特性的泛泛的论述。我们常常听说,每个村庄都有它自己的方言、自己的风味食品、自己穿衣戴帽的方式,等等。然而,我有一种强烈的设想,当差异大到成为相邻村庄的特征时,最终可以证实这些村庄属于不同的基层市场社区。很有可能在传统时代,典型的农民认识的同村人要比他认识的所有外村人加在一起还要多。但同时,他与本市场社区内外村人的社会联系如此之广,以致很难想象任何范围的文化差异能够在使用同一基层市场的村庄之间长期存在。同样,使农民与其基层市场社区之外的人发生接触的社交活动如此之少,以致市场社区之间在文化上产生差别好像是不可避免的发展趋势。一旦基层市场社区达到了包容农民生活的程度,它也就造就了后者的生活方式。只要社区

---

① 一段有关1836年的叙述记载了广州附近河南岛一个组织的建立,这只能解释为基层市场社区中结构的形式化:"24个不同村庄共同修建了一所大屋为全体集会之用,这所大屋位于集镇上……"《中国博物》,第4卷,第414页。引自萧:第309页。

② 萧公权:第288—289、306—308页。

长期存在，它就必然会坚持它自己的一点儿传统。

最明显的例子是与交易过程直接相关的度量衡。尽管在任何一个市场内它们是标准化的，并且事实上都有严格规定①，但基层市场之间还是有着大量差别。在 1932 年调查的 11 个市场中，杨庆堃发现有 10 种不同规格的斗，这是分配谷物用的干量。用于量土布的"大尺"和量笨重产品重量的大秤同样在不同市场间有很大的变化。② 大桥育英在研究京汉铁路沿线农作物交易情况时发现，在中心集镇之外活动的经纪人们不得不随身携带各不同市场体系惯用的度量衡的换算表。③ 这类资料表明了作为经济体系的基层市场社区的独立性和孤立性——并由此表明构成各种文化特性之基础的真实环境。归根到底，正是长期不变的传统市场模式可以解释下述事实——引一个典型的例子——每个四川姑娘精心装饰她的新婚床帐的十字挑花，都带有她所在基层市场社区所特有的花样。

一个同样明显的事例涉及宗教传说，在格罗特斯的华北寺庙和传说的地理学分析中，可以找到很多这方面的描述。④ 例如，一张地图显示出，对黑龙的崇拜集中在察哈尔的万全县一个界限分明的区域内。这个区域的大比例尺地图给人一种强烈的暗示：这个现存 6 座黑龙庙的特定区域实际上是以秋铺镇（音）为中心的基层市场区域。在高店子市场社区中，东岳及其地狱中的官吏的传说不可避免地笼罩着农民关于另一个世界的观念，但在周围市场社区的宗教文化中，这个神和他的殿堂都不怎么重要。

在语言方面，人们认为在同一个基层市场社区内有微小区别——考虑到在市场上发生的大量的口头交往，但在市场社区之间存在某种程度的区分。当我的四川知情人们操着带有不同市场的语言特征的方言谈话时，我想到，对于中国的语言地理学家来说，最小的有意义的

① 仓持德一（第 24 页）和杨庆堃（第 18—19 页）都列出了各个市场专用的度量衡表。

② 杨庆堃：第 20—21 页。迟至 1950 年在四川盆地还经常可见到这类情形。

③ 引自天野元之助：第 156 页。

④ W.A.格罗特斯：《万全（察哈尔）的寺庙和历史：用地理学方法研究民间传说》。

单位正是基层市场区域。

我没有什么证据来说明中国较高层次市场体系的社会范围，但在这方面我愿意提出两个观点。看起来很清楚，在很多方面，中国较低的和中间层次的社会结构与前面几节所描述过的市场结构平行，并且，与后者一样，采用了一种等级网络的形式。让我再次描述一下高店子的情况。这个基层集镇与模型 B 一样，面向三个较高层次的集镇，因而成为三个不同的中间市场体系的一部分（见图 3.1）。这些结构链的每一个都与由一系列不同社会组织组成的等级排列并联。我只各举一例。1. 高店子市场社区中的廖姓家族，像林姓家族一样，组成一个复合宗族，在集镇上设有总部，但廖家认为他们的组织只是一个更为庞大的复合宗族的分支，这个更大的复合宗族在东南方的中间集镇大面铺上有一所宗祠。2. 高店子的志中儒院（儒院——一种慈善团体）与一个名叫中和儒院的较高级儒院保持紧密联系，后者位于西南方的中间集镇中和镇上。3. 让我再一次提到秘密会社的分会，它们尽管实际是独立的，但却组成了相当广泛的同盟。这些同盟之一，设在高店子的分会，首先与西北方中间集市牛市口上同一同盟的分会相联系。

应该明确指出，指挥或控制这些组织的不是农民，而是有闲的绅士们；并且一般说来，两个不同层次组织之间的联系之所以能实现，如果不是由于地方上层人物的参与，那么就是由于在基层集镇和中间集镇上都有商业利益的商人的参与。在高店子，注意一下同类的资料：秘密会社的农民成员只属于他们的基层市场上两个分会中的一个，而商人和地方上层的成员很少有人不认为在他们的中间集镇上也参加一个分会大有好处。

上述观察结果导致我的第二个观点：每一个等级层次的市场体系对于阶层间的关系都有一种特有的意义。从这个观点出发，基层市场社区可以被视为一方面是小商人和农民之间的交往，另一方面是小商人和地方上层之间的交往（主要通过市场控制机制）的核心。但它的主要意义却在于农民和“乡绅”的关系。尽管单个看，很多村庄不能

夸口说村中存在着既有土地，又有闲，还有文化的家庭，但所有的基层市场社区在传统时代都有一些所谓的“乡绅”家庭。用不那么明确的术语来说，这些高人一等的家庭正是在集镇施行“社会控制”。每个寻求即使是非正式的领袖地位的绅士，通常都在他的基层市场上一个固定的茶馆里有一块地盘儿，不同村社中农民之间的纠纷通常也在集日的茶馆里由这些领袖仲裁。[①] 也是在集镇上，地主或他们的代理人与佃农打交道，秘密会社分会的上层社会的职员们作出影响农民在社区中的福利的决策。

地方上层人物是农民与官宦上层之间的媒介与缓冲器的观念——尽管从修辞学来看可能有点儿特别——是个熟悉的观念。小商人是农民与高层次中心地的商人之间的中介的观念也是如此。二者的作用都像“掮客”[②]，他们既为农民挡住了所疑虑的外部世界，又有选择地把外部世界的一些东西放进来并传达给农民——一些必需的外来产品、“适合”当地状况的皇家公告、被说书人歪曲了的伟大历史的片段，或者乡约讲说人改编过的上层人物的思想观念，等等。[③] 简单地说，我对这个问题的看法是，这些两面的“掮客”——无论在文化、政治还是经济方面——都是在基层集镇而不是村庄层次上活动。正是他们把基层市场社区与更大的社会的机构、习俗联系起来，或——依一个人的视野而定——与后者隔绝。

中间集镇的社会范围[④]实质上是农村社会中间阶层自身所需的一

---

① 李美云：《中国四川彭山县社会、经济和政治状况的分析，教育纲要的改进前景》，未公开发表，第 21 页。

② 埃里克・沃尔夫指出了那些在社区团体和国家组织之间充当“掮客”的人的两面性，见《一个综合性社会——墨西哥的团体关系的各方面》，《美洲人类学家》，第 58 号（1956 年），第 1076 页。

③ 萧公权的专著中有关于村民、地方上层和官吏之间关系的丰富细节。这些资料中很多都可以利用来分析地方上层在农民和官场之间的掮客作用。关于乡约讲说制度，第 184—206 页。

④ 如同前一节中提到的，中间集镇不仅是一个中间市场体系的中心，而且也是一个较小的基层市场体系的中心，集镇也有双重功能。例如，每一个中间集镇，一方面是它的基层市场区域中的农民和地方上层之间阶层关系的核心，另一方面，是它的中间市场体系中商人和地方上层之间关系的核心。然而，维持两种机能层次的差别是有益的。中间集镇上某些茶馆和酒店是农民阶层的社交禁区。这些场所，加上很多种团体的总部，都应被视为只与集镇作为中间市场社区活动中心所起作用有关的机构。

个世界。就中间市场体系是一个社会共同体的意义来说,它通常既不包括农民,也不包括官宦阶层。在中间集镇的茶馆、酒店和饭铺中,来自周围的基层市场社区环的地方上层的代表们,指导着这个中间市场体系为之服务的更宽广的区域中的各项事务。那些业务活动主要限于某个中间市场体系内的大大小小的商人和手艺人的情况与此类似,因为他们阶层内的事务也要在中间集镇上处理。但是,或许在中间市场体系特有的社会关系中,最有影响的是集镇上的缙绅上层与商人之间的来往。因为,一方面,“中上阶层”的资金投入到中间集镇上的当铺、钱庄、手工工场和商业企业中去,另一方面,手工业者和商人的资金投入到土地上和兑换成社会习俗惯用的铜币时,要进行的关键性的协商谈判——这些交往也都在这一层次的集镇茶馆或镇公所中进行。

中心集镇上阶层间关系由于增加了官吏的出场而显得更为重要。可以设想,这一层次的集镇不仅是较低层次市场上已出现过的各种集团间关系的中心,而且也是官吏与他们管辖范围内“乡绅”的领袖人物及镇上有领导地位的商人们举行重要磋商的中心。莫顿·弗里德在叙述安徽滁县(一个小县城,也是一个中心集镇)时指出:

> ……有成就的地主、商人、手艺人和官吏常常在大致平等的基础上进行社会交往。富裕的地主结交富裕的商人而不是贫穷的地主;有成就的手艺人宁可与富裕商人做伴,而不理睬贫困的同行。……各个行会的首领通常由镇上的一个绅士担任,联合行会的首领也同样。①

何炳棣关于清代商人和官吏之间关系的论述②认为,弗里德所描绘的 1948 年的景象,作为在民国时期逐渐起作用的新生力量造成的一种近代的偏离,几乎是无法消除的。

任何一种对于传统中国社会结构的观察,只要它把与相关联的市

① 莫顿·A.弗里德:《中国的社会组织》(纽约,1953 年),第 17—18 页。

② 何炳棣:《在中华帝国成功的手段》(纽约,1962 年),第 2 章。

场体系进行比较作为重点，就必然会随着层次的提高越来越注意到行政体系。早期的分析，受中国学者官方的偏见的影响，假定行政体系最为重要。我详尽论证一种有点儿非正统的观点的目的，与其说是要反驳这种分析，倒不如说是要推进平衡——在今后的研究中取得一种共识，即传统中国社会中处于中间地位的社会结构，既是行政体系和市场体系这两个各具特色的等级体系的派生物，又纠缠在这两个体系之中。

史建云　译

（选自施坚雅《中国农村的市场和社会结构》，史建云、徐秀丽译，北京：中国社会科学出版社，1998 年）

《中国农村的市场和社会结构》(第一部分)导读

罗艳春

美国华盛顿大学图书馆收藏的地图中,有施坚雅教授(George William Skinner,1925—2008)捐赠的千余幅,包括其与空间系统实验室(Spatial Systems Laboratory)同事一起绘制的700余幅专题地图,以及多年收集的450余幅珍稀地图。[①] 对地图的重视与运用,贯穿了这位美国人类学家学术生涯的始终。谭其骧主编的《中国历史地图集》正式出版后,施坚雅在给陈桥驿的通信中予以高度评价说:"编绘历史地图集是一件不朽盛事。编绘这套地图集的同仁们,将使全世界汉学学术界受惠匪浅。"[②]施坚雅关于中国研究的市场体系理论和宏观区域理论,也分别以其绘制的六边形市场区域模型地图,以及划分为九个地区的农业中国自然地理大区地图而广为人知。据其学生郝瑞(Stevan Harrell)2010年8月13日在四川大学藏学研究所的一场讲座中回忆,1969年他担任施坚雅的助手,协助在浙江宁波、绍兴地区进行市场体系田野考察时,需要以美军军用地图为底图,用黑墨水在透明的塑料地图上描画出方志中所记载的市场分布。这一经验,正是源于施坚雅1949年在四川高店子所进行的田野调查。[③] 20世纪80年代,施坚雅的学术观点开始被中国学术界所了解,其代表作《中国农村的市场和社会结构》以及《中华帝国晚期的城市》中译本相继出版,相关学术梳理与讨论也随之

---

① 这些地图的数字版在华盛顿大学图书馆网页上公布,供学术界自由使用。

② 陈桥驿:《评〈中国历史地图集〉》,《中国社会科学》1985年第4期。

③ Stevan Harrell(郝瑞):《施坚雅在成都高店子的田野工作与其市场体系理论的提出》,载王铭铭主编《中国人类学评论》第20辑,北京:世界图书出版公司北京分公司,2011年。

陆续发表。[①] 本文在此基础上,循着过往关注较少的地图视角,重返施坚雅中国研究的学术起点,尝试对收入本书的《中国农村的市场和社会结构》第一部分内容,从学术理路与学术史的角度进行重新梳理。

一

1949 年 9 月 16 日,几经辗转之后,施坚雅抵达成都,即将开始他对中国的田野考察。[②] 选择成都作为田野地点,既是偶然,也是一种必然。

施坚雅 1925 年出生于美国加州奥克兰,17 岁左右进入位于加州东部沙漠地区的幽泉学院(Deep Spring College)读大学,和一个语言老师一同开始学中文。两年以后,施坚雅转入康奈尔大学,入读一年多,因为第二次世界大战爆发,参加美国海军,被派到军队的语言学校,完成了一个 18 个月的中文课程。战争结束后,施坚雅回到康奈尔大学

① 学界对于施坚雅理论的讨论甚夥,可参考任放《施坚雅模式的学术效应》,载氏著《中国市镇的历史研究与方法》,北京:商务印书馆,2010 年;原刊华中师范大学中国近代史研究所编《庆祝章开沅先生八十华诞·中国近代史论集》,武汉:华中师范大学出版社,2005 年。已有讨论中,大多侧重于宏观区域理论,其有关市场体系理论者,略举如下:刘永华:《传统中国的市场与社会结构——对施坚雅中国市场体系理论和宏观区域理论的反思》,《中国经济史研究》1993 年第 4 期;任放、杜七红:《施坚雅模式与中国传统市镇研究》,《浙江社会科学》2000 年第 5 期;史建云:《对施坚雅市场理论的若干思考》,《近代史研究》2004 年第 5 期;樊树志:《施坚雅的四川集市研究及其影响》,载氏著《江南市镇:传统的变革》,上海:复旦大学出版社,2005 年(系作者对 1990 年复旦大学出版社《明清江南市镇探微》一书导论中有关施坚雅学术史梳理的扩充);王磊、胡鸿保:《人类学中理论模型的建立和使用——读〈中国农村的市场和社会结构〉》,载王铭铭主编《中国人类学评论》第 4 辑,北京:世界图书出版公司北京分公司,2007 年;张兴无:《〈中国农村的市场和社会结构〉评介》,载李克强主编《文华品书坊 1》,北京:中国经济出版社,2015 年。两部从海外中国学研究角度专门讨论施坚雅理论的博士论文,也对海内外学者的回应有详细梳理。刘招成著:《美国中国学研究:以施坚雅模式社会科学化取向为中心的考察》,上海:上海人民出版社,2009 年;陈倩著:《区域中国与文化中国——文明对话中的施坚雅模式》,北京:人民出版社,2013 年。

② 郝瑞与雷伟立(William Lavely)整理的施坚雅四川田野考察笔记于 2017 年正式出版。G. William Skinner, *Rural China on the eve of revolution: Sichuan fieldnotes, 1949—1950*, edited by Stevan Harrell and William Lavely, Seattle: University of Washington Press, 2017. 本文对施坚雅的生平及其四川田野的整理,主要参考前揭 2010 年郝瑞的四川大学讲座,以及 1999 年王建民在哈佛大学对施坚雅的访谈。访谈稿以《从川西集镇走出的中国学大师——美国著名人类学家施坚雅教授专访》为题,发表于《西南民族大学学报(人文社会科学版)》2009 年第 10 期。

继续学业，并在人类学家罗尔斯顿·夏普(Lauriston Sharp)指导下攻读博士。1949年7月，为了撰写博士论文，施坚雅动身前往中国进行田野考察。他计划在取得入境许可证后选择在北京附近开展乡村研究，但他抵达香港后没有获得进入华北的许可，于是改变计划，选择四川作为田野考察地点。

施坚雅选择去成都做调查，一方面是因为当时四川还没有解放，另一方面也是得到华西协和大学社会学系的蒋子(旨)昂、李安宅等人的支持与配合。这批被称为中国人类学"华西学派"的学者，在成都周边开展了一系列学术实践与探索，为施坚雅的田野考察与研究营造了良性的学术环境。所谓"华西学派"，指1910年在成都建立的华西协和大学，以及抗日战争期间内迁华西坝上的燕京、齐鲁、金陵等六所大专院校的人类学家群体。[①] 华西协和大学的社会学与人类学一直有着边疆研究的学术传统，1922年就成立华西边疆研究学会并出版发行《华西边疆研究学会杂志》。1942年，经李安宅倡议，在华西边疆研究学会的基础上成立华西边疆研究所。1943年，"为候补边疆工作人员有效训练的机会起见"，华西大学与中国乡村建设学会合作，在成都老南门外十二里乡间开办了"石羊场社会研习站"，华西大学的在职研究者，如社会学系讲师艾西由、边疆研究所助理研究员玉文华等，与华西大学高年级本科生一起，在此进行社会服务并开展学术研习，撰写了《成都石羊社区的市场》(艾西由撰，载《社会建设》1944年第1卷第1期)等学术论文与毕业论文。[②] 同年春，已经复校半年的燕京大学也创建了一处农村研究服务站，地址选定成都城北二十余华里崇义桥镇外的夏家寺。从1943年至1946年，每一年的寒暑假，都有同学到崇义桥农村研究服务站开展民众教育服务，同时进行社会调查，写成了不少有价值的学士论文。毕业于燕京大学社会学系、时任教于法学院社会学系的服务站主管教师廖泰初，也根据在站时期的调查，"整理出十二篇论文……包括四川的哥老会，乡镇的学徒制度，成都菜籽市场，

---

① 李绍明：《略论中国人类学的"华西学派"》，《广西民族研究》2007年第3期。

② 陈波：《李安宅与华西学派人类学》，成都：巴蜀书社，2010年，第97—130页。

崇义桥偏方治病，安乐寺的特殊交易，等等”。[①] 不仅是华西坝上的师生，对于海外学者而言，20 世纪 40 年代的四川地方社会，无论是地理学家斯宾塞(J. E. Spencer)讨论的犍为县，还是人类学家脱鲁岱(Mary Bosworth Tredley)考察的华阳县中和场，兴盛的赶场集市活动都成为他们关注的焦点。[②] 对施坚雅，也是如此。

抵达成都后，施坚雅一边学习四川方言，一边选择合适的田野地点。经过多番考察，11 月 13 日施坚雅搬到三圣乡高店子一位林姓的人家，开始了他的田野考察。高店子是清代光绪年间创建的场，因地处狮子山凉风顶高坡，坡上有卖酒小店而得名，又称三圣场。1949 年以后，高店子成为三圣乡人民政府驻地，1959 年之前属于华阳县，10 月划入成都市郊区，1960 年 7 月属成都市金牛区，1990 年划入成都市锦江区。高店子也是成都市第一家鲜花批发市场所在地，后逐渐发展成为全省乃至中国西部地区花卉生产主产区。[③] 在 1951 年发表的一篇人口学论文中，施坚雅介绍了他进入田野时获得的一些资料——三圣乡是华阳县 35 个乡镇之一，1947 年时的统计人口为 15 963 人，已经实行了十多年的保甲制，三圣乡一共有 11 保，每保 10 甲，每甲有 20—30 户人家。[④] 施坚雅的房东林家是一户条件较好的家庭，男主人 40 出头，女主人 30 出头，有两个孩子，一男一女，男主人的父亲 70 多岁，还有两位做长工的雇农也住在家里。[⑤]

---

① 廖泰初：《成都崇义桥农村服务站》，燕京大学校友会编：《燕京大学成都复校五十周年纪念刊 1942—1992》。转引自岱峻《风过华西坝：战时教会五大学纪》，南京：江苏文艺出版社，2013 年，第 292 页。施坚雅《中国农村的市场和社会结构》第一部分的注释中引用了廖泰初关于成都菜籽市场的研究，参见英文版 p4，中译本第 56 页（音译为“廖台朱”）。

② J. E. Spencer, “The Szechwan Village Fair,” *Economic Geography*, Vol. 16, No. 1 (Jan., 1940). Mary Bosworth Tredley, *The Men and Women of Chung Ho Chang*, The Chinese Association For Folklore，台北：东方文华书局，1974 年。转引自李德英《民国时期成都平原乡村集镇与农民生活——兼论农村基层市场社区理论》，《四川大学学报（哲学社会科学版）》2011 年第 3 期。

③ 金牛区地方志编纂委员会编纂：《成都市金牛区志》，成都：四川大学出版社，1996 年。2013 年，四川大学组织学生对高店子进行了回访，张杨、田玥、刘欢、袁上、张续撰写的《乡村集镇与农民生活（二）》，收入李德英主编《近代长江上游农民生活状况研究：以成都平原为中心的考察》，成都：四川大学出版社，2015 年。

④ G. William Skinner, “A Study in Miniature of Chinese Population,” *Population Studies*, Vol. 5, No. 2. (Nov., 1951).

⑤ 施坚雅的访谈稿与郝瑞的讲座稿说法不一，此处采用访谈稿的说法。

三圣乡居住着不少在外面说四川话、在家里说客家话的移民，林家的祖先也是在清初从福建漳州迁入四川的。施坚雅在林家居住时学习过一段时间的客家方言，返回成都后又在图书馆查阅了一些华阳县客家移民的族谱，在1951年的人口学论文中也将客家移民作为历史背景进行了介绍。①

施坚雅的田野考察持续了三个多月，详细调查了家庭与人口，市场中店铺的类型，赶场的日期等内容。除了一些比较显性而易于直观访谈或记录的内容，田野中的几次经历对于施坚雅后期思考市场体系理论时具有启发意义。其一是为房子安装窗户。施坚雅入住林家后，房间完全没有窗户，非常黑。房东决定买一块玻璃瓦片安在屋顶，但是在后来施坚雅所界定的基层市场（standard market）无法买到，需要到中间市场（intermediate market）去买，这件"小事"让施坚雅意识到市场的等级（the hierarchy of markets）。另一件事是关于解放军朝成都逼近的消息的传播。在高店子的集期，从西面的集镇来的流动商贩们一早来到市场，带来的消息是军队从重庆方向过来，也会从龙泉驿之类的集镇过来。到了上午晚些时候，磨刀匠带来部队进军的最新情况。这种从不同地方来的人，带着不同的物品，讲着不同故事的信息传播模式，让施坚雅意识到市场体系是如何运作的。商贩们是在中间市场体系（intermediate marketing system）之中循环流动，而磨刀匠则循环游走于各中间集镇之间，有着更大的圈子，因而有可能获得更新、更准确的信息。再有一个就是对庙会的记录与观察。1950年1月15日（农历正月二十八），红门堡每年一度的庙会举行巡城仪式，施坚雅目睹了整个庙会节日，给来自不同集镇的每一支巡游队伍拍照，并做了详细的访谈记录。这次庙会的田野调查，让施坚雅看到了一个有效的市场体系互动模式。

① 关于华阳县的客家移民，除了林、范、廖、李等姓氏族谱之外，施坚雅还引用了一篇华西协和大学的毕业论文，即徐宝田《四川省华阳县客家民族之研究》（导师为冯汉骥、罗荣宗），载何一民、姚乐野主编《民国时期社会调查丛编 · 三编 · 四川大学卷》下，福州：福建教育出版社，2014年。

1950年2月，施坚雅从高店子返回成都，进行过一些城市田野调查，又补充查阅了一些方志与族谱材料。半年之后，他拿到了离境许可证，离开四川，再次抵达香港。随后，他前往泰国做了两年田野调查，并完成了以泰国华人社会为主题的博士论文。

二

虽然在1951年的几篇论文中使用了部分田野考察资料，但基于高店子的田野经验而撰写发表的关于中国农村市场结构的学术论文，是在施坚雅离开成都十余年之后。在此期间，除了其"本人1949—1950年在四川进行的实地调查"，施坚雅还补充了与部分移居美国、新加坡等地的知情人的广泛交谈，大量方志，还有各种其他公开的出版物。[①] 而论文所引用的注释也表明，正是在参考借鉴相关理论以及有关中国农村市场与社会研究成果的基础上，施坚雅将其十余年前依据观察与经验绘制的田野地图，提炼概括为一种理解中国社会的空间模式。下文以施坚雅引用的部分研究成果为例进行概要梳理。

在1964—1965年所发表的系列论文中，施坚雅在正文开篇即援引了克里斯塔勒（Walter Christaller）与罗希（又译作廖什，August Lösch）的经典代表作，中心地理论（central-place model）的影响显而易见。这也成为其研究招致批评的原因之一。1979年，美国芝加哥大学地理学家金斯伯格（Norton Ginsburg）发表了一篇关于《中华帝国晚期的城市》的长篇书评，对施坚雅的中国市场与城市层级体系模式进行了婉转的批评，认为其所借鉴的中心地理论在实际运用中的解释力还有待斟酌。[②] 金斯伯格认为在介绍施坚雅最初接触中心地理论的过程中，自己难辞其咎，这或许可以理解为是书评作者为原作者的开脱。

---

① 施坚雅著：《中国农村的市场和社会结构》，史建云、徐秀丽译，北京：中国社会科学出版社，1998年，第2页。英文版第4—5页。

② Norton Ginsburg的书评，发表于*American Ethnologist*, Vol. 6, No. 1（Feb., 1979）。叶光庭的中文节译本发表于《杭州大学学报》1980年第4期。

但据他所示，在1961年时，当代中国研究联合委员会(Joint Committee on Contemporary China)的成员会在一起交流有关中心地理论的心得[①]，这无疑是与美国学术界对克里斯塔勒理论的接受史同步的学术潮流。[②] 更何况，金斯伯格也承认，中心地理论对于施坚雅研究中国的集市还是“有点用处”。

乔启明(1897—1970)、杨懋春(1903—1988)和杨庆堃(1911—1999)的研究，则为施坚雅提供了更多田野考察实证与参照。乔启明和杨懋春两人，“都在康奈尔大学接受过农村社会学的教育，最早认识到市场体系的社会意义”。[③] 乔启明1921年入读金陵大学农业经济系，1924年留校任教，1932年赴康奈尔大学深造，次年获得硕士学位回国。[④] 乔启明最早发表的是一篇英文论文 *Mapping the Rural Community of Yao Hua Men*，由此也形成了他关于中国乡村研究的两个学术特色：其一是提倡用绘图法认识中国乡村，其二是提出“乡村社会(rural community)”概念，强调中国乡村的社会共同体意义。在1926年的《怎样区划乡村社会》一文中，乔启明提出应重视作为交易中心的市场或市镇的辐射范围，而不应单纯地用政治或行政标准理解乡村社会。1932年，乔启明又进一步明确指出，在中国乡村的三种社会范围类型中，“乡村社会”包括了“单独村庄”与“联合村庄”，范围较大，其中心点通常就是市镇。“其余周围所有到这个中心点来合作事业共享利益的各村庄，那就都是属于这一个乡村社会的范围了。”[⑤]杨

---

① 关于1961年第一次向施坚雅介绍中心地理论一事，中译本省略了Ginsburg文中使用的假定语气(“I think”)，这有可能对中译本读者造成误读，例如刘招成《美国中国学研究：以施坚雅模式社会科学化取向为中心的考察》，上海：上海人民出版社，2009年，第105页。金斯伯格于1959—1963年，施坚雅于1961—1965年担任当代中国研究联合委员会成员，参见戴德华(George E. Taylor)著《特别报告：当代中国研究联合委员会(1959—1969)》，吴原元译，胡志宏校，载朱政惠主编《海外中国学评论》第3辑，上海：上海辞书出版社，2008年，第347、348页。

② 张大卫：《克里斯塔勒与中心地理论》，《人文地理》1989年第4期。后作为“代序”，载(德)沃尔特·克里斯塔勒著《德国南部中心地原理》，常正文、王兴中等译，北京：商务印书馆，2010年。

③《中国农村的市场和社会结构》中译本第56页。

④ 张玉林：《编者导言：乔启明的中国农村研究及其开创意义》，载乔启明著《乔启明文选》，北京：社会科学文献出版社，2012年。

⑤ 参见前注所引张玉林导言，第16—17页。所引1932年发表的论文《乡村服务者应认识自己所在的乡村社会》，原载《农林新报》第9卷第13—15期合刊，后编入《乔启明文选》。

懋春1929年从齐鲁大学社会学系毕业后，进入燕京大学研究院主修乡村社会学，1932年受聘于齐鲁大学，1938年前往美国留学。1942年获得康奈尔大学博士学位后，他应哥伦比亚大学之聘，在其人类学系中研究中国农村生活与文化，研究成果于1945年出版。在这部以其家乡山东省台头村为研究对象的学术代表作中，杨懋春认为中国乡村存在着"家庭—村庄—集镇"的多层次复杂社会结构，而集镇"以松散但明显的联系把所有村庄都结合起来"。①

杨庆堃毕业于燕京大学社会学系，1931年和1933年先后多次到山东省邹平县进行田野考察。1934年，他完成了《邹平市集之研究》的硕士论文。1944年，论文的英文修订稿 *A North China Local Market Economy* 在美国纽约发表。施坚雅评价杨庆堃的邹平市集调查研究已经成为一部经典的杰作，且多次引用其英文研究成果。② 2001年，许倬云在纪念杨庆堃的文章中感慨道："这一研究（邹平市集研究——引者注）其实已将后来 William Skinner 先生中国市集系统的理论要点，均明白提示。只是中国内战频仍，当时杨先生的中文著作，未能引起国际注意；后来杨先生又因战乱迁徙，不遑宁居；未能在这一课题上多所发挥。这是学术界的憾事！"③杨念群也在梳理海外中国史研究的学术史时，意识到当代海外中国学所提出的许多框架和问题意识，都能在中国20世纪早期学术问题设计中找到各自的源头，而杨庆堃与施坚雅的学术讨论与影响，就是这种由输出到输入的"理论旅行"个案之一。④ 21世纪初中国学术界对杨庆堃邹平研究的再次关注，或许与费孝通提出"补课"，从而对美国芝加哥大学社会学系教授派克

---

① 杨懋春编著：《乡村社会学》，台北：台湾编译局，1970年，第75—80页。杨懋春：《海外家国恋》上，台北：道声出版社，1982年，第1—2页。Martin C. Yang, *A Chinese Village: Taitou, Shantung Province*, New York: Columbia University Press, 1945.杨懋春著：《一个中国村庄：山东台头》，张雄等译，南京：江苏人民出版社，2001年。

② 施坚雅认为杨庆堃的实地研究"remains a classic"，中译本翻译为"至今仍是第一流的"。

③ 许倬云：《杨庆堃先生的治学生涯，1911—1999》，《汉学研究通讯》第20卷第3期，2001年。

④ 杨念群：《理论旅行状态下的中国史研究》，载杨念群、黄兴涛、毛丹主编《新史学：多学科对话的图景》上，北京：中国人民大学出版社，2003年。

(Robert E. Park)来华的学术史进行再次梳理有关。[①] 杨庆堃与费孝通是燕京大学同学,还是三年同住一个房间的室友,一起听过派克教授的课。[②] 杨庆堃不仅发表过介绍派克区位理论方法的文章[③],其对邹平的田野考察也得到派克的鼓励与指导。杨庆堃最初于 1931 年夏季随同杨开道教授一起去邹平,对农村市集产生兴趣,并调查了十个重要的市集,但这次田野资料不幸于 1932 年暑假在火车上被盗。同年秋季,派克到燕京大学讲学,听杨庆堃介绍邹平调查后,鼓励其运用区位学研究的观点继续从事调查。1933 年 3 月,杨庆堃二度到邹平,对三个集进行了全面调查。5 月,又在此基础上对邹平全境市集进行调查。[④] 杨庆堃对邹平市集的调查研究有一个不断完善的过程。第一次调查的研究成果刊登于 1933 年的《大公报》。杨庆堃将邹平市集划分为一等集、二等集、三等集,"在活动范围上,一等集最大,二等集次之,三等集最小","一等集是位于最方便的交通点,普通是城或镇"。[⑤] 在其硕士论文中,杨庆堃将市集划分为基本集与辅助集两种。基本集的功能是要满足当地日常生活消费和生产的普通需要,货物种类较简单,数量也较少。辅助集除了需要满足地方日常生活的普通需要,同时也供给生活中的特殊需要,例如农具和牲口等。[⑥] 在 1944 年的英文稿中,杨庆堃将邹平的市集划分为三种类型——basic market、intermediate market、central market(hsien capital)。[⑦] 他将邹平的市集主要分为两

① 费孝通:《补课札记——重温派克社会学》,载氏著:《师承 · 补课 · 治学》,北京:生活 · 读书 · 新知三联书店,2002 年。杨念群上引文也在注释中提及此一渊源,并指出部分观点是受夏明方启发。

② 费孝通:《走社会学之路,为人类作贡献(代序)》,载原广州岭南大学社会学系编印《纪念社会学家杨庆堃教授》(广州岭南大学校友会《岭南校友》专刊),2005 年。

③ 杨庆堃:《介绍地位学方法》,《社会研究》第二期,1934 年 9 月 13 日,转引自杨念群前引文。

④ 杨庆堃:《邹平市集之研究》,燕京大学研究院社会学系硕士毕业论文,1934 年,北京大学图书馆藏,第 7—11 页。

⑤ 杨庆堃:《一个农村市集调查的尝试》,载李文海主编《民国时期社会调查丛编 · 二编 · 乡村经济卷》,福州:福建教育出版社,2014 年。原载《大公报》1933 年 7 月 8 日。

⑥ 前引《邹平市集之研究》,第 41 页。另见杨庆堃《市集现象所表现的农村自给自足问题》,载李文海主编《民国时期社会调查丛编 · 二编 · 乡村经济卷》。原载《大公报》1934 年 7 月 19 日、8 月 30 日。

⑦ Chang Sen-Dou(章生道),"Some Aspects of the Urban Geography of the Chinese Hsien Capital", *Annals of the Association of American Geographers*, Vol. 51, No. 1 (Mar., 1961), p.43.

级：低层市集的基本活动范围最小半径为五里，六个左右低层市集构成一个高层市集的活动范围。市集的形成、衰落与消失，均受包括交通等自然地理条件以及社会政治因素的影响。杨庆堃运用区位理论方法得出的这些认识，也是施坚雅关注的问题。概而言之，施坚雅在进一步整理与思考四川田野经验时，以市场圈而非农村为基本单元考察中国社会的启示，可以从乔启明、杨懋春的研究中得到共鸣。在讨论市场层级及其发展演变方面，则与杨庆堃的研究有着更多的交集。

20世纪中叶，多部涉及县以下中国社会的中外学者研究著作，在美国与英国相继出版，与施坚雅的关注相辅相成。1945年与1953年，在派克教授之女雷德菲尔德夫人的协助下，费孝通的两部著作——*Earthbound China* 和 *China's Gentry: Essays in Rural-Urban Relations* 先后在芝加哥大学出版，前者是费孝通、张之毅在云南（禄丰、易门、玉溪）进行的农村调查成果，后者是费孝通给报纸撰写的部分通论性文章。[①] 两书分别从个案与整体层面对中国的城、镇、村进行了探讨。1960年，萧公权的 *Rural China: Imperial Control in the Nineteenth Century*（《中国乡村——论19世纪的帝国控制》）出版。1962年，瞿同祖的 *Local Government in China under the Ch'ing*（《清代地方政府》）与何炳棣的 *The Ladder of Success in Imperial China*（《明清社会史论》）先后出版。[②] 这几部著作所揭示的地方社会士绅、商人等群体与地方官

---

① Earthbound China（"泥土里生长的中国"）是费孝通的英国导师马林诺夫斯基为其定下的研究思路及所取书名，参见费孝通《故地重游多新见》，《群言》2000年第12期。两书在美国的出版缘由，参见费孝通《学历简述》，载氏著《费孝通选集》，天津：天津人民出版社，1988年，第4—5页。两书都有中译本，分别是：费孝通、张之毅著：《云南三村》，天津：天津人民出版社，1990年；费孝通著：《中国士绅》，赵旭东、秦志杰译，北京：生活·读书·新知三联书店，2009年。

② Hsiao Kung-ch'uan, *Rural China: Imperial Control in the Nineteenth Century*, Seattle: University of Washington Press, 1960. 萧公权著：《中国乡村——论19世纪的帝国控制》，张皓、张升译，台北：联经出版公司，2014年。九州出版社也于2018年出版了简体本。Ch'u Tung-tsu, *Local Government in China under the Ch'ing*, Cambridge, Mass: Harvard University Press, 1962. 瞿同祖著：《清代地方政府》（修订译本），范忠信、何鹏、晏锋译，北京：法律出版社，2011年。Ho Ping-ti, *The Ladder of Success in Imperial China: Aspects of Social Mobility, 1368—1911*, New York: Columbia University Press, 1962. 何炳棣著：《明清社会史论》，徐泓译注，台北：联经出版公司，2013年。

员之间的交往应对等问题，对施坚雅讨论社会结构颇有助益。汪荣祖认为："《中国乡村》这部巨著于一九六〇年问世以后……著名的美国人类学家史金纳（G. William Skinner）申言人类学家有此一册在手，始可信而有征地分析中国，并进而作各种'跨越文化的尝试'（cross-cultural tests）。史氏名作《中国乡村的市场与社会结构》（*Marketing and Social Structure in Rural China*）显然自萧著中吸取大量的灵感与养分。"[①]在欧美人类学研究方面，有两位学者的研究对施坚雅产生了影响。1953 年，美国哥伦比亚大学的莫顿·弗里德（Morton Fried）根据其于 1947 至 1949 年在安徽滁县进行的田野调查，出版了专著 *Fabric of Chinese Society: A Study of the Social Life of a Chinese County Seat*。这位在施坚雅的印象中"可能是美国第一个研究中国的人类学家"，在王铭铭看来"是汉学人类学中最早提出乡村研究不能反映中国文化整体性这个观点的人"，将研究集中于县城。[②] 英国伦敦大学的人类学家莫里斯·弗里德曼（Maurice Freedman）与施坚雅之间有着共同的研究兴趣与理念，曾经联合建立了一个 London-Cornell Project，互派学生，开展密切的学术合作。[③] 当施坚雅持续深入地思考中国农村市场与社会结构问题时，弗里德曼研究中国宗族问题的第一本著作已经出版。为了撰写第二本著作，他也去香港进行了短暂的田野考察，其学术观点与田野经验都为施坚雅所采纳。[④] 弗里德曼与施坚雅也被视作在中国从事历史人类学研究的开创者。

---

① 汪荣祖：《萧公权先生学术次第》，载侯仁之、周一良主编《燕京学报》新一期，北京：北京大学出版社，1995 年，第 444 页。

② Morton Fried, *Fabric of Chinese Society: A Study of the Social Life of a Chinese County Seat*, New York: Frederick A. Praeger, Inc., 1953. 施坚雅的评价参见前文所引访谈稿。王铭铭的评价，参见《从弗思的"遗憾"到中国研究的"余地"》，载《云南民族大学学报（哲学社会科学版）》2008 年第 3 期。

③ 参见章立明、马雪峰、苏敏著《社会文化人类学的中国化与学科化》，北京：知识产权出版社，2014 年，第 163 页。王铭铭也介绍过弗里德曼与施坚雅之间的学术同盟关系，参见氏著《人类学讲义稿》，西安：世界图书西安出版公司，2011 年，第 348—349 页。

④ Maurice Freedman, *Lineage Organization in Southeastern China*, London: Athlone Press, 1958. Maurice Freedman, *Chinese Lineage and Society: Fukien and Kwangtung*, London: Athlone Press, 1965.

三

为了准备1963年11月举行的"中国社会变革进程"研讨会与会论文,施坚雅将其始于十多年前四川高店子田野考察经验的深入思考撰写成文,次年起将论文分成三部分发表在《亚洲研究杂志》(*The Journal of Asian Studies*)。本文选取的第一部分,构成了施坚雅市场体系理论的基础。

1964年发表的第一部分有四个小节。前面两节梳理了一些基本问题,即市场的层级以及集期的安排;后两节则分别讨论了作为空间、经济体系以及社会体系的市场结构。第一节"市场和中心地",首先借鉴中心地理论,提出在农业社会的中国存在着由基层市场(standard market)、中间市场(intermediate market)和中心市场(central market)构成的市场层级。类似于四川地区的"幺店"这种小市(minor market),作为基层市场的初级形态,并不包括在市场层级体系之中。此外,作者还对自然形成的市场体系与人为划定的行政体系之间的关系进行了初步梳理,认为两种体系的交集通常在中心市场,虽然行政治所一般也承担经济功能,但行政层级有时并不与市场层级相一致,如杨庆堃研究中提到的山东周村,虽然其行政层级只是镇,但在市场层级中却高于治所城市。第二节"周期性和集期",首先分别从行商小贩、既是生产者又是销售者的商人、作为消费者的农户等不同人群的理性需求角度,分析了中国农村集市定期现象的合理性;其次梳理了包括自然的与人为的以及根据阴历的节气与干支的旬期形成的各种集期安排原则与实例。综合田野经验以及对方志资料的检索查阅,作者认为,即便考虑到集市增加所带来的集期变化因素,每旬三集都不失为是一种最为普遍而有效的集期安排原则。

在第三节"作为空间体系和经济体系的市场结构"中,作者提出了引发诸多讨论的正六边形市场区域模型。所谓的"空间体系",就是各市场层级的空间分布规律。在不考虑地形与资源分布等差异的沙滩理论假设前提下，作者认为，“每个市场的服务区域也应该接近于一个正六边形”（中译本第 21 页）。由 18 个村庄组成的两环模型，无论是理想状态还是经验证据，都比较接近中国基层市场体系的实际情形，而这又只是一个更大结构（中间市场体系和中心市场体系）的子体系。基层市场体系与中间或更高层次市场体系之间存在着区别，并因此形成一些特征：一是后者较前者更为包容；二是一个村庄通常只对应一个基层市场，而地形条件的差异使得每个基层市场都面对两个（模型 A）或三个中间市场（模型 B）；三是集期分配的原则为，使一个基层市场的集期与它所邻近的几个高层次市场间的冲突最少。由于更高层次市场兼具双重中心地职能，集期也随之区分为“小市”（small market）和“大市”（large market）。所谓的“经济体系”，主要是所出售的商品与提供的服务的层级。基层市场提供满足农民生活需要的商品与金融服务。中间市场的集期主要是为地方精英服务，行商也以此为大本营，便于在中间市场体系中往返。那些其产品或劳务的需求量极少的商贩，则在中心市场体系中巡回。尽管也存在着如山东的大集、小集、官集、义集这般市场层级受行政层级影响的例子，但市场各层级之间所形成的网络结构对于社会一体化具有更重大意义。

黄宗智的一段评论经常被引用，即“施坚雅企图纠正人类学主流派只注重小社团而忽略村庄与外界的联系的实体主义倾向……施氏原意，不过是要矫正人类学家只着眼于小社团的倾向，但结果几乎消灭了他的对手”。[1] 这算得上是对第四节“作为社会体系的市场结构”内容最好的概括。施坚雅认为，中国市场体系在社会层面的重要性，尤其体现在基层市场这一层级，并命名为基层市场社区（standard market community）。作者分别从以下几方面对基层市场社区进行梳理。一是在理论上基层市场社区有 18 个左右的村庄、1 500 户人家和 50 多平方公里的地理范围，实际上其大小与人口密度呈反方向变化；二是借助于诸如市场上的茶馆等交流方式，同一个基层市场社区中的

① 黄宗智：《华北的小农经济与社会变迁》，北京：中华书局，1986 年，第 22—23 页。

成年人几乎都有点头之交，他们的各种社会劳务需求以及婚姻圈也都可以在基层市场社区范围内获得解决；三是各种社会组织，如复合宗族、秘密社会分会、庙会董事会、宗教祈祷会社等，都把基层市场社区作为他们的组织单位；四是诸如度量衡规格、宗教传说版本、方言等文化习俗，其明显的区别也是以基层市场社区为划分单位；五是市场体系成为阶层交往的场所，各层级市场中的地方文人、商人等上层人物，成为联结基层农民与顶层王权之间的枢纽，官员的影响也随着市场层级的上升而递增。

施坚雅的研究分三期连载发表后，引起了学界的反响，但也出现了一个让作者与编者担忧的倾向——作为市场体系理论基础的第一篇论文，单独受到太多的关注。1967 年和 1972 年，第一部分内容分别被两部论文集收录并单独重新出版。有鉴于此，亚洲研究协会（Association for Asian Studies）于 1974 年首次将三篇论文作为一部单独著作出版，此后又多次重版，“以便让读者更容易接受，并确保人们把它当作一个整体而不是独立的各个部分来阅读和应用”。① 因此，虽然本文只选编了《中国农村的市场和社会结构》的第一部分，但仍有必要将第二、第三部分的内容简单介绍，以便从整体上加以理解。

第二部分包括“传统的变化”与“现代的变革”两节，主要内容是在第一部分揭示了静态的市场体系结构之后，讨论这一市场体系的动态发展与变化，时间截至 1949 年以前。在理论假定空间的发展是一个单纯的增加过程前提下，综合考虑运输与土地产量等因素，丘陵山地的村庄离市场较远，新村庄通常建在连接两个原有居民点的已有道路中间，从而形成模型 A；平原地区的村庄接近市场，新村庄建立时需要建立在与三个原有居民点等距离的地方，因此需要开一条新路，从而形成模型 B。类似的空间特征也适用于新基层市场的建立过程。

---

① 施坚雅著作的重印情况，参见前揭华盛顿大学图书馆网页。引文出自“出版者重印说明”。中国社会科学出版社 1998 年中译本扉页注明“根据亚洲研究协会 1993 年版本译出”，但根据该网页链接的文档，亚洲研究协会出版及重印施坚雅三篇文章单行本的时间依次为 1974 年、1977 年、1981 年、1988 年、1994 年、2000 年。

伴随着家庭密度以及家庭参与商品化程度的增加，原有市场体系会经历一个规模扩大、集期增加、市场增加的密集循环过程。在动力机械化所造成的现代变革过程中，那些导致传统市场体系增加的因素，却带来了现代贸易体系边缘基层市场逐渐衰落以致关闭的相反结果。基层市场的消失，又引发了相应的社会反响，社交范围扩大的同时，可能造成社区由基层市场向村庄缩小的趋势。但作者认为，晚清民国时期出现的经济现代化，只不过是一种虚假的现代化，传统的定期集市仍然空前繁荣。

在第三部分，作者分别从市场和社会两个层面，对 1949 年至论文发表的 1964 年期间的中共农村政策进行探讨。在市场层面，作者认为尽管进行了社会主义改造，但在 1958 年以前并没有导致传统市场的崩溃。此后的“左”倾政策试图完全消除传统农村市场体系，关闭集市，结果导致商品流通陷入近乎瘫痪的境地。随着政府重建传统市场体系，推动了市场的现代化，基层市场大量消除，但传统的中心地市场层级仍然存在，各类市镇所起的作用具有明显的延续性。在社会层面，作者主要分析了中共在进行农村集体化改造过程中，如何面对传统市场社区社会结构的两难困境——借助于传统社会结构，便于开展工作，但不利于打破“本位主义”。以人民公社制度为例，作者认为中共农村改造政策的成功与否，取决于是否遵循自然形成的传统市场体系社会结构。从某种意义上说，对当代中国社会的观察与分析，不仅延续了其田野考察的研究传统，而且也是身为当代中国研究联合委员会成员的施坚雅撰写这一系列文章的关注点之所在。①

从整体上理解市场体系理论，还需要结合作者对该理论的不断完善与扩充。在《中国农村的市场和社会结构》中，施坚雅认为市场体系是一种网络结构，会形成地区市场体系（regional economic structures）。1968—1969 年，当代中国研究联合委员会的中国社会研究分委员会组

① 施坚雅早期专门讨论过中国传统的农村社会结构以及中共的农村政策。G. William Skinner, Peasant Organization in Rural China, *The Annals of the American Academy of Political and Social Science*, Vol. 277, Report on China (Sep., 1951).

织召开了两次关于中国城市史的学术会议。会后,施坚雅主编了《中华帝国晚期的城市》一书,提出了宏观区域(macroregion)学说。在《城市与地方体系层级》(*Cities and the Hierarchy of Local Systems*)一文中,他将市场体系理论进行了扩展。其一,在原有的市场中心地层级结构基础上,增加为标准市镇、中间市镇、中心市镇、地方城市、较大城市、地区都会、中心都会等八个级别。其二,对清代的行政层级进行了更细致的梳理,认为其兼顾了税收、防卫以及市场等因素,是一种合理的层级结构。其三,进一步强调了非正式权力在村级以上层级结构中所发挥的复杂而多变的重要作用。①

施坚雅第一次与中国学术界的直接交流,是1980年在北京举行的中国社会及经济史(自宋至1900年)学术讨论会上,他提交了论文《市场及其区域的结构与发展》。据亲历者回忆,论文中的市场体系理论与宏观区域学说,"使与会的中国学者感到生疏而难以理解"。② 1991年出版的《中国封建社会晚期城市研究——施坚雅模式》,则可视为中国学术界全面了解与讨论施坚雅理论的开端。对于本文的梳理而言,该书在学术史上的意义主要体现在两个方面。其一,编者所选译的论文,在一定程度上体现了学界最初所关注的施坚雅理论,主要是其"城市史以及以城市为中心的区域经济史的研究"。③ 其二,该书在中文学术领域第一次提出"施坚雅模式"这一概念,但并没有加以解释。1998年,范毅军对施坚雅模式(Skinnerian Model)加以界定,由在亚洲学报发表的三篇系列文章加上《中华帝国晚期的城市》中的《城市与地方体系层级》共四篇论文组成。④ 任放所界定的施坚雅模式,则在范毅军的基础上增加了《中华帝国晚期的城市》这本书的其他

---

① 施坚雅:《城市与地方体系层级》,载施坚雅主编《中华帝国晚期的城市》,叶光庭等译,陈桥驿校,北京:中华书局,2000年。

② 樊树志:《明清江南市镇探微》,上海:复旦大学出版社,1990年,第2页。关于此次会议的概况,参见诸葛计整理《关于中国社会及经济史(自宋至1900年)的中美学者讨论会概述》,《中国社会科学》1981年第2期。

③ 李洵、赵毅:《施坚雅教授中国城市史研究评介(代序)》,载施坚雅著《中国封建社会晚期城市研究——施坚雅模式》,王旭等译,长春:吉林教育出版社,1991年,第1页。

④ 范毅军:《明清江南市场聚落史研究的回顾与展望》,《新史学》第9卷第3期,1998年。

部分，由“区域体系理论和集市体系理论”组成，是一种结构—功能分析模式，核心概念是中心地区与边缘地区。[1] 这是一个施坚雅本人没有单独提出并加以阐释的理论概括。[2] 中文语境下的施坚雅模式，虽然将市场体系理论与宏观区域理论视作一个整体，但对后者的关注与讨论显然多于前者。

已有关于施坚雅理论的学术史梳理，都注意到其在海内外所引发的大量学术回应与对话。就观点而言，关于施坚雅市场体系理论的讨论主要围绕“作为空间与经济体系的市场结构”与“作为社会体系的市场结构”两方面展开。从空间与经济体系角度提出的批评，多集中于正六边形市场区域模型的几何形状、空间大小与村庄数量等方面，王庆成对晚清时期华北集市和集市圈的实证研究就是典型代表。[3] 类似以不同地区的实证研究所提出的批评还有不少，但正如《中国农村的市场和社会结构》的中文版译者之一史建云所强调的，虽然存在一些不合理之处，施坚雅理论本质上是一个抽象的纯粹数学模型。[4] 相较而言，从社会体系角度提出的批评要更切中肯綮。赵世瑜在浙江双林镇的研究中，揭示出施坚雅未能注意到市镇权力资源和权力关系历时性变化的缺憾。[5] 刘永华则通过福建四堡的个案，将市场的发展需要置于当地的社会结构中进行考察。[6] 简言之，施坚雅所提出的市场体系理论，仍然还是一种静态的结构（structure）。其学生萧凤霞所提出的“结构过程（structuring）”研究理念，正是对施坚雅理论的继承与突破。[7]

---

① 任放、杜七红：《施坚雅模式与中国传统市镇研究》，《浙江社会科学》2000 年第 5 期。

② 施坚雅在前文所引 Cities and the Hierarchy of Local Systems 一文中，有过“central-place and regional-systems models”的表述，中文译作“中心地模式和地区体系模式”。分别见英文版 285 页、中文版第 338 页。

③ 王庆成：《晚清华北的集市和集市圈》，《近代史研究》2004 年第 4 期。

④ 史建云：《对施坚雅市场理论的若干思考》，《近代史研究》2004 年第 5 期。

⑤ 赵世瑜、孙冰：《市镇权力关系与江南社会变迁——以近世浙江湖州双林镇为例》，《近代史研究》2003 年第 2 期。

⑥ 刘永华：《墟市、宗族与地方政治——以明代至民国时期闽西四保为中心》，《中国社会科学》2004 年第 6 期。

⑦ 萧凤霞：《廿载华南研究之旅》，《清华社会学评论》2001 年第 1 期。

面对经典,有学者提出要“超越施坚雅模式”。本文的粗略梳理,则是“重返施坚雅”的一种尝试。在田野中发现问题,在思考过程中广泛吸收相关理论与研究成果,从人的行为出发去理解传统与当代社会的发展。[①] 这是在地图之外,施坚雅留给我们的另一份学术遗产。

① 刘志伟、孙歌著:《在历史中寻找中国:关于区域史研究认识论的对话》,上海:东方出版中心,2016年。另见饶佳荣整理《如何走向“人的历史”》,澎湃新闻2017年1月6日。

图书在版编目（CIP）数据

中国乡村社会史名篇精读 / 常建华主编. — 上海:上海教育出版社, 2020.8
ISBN 978-7-5444-9853-1

Ⅰ. ①中… Ⅱ. ①常… Ⅲ. ①农村 – 社会发展史 – 中国 – 文集
Ⅳ. ①K207-53

中国版本图书馆CIP数据核字(2020)第112473号

责任编辑　董龙凯
封面设计　陆　弦

中国乡村社会史名篇精读
常建华　主编

出版发行　上海教育出版社有限公司
官　　网　www.seph.com.cn
地　　址　上海市永福路123号
邮　　编　200031
印　　刷　上海展强印刷有限公司
开　　本　700 × 1000　1/16　印张 23　插页 1
字　　数　310 千字
版　　次　2020年8月第1版
印　　次　2020年8月第1次印刷
书　　号　ISBN 978-7-5444-9853-1/C·0030
定　　价　69.00 元

如发现质量问题，读者可向本社调换　电话：021-64377165